Die E-Bilanz in kleinen und mittleren Unternehmen (KMU)

Benjamin J. Feindt

Die E-Bilanz in kleinen und mittleren Unternehmen (KMU)

Benjamin J. Feindt
tyskrevision
Flensburg
Deutschland

ISBN 978-3-658-06059-6   ISBN 978-3-658-06060-2 (eBook)
DOI 10.1007/978-3-658-06060-2

Die Deutsche Nationalbibliothek verzeichnet diese Publikation in der Deutschen Nationalbibliografie; detaillier-
te bibliografische Daten sind im Internet über http://dnb.d-nb.de abrufbar.

Springer Gabler
© Springer Fachmedien Wiesbaden 2014

Gedruckt auf säurefreiem und chlorfrei gebleichtem Papier

Springer Gabler ist eine Marke von Springer DE. Springer DE ist Teil der Fachverlagsgruppe Springer
Science+Business Media
www.springer-gabler.de

Vorwort

Fragt man im Jahre 2014 ELIAS, den Avatar der Finanzverwaltung auf www.elster.de, nach der E-Bilanz, dann klärt er darüber auf, dass die E-Bilanz noch in der Pilotierungsphase stecke. Als Praktiker fühlt man sich in diesen Tagen zwar manchmal noch wie eine Testperson, allerdings ist die Pilotierungsphase seit 2011 vorbei und die gesetzliche Pflicht zur elektronischen Übermittlung längst in Kraft getreten.

Und so kommen viele deutsche Unternehmer erstmals in 2014 bewusst mit der E-Bilanz in Kontakt. Der Gesetzgeber hat einen Rahmen gefasst, den die Finanzverwaltung ausgestaltet hat. Herausgekommen ist ein Dateiformat, das kaum einem Unternehmer geläufig ist, eine Taxonomie mit über 4.000 Positionen und fast 400 Mussfeldern, und einer derart hohen Anzahl ungeklärter Fragen, dass man versucht ist, ELIAS Recht zu geben. Wer aber heute bilanziert, kann seine steuerlichen Pflichten ohne zumindest rudimentäre Kenntnisse der E-Bilanz nicht mehr vollumfänglich erfüllen.

Dieses Buch möchte Praktikern des Mittelstands, darunter mittelständischen Steuerberatern oder selbstbilanzierenden KMU, helfen, mit den neuen Anforderungen zurechtzukommen. Das nötige Mindestwissen soll möglichst schnell und einfach an die Hand gegeben werden.

Wieviel Zusatzaufwand im Unternehmen bei der Umstellung auf die E-Bilanz anfällt, ist wesentlich von der eingesetzten Software und den Fähigkeiten des Users im Umgang mit ihr abhängig. Denn der Gesetzgeber hat keine eigene Software bereitgestellt, sondern stellt den privaten Softwareanbietern eine Schnittstelle zur Verfügung. Die Wahrnehmung der E-Bilanz wird daher wesentlich von der eingesetzten Software abhängen. Daher werden hier einige Software-Umsetzungen der E-Bilanz vorgestellt. Die Schilderungen dienen der Veranschaulichung und sollen keinesfalls die Anleitungen der Softwarehersteller ersetzen.

Die beschriebene Taxonomieversion ist 5.2. Diese Version kann für das Jahr 2013 und muss für das Jahr 2014 angewendet werden.

Bedanken möchte ich mich bei Herrn Ralf Isaack für seine wertvolle Hilfe bei der Vorbereitung dieses Werks.

Über Hinweise aus dem Leserkreis – gern an bjf@tyskrevision.com – freue ich mich.

Inhaltsverzeichnis

Abkürzungsverzeichnis

AO	Abgabenordnung
BilMoG	Bilanzrechtsmodernisierungsgesetz
BMF	Bundesministerium der Finanzen
BZSt	Bundeszentralamt für Steuern
DFÜ	Datenfernübertragung
EÜR	Einnahmen-Überschuss-Rechnung
ERiC	Elster Rich Client
GAAP	Generally Accepted Accounting Priciples
GCD	Global Common Document
GmbH	Gesellschaft mit beschränkter Haftung
GoB	Grundsätze ordnungsgemäßer Buchhaltung
HGB	Handelsgesetzbuch
WG	Wirtschaftsgüter
KapCo	Personengesellschaften gem. § 264a HGB
KG	Kommanditgesellschaft
MicroBilG	Kleinstkapitalgesellschaften-Änderungsgesetz
NIL	Not In List
OHG	Offene Handelsgesellschaft
OLG	Oberlandesgericht
RMS	Risikomanagementsystem
SKR	Standardkontenrahmen
XBRL	Extensible business reporting language
XML	Extensible markup language

Schnelleinstieg E-Bilanz

1.1 Einführung und Definition

Der Begriff **E-Bilanz** ist eine Abkürzung für „Elektronische Bilanz" und meint die elektronische Übermittlung steuerrelevanter (Bilanz −)Daten an das Finanzamt. Der Begriff führt daher zunächst in die Irre, weil mit „E-Bilanz" eben kein drittes Rechenwerk mit eigenen Ansatz- und Bewertungsvorschriften zusätzlich zur Handels- und Steuerbilanz eingeführt wird. Außerdem muss wesentlich mehr elektronisch übermittelt werden als nur eine Bilanz. Daher bezeichnet der Begriff „E-Bilanz" im Rahmen dieser Veröffentlichung die Pflicht, die für die Besteuerung notwendigen Daten über das Internet an das Finanzamt zu übermitteln. Der bisherige Weg „Jahresabschluss ausdrucken, unterschreiben und per Brief an die Behörde" wird schlicht nicht mehr akzeptiert.

Wenn nun statt dem Brief die E-Mail als Sendeformat erlaubt wäre, würde die Einführung der E-Bilanz sicherlich nicht derart viel Beachtung finden. Der Medienwechsel von Briefpost zur elektronischen Mail hat im täglichen Geschäftsleben längst stattgefunden. Aber der Gesetzgeber hat diesen Medienwechsel nicht nur nachvollzogen, sondern hat bei der Gelegenheit gleich zusätzliche Anforderungen an die Steuerpflichtigen eingeführt. Danach müssen sich Unternehmer bei der Übermittlung an ein ganz bestimmtes Schema halten. Die Verwaltung nennt die verwendeten Schemata **Taxonomien**. Sie sorgen gemeinsam mit dem **XBRL-Standard** dafür, dass eine bestimmte Information (sei es ein Kontostand oder ein Teil der Stammdaten) immer an der gleichen Stelle steht. Der Vorteil für die Finanzverwaltung: Was immer an der gleichen Stelle steht, kann auch elektronisch ohne menschlichen Eingriff von der Software des Finanzamts verarbeitet werden. Mit einer Zahl an sich, beispielsweise 453.216,01 EUR, kann eine Software wenig anfangen. Erst dadurch, dass diese Zahl im Schema an der Stelle übermittelt wird, wo nach der Vorschrift umsatzsteuerpflichtige Erlöse stehen, erhält sie einen Sinn und kann verarbeitet werden.

© Springer Fachmedien Wiesbaden 2014
B. J. Feindt, *Die E-Bilanz in kleinen und mittleren Unternehmen (KMU)*,
DOI 10.1007/978-3-658-06060-2_1

Die Taxonomie sorgt also dafür, dass die übermittelten Datensätze übernommen und geprüft werden können. Damit das klappt, prüft das Finanzamt vor Annahme der elektronischen Übermittlung, ob der Datensatz an sich vollständig und plausibel ist. Wer auf Papier das ein oder andere auslassen konnte, ohne dabei in jedem Fall auf Nachfragen des Finanzamts zu stoßen, muss sich nun an diese Prüfung gewöhnen. Das, was der Gesetzgeber einmal als Pflichtangabe definiert hat, fordert der „elektronische Pförtner" **ERiC** schon bei der Übermittlung an das Finanzamt beharrlich und mit der großen Sturheit des völlig ungerührten Automaten ein.

Das **Mapping**, also die Übersetzung des im Unternehmen genutzten Kontenrahmens in eine E-Bilanz-fähige Taxonomie, übernimmt bei korrekter Buchung in den meisten mittelständischen Fällen die eingesetzte Buchhaltungssoftware. Wer individuelle Konten und Kontenrahmen nutzt, muss diese besonders behandeln. Allerdings schreibt der Gesetzgeber nicht nur vor, an welcher Stelle eine bestimmte Information zu stehen hat. Bei der Einführung der E-Bilanz hat er auch eine Vielzahl an **Mussfeldern** definiert. Eventuell entsteht hieraus auch die Pflicht, mehr Konten als bisher zu verwenden und bereits bei der unterjährigen Buchhaltung Geschäftsvorfälle genauer zu betrachten. Hier muss und kann(!) sich der Unternehmer entscheiden, welche Details er von vornherein durch genaues Buchen dem Finanzamt offenlegen will.

Die einstige Unterschrift des Geschäftsführers auf dem ausgedruckten Abschluss wird durch ein **elektronisches Zertifikat** ersetzt. Um das zu erhalten und sich damit gegenüber dem Finanzamt zu authentifizieren, muss ein Unternehmen sich über das Portal „Elster" registrieren. Der Registrierungsprozess dauert ca. zwei Wochen.

1.2   Wer bilanziert, ist betroffen

Grob gilt: Der Unternehmer, der bilanziert, muss seine Bilanz elektronisch übermitteln. Früher oder später zumindest. Der Umfang der einzureichenden Daten ist generell unabhängig davon, ob es sich um die Bilanz eines multinationalen Milliardenkonzerns handelt oder um den Bäcker um die Ecke. Wer auf Erleichterungen für Kleinstunternehmen gehofft hatte, wurde enttäuscht. Für einige Branchen gelten allerdings Spezialvorschriften. Auch müssen einige Bilanzierende erst zu einem späteren Zeitpunkt von Papier auf elektronische Übermittlung umsteigen.

1.3   Die Software des Finanzamts prüft automatisch

Nicht nur bei der Übermittlung der Daten prüft das Finanzamt den eingehenden Datensatz des Steuerpflichtigen. In einem weiteren Schritt werden auch die Inhalte der Bilanz elektronisch überprüft. Während zu Zeiten der händischen Bearbeitung manche Bilanz völlig ohne das prüfende Auge eines Finanzbeamten durchgewunken wurde, werden nun ausnahmslos alle Zahlenwerke einer vollautomatischen Mindestprüfung unterworfen.

Welche Prüfschritte das im Einzelnen sind, bleibt das Geheimnis der Programmierer und Finanzbeamten. Im Idealfall findet die Prüfsoftware keine Auffälligkeiten, und das Unternehmen erhält binnen kürzester Zeit eine Veranlagung, die genau seiner Steuererklärung entspricht. Läuft es nicht so gut, findet die Software Auffälligkeiten. Die Bilanz muss dann samt Steuererklärungen von einem Finanzbeamten überprüft werden. Dieser entscheidet, ob Nachfragen gestellt werden oder ob ein Steuerbescheid unter Vorbehalt der Nachprüfung ergeht und gegen den Unternehmer womöglich eine Betriebsprüfung angeordnet werden sollte. Folgerichtig plant die Finanzverwaltung, weniger Sachbearbeiter und mehr Betriebsprüfer einzustellen.

1.4 Technisch überschaubarer Aufwand bei der Umsetzung

Der technische Aufwand ist überschaubar für Unternehmer, die eine gängige, E-Bilanz-fähige Buchhaltungssoftware einsetzen. Dies gilt insbesondere dann, wenn es keine Besonderheiten in den Daten gibt und Standardkontenrahmen und Standardkonten im Sinne ihres Erfinders genutzt werden. Für diese Fälle wird eine elektronische Übermittlung in der Regel keinen hohen technischen Aufwand bedeuten. Wer

- eigene Kontenrahmen entwickelt hat,
- einen ausländischen Kontenrahmen nutzt,
- Standardkonten umfunktioniert oder
- individuelle Konten einrichtet,

der wird für die erste Übermittlung die Konten selbst über eine Funktion in der Software einer Position im XBRL-Schema zuweisen müssen. Da sich die Anforderungen an die Buchhaltung im Laufe der Zeit durch neue Gesetze und andere Entwicklungen ändern, müssen sich auch die Schemata ändern und die Konten eventuell neu zugewiesen werden. Bei Standardkontenrahmen wird diese Pflege normalerweise vom Softwareanbieter durchgeführt.

Von der E-Bilanz betroffene Unternehmen

2.1 Alle Bilanzierenden

Grundsätzlich sind von der E-Bilanz alle bilanzierenden Unternehmen betroffen. Aber es lohnt sich, genau zu unterscheiden, nach welchen Regeln man Bilanzen erstellt und Bücher führt. Je nachdem gelten handelsrechtliche **und** steuerrechtliche Regelungen oder **nur** steuerrechtliche Regelungen.

2.2 Bilanzierende nach ausschließlich steuerrechtlichen Regeln (§ 4 Abs. 1 EStG)

Eine Bilanz nach steuerrechtlichen Regeln muss erstellen, wer kein Gewerbetreibender ist. Hierunter können fallen

- Land- und Forstwirte
- Freiberufler

Landwirte müssen bilanzieren, wenn sie einen dieser Werte nach § 141 Abgabenordnung (AO) übersteigen:

- Gewinn über 50.000 EUR
- Umsatz über 500.000 EUR
- Wirtschaftswert selbstbewirteter land- und forstwirtschaftlicher Flächen von über 25.000 EUR.

© Springer Fachmedien Wiesbaden 2014
B. J. Feindt, *Die E-Bilanz in kleinen und mittleren Unternehmen (KMU)*,
DOI 10.1007/978-3-658-06060-2_2

Außerdem fallen Landwirte unter diese Regelung, die freiwillig Bücher führen und ihren Gewinn nicht nach § 13a EStG ermitteln.

Freiberufler sind von diesen Größenklassen ausdrücklich nicht betroffen – Entwarnung beispielsweise für Ärzte, Architekten, Rechtsanwälte und Steuerberater. Diese können unabhängig von Umsatz und Gewinn Einnahmen-Überschuss-Rechnungen anfertigen und müssen sich um E-Bilanzen nicht kümmern. In einigen Fällen entscheiden sich Steuerpflichtige auch zur **freiwilligen Bilanzierung**, weil sie genauere Informationen über den Stand des Unternehmens liefert. Wer freiwillig einen Betriebsvermögensvergleich nach § 4 Abs. 1 EStG erstellt, muss diesen auch elektronisch übermitteln.

Wer nur nach steuerrechtlichen Vorschriften bilanziert, muss keine Rücksicht auf unterschiedliche Wertansätze in Handels- und Steuerbilanz nehmen. Nur die steuerlichen Werte werden übermittelt. Eine Überleitungsrechnung von Handels- auf Steuerbilanz entfällt.

Gewinnermittler nach § 4 Abs. 1 EStG müssen auch keinen Anhang und keinen Lagebericht erstellen. Auch hier entfällt damit die Frage nach der elektronischen Übermittlung. Lediglich die Stammdaten und die Daten der Bilanz und der Gewinn- und Verlustrechnung (GuV) müssen übermittelt werden.

2.3 Bilanzierende nach handelsrechtlichen Vorschriften (§ 5 EStG): Kaufleute

Das Handelsrecht sieht die Erstellung einer Bilanz für Kaufleute vor. Das sind beispielsweise Unternehmen mit den Rechtsformen

- Eingetragener Kaufmann,
- Unternehmergesellschaft,
- GmbH,
- KG
- OHG,
- Kommanditgesellschaften auf Aktien,
- Eingetragene Genossenschaften,
- AG,

aber auch die Mischformen wie GmbH & Co. KG, ltd. & Co KG, ApS & Co. KG etc. Eine Buchführungspflicht ist hier leicht abzuleiten, da alle diese Gesellschaften schon der Rechtsform wegen im Handelsregister eingetragen sind. Darüber hinaus trifft die handelsrechtliche Buchführungspflicht aber auch andere.

Das Handelsgesetzbuch verpflichtet alle Kaufleute zur Buchführung. Gemäß § 1 Abs. 2 HGB ist derjenige Kaufmann, wer ein Handelsgewerbe betreibt. Wenn dieses Gewerbe keinen „in kaufmännischer Weise eingerichteten Geschäftsbetrieb" benötigt, dann ist die Kaufmannseigenschaft nicht gegeben. Wann ein Gewerbe einen solchen Geschäftsbetrieb benötigt, folgt keinen festen Größenkriterien. Entscheidend ist das Gesamtbild.

Urteilsbeispiele zur Kaufmannseigenschaft

Einige Urteile bieten Orientierungsmöglichkeiten: So sah das OLG Koblenz die Kaufmannseigenschaft bei einem Damenoberbekleidungsgeschäft mit 230.000 DM Umsatz, Anlagevermögen von 6.000 DM und einem Warenbestand von 102.000 DM als erfüllt an (OLG Koblenz, 7.4.1988, Az. 5 U 10/88). Ein Süßwarengroßhandel mit 180.000 DM Umsatz und 80 festen, bar zahlenden Kunden benötigte allerdings keinen kaufmännischen Geschäftsbetrieb (OLG Celle, 16.11.1962, Az.- 9 Wx 8/62).

Wer nach Handelsrecht buchführungspflichtig ist, für den definiert § 5 EStG die Übernahme der handelsrechtlichen Werte für Steuerzwecke, falls nicht das Steuerrecht Anderes vorsieht.

Der handelsrechtliche Jahresabschluss besteht für alle Kaufleute aus Bilanz und Gewinn- und Verlustrechnung (§ 242 Abs. 3 HGB). Kapitalgesellschaften und Personengesellschaften, die nach § 264a HGB nur Kapitalgesellschaften als Vollhafter besitzen (KapCo), müssen einen Anhang anfertigen (§ 264 Abs. 1 HGB).

Nach § 5 EStG muss auch bilanzieren, wer noch nicht durch Handelsrecht zum Führen von Büchern verpflichtet wurde. Hierunter fallen *gewerbliche Unternehmer*, wenn sie eins der folgenden Kriterien des § 141 Abgabenordnung erfüllen:

- Umsätze von über 500.000 EUR
- Gewinn von über 50.000 EUR.

Das Überschreiten der Größengrenzen wird vom Finanzamt festgestellt. Nach Feststellung muss die Behörde den Steuerpflichtigen schriftlich auf seine Bilanzierungspflicht hinweisen. Das gilt auch, wenn der Steuerpflichtige bereits freiwillig bilanziert (Dißars 2013). Die Bilanz muss dann erstmals in dem Jahr erstellt werden, das auf die schriftliche Mitteilung folgt (§ 141 Abs. 2 S. 1 AO). Es bleibt also genügend Zeit, sich vorzubereiten. Die erste elektronisch zu übermittelnde Bilanz bei Wechsel von Einnahmen-Überschuss-Rechnungen auf Betriebsvermögensvergleich ist diejenige auf den ersten Tag des neuen Wirtschaftsjahres (BMF vom 28.9.2011, RN 1). Auch über das Ende der Buchführungspflicht wegen Unterschreiten der Größenklassen wird entsprechend informiert.

Das Finanzamt teilt die Unternehmen im Zusammenhang mit Betriebsprüfungen ebenfalls in größenspezifische Kategorien ein. Die Grundlage hierfür findet sich in § 3 der Betriebsprüfungsordnung von 2000, wird mittels BMF-Schreiben (vgl. BMF-Schreiben vom 22. Juni 2012) umgesetzt und regelmäßig angepasst. Diese Größeneinteilungen unterscheiden sich von den handelsrechtlichen deutlich. So wird in diesem Zusammenhang beispielsweise eine Kleinstgesellschaft definiert, wenn ein Handels- oder Fertigungsbetrieb einen Umsatz unterhalb 170.000,– € oder einen Gewinn unter 36.000,– € erwirtschaftet.

Außerdem fällt unter § 5 EStG, wer als gewerblicher Unternehmer freiwillig Bücher führt und Abschlüsse erstellt.

Mittelständler, die nach Handelsrecht bilanzieren, sehen sich zwei gegenläufigen Trends gegenüber. Einerseits versucht das Handelsrecht, die Bilanzierungspflichten so einfach wie möglich zu halten. Andererseits steigt der Wissensdurst der deutschen Finanzverwaltung.

Einzelkaufleute – auch wenn sie im Handelsregister eingetragen sind – sind handelsrechtlich nach § 241a HGB von der Buchführungspflicht befreit, wenn sie „nicht mehr als 500.000 EUR Umsatzerlöse und 50.000 EUR Jahresüberschuss aufweisen".

Kleinstbetriebe in der Rechtsform von Kapitalgesellschaften und Personengesellschaften gem. § 264a HGB (beispielsweise die GmbH & Co. KG) sind solche, die an zwei aufeinander folgenden Bilanzstichtagen zwei der drei folgenden Kriterien nicht überschreiten (§ 267a HGB):

- Bilanzsumme von 350.000 EUR
- Umsatz von 700.000 EUR
- Durchschnittliche Arbeitnehmerzahl von 10.

Wer sich so als Kleinstbetrieb einstufen kann, muss aus handelsrechtlichen Gründen nach § 267a Abs. 1 S. 2 HGB nur folgende Positionen in der Bilanz gemäß dem Schema nach § 266 HGB und GuV nach § 275 HGB ausweisen (Tab. 2.1 und 2.2):

Das Handelsrecht begnügt sich bei Kleinstgesellschaften also mit insgesamt 18 Positionen. Außerdem kann der Anhang weggelassen werden. Der Abschluss kann hinterlegt werden und ist damit nicht für jedermann kostenfrei im Internet einsehbar.

Tab. 2.1 Pflichtpositionen der HGB-Bilanz für Kleinstunternehmen

A	Anlagevermögen	A	Eigenkapital
B	Umlaufvermögen	B	Rückstellungen
C	Rechnungsabgrenzungsposten	C	Verbindlichkeiten
D	Aktive latente Steuern	D	Rechnungsabgrenzungsposten
E	Aktiver Unterschiedsbetrag aus der Vermögensverrechnung	E	Passive latente Steuern

Tab. 2.2 Pflichtpositionen der HGB-GuV für Kleinstunternehmen

1	Umsatzerlöse
2	Sonstige Erträge
3	Materialaufwand
4	Personalaufwand
5	Abschreibungen
6	Sonstige Aufwendungen
7	Steuern
8	Jahresergebnis

Übersteigen solche Gesellschaften zwar die oben genannten Grenzen, bleiben aber bei zwei der drei folgenden Kriterien an zwei aufeinanderfolgenden Bilanzstichtagen unter der Grenze, definiert das Handelsrecht sie als „klein" – und nicht mehr als „kleinst":

- Bilanzsumme $\geq 4.840.000$ EUR
- Umsatzerlöse $\geq 9.680.000$ EUR
- Arbeitnehmer ≥ 50.

Kleine Gesellschaften nach HGB müssen zwar etwas detailliertere Abschlüsse erstellen, aber immer noch weniger preisgeben als mittelgroße oder große – hier steigt die Anzahl der Pflichtposten in Bilanz und GuV auf 38.

Erst wenn diese Kriterien überschritten werden, muss detaillierter bilanziert werden – Gesellschaften gelten im Handelsrecht dann als „mittelgroß".

Im Rahmen der Offenlegungspflicht greifen auch für mittelgroße Gesellschaften Erleichterungen. Hier ist nur eine verkürzte Bilanz an den Bundesanzeiger zu übermitteln.

Die Hinterlegung oder Offenlegung des Jahresabschlusses beim elektronischen Bundesanzeiger kann über das XML-Format erfolgen – dann sinkt die Einreichungsgebühr. Die Jahresabschlüsse können aber auch über eine Word-, Excel- oder PDF-Datei hochgeladen werden. Außerdem hält der elektronische Bundesanzeiger ein Formular vor, in das die Bilanzdaten direkt eingegeben werden können, sofern der User das wünscht (Abb. 2.1).

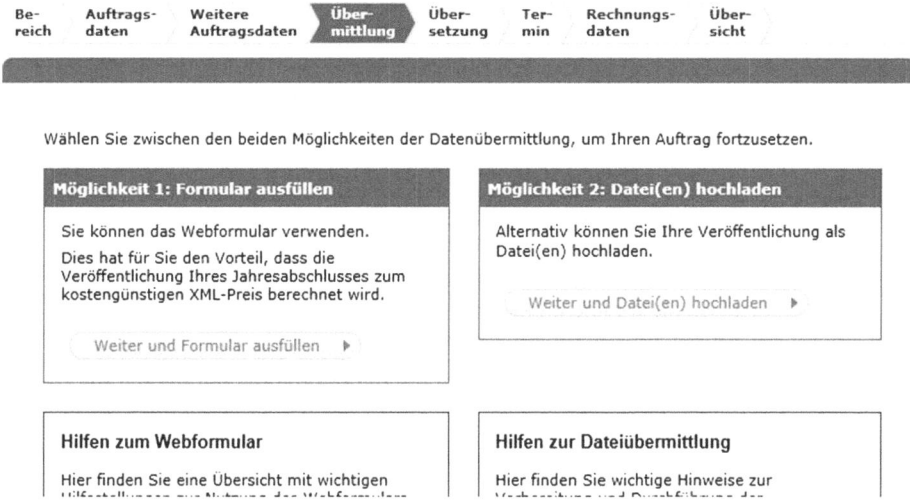

Abb. 2.1 Übermittlungsalternative beim elektronischen Bundesanzeiger

Das Handelsrecht dosiert seine Verpflichtungen also nach Größe des Unternehmens und hat in der kürzeren Vergangenheit gerade für Kleinstbetriebe Erleichterungen geschaffen. Ganz anders die Entwicklung bei den Mindestangaben für die Finanzverwaltung! Hier gibt es – allen Steuerbürokratieabbaugesetzen und Erleichterungsvorhaben zum Trotz – auch für Kleinstunternehmen keinerlei Erleichterungen. Mit Einführung der E-Bilanz sind deutlich mehr Angaben gefordert als vorher. Das zwingend einzusetzende Format ist XBRL, also ein Format, das vielen Usern keinesfalls geläufig ist. Auch ein Eingabeformular wird seitens des Finanzamts nicht angeboten.

Luft für Bürokratieabbau
Die derzeitige Abgabe der Jahresabschlüsse an zwei Behörden –Finanzamt einerseits und elektronischer Bundesanzeiger andererseits – ist für die meisten Unternehmer unnötige Mehrarbeit. Dadurch werden doppelte Stammdatenpflege, doppelter Übermittlungsaufwand, doppelte Verarbeitungen etc. nötig. Eine technisch dem Autor durchaus realisierbar erscheinende Erleichterung wäre die Einreichung des (umfangreicheren) Datensatzes beim Finanzamt, was dann automatisch einen auf das gesetzliche Mindestmaß verkürzten Jahresabschluss beim Bundesanzeiger veröffentlicht oder hinterlegt. Denn das genutzte Dateiformat ist bereits jetzt bei beiden Institutionen das Selbe.

2.4   Handelsschiffe im internationalen Verkehr (§ 5a EStG)

Betreiber von Handelsschiffen im internationalen Verkehr können ihren Gewinn auf Antrag pauschal nach der Tonnage der Schiffe berechnen. Der Gewinn wird also für Steuerzwecke nicht durch Betriebsvermögensvergleich festgestellt, sondern nach dem Stauraum des Schiffs. Für einige steuerliche Zwecke ist es aber dennoch notwendig, eine Bilanz (je nach Fall auch eine Gewinn- und Verlustrechnung, Ergänzungs- und Sonderbilanzen, und andere mehr) zu erstellen (vgl. BMF-Schreiben vom 12.6.2002, Rz. 36). Diese Rechenwerke (§ 60 Abs. 3 EStDV) müssen elektronisch eingereicht werden (§ 5b Abs. 1 S. 1 EStG). Die Ermittlung der Tonnagesteuer muss nicht elektronisch übermittelt werden (Kaminski 2012).

2.5   Bilanzen in anderen Situationen (nicht Jahresabschluss)

In der Regel erstellen Unternehmen eine Bilanz zum Ende ihres Wirtschaftsjahres. Aber es gibt auch andere Situationen, in denen eine Bilanz benötigt wird. Das Bundesministerium der Finanzen (BMF)-Schreiben zum Thema E-Bilanz vom 28. September 2011 nennt in Randziffer 1 Situationen, welche die Aufstellung einer Bilanz bedingen. Dazu zählen folgende Gelegenheiten:

1. Betriebsveräußerung
2. Betriebsaufgabe,
3. Änderung der Gewinnermittlungsart
4. Umwandlungsfälle.

Bei Personengesellschaften muss auch bei Gesellschafterwechsel eine Bilanz erstellt werden. Das führt unter Umständen dazu, dass in einem einzelnen Wirtschaftsjahr eine Vielzahl von Bilanzen gefordert wird. Auch wenn diese Situationen nicht explizit im BMF-Schreiben genannt werden, fallen die in ihrem Rahmen erstellten Bilanzen wohl doch auch unter die Pflicht der elektronischen Übermittlung (vgl. Althoff et al. 2013, S. 64). Das bedeutet, dass jeweils ein vollständiges Global Common Document (GCD) -Modul und ein GAAP-Modul übermittelt werden muss. Andernfalls droht die Ablehnung durch den Elster Richt Client (ERiC, vgl. Kap. 4.7). Je nach verwendeter Software kommt es zu Redundanzen im Rahmen der E-Bilanz-Erstellung, die sich vermutlich oft nicht vermeiden lassen.

2.6   E-Bilanz-Ausnahmen nur im Härtefall

Manche Unternehmer werden sich fragen, ob es gar keinen Weg um die Strapazen der E-Bilanz herum gibt. Schließlich hält das deutsche Steuerrecht enorme Mengen an Ausnahmeregelungen vor, auch Ausnahmen von einer Ausnahme sind durchaus die Regel. Gibt es ausgerechnet im Bereich E-Bilanz kein Schlupfloch?

Das Schlupfloch heißt „Härtefallantrag" und ist in den §§ 5b Abs. 2 EStG und 150 Abs. 8 AO geregelt. Der Gesetzgeber toleriert zwar Taxonomien mit über 4.000 Positionen, unbillige Härten für Unternehmer sollen aber vermieden werden. Daher sollen Finanzämter erlauben, dass die Steuerbilanz auf Papier ihren Weg zum Fiskus findet, wenn eine DFÜ-Übermittlung dem Steuerpflichtigen

> …wirtschaftlich oder persönlich unzumutbar ist. Dies ist insbesondere der Fall wenn die Schaffung der technischen Möglichkeiten für eine Datenfernübertragung des amtlich vorgeschriebenen Datensatzes nur mit einem nicht **unerheblichen finanziellen Aufwand möglich** wäre oder wenn der Steuerpflichtige nach seinen **individuellen Kenntnissen und Fähigkeiten nicht oder nur** eingeschränkt in der Lage wäre …. (§ 150 Abs. 8 S. 1 und 2 AO)

Diese Voraussetzungen sieht der Gesetzgeber „insbesondere bei Kleinstbetrieben" gegeben (vgl. BT-Drs. 16/10940, S. 10).

Ein Antrag muss vorliegen. Der Gesetzgeber schreibt in der Gesetzesbegründung, dass der Unternehmer diesen Antrag auch immer dann stellt, wenn er seine Bilanz wie bisher per Post an das Finanzamt schickt[1]. Ein Antrag mit einem gesonderten Schreiben und mit etwas mehr inhaltlicher Begründung ist für einen positiven Antragsbescheid sicherlich nicht hinderlich. Nun fehlen bisher[2] belastbare Erkenntnisse darüber, wie die Finanzbehörde solche Anträge handhabt. Allerdings wird in der Literatur (vgl. bspw. Althoff et al. 2013, S. 39; Koch et al. 2012, S. 45) bezweifelt, dass Härtefallanträge in vielen Fällen

---

[1] Deswegen soll die Pflicht, einen Antrag zu stellen, auch keinen Bürokratieaufwand bedeuten – schließlich wurde die E-Bilanz mit dem Steuerbürokratieabbaugesetz verabschiedet!

[2] Zeitpunkt der Verfassung des Textteils: April 2014.

Erleichterung verschaffen werden. Kleine und Kleinstbetriebe ohne Steuerberater haben wohl noch die höchste Aussicht auf Erfolg mit einem Härtefallantrag.

Chancen werden – zumindest wenn ein Antrag ordentlich begründet ist – auch Unternehmern eingeräumt, die kurz vor der Liquidation oder kurz nach der Gründung stehen.

▶   Wer für sich hohen Aufwand aufgrund der E-Bilanz fürchtet, der kann mit einem gut begründeten schriftlichen Härtefallantrag wenig verlieren. Dieser Antrag sollte rechtzeitig gestellt werden. Wird ihm stattgegeben, kann der Unternehmer die Bilanz des betreffenden Jahres per Papier einreichen. Wird der Antrag abgelehnt – und graust dem Unternehmer vor weiteren juristischen Kämpfen mit dem Finanzamt – kann die E-Bilanz danach immer noch eingereicht werden. Wichtig ist, diesen Fall mit einzukalkulieren und den Antrag frühzeitig zu stellen, bevor Fristen drohen.

Unternehmen, die Steuerberater mit der Erstellung der Bilanz beauftragen, haben deutlich schlechtere Chancen auf einen erfolgreichen Härtefallantrag. Dem Berufsstand wird zugemutet, dass er die E-Bilanz-Anforderungen bewältigt.

2.7   Zuständiges Finanzamt

Alle Bilanzen bundesweit werden über eine einzige Schnittstelle eingereicht. An der Zuständigkeit des Finanzamts ändert das aber nichts. Beispielsweise sind Härtefallanträge direkt an das aus Zeiten vor der E-Bilanz altbekannte Finanzamt zu senden. Die E-Bilanz-Daten werden nach der Einreichung dem zuständigen Finanzamt weitergeleitet.

2.8   Sanktionen bei Missachtung

Ein Unternehmer, der seine Bilanz per Briefpost zum Finanzamt schickt, wird vom Finanzamt in vielen Fällen darauf hingewiesen werden, dass er die Rechenwerke elektronisch zu übermitteln hat. Was passiert, wenn er das nicht tut?

Das BMF hat angekündigt, dass dann die gleichen Maßnahmen drohen, die greifen würden, wenn die Bilanz überhaupt nicht eingereicht worden wäre (vgl. BMF-Schreiben vom 19. Januar 2010, Rz. 4). Hierbei gilt sogar eine Verschärfung: Da ERiC (vgl. Kap. 4.7) nur rechnerisch richtige und komplette Datensätze annimmt, entspricht seit der E-Bilanz ein unvollständiges Einreichen von Datensätzen vom Tatbestand her den überhaupt nicht eingereichten Bilanzen aus den Zeiten des Papiers. Wenn früher mancher Praktiker ein Feld auslassen konnte, und das auch beim Sachbearbeiter des Finanzamts akzeptiert wurde, wird nun jeder Datensatz nur vollständig und rechnerisch richtig akzeptiert (vgl. BMF vom 31.8.2010, Rz. 10).

Papiereinreichungen oder gescheiterte Online-Übermittlungsversuche können dazu führen, dass Sanktionen festgesetzt werden. Diese dürfen 25.000 EUR nicht überschreiten und müssen – beruhigender für die meisten Praktiker – schriftlich angedroht werden (§§ 329, 331 AO).

Übermittlungspflicht bei Gewinnermittlung nach § 4 Abs. 3 EStG

Wenn ein Unternehmen weder nach Handels- noch nach Steuerrecht zur Buchführung verpflichtet ist und auch nicht freiwillig Bücher führt, dann erfolgt die Gewinnermittlung durch die Einnahmenüberschussrechnung (EÜR) im Sinne des § 4 Abs 3 EStG.

Bei der EÜR wird der Gewinn durch die Errechnung des Überschusses der Betriebseinnahmen über die Betriebsausgaben ermittelt. Eine Bilanz wird nicht erstellt. Folglich greifen auch die Vorschriften zur E-Bilanz nicht.

Dennoch muss auch hier mit der Anlage EÜR ein vom Bundesfinanzministerium vorgeschriebener Datensatz elektronisch übermittelt werden (§ 60 Abs. 4 EStDV). Dies gilt bereits seit dem Veranlagungszeitraum 2011 gemäß § 84 Abs. 3d EStDV. Auch hier profitiert das Finanzamt von einer höheren Detailtiefe, wenn dem amtlichen Datensatz genüge getan wird.

Allerdings ergeben sich hier gegenüber den Bilanzierenden folgende Erleichterungen:

- Die Finanzbehörden stellen im Rahmen ihrer Elster-Software den Vordruck EÜR kostenlos zu Verfügung. Der Unternehmer benötigt nicht zwingend eine eigene Buchhaltungssoftware.
- Es existiert eine Kleinstunternehmererleichterung. Wer unter 17.500 EUR Betriebseinnahmen pro Jahr bleibt, ist von der zwingenden elektronischen Übermittlung des vorgeschriebenen Datensatzes ausgenommen. Einnahmen und Ausgaben können formlos zusammengestellt werden.

Literatur

Abgabenordnung vom 01. Oktober 2002 in der Fassung vom 21. Juli 2012, Aufl. 62, NWB Verlag Herne

Althoff F, Arnold A, Jansen A, Polka T, Wetzel F (2013) E-Bilanz – Grundlagen, Umsetzung, Folgen der Umstellung. Haufe, Freiburg

Bericht des Finanzausschusses (7. Ausschuss) zu dem Gesetzentwurf der Bundesregierung – Drucksachen 16/10188, 16/10579, 16/10665 Nr. 7 – Entwurf eines Gesetzes zur Modernisierung und Entbürokratisierung des Steuerverfahrens (Steuerbürokratieabbaugesetz)

BMF-Schreiben vom 12. Juni 2002, IV A 6 – S 2133a-11/02

BMF-Schreiben vom 19. Januar 2010, IV C 6 – S 2133-b/0

BMF-Schreiben vom 28. September 2011, IV C 6 – S2133-b/11/10009

BMF-Schreiben vom 22. Juni 2012, IV A 4 – S 1450/09/10001

Dißars (2013) in: Schwarz, Abgabenordnung, 141 AO RZ. 39, Stand 11.4.2013

Handelsgesetzbuch vom 10. Mai 1897 in der Fassung vom 06. März 2012, Aufl. 53, Deutscher Taschenbuch Verlag, München

Kaminski in Frotscher, EStG, § 5b EStG, Stand 15.2.2012, Haufe Index 2863146

Koch S, Nagel C, Maltseva N (2012) E-Bilanz – rationell und richtig umstellen. NWB, Herne

Erstmaliger verpflichtender Anwendungszeitpunkt

3.1 In der Regel ab 2013

Grundsätzlich gilt: Jahresabschlüsse für **Wirtschaftsjahre, die nach dem 31.12.2012** beginnen, sind elektronisch zu übermitteln. Wenn das Wirtschaftsjahr dem Kalenderjahr entspricht, greift die E-Bilanz erstmals für den Jahresabschluss auf dem 31.12.2013. Liegt ein Rumpfwirtschaftsjahr vor, beispielsweise vom 1.2.–30.6.2013, muss die Bilanz auf den 30.6.2013 elektronisch übermittelt werden. Der verpflichtende Anwendungszeitpunkt ist damit von ursprünglich 2011 und später 2012 um ein weiteres Jahr nach hinten verschoben worden. 2011 war die Übermittlung von E-Bilanzen auch auf freiwilliger Basis nicht möglich, 2012 konnte der Jahresabschluss fakultativ elektronisch eingereicht werden.

Wer bisher seine Einheitsbilanz (also Handelsbilanz gleich Steuerbilanz) mit den Steuererklärungen zum Finanzamt schickte, sandte für gewöhnlich nicht nur die Daten des aktuellen Berichtsjahres, sondern auch die des Vorjahres mit, die in einer Vergleichsspalte gleich neben den aktuellen Zahlen zu finden waren. Denn eine handelsrechtlich erstellte Bilanz muss nach § 265 Abs. 2 HGB zu jedem Posten den entsprechenden Betrag des vorhergehenden Geschäftsjahres beinhalten. Die E-Bilanz verlangt das nicht. Die Zahlen von 2013 müssen erstmalig per E-Bilanz abgegeben werden, und zwar ohne die Vorjahreswerte. Für spätere Geschäftsjahre könnte es aber notwendig werden, die Vorjahreszahlen mit zu übermitteln.

Diese Regelungen zum Anwendungszeitpunkt sind nicht nur auf die Erstellung von Jahresabschlussbilanzen begrenzt. Sie gelten bei berichtigten und geänderten Bilanzen,

© Springer Fachmedien Wiesbaden 2014

B. J. Feindt, *Die E-Bilanz in kleinen und mittleren Unternehmen (KMU)*,
DOI 10.1007/978-3-658-06060-2_3

Erstellung einer Bilanz im Zuge der Betriebsveräußerung oder Aufgabe, bei Umwandlungsfällen oder Gesellschafterwechsel.

Betroffene Unternehmer dürfen nur per Papier übermitteln, wenn ein Härtefallantrag gestellt und vom Finanzamt akzeptiert wurde. Für einige Unternehmen greift aber eine Übergangsregelung, die eine spätere Umstellung auf die elektronische Übermittlung vorsieht.

3.2   In Sonderfällen später

3.2.1   Personengesellschaften: Teile Kapitalkontenentwicklung, Sonder- und Ergänzungsbilanzen später

3.2.1.1   Teil Kapitalkontenentwicklung ab 2015

Kapitalkonten haben für die Besteuerung eine hohe Bedeutung. Wenn Gesellschaften Gewinne oder Verluste erzielen, werden diese über die Gewinnverteilung und die Buchung auf Kapitalkonten den Gesellschaftern zugewiesen. Wenn Gesellschafter Gesellschaftsanteile veräußern, haben Kapitalkonten wesentlichen Einfluss auf den zu versteuernden Veräußerungsgewinn. Wer als Kommanditist negative Kapitalkonten hat, kann Verluste der Gesellschaft nur schwer mit Gewinnen aus anderen Einkunftsarten verrechnen. Bei Überentnahmen können Zinszahlungen der Gesellschaft nur beschränkt als Betriebsausgabe abgezogen werden.

Kapitalkonten haben also in vielen Situationen einen direkten Bezug zur Steuerlast der Gesellschafter. Daher überrascht es nicht, dass das Finanzamt deren Entwicklung möglichst detailliert aufgegliedert sehen möchte.

Personengesellschaften führen für ihre Gesellschafter Kapitalkonten im Eigenkapitalbereich der Bilanz. Diese nehmen beispielsweise das Kommanditkapital, Gewinnzuweisungen oder Entnahmen auf. Die Entwicklung der Kapitalkonten wird zusätzlich in einem eigenständigen Tableau gezeigt. Diese Kapitalkontenentwicklung ist ebenfalls wie die Bilanz per DFÜ zu übermitteln. Sie stellt einen gesonderten Berichtsbestandteil innerhalb des GAAP-Moduls dar. Zusätzlich findet man die Kapitalkonten auch in der elektronisch übermittelten Bilanz im Eigenkapitalbereich einer Personengesellschaft.

Diese Kapitalkontenentwicklung muss für jeden einzelnen Gesellschafter aufgestellt werden. In der E-Bilanz-Pilotphase in 2011 hat sich herausgestellt, dass gerade bei vielen Gesellschaftern die IT-technische Umsetzung anspruchsvoll sein kann. Daher wurde eine **verpflichtende Übersendung der Kapitalkontenentwicklung erst für Wirtschaftsjahre** festgelegt, die **nach dem 31. Dezember 2014** beginnen (vgl. BMF vom 28. September 2011, RN 20 f.). Wer diese Erleichterung nutzt, muss die Mussfelder (in Tab. 3.1. und Tab. 3.2 kursiv hervorgehoben) ausfüllen.

Die nachfolgenden Tabellen zeigen die E-Bilanz Positionen der Kapitalkonten und die Positionen des Berichtsbestandteils „Kapitalkontenentwicklung".

Tab. 3.1 Eigenkapitalpositionen für Personengesellschaften nach der Steuertaxonomie 5.2. (**Kursiv: Mussfelder**)

3	*Eigenkapital*
4	*Gezeichnetes Kapital/Kapitalkonto/Kapitalanteile*
5	*Kapitalanteile der persönlich haftenden Gesellschafter*
6	*Kapitalanteile der persönlich haftenden Gesellschafter, Summe Anfangskapital*
6	*Kapitalanteile der persönlich haftenden Gesellschafter, Summe Kapitalanpassungen nach BilMoG*
6	*Kapitalanteile der persönlich haftenden Gesellschafter, Summe Kapitalanpassungen*
6	*Kapitalanteile der persönlich haftenden Gesellschafter, Summe Einlagen*
7	Davon Sacheinlagen zum Buchwert
7	Davon übrige Sacheinlagen
6	*Kapitalanteile der persönlich haftenden Gesellschafter, Summe Entnahmen*
7	Davon Sonderausgaben und AGB
7	Davon unentgeltliche Wertabgaben
7	Davon Sachentnahmen zum Buchwert
7	Davon übrige Sachentnahmen
6	*Kapitalanteile der persönlich haftenden Gesellschafter, Summe Kapitaländerung durch Übertragung einer § 6b EStG Rücklage*
6	*Kapitalanteile der persönlich haftenden Gesellschafter, Summe Jahresüberschuss*
6	*Kapitalanteile der persönlich haftenden Gesellschafter, Summe Kapitalumgliederungen*
6	Davon Kapitalanteile Gesellschafter im Einzelnen
7	Name des Gesellschafters [persönlich haftender Gesellschafter]
7	Stand Kapitalkonto [persönlich haftender Gesellschafter]
8	Davon Festkapitalkonto
8	Davon variables Kapitalkonto
8	Davon Verlustvortragskonto
8	Davon Gesellschafterdarlehen als Eigenkapital
8	Davon verrechneter nicht durch Vermögenseinlagen gedeckter Verlustanteil
8	Davon verrechnete nicht durch Vermögenseinlagen gedeckte Entnahmen
8	Davon verrechnete Einzahlungsverpflichtungen
6	Kapitalanteile der persönlich haftenden Gesellschafter, davon Festkapitalkonto (Komplementär)
6	Kapitalanteile der persönlich haftenden Gesellschafter, davon variables Kapitalkonto
6	Kapitalanteile der persönlich haftenden Gesellschafter, davon Verlustvortragskonto
5	*Nicht eingeforderte ausstehende Einlagen der persönlich haftenden Gesellschafter*
5	Davon eingefordertes Kapital der persönlich haftende Gesellschafter
5	*Kapitalanteile der Kommanditisten*
6	*Kapitalanteile der Kommanditisten, Summe Anfangskapital*
6	*Kapitalanteile der Kommanditisten, Summe Kapitalanpassungen nach BilMoG*
6	*Kapitalanteile der Kommanditisten, Summe Kapitalanpassungen*
6	*Kapitalanteile der Kommanditisten, Summe Einlagen*

Tab. 3.1 (Fortsetzung)

7	Davon Sacheinlagen zum Buchwert
7	Davon übrige Sacheinlagen
6	*Kapitalanteile der Kommanditisten, Summe Entnahmen*
7	Davon Sonderausgaben und AGB
7	Davon unentgeltliche Wertabgaben
7	Davon Sachentnahmen zum Buchwert
7	Davon übrige Sachentnahmen
6	*Kapitalanteile der Kommanditisten, Summe Kapitaländerung durch Übertragung einer § 6b EStG Rücklage*
6	*Kapitalanteile der Kommanditisten, Summe Jahresüberschuss*
6	*Kapitalanteile der Kommanditisten, Summe Kapitalumgliederungen*
6	Kapitalanteile der Kommanditisten, davon Kapitalanteile Gesellschafter im Einzelnen
7	Name des Gesellschafters (Kommanditist)
7	Stand Kapitalkonto (Kommanditist)
8	Davon Kommanditkapital (Kommanditist)
8	Davon variables Kapitalkonto (Kommanditist)
8	Davon Verlustvortragskonto (Kommanditist)
8	Davon Gesellschafterdarlehen als Eigenkapital (Kommanditist)
8	Davon verrechneter nicht durch Vermögenseinlagen gedeckter Verlustanteil (Kommanditist)
8	Davon verrechnete nicht durch Vermögenseinlagen gedeckte Entnahmen (Kommanditist)
8	Davon verrechnete Einzahlungsverpflichtungen (Kommanditist)
6	Davon Kommandit-Kapital (Kommanditisten)
6	Davon variables Kapitalkonto (Kommanditisten)
6	Davon Verlustausgleichskonto (Kommanditisten)
5	Davon steuerlicher Ausgleichsposten
5	*Nicht eingeforderte ausstehende Einlagen der Kommanditisten*
5	Davon eingefordertes Kapital der Kommanditisten
4	*Gesellschafterdarlehen mit EK-Charakter*
4	*Genussrechtskapital mit Eigenkapital-Charakter*
4	*Nachrangiges Kapital (Eigenkapital-Charakter)*
4	*Einlagen stiller Gesellschafter mit EK-Charakter*
4	*Rücklagen (gesamthänderisch gebunden)*
5	Rücklage (gesamthänderisch gebunden) des letzten Stichtags
5	Rücklage (gesamthänderisch gebunden) Kapitalanpassungen
5	Rücklage (gesamthänderisch gebunden) Umschichtungen
5	Rücklage (gesamthänderisch gebunden) Zuführungen/Minderungen lfd. Jahr
5	*Rücklage für Anteile an einem herrschenden oder mehrheitlich beteiligten Unternehmen*
6	Rücklage für Anteile an einem herrschenden oder mehrheitlich beteiligten Unternehmen des letzten Stichtags

Tab. 3.1 (Fortsetzung)

6	Rücklage für Anteile an einem herrschenden oder mehrheitlich beteiligten Unternehmen, Kapitalanpassungen
6	Rücklage für Anteile an einem herrschenden oder mehrheitlich beteiligten Unternehmen, Umschichtungen
6	Rücklage für Anteile an einem herrschenden oder mehrheitlich beteiligten Unternehmen, Zuführungen/Minderungen lfd. Jahr
5	*Satzungsmäßige Rücklagen*
6	Satzungsmäßige Rücklage des letzten Stichtags
6	Satzungsmäßige Rücklagen, Kapitalanpassungen
6	Satzungsmäßige Rücklagen, Umschichtungen
6	Satzungsmäßige Rücklagen, Zuführungen/Minderungen lfd. Jahr
5	*Gewinnrücklage mit Ausschüttungssperre für aktivierte Aufwendungen für die Ingangsetzung und Erweiterung des Geschäftsbetriebs*
6	Gewinnrücklage mit Ausschüttungssperre für aktivierte Aufwendungen für die Ingangsetzung und Erweiterung des Geschäftsbetriebs des letzten Stichtags
6	Gewinnrücklage mit Ausschüttungssperre für aktivierte Aufwendungen für die Ingangsetzung und Erweiterung des Geschäftsbetriebs, Kapitalanpassungen
6	Gewinnrücklage mit Ausschüttungssperre für aktivierte Aufwendungen für die Ingangsetzung und Erweiterung des Geschäftsbetriebs, Umschichtungen
6	Gewinnrücklage mit Ausschüttungssperre für aktivierte Aufwendungen für die Ingangsetzung und Erweiterung des Geschäftsbetriebs, Zuführungen/Minderungen lfd. Jahr
5	*Gewinnrücklage mit Ausschüttungssperre für einen aktivierten Abgrenzungsposten für latente Steuern*
6	Gewinnrücklage mit Ausschüttungssperre für einen aktivierten Abgrenzungsposten für latente Steuern des letzten Stichtags
6	Gewinnrücklage mit Ausschüttungssperre für einen aktivierten Abgrenzungsposten für latente Steuern, Kapitalanpassungen
6	Gewinnrücklage mit Ausschüttungssperre für einen aktivierten Abgrenzungsposten für latente Steuern, Umschichtungen
6	Gewinnrücklage mit Ausschüttungssperre für einen aktivierten Abgrenzungsposten für latente Steuern, Zuführungen/Minderungen lfd. Jahr
5	*Gewinnrücklage mit Ausschüttungssperre für aktivierte Aufwendungen im Zusammenhang mit der Euro-Umstellung*
6	Gewinnrücklage mit Ausschüttungssperre für aktivierte Aufwendungen im Zusammenhang mit der Euro-Umstellung des letzten Stichtags
6	Gewinnrücklage mit Ausschüttungssperre für aktivierte Aufwendungen im Zusammenhang mit der Euro-Umstellung, Kapitalanpassungen
6	Gewinnrücklage mit Ausschüttungssperre für aktivierte Aufwendungen im Zusammenhang mit der Euro-Umstellung, Umschichtungen
6	Gewinnrücklage mit Ausschüttungssperre für aktivierte Aufwendungen im Zusammenhang mit der Euro-Umstellung, Zuführungen/Minderungen lfd. Jahr

Tab. 3.1 (Fortsetzung)

5	*Gewinnrücklage mit Ausschüttungssperre für selbst geschaffene immaterielle Vermögensgegenstände des Anlagevermögens unter Berücksichtigung der darauf entfallenden passiven latenten Steuern*
6	Gewinnrücklage mit Ausschüttungssperre für selbst geschaffene immaterielle Vermögensgegenstände des Anlagevermögens unter Berücksichtigung der darauf entfallenden passiven latenten Steuern des letzten Stichtags
6	Gewinnrücklage mit Ausschüttungssperre für selbst geschaffene immaterielle Vermögensgegenstände des Anlagevermögens unter Berücksichtigung der darauf entfallenden passiven latenten Steuern, Kapitalanpassungen
6	Gewinnrücklage mit Ausschüttungssperre für selbst geschaffene immaterielle Vermögensgegenstände des Anlagevermögens unter Berücksichtigung der darauf entfallenden passiven latenten Steuern, Umschichtungen
6	Gewinnrücklage mit Ausschüttungssperre für selbst geschaffene immaterielle Vermögensgegenstände des Anlagevermögens unter Berücksichtigung der darauf entfallenden passiven latenten Steuern, Zuführungen/Minderungen lfd. Jahr
5	*Gewinnrücklage mit Ausschüttungssperre für zum beizulegenden Zeitwert bilanzierte Vermögensgegenstände, soweit dieser die Anschaffungskosten übersteigt unter Berücksichtigung der darauf entfallenden passiven latenten Steuern*
6	Gewinnrücklage mit Ausschüttungssperre für zum beizulegenden Zeitwert bilanzierte Vermögensgegenstände, soweit dieser die Anschaffungskosten übersteigt unter Berücksichtigung der darauf entfallenden passiven latenten Steuern des letzten Stichtags
6	Gewinnrücklage mit Ausschüttungssperre für zum beizulegenden Zeitwert bilanzierte Vermögensgegenstände, soweit dieser die Anschaffungskosten übersteigt unter Berücksichtigung der darauf entfallenden passiven latenten Steuern, Kapitalanpassungen
6	Gewinnrücklage mit Ausschüttungssperre für zum beizulegenden Zeitwert bilanzierte Vermögensgegenstände, soweit dieser die Anschaffungskosten übersteigt unter Berücksichtigung der darauf entfallenden passiven latenten Steuern, Umschichtungen
6	Gewinnrücklage mit Ausschüttungssperre für zum beizulegenden Zeitwert bilanzierte Vermögensgegenstände, soweit dieser die Anschaffungskosten übersteigt unter Berücksichtigung der darauf entfallenden passiven latenten Steuern, Zuführungen/Minderungen lfd. Jahr
5	*Sonderrücklage*
6	*Sonderrücklage, Erläuterungen zur Sonderrücklage*
6	Sonderrücklage des letzten Stichtags
6	Sonderrücklage, Kapitalanpassungen
6	Sonderrücklage, Umschichtungen
6	Sonderrücklage, Zuführungen/Minderungen lfd. Jahr
5	*Andere Gewinnrücklagen*
6	Andere Gewinnrücklagen, davon nach § 58 Abs. 2a AktG
6	Andere Gewinnrücklagen, davon frei verfügbare Rücklagen
6	Andere Gewinnrücklagen, davon Mehrerwerbskosten für eigene Anteile (von freien Rücklagen offen abzusetzen)
6	Andere Gewinnrücklage des letzten Stichtags
6	Andere Gewinnrücklage, Kapitalanpassungen

Tab. 3.1 (Fortsetzung)

6	Andere Gewinnrücklage, Umschichtungen
6	Andere Gewinnrücklage, Zuführungen/Minderungen lfd. Jahr
5	*Andere Ergebnisrücklagen*
6	Andere Ergebnisrücklagen, davon aus dem Bilanzgewinn des Vorjahres eingestellt
6	Andere Ergebnisrücklage, davon aus dem Jahresüberschuss des Geschäftsjahres eingestellt
6	Andere Ergebnisrücklage, davon für das Geschäftsjahr entnommen
6	Andere Ergebnisrücklage des letzten Stichtags
6	Andere Ergebnisrücklage, Kapitalanpassungen
6	Andere Ergebnisrücklage, Umschichtungen
6	Andere Ergebnisrücklage, Zuführungen/Minderungen lfd. Jahr
5	Gewinnrücklagen/Ergebnisrücklagen, davon für Ausscheidungszwecke von Genossen auszuzahlen
4	Eigenkapital, davon zur Durchführung der Kapitalerhöhung geleistete Einlagen
4	Eigenkapital, davon Gewinn-/Verlustvortrag – bei Personen(handels)gesellschaften
4	*Gewinn-/Verlustvortrag – bei Personen(handels)gesellschaften nach § 264c HGB*
4	Davon Jahresüberschuss/-fehlbetrag (Bilanz) – bei Personen(handels)gesellschaften
4	*Jahresüberschuss/-fehlbetrag (Bilanz) – bei Personen(handels)gesellschaften nach § 264c HGB*
4	Davon Bilanzgewinn/Bilanzverlust (Bilanz) – bei Personen(handels)gesellschaften
5	Davon Gewinn-/Verlustvortrag (Bilanzvermerk bei teilweiser Ergebnisverwendung)
5	Davon zur Entnahme vorgesehen
5	Davon Einstellung in Rücklagen
5	Davon Entnahme aus Rücklagen
5	Davon Verzinsung Geschäftsguthaben
4	*Bilanzgewinn/Bilanzverlust (Bilanz) – bei Personen(handels)gesellschaften nach § 264c HGB*
4	*Steuerlicher Ausgleichsposten*
5	Inhalt des steuerlichen Ausgleichspostens
5	Steuerlicher Ausgleichsposten – des letzten Stichtags
5	Steuerlicher Ausgleichsposten, Kapitalanpassungen
5	Steuerlicher Ausgleichsposten, Umschichtungen
5	Steuerlicher Ausgleichsposten, Zuführungen/Minderungen lfd. Jahr
4	*Währungsumrechnungsdifferenzen*
4	*Nicht durch Eigenkapital gedeckter Fehlbetrag (Passivausweis)*
4	Nachrichtlich: nicht gedeckter Fehlbetrag (Passivausweis)

Tab. 3.2 Taxonomiepositionen des Berichtsbestandteils **Kapitalkontenentwicklung** (Taxonomieversion 5.2)

Ebene	Positionsbezeichnung
1	Kapitalkontenentwicklung für Personenhandelsgesellschaften und andere Mitunternehmerschaften
2	Unbeschränkt haftende Gesellschafter (Kapitalkontenentwicklung für Personenhandelsgesellschaften und andere Mitunternehmerschaften)
3	Name des Gesellschafters (Kapitalkontenentwicklung für Personenhandelsgesellschaften und andere Mitunternehmerschaften, Vollhafter)
4	Gesellschaftergruppe (Kapitalkontenentwicklung für Personenhandelsgesellschaften und andere Mitunternehmerschaften, Vollhafter)
4	Gesellschafterschlüssel, unternehmensbezogenes/betriebsinternes Zuordnungsmerkmal
4	Nummer des Beteiligten aus Feststellungserklärung (Vordruck FB, Vollhafter)
3	Summe der Kapitalkonten des Gesellschafters (Kapitalkontenentwicklung für Personenhandelsgesellschaften und andere Mitunternehmerschaften, Vollhafter)
4	Kapitalkontenarten (Kapitalkontenentwicklung für Personenhandelsgesellschaften, Vollhafter)
5	Bezeichnung der Eigenkapitalkonten (Kapitalkontenentwicklung für Personenhandelsgesellschaften und andere Mitunternehmerschaften, Vollhafter)
6	Festkapital
6	Variables Kapital
6	Verlustvortragskonto
6	Gesellschafterdarlehen als Eigenkapital [persönlich haftender Gesellschafter]
6	Verrechneter nicht durch Vermögenseinlagen gedeckter Verlustanteil (persönlich haftender Gesellschafter)
6	Verrechnete nicht durch Vermögenseinlagen gedeckte Entnahmen (persönlich haftender Gesellschafter)
6	Steuerlicher Ausgleichsposten
6	Jahresüberschuss/-fehlbetrag (Bilanz) – bei Personen(handels)gesellschaften nach § 264c HGB
6	Gewinn-/Verlustvortrag – bei Personen(handels)gesellschaften nach § 264c HGB
6	Bilanzgewinn/Bilanzverlust (Bilanz) – bei Personen(handels)gesellschaften nach § 264c HGB
6	Genussrechtskapital mit Eigenkapital-Charakter
6	Nachrangiges Kapital (Eigenkapital-Charakter)
6	Einlagen stiller Gesellschafter mit EK-Charakter
6	Gewinnrücklagen/Ergebnisrücklagen
6	Nicht eingeforderte ausstehende Einlage
6	Anteile an den Rücklagen
6	Währungsumrechnungsdifferenzen
6	Nachrangiges Kapital [Aktivseite]
6	Einlagen stiller Gesellschafter mit Eigenkapital-Charakter [Aktivseite]

Tab. 3.2 (Fortsetzung)

Ebene	Positionsbezeichnung
5	Bezeichnung der Fremdkapitalkonten (Kapitalkontenentwicklung für Personenhandelsgesellschaften und andere Mitunternehmerschaften, Vollhafter)
6	Darlehen mit Fremdkapitalcharakter
6	Forderungen
6	Verrechnungskonto Einzahlungsverpflichtungen
6	Ausstehende Einlagen eingefordert
6	Ausstehende Einlagen nicht eingefordert
6	Andere
5	Endbestand Eigenkapitalkonto (Kapitalkontenentwicklung für Personenhandelsgesellschaften und andere Mitunternehmerschaften, Vollhafter)
6	Anfangsbestand Kapitalkonto (Kapitalkontenentwicklung für Personenhandelsgesellschaften und andere Mitunternehmerschaften, Vollhafter)
6	Einlagen (Kapitalkontenentwicklung für Personenhandelsgesellschaften und andere Mitunternehmerschaften, Vollhafter)
7	Einlagen (Kapitalkontenentwicklung, Vollhafter), davon Einlagen Grundstücksertrag
7	Einlagen (Kapitalkontenentwicklung, Vollhafter), davon Einlagen Privatsteuern
7	Einlagen (Kapitalkontenentwicklung, Vollhafter), davon Sacheinlagen zum Buchwert
7	Einlagen (Kapitalkontenentwicklung, Vollhafter), davon übrige Sacheinlagen
6	Entnahmen (Kapitalkontenentwicklung für Personenhandelsgesellschaften und andere Mitunternehmerschaften, Vollhafter)
7	Entnahmen (Kapitalkontenentwicklung, Vollhafter), davon Privatsteuern
7	Entnahmen (Kapitalkontenentwicklung, Vollhafter), davon Sonderausgaben und AGB
7	Entnahmen (Kapitalkontenentwicklung, Vollhafter), davon Grundstücksaufwand
7	Entnahmen (Kapitalkontenentwicklung, Vollhafter), davon unentgeltliche Wertabgaben
7	Entnahmen (Kapitalkontenentwicklung, Vollhafter), davon Sachentnahmen zum Buchwert
7	Entnahmen (Kapitalkontenentwicklung, Vollhafter), davon übrige Sachentnahmen
6	Kapitaländerung durch Übertragung einer § 6 b EStG Rücklage (Kapitalkontenentwicklung für Personenhandelsgesellschaften, Vollhafter)
6	Ergebnisanteil (Kapitalkontenentwicklung für Personenhandelsgesellschaften und andere Mitunternehmerschaften, Vollhafter)
6	Umbuchungen auf andere Kapitalkonten (Kapitalkontenentwicklung für Personenhandelsgesellschaften und andere Mitunternehmerschaften, Vollhafter)
6	Andere Kapitalkontenanpassungen (Kapitalkontenentwicklung für Personenhandelsgesellschaften und andere Mitunternehmerschaften, Vollhafter)
5	Endbestand Fremdkapitalkonten (Kapitalkontenentwicklung für Personenhandelsgesellschaften und andere Mitunternehmerschaften, Vollhafter)
6	Anfangsbestand Kapitalkonto (Kapitalkontenentwicklung für Personenhandelsgesellschaften und andere Mitunternehmerschaften, Vollhafter)
6	Erhöhungen

Tab. 3.2 (Fortsetzung)

Ebene	Positionsbezeichnung
6	Verminderungen
2	Beschränkt haftende Gesellschafter (Kapitalkontenentwicklung für Personenhandels-gesellschaften und andere Mitunternehmerschaften, Teilhafter)
3	Name des Gesellschafters (Kapitalkontenentwicklung für Personenhandelsgesell-schaften und andere Mitunternehmerschaften, Teilhafter)
4	Gesellschaftergruppe (Kapitalkontenentwicklung für Personenhandelsgesellschaften und andere Mitunternehmerschaften, Teilhafter)
4	Gesellschafterschlüssel, unternehmensbezogenes/betriebsinternes Zuordnungsmerkmal
4	Nummer des Beteiligten aus Feststellungserklärung (Vordruck FB, Teilhafter)
3	Summe der Kapitalkonten des Gesellschafters (Kapitalkontenentwicklung für Perso-nenhandelsgesellschaften und andere Mitunternehmerschaften, Teilhafter)
4	Kapitalkontenart (Kapitalkontenentwicklung für Personenhandelsgesellschaften und andere Mitunternehmerschaften, Teilhafter)
5	Bezeichnung Eigenkapitalkonto (Kapitalkontenentwicklung für Personenhandelsge-sellschaften und andere Mitunternehmerschaften, Teilhafter)
6	Festkapital
6	Kommanditkapital
6	Variables Kapital
6	Verlustvortragskonto
6	Gesellschafterdarlehen als Eigenkapital [Kommanditist]
6	Verrechneter nicht durch Vermögenseinlagen gedeckter Verlustanteil (Kommanditist)
6	Verrechnete nicht durch Vermögenseinlagen gedeckte Entnahmen (Kommanditist)
6	Steuerlicher Ausgleichsposten (Kommanditist)
6	Jahresüberschuss/-fehlbetrag (Bilanz) – bei Personen(handels)gesellschaften nach § 264c HGB
6	Gewinn-/Verlustvortrag – bei Personen(handels)gesellschaften nach § 264c HGB
6	Bilanzgewinn/Bilanzverlust (Bilanz) – bei Personen(handels)gesellschaften nach § 264c HGB
6	Genussrechtskapital mit Eigenkapital-Charakter
6	Nachrangiges Kapital (Eigenkapital-Charakter)
6	Einlagen stiller Gesellschafter mit EK-Charakter
6	Gewinnrücklagen/Ergebnisrücklagen
6	Nicht eingeforderte ausstehende Einlagen der Kommanditisten
6	Anteile an den Rücklagen
6	Währungsumrechnungsdifferenzen
6	Nachrangiges Kapital [Aktivseite]
6	Einlagen stiller Gesellschafter mit Eigenkapital-Charakter [Aktivseite]
5	Bezeichnung der Fremdkapitalkonten (Kapitalkontenentwicklung für Personenhan-delsgesellschaften und andere Mitunternehmerschaften, Teilhafter)

Tab. 3.2 (Fortsetzung)

Ebene	Positionsbezeichnung
6	Darlehen mit Fremdkapitalcharakter
6	Forderungen
6	Verrechnungskonto Einzahlungsverpflichtungen
6	Ausstehende Einlagen eingefordert
6	Ausstehende Einlagen nicht eingefordert
6	Andere
5	Endbestand Eigenkapitalkonto (Kapitalkontenentwicklung für Personenhandelsgesellschaften und andere Mitunternehmerschaften, Teilhafter)
6	Anfangsbestand Kapitalkonto (Kapitalkontenentwicklung für Personenhandelsgesellschaften und andere Mitunternehmerschaften, Teilhafter)
6	Einlagen (Kapitalkontenentwicklung für Personenhandelsgesellschaften und andere Mitunternehmerschaften, Teilhafter)
7	Einlagen (Kapitalkontenentwicklung, Teilhafter), davon Einlagen Grundstücksertrag
7	Einlagen (Kapitalkontenentwicklung, Teilhafter), davon Einlagen Privatsteuern
7	Einlagen (Kapitalkontenentwicklung, Teilhafter), davon Sacheinlagen zum Buchwert
7	Einlagen (Kapitalkontenentwicklung, Teilhafter), davon übrige Sacheinlagen
6	Entnahmen (Kapitalkontenentwicklung für Personenhandelsgesellschaften und andere Mitunternehmerschaften, Teilhafter)
7	Entnahmen (Kapitalkontenentwicklung, Teilhafter), davon Privatsteuern
7	Entnahmen (Kapitalkontenentwicklung, Teilhafter), davon Sonderausgaben und AGB
7	Entnahmen (Kapitalkontenentwicklung, Teilhafter), davon Grundstücksaufwand
7	Entnahmen (Kapitalkontenentwicklung, Teilhafter), davon unentgeltliche Wertabgaben
7	Entnahmen (Kapitalkontenentwicklung, Teilhafter), davon Sachentnahmen zum Buchwert
7	Entnahmen (Kapitalkontenentwicklung, Teilhafter), davon übrige Sachentnahmen
6	Kapitaländerung durch Übertragung einer § 6 b EStG Rücklage (Kapitalkontenentwicklung für Personenhandelsgesellschaften, Teilhafter)
6	Ergebnisanteil (Kapitalkontenentwicklung für Personenhandelsgesellschaften und andere Mitunternehmerschaften, Teilhafter)
6	Umbuchungen auf andere Kapitalkonten (Kapitalkontenentwicklung für Personenhandelsgesellschaften und andere Mitunternehmerschaften, Teilhafter)
6	Andere Kapitalkontenanpassungen (Kapitalkontenentwicklung für Personenhandelsgesellschaften und andere Mitunternehmerschaften, Teilhafter)
5	Endbestand Fremdkapitalkonten (Kapitalkontenentwicklung für Personenhandelsgesellschaften und andere Mitunternehmerschaften, Teilhafter)
6	Anfangsbestand Kapitalkonto (Kapitalkontenentwicklung für Personenhandelsgesellschaften und andere Mitunternehmerschaften, Vollhafter)
6	Erhöhungen
6	Verminderungen

▶　Nehmen Sie sich kurz Zeit, um die Tabellen (besser noch: Ihre Buchhaltungssoftware) unter folgender Fragestellung zu prüfen: Geben die bisher ohnehin geführten Kapitalkonten ausreichende Informationen um weitestgehend ohne Zusatzaufwand auch die „E-Kapitalkontenentwicklung" zu versorgen? Wenn ja, sind Sie bereits vor Ablauf der Übergangsfrist für diesen Berichtsbestandteil gut vorbereitet. In der Praxis dürften häufig auch vor der E-Bilanz alle Kapitalkontenarten je Gesellschafter geführt worden sein, auch um die Daten für die Steuererklärung schnell zur Hand zu haben. Der Hauptunterschied zwischen Bilanz und der Kapitalkontenentwicklung liegt darin, dass die letztere eine gesellschafterbezogene Darstellung fordert. Die Mussfelder in der Bilanz verlangen (nur) die Summen über alle Gesellschafter einer bestimmten Art, beispielsweise „Kapitalanteile der Kommanditisten 8.250.000". Die Kapitalkontenentwicklung erwartet die Aufschlüsselung nach Gesellschafter, hypothetisch also „Kapitalanteile Müller 100.000, Meier 150.000. Huber 8.000.000".

3.2.1.2　Teil Sonder- und Ergänzungsbilanzen ab 2015

Auch dies ist ein Thema nur für Personengesellschaften. Diese führen für Ihre Gesellschafter Sonderbilanzen und Ergänzungsbilanzen. In Sonderbilanzen finden sich Vermögensgegenstände, die einem Gesellschafter gehören, aber für die Personengesellschaft eingesetzt (Sonderbetriebsvermögen 1) oder für Beteiligungszwecke (Sonderbetriebsvermögen 2) gehalten werden.

Beispiel

Müller und Meier besitzen die „M&M KG". Müller gehört ein Grundstück, das die M&M KG mietet. Das Grundstück befindet sich in der Sonderbilanz des Müller, die Mieteinnahmen sind seine Sonderbetriebseinnahmen.

Ergänzungsbilanzen enthalten Wertkorrekturen zu Wirtschaftsgütern in der Gesamthandsbilanz der Personengesellschaft.

Beispiel

Huber kauft Meier dessen Anteil an der M&M KG ab. Die auf Meier entfallenden Buchwerte in der Gesamthandsbilanz betragen 200.000 EUR, Huber zahlt aber 300.000 EUR. Die Differenz von 100.000 EUR entfällt auf den nicht bilanzierten Firmennamen und steht in der Ergänzungsbilanz.

Beide Rechenwerke müssen bei Wirtschaftsjahren, die vor dem 1.1.2015 enden, nicht zwingend als gesonderte Datensätze per DFÜ übertragen werden. Um sie zu übermitteln, kann das Freitextfeld „Sonder- und Ergänzungsbilanzen" im Berichtsbestandteil „Steuerliche Modifikationen" genutzt werden. Über Freitextfelder kann keine automatisierte Prüfung des Finanzamts erfolgen.

▶ Das BMF hat zwei Fristen geschaffen: Die Kapitalkontenentwicklung ist erst für Wirtschaftsjahre, die nach dem 31.12.2014 beginnen, zwingend vorgeschrieben, während Sonder- und Ergänzungsbilanzen nur im Freitextfeld übermittelt werden können bei Wirtschaftsjahren, die vor dem 1.1.2015 enden. Hat eine Personengesellschaft also ein **abweichendes Wirtschaftsjahr** vom 1.7.2014–30.6.2015, muss die Kapitalkontenentwicklung noch nicht ausgefüllt werden, die Sonder- und Ergänzungsbilanzen müssen aber schon den neuen Anforderungen genügen.

3.2.2 Betriebsstätten mit Auslandsbezug

Was eine Betriebsstätte ist, wird in Doppelbesteuerungsabkommen und im deutschen Steuerrecht unterschiedlich definiert. Im Hinblick auf die E-Bilanz zählt nur die deutsche Definition. Darin wird jede feste Geschäftseinrichtung oder Anlage als Betriebsstätte beschrieben (§ 12 AO). Insbesondere im Zusammenhang mit dem Ausland ist die Betriebsstätte von erheblicher Bedeutung, weil die im Ausland erzielten Gewinne auch im Ausland besteuert werden können. **Der Teil der Gewinnermittlung, der sich auf die Betriebsstätte bezieht, muss erst für Wirtschaftsjahre, die nach dem 31.12.2014 beginnen, per DFÜ übermittelt werden** (vgl. BMF vom 28. September 2011, RN 7).

3.2.2.1 Outbound: Deutsches Unternehmen mit Betriebsstätte im Ausland
Betreibt ein Unternehmen mit Sitz im Inland eine Betriebsstätte im Ausland, so spricht man vom Outbound-Fall (3.1).

Abb. 3.1 Der Outboundfall

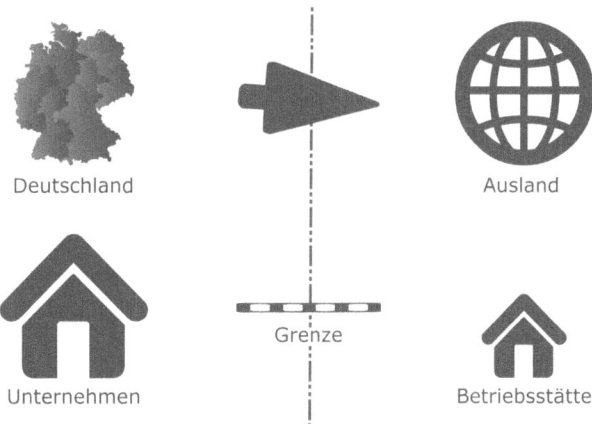

Deutschland   Ausland

Unternehmen   Grenze   Betriebsstätte

Rechtlich gehört die Betriebsstätte zum Unternehmen, unterliegt aber neben der deutschen auch der ausländischen Steuergesetzgebung. Um deutschen Steuervorschriften zu genügen, muss das inländische Unternehmen seinen Gewinn nach den §§ 4 Abs. 1, 5 oder 5a EStG ermitteln – und zwar für das gesamte Unternehmen inklusive der ausländischen Betriebsstätte (vgl. BMF vom 28. September 2011, RN 36). Dementsprechend besteht auch die Pflicht zur Einreichung einer E-Bilanz für das gesamte Unternehmen via DFÜ.

Für die E-Bilanz-Praxis stellt sich die Frage, ob der Gewinn der Betriebsstätte direkt (beispielsweise mit eigenen Konten oder Buchungskreisen) ermittelt wird oder – im Ausnahmefall – über die indirekte Methode per Anwendung eines „sachgerechten Schlüssels" (vgl.BMF-Schreiben vom 24. Dezember 1999). Diese Entscheidung wird sicherlich in den meisten Fällen ohne E-Bilanz-Berücksichtigung im Unternehmen getroffen.

Bei der *direkten Gewinnermittlung* (Regelfall) müssen Erträge und Aufwendungen der ausländischen Betriebsstätte einzeln – also deutlich abgrenzbar von Geschäftsvorfällen mit Inlandsbezug – aufgezeichnet werden.

Der Fragenkatalog des Projekts „Konsens" (vgl. BMF 2012, FAQ Projekt E-Bilanz, S. 14–15) unterscheidet drei Fälle:

1. Die Buchführung der Betriebsstätte wird im Inland im eigenen Buchungskreis geführt.
   E-Bilanz-Folge: Die Zahlen von Betriebsstätte und Mutterhaus fließen in die gleiche Taxonomieposition.
2. Die Buchführung der Betriebsstätte wird nach ausländischem Recht im Ausland geführt, für den Jahresabschluss werden diese Werte in die deutsche Buchführung übernommen.
   E-Bilanz-Folge: Die Zahlen von Betriebsstätte und Mutterhaus fließen in die gleiche Taxonomieposition.
3. Die Buchführung der Betriebsstätte wird separat geführt, und die dortigen Positionen lassen sich wegen abweichendem Kontenplan oder Detaillierungsgrad nicht ohne Weiteres in die E-Bilanz-Taxonomie übernehmen.
   E-Bilanz-Folge: Weil eine eindeutige Zuordnung gemäß Fallbeschreibung nicht möglich ist, werden eigens geschaffene Auffangpositionen genutzt.

In den Fällen 1 und 2 werden die im täglichen Buchhaltungsgeschehen mühsam getrennten Daten also für Zwecke der E-Bilanz wieder auf einer Position zusammengefasst. Wer früher der besseren Übersicht wegen in seiner Papierbilanz gesonderte Bereiche für die ausländischen Betriebsstätten auswies, wird sich nun über die Zusammenfassung der in- und ausländischen Positionen im Rahmen der E-Bilanz wundern. In der Tat folgt hieraus eine Verschlechterung des Informationsgehalts für das Finanzamt.

Wenn die ausländische Betriebsstätte Zahlen nach ausländischem Steuerrecht liefert, die von den deutschen Vorschriften abweichen, müssen die Wertunterschiede in einer

Überleitungsrechnung dargestellt werden. Bei Buchung über ausländische Systeme wird eine automatisch richtige Zuordnung der zu bebuchenden (Standardrahmen-)Konten wohl Zufall und Ausnahme sein. In der Regel wird man händisch zuordnen müssen.

Bei der *indirekten Gewinnermittlung* wird der auf das Ausland entfallende Gewinn mittels eines Schlüssels ermittelt. Der E-Bilanz-Datensatz wird für das gesamte Unternehmen eingereicht.

Bei Verwendung der aktuellen Taxonomie lässt sich aus dem übermittelten Datensatz – wenn der Unternehmer die Übergangsregelung nicht nutzt und die Daten der ausländischen Betriebsstätte mittels E-Bilanz für das gesamte Unternehmen versendet – also aus technischen Gründen nicht ableiten, welcher Gewinn auf das Inland entfällt.

In keinem der beschriebenen Fälle ist es beim aktuellen Taxonomiestand möglich, Angaben darüber zu machen, ob das Land der Betriebsstätte als Methode zur Vermeidung der Doppelbesteuerung das Anrechnungsverfahren oder das Freistellungsverfahren benutzt.

Grob gilt beim **Anrechnungsverfahren**: Die Besteuerungsgrundlage besteht aus inländischem plus ausländischem Gewinn. Auf diese Summe wird die Steuer berechnet, die in Deutschland zu zahlen wäre, wenn er nur in Deutschland erwirtschaftet worden wäre. Hiervon wird die im Ausland zu zahlende Steuer abgezogen, um die in Deutschland zu entrichtende Steuer zu erhalten.

Beim **Freistellungsverfahren** wird der (teils unter Berücksichtigung des ausländischen Einkommens) ermittelte Steuersatz nur auf den im Inland entstehenden Gewinn angewendet.

Freistellung oder Anrechnung entscheidet daher mit über die Höhe der im Inland festgesetzten Steuern.

Weil weder der auf das Inland entfallende Gewinn noch die Methode der Doppelbesteuerungsvermeidung aus dem Datensatz entnommen werden können, dürfte eine automatisierte Prüfung und Veranlagung in diesen Fällen derzeit unmöglich sein.

Die Möglichkeit, erst 2015 die geforderten Daten elektronisch einzureichen, gilt nur für den Teil der Buchführung, der sich auf die Betriebsstätte bezieht. Der auf Deutschland bezogene Teil der Buchhaltung fällt unter die sonst geltenden Regularien mit der Pflicht zur elektronischen Übermittlung ab 2013 (Abb. 3.2).

▶ Zwar gibt es seit der Taxonomie 5.1 spezielle Felder, die ausländische Sachverhalte aufnehmen können. Allerdings ist dieses Prozedere für den Anwender in den meisten Fällen wohl noch mit viel zusätzlicher Handarbeit verbunden. Daher mein Tipp: Nutzen Sie die Möglichkeit zur Einreichung der Betriebsstättenbuchhaltung per Papier, solange es geht. Vielleicht gibt es bis zur verpflichtenden Einreichung in 2016 für 2015 einen für die Unternehmen und die Finanzämter leichter handhabbaren Weg.

3.2.2.2   Inbound: Ausländisches Unternehmen mit Betriebsstätte im Inland

Abb. 3.2 Der Inboundfall

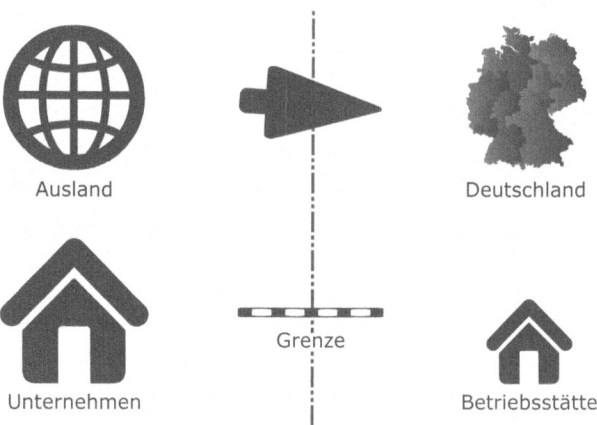

Betreibt ein ausländisches Unternehmen eine Betriebsstätte im Inland, spricht man vom Inbound-Fall. Die wirtschaftliche Tätigkeit der Betriebsstätte im Inland ist auch der inländischen Steuer zu unterwerfen. Die Betriebsstätte muss ihren Gewinn nach deutschem Steuerrecht ermitteln. Ob die Einnahmen-Überschuss-Rechnung ausreicht oder eine Bilanzierung notwendig ist, richtet sich nach den allgemeinen Kriterien.

Allerdings müssen zusätzlich die Umstände der Hauptniederlassung im Ausland berücksichtigt werden. Inländische Betriebsstätten müssen bilanzieren, wenn:

1. eine Zweigniederlassung vorliegt und die Zweigniederlassung oder die Hauptniederlassung im Ausland Kaufmannseigenschaften haben (vgl. Winnefeld. 2006, RN 45a, 45b). Nach § 241a HGB handelsrechtlich von der Buchführung befreite Unternehmer können aber nach § 141 AO buchführungspflichtig sein!
2. die unselbständige Betriebsstätte mehr als 500.000 € Umsatz **oder** einen Gewinn von mehr als 50.000 € (§ 141 AO) erzielt.

Zweigniederlassungen unterscheiden sich von unselbständigen Betriebsstätten durch den Grad ihrer Selbständigkeit. Sie haben unter anderem einen eigenen Leiter mit Vertretungsvollmacht, sind räumlich und wirtschaftlich selbständig, erledigen Geschäfte, die typisch für das ganze Unternehmen sind und sind auf Dauer eingerichtet (vgl. Jacobs et al. 2011, S. 291).

Die Definition einer Zweigniederlassung in Handels- und Steuerrecht ist deckungs-gleich (§ 12 Abs. 2 Nr. 2 AO und §§ 13 ff. HGB). Die Zweigniederlassung muss ins Han-delsregister eingetragen werden.

3.2.2.3 Ständige Vertreter

Für ständige Vertreter gelten die unter 3.2.2.1 und 3.2.2.2 beschriebenen Grundsätze ana-log. Wenn eine Person für ein Unternehmen Verträge abschließt, Aufträge einholt oder Waren vorhält und ausliefert, geht die Abgabenordnung von einem ständigen Vertreter aus (§ 13 AO).

3.2.3 Vereine

Der zahlenmäßig größte Anteil aller Vereine kommt – insbesondere wenn die Gemeinnüt-zigkeit nicht angestrebt wird – nur sehr selten mit dem Finanzamt in Berührung. Dennoch ist jeder Vereinsvorstand verpflichtet, auch steuerliche Themen zu berücksichtigen.

Reine Idealvereine ohne Gemeinnützigkeitsambitionen – der Fußballverein eines Dor-fes, der als Einnahmen ausschließlich Mitgliedsbeiträge hat, mit denen er satzungsgemäße Aufgaben erfüllt (Pflege des Platzes, Veranstaltung von Wettkämpfen, Trainings etc.) – kommen auch ohne die Beantragung eine Gemeinnützigkeit meist unversteuert davon. Gemeinnützige Vereine, die Mitgliedsbeiträge und Spenden für Ihren als gemeinnützig anerkannten Vereinszweck aufwenden, müssen regelmäßig die Prüfung der Gemeinnüt-zigkeit über sich ergehen lassen, sind darüber hinaus aber unbeschwert von Finanzamts-nachfragen. Des Weiteren haben viele Vereine aber auch Einnahmen von Vereinsfesten, von der Vereinsgastronomie, von Werbebannern am Spielfeldrand und dergleichen mehr. Hier droht steuerliches Ungemach – Körperschaftsteuer, Gewerbesteuer, Umsatzsteuer, um die wichtigsten Steuerarten zu nennen.

E-Bilanz ist ein Thema für die Vereine, die buchführungspflichtig sind. In solchen Ver-einen ähneln die Prozesse oft denen herkömmlicher Unternehmen. Die Organe – Vorstand, Vorsitzender oder Schatzmeister beispielsweise – sind zu Teilen auch persönlich dafür verantwortlich, dass der Verein seine Steuerpflichten erfüllt.

Der Verein erstellt eine Bilanz, wenn

1. ein in kaufmännischer Art und Weise eingerichteter Geschäftsbetrieb notwendig ist. Es gelten die Vorschriften für Kaufleute nach § 238 HGB.
2. das Finanzamt zur Buchführung auffordert (Umsätze über 500.000 EUR oder ein Gewinn von über 50.000 EUR)
3. per Satzung eine Bilanz vorgeschrieben ist oder eine Bilanz freiwillig erstellt wird.

Bilanzierende Vereine, die nicht gemeinnützig sind, sind unmittelbar von der E-Bilanz betroffen und müssen ab dem Jahr 2013 e-bilanzieren.[1]

Für bilanzierende, gemeinnützige Vereine gilt die Pflicht zur elektronischen Übermittlung nur für den Teil des Vereins, der nicht von der Körperschaftsteuer befreit ist (die Gaststätte eines Tennisclubs), sofern der bilanziert. Hier gilt eine Übergangsregelung: **Die Pflicht gilt erstmals für Wirtschaftsjahre, die nach dem 31.12.2014 beginnen** (vgl. BMF vom 28. September 2011, RN 7).

3.2.4 Institutionen

Einige Körperschaften sind komplett von der E-Bilanz befreit. Dies sind unter anderem Staatsbetriebe, die Bundesbank, die Bundesanstalt für vereinigungsbedinge Sonderaufgaben und dergleichen mehr.

3.2.5 Juristische Personen des öffentlichen Rechts mit Betrieben gewerblicher Art

Nach dem BMF-Schreiben vom 28.September 2011 Rz.6 sind für jeden Betrieb gewerblicher Art eine Bilanz sowie eine Gewinn- und Verlustrechnung aufzustellen. Daraus ergibt sich die Übertragungspflicht nach § 5b EStG in diesem Zusammenhang. Allerdings gilt nach Rz. 7 des BMF-Schreibens eine Übergangsregelung bezüglich des Zeitpunktes. So wird es zur Vermeidung unbilliger Härten seitens der Finanzverwaltung nicht beanstandet, wenn die Inhalte der Bilanz und der Gewinn- und Verlustrechnung erstmals für Wirtschaftsjahre, die nach dem 31. Dezember 2014 beginnen, durch die Datenfernübertragung übermittelt werden. Das bedeutet, dass es für diese Übergangszeit eine Abgabemöglichkeit der Bilanz sowie der Gewinn- und Verlustrechnung in Papierform erlaubt. Die Einhaltung der Gliederung nach der gültigen Steuertaxonomie ist nicht notwendig (Abb. 3.3).

---

[1] Das BMF-Schreiben vom 28. September 2011, IV C 6 – S 2133-b/11/10009 nennt in seiner RN 1 zwar nur „Unternehmen", allerdings stellt § 5b EStG auf alle diejenigen ab, die Bilanzieren, ohne zwischen Unternehmen und Idealvereinen oder anderen Vereinen zu unterscheiden.

3.3   Tabellarischer Überblick

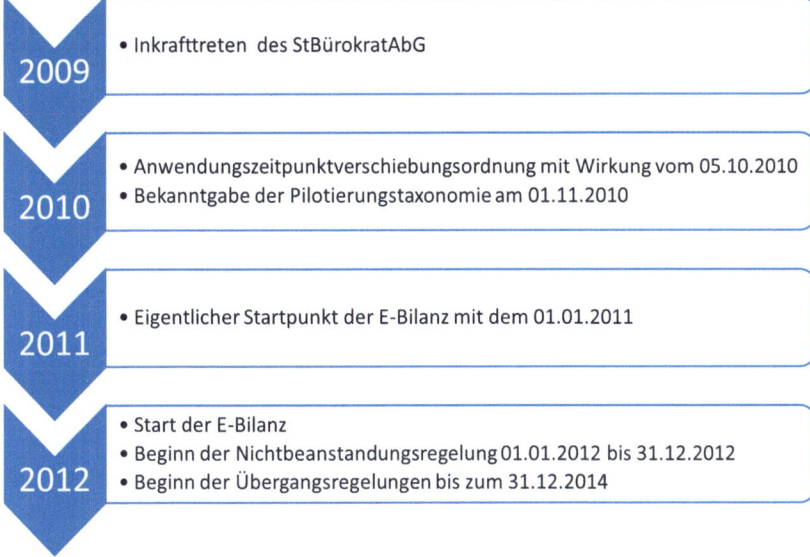

2009
- Inkrafttreten des StBürokratAbG

2010
- Anwendungszeitpunktverschiebungsordnung mit Wirkung vom 05.10.2010
- Bekanntgabe der Pilotierungstaxonomie am 01.11.2010

2011
- Eigentlicher Startpunkt der E-Bilanz mit dem 01.01.2011

2012
- Start der E-Bilanz
- Beginn der Nichtbeanstandungsregelung 01.01.2012 bis 31.12.2012
- Beginn der Übergangsregelungen bis zum 31.12.2014

Abb. 3.3 Zeitablauf der E-Bilanz

Literatur

BMF-Schreiben vom 24. Dezember 1999, IV B 4 – S1300 –11199 „Betriebsstättenerlass"
BMF-Schreiben vom 28. September 2011, IV C 6 – S2133-b/11/10009
Bundesministerium der Finanzen 2012, FAQ Projekt E-Bilanz. Zugegriffen: September 2012
Jacobs OH, Endres D, Spengel C (Hrsg) (2011) Internationale Unternehmensbesteuerung, 7. Aufl. C.H. Beck, München
Winnefeld R (2006): Bilanz-Handbuch, 4. Aufl. C. H. Beck, München

Was muss mein Unternehmen übermitteln? 4

4.1 Stammdaten, Bilanz, Gewinn- und Verlustrechnung

Jeder Jahresabschlussdatensatz muss

- Stammdaten
- Bilanz- und
- GuV-Daten

enthalten.

Für eine vollautomatische Veranlagung benötigt das Finanzamt weit mehr als nur Zahlen. Von der Steuererklärung auf Papier sind einige geforderte Angaben altbekannt, beispielsweise die nach dem Namen, der Adresse und der Steuernummer des Unternehmens. Wer will, kann aber auch weit mehr übermitteln, beispielsweise den Wirtschaftszweig samt Wirtschaftszweigschlüssel. 57 Mussfelder definiert die im Jahr 2013 veröffentlichte Taxonomie 5.2 im Bereich der Stammdaten. Über die meisten dieser Angaben sollte die eingesetzte Buchhaltungssoftware bereits verfügen. Stammdatenpflege, beispielsweise für Personengesellschaften mit vielen Anteilseignern, kann viel Zeit in Anspruch nehmen.

Die Steuertaxonomie umfasst zwei sich ergänzende Module, das GCD-Modul für die Stammdaten und das GAAP-Modul, was die Zahlenwerke aufnimmt. Hinter diesen Abkürzungen verbergen sich „Global Common Document" für GCD und „General Accepted Accounting Principles" für GAAP. Die Unterscheidung der beiden ist für die meisten Unternehmer aber nicht nützlich, da bei der Eingabe der geforderten Angaben in den Standard-Softwarelösungen nicht danach unterschieden wird. **Der User muss also nicht wissen, von welchem Modul welche Daten gefordert werden.** Die Angaben im GCD-Modul werden mit den eingereichten GAAP-Daten abgeglichen. In den meisten Fällen wird die Buchhaltungssoftware auf eventuell für eine Übermittlung noch fehlende GCD-Daten hinweisen, sodass der User selbst nicht wissen muss, welche Daten er zu hinterlegen hat. Wer dennoch eine *Liste der geforderten GCD-Daten* sucht, findet sie im Anhang unter Kap. 15.2 nach Rechtsformen sortiert. Das GCD-Modul ist für sämtliche Branchen gleich.

Bestandteile der E-Bilanz-Module	
GCD-Modul	GAAP-Modul
Dokumentinformationen	Bilanz
Informationen zum Bericht	Gewinn- und Verlustrechnung
Informationen zum Unternehmen	Ergebnisverwendung
	Kapitalkontenentwicklung
	Berichtigung des Gewinns bei Wechsel der Gewinnermittlungsart
	Steuerliche Gewinnermittlungen (außerbilanzielle Korrekturen)
	Steuerliche Modifikationen (Überleitungsrechnung von HGB auf Steuerbilanz)
	Kapitalflussrechnung
	Detailinformationen zu Positionen
	Eigenkapitalspiegel
	Angaben unter der Bilanz
	Anhang
	Lagebericht

Beispiel eines Abgleichs

Wer im GCD-Modul angibt, dass der übermittelte Datensatz einen Jahresabschluss beinhaltet, der muss zwingend im GAAP-Modul Bilanz und GuV übermitteln. Würde man versuchen, nur eine Bilanz zu übermitteln, würde ERiC die Annahme des gesamten Datensatzes verweigern. Soll wirklich nur eine Bilanz übermittelt werden, muss eine passende Angabe im GCD-Modul erfolgen, beispielsweise kann „Eröffnungsbilanz" ausgewählt werden.

Bei Einreichung von Jahresabschluss-Bilanzen muss zwingend für alle Rechtsformen eine Bilanz und eine GuV übermittelt werden.

4.2 Andere verpflichtende Berichtsbestandteile in bestimmten Fällen

4.2.1 Von HGB zum Steuerrecht: Steuerliche Modifikationen

Wenn eine Bilanz keine Einheitsbilanz ist (beispielsweise weil ein Wirtschaftsgut steuerlich zwingend anders zu bewerten ist als handelsrechtlich) und wenn keine eigene Steuerbilanz eingereicht wird, müssen die Unterschiede zwischen Handels- und Steuerbilanz elektronisch übermittelt werden. Die in der Taxonomie hierfür vorgesehenen, nicht sehr tief geschachtelten Positionen sind im Bereich „steuerliche Modifikationen" der Taxonomie aufgeführt.

Beispiel

Die Müller GmbH schuldet einem Lieferanten 100.000 EUR, die in 10 Jahren zurückzuzahlen sind. Für das Darlehen konnte ein Zins von 0 ausgehandelt werden. Handelsrechtlich unterbleibt eine Abzinsung (§ 253 HGB), steuerlich muss abgezinst werden (§ 6 Abs. 1 Nr. 3 EStG). Wenn die Müller GmbH sonst keine Abweichungen zwischen Steuer- und Handelswerten aufweist, lohnt es ggf. nicht, eine eigene Steuerbilanz zu erstellen. Der Differenzbetrag in Bilanz und GuV wird in der Überleitungsrechnung gezeigt.

Die Taxonomie enthält in diesem Bereich auch ein Freitextfeld, in das Sonder- und Ergänzungsbilanzen bis einschließlich 2014 hineinkopiert werden können (vgl. Kap. 3.2.1.2).

4.2.2   Vom Bilanzergebnis zur Steuererklärung: steuerliche Gewinnermittlung

Nur für Personengesellschaften und Einzelunternehmen: Weicht das Ergebnis aus der (Steuer-)Bilanz von demjenigen ab, das in der Steuererklärung angegeben wird, **muss eine Überleitungsrechnung übermittelt werden**. Kapitalgesellschaften machen entsprechende Angaben in der Steuererklärung selbst, für Einzelunternehmen und Personengesellschaften gibt es dort keine entsprechenden Felder. Also müssen diese **außerbilanziellen Gewinnkorrekturen** mit der E-Bilanz übermittelt werden. Wer beispielsweise Einkünfte aus einer Auslands-Betriebsstätte verzeichnet, muss sie hier nochmals gesondert ausweisen. Aber auch erwerbsbedingte Kinderbetreuungskosten finden so ihre Berücksichtigung als Mussfeld in der E-Bilanz!

▶   Diesen Punkt kann die Software in vielen Fällen nicht effizient prüfen, wenn die Integration von Buchhaltungs- und Deklarationssoftware noch nicht sehr fortgeschritten ist. Der Unternehmer prüft daher am Besten selbst, ob Ausschüttungen, Auslandserträge, Investitionsabzugsbeträge und dergleichen zu verzeichnen waren. **Wenn ja, muss in der Software nach einer entsprechenden Eingabemöglichkeit gesucht werden, ohne dass die Software einen Warnhinweis zeigt oder ERiC protestiert.** Als Gedankenstütze für eventuell zu beachtende Vorgänge kann die folgende Tabelle dienen (Tab. 4.1).

Tab. 4.1 Taxonomiepositionen für außerbilanzielle Korrekturen des steuerlichen Gewinns („steuerliche Gewinnermittlung")

Ebene	Position
1	Steuerlicher Gewinn/Verlust
2	Jahresüberschuss/-fehlbetrag
2	Abrechnungen
3	Abzüglich ertragsteuerlich nicht steuerbare Erträge
4	Davon Investitionszulage
3	Abzüglich nach DBA steuerfreie Erträge
3	Abzüglich nach § 3 Nr. 40 steuerfreie Erträge (Teileinkünfteverfahren)
3	Abzüglich nach § 8b KStG steuerfreie Erträge
4	Bezüge i.S.v. § 8b Abs. 1 und 2 KStG
4	Zuzüglich 5 % nach § 8b Abs. 3 und 5 KStG
3	Abzüglich übrige steuerfreie Erträge
3	Abzüglich erwerbsbedingte Kinderbetreuungskosten
3	Abzüglich Investitionsabzugsbetrag § 7 g EstG
3	Erläuterung zum Investitionsabzugsbetrag nach § 7 g EStG
3	Abzüglich sonstige Abrechnungen
3	Abzüglich Zinsschranke § 4h EStG
2	Zurechnungen
3	Zuzüglich anteilige nicht abzugsfähige Abzüge nach § 3c EStG
4	Davon Beträge nach § 3c Abs. 2 EStG (Teileinkünfteverfahren)
3	Zuzüglich § 8b KStG
3	Zuzüglich Hinzurechnungsbetrag nach § 4 Abs. 4a EStG
3	Zuzüglich nicht abzugsfähige Betriebsausgaben nach § 4 Abs. 5 und 7 EStG
3	Zuzüglich GewSt nach § 4 Abs. 5b EStG
3	Zuzüglich Auflösung des Ausgleichsposten bei Entnahmen § 4 g EStG
3	Zuzüglich Zinsschranke § 4h EStG
3	Zuzüglich Gewinnzuschlag § 6b Abs. 7 EStG
3	Zuzüglich Gewinnzuschlag § 6b Abs. 10 EStG
3	Zuzüglich Auflösung des Investitionsabzugsbetrages § 7 g Abs. 2 EStG
3	Zuzüglich sonstige Hinzurechnungen (z. B. § 160 AO)
2	Steuerliche Korrekturen bei Beteiligungen aus Personengesellschaften
3	Korrekturen nach § 3 Nr. 40 EStG und § 3c Abs. 2 EStG und § 8b KStG unter Berücksichtigung § 8b Abs. 3 und 5 KStG
3	Übrige Korrekturen
2	Steuerliche Korrekturen bei Organschaftsverhältnissen
3	Aufgrund von Ergebnisabführungsverträgen beim Organträger zu erfassende Gewinne der Organgesellschaft(en)
3	Vom Organträger an die Organgesellschaft zum Ausgleich eines sonst entstehenden Jahresfehlbetrages zu leistender Betrag
3	Aufwand aus der Auflösung aktiver oder der Bildung passiver Ausgleichsposten bei Organschaftsverhältnissen

Tab. 4.1 (Fortsetzung)

Ebene	Position
3	Ertrag aus der Bildung aktiver oder der Auflösung passiver Ausgleichsposten bei Organschaftsverhältnissen (organschaftlich)
3	Ertrag aus der Zuaktivierung des Beteiligungsbuchwerts an der OG aufgrund von vororganschaftlichen Minderabführungen
3	Ertrag aus vororganschaftlichen Mehrabführungen
2	Zu- oder Abrechnungen nach Wechsel der Gewinnermittlungsart (aufgrund von Übergangsgewinnen/Übergangsverlusten)
3	Zu- oder Abrechnungen nach Wechsel der Gewinnermittlungsart (voller Betrag im Jahr des Übergangs)
3	Zurechnungen nach Wechsel der Gewinnermittlungsart (verteilt auf zwei Jahre)
3	Zurechnungen nach Wechsel der Gewinnermittlungsart (verteilt auf drei Jahre)
1	Steuerlicher Gewinn/Verlust nach Bruttomethode
2	Steuerlicher Gewinn/Verlust nach Nettomethode
2	Hinzurechnungen bei Personengesellschaften
2	Abrechnungen bei Personengesellschaften
2	Korrekturen nach § 3 Nr. 40 EStG und § 3c Abs. 2 EStG und § 8b KStG unter Berücksichtigung § 8b Abs. 3 und 5 KStG

4.2.3   Ergebnisverwendungsrechnung

Wenn die Bilanz unter vollständiger oder teilweiser Verwendung des Jahresergebnisses aufgestellt wird, **muss** eine **Ergebnisverwendungsrechnung** übermittelt werden. Hier werden Eingaben zum Gewinnvortrag, zu Einstellungen in die Rücklagen etc. erwartet.

4.2.4   Sonderbilanzen, Ergänzungsbilanzen und Kapitalkontenentwicklung

Sonder- und Ergänzungsbilanzen werden in einem eigenen Datensatz übermittelt. Damit die Behörde weiß, zu welcher Gesamthandsbilanz die Daten gehören, müssen in den Stammdaten entsprechende Angaben gemacht werden. Auch die Kapitalkontenentwicklung muss zwingend übermittelt werden, aber erst nach 2014 (vgl. Kap. 3.2.1).

4.2.5   Wechsel der Gewinnermittlungsart

Wenn die Gewinnermittlungsart sich ändert – bspw. wenn ein Einzelunternehmen von Bilanzierung auf EÜR umsteigt – muss die Buchhaltung entsprechend angepasst werden. Diese Anpassungen sind ebenfalls **zwingend** per DFÜ zu übermitteln.

4.2.6 Übermittlung anderer Informationen auf eigenen Wunsch

Wer möchte, kann **Anhang** und **Lagebericht** elektronisch übermitteln. Wenn die eingesetzte Software hier eine elegante Lösung bietet, spricht Einiges dafür, diese auch zu nutzen. Ansonsten würde man zwar Steuererklärung, Bilanz und GuV über das Internet senden, den Anhang beispielsweise aber ausdrucken und per Post an das Finanzamt schicken. Dort muss er dann erst wieder zugeordnet werden.[1] Die aktuelle Taxonomie hält sogar noch Positionen für **Kapitalflussrechnungen**, **Eigenkapitalspiegel** und **Angaben unter der Bilanz** bereit. Allerdings werden einige Softwareanbieter auch in 2014 noch keine oder nur sehr arbeitsintensive Lösungen für die elektronische Übermittlung dieser Informationen bereithalten.

4.3   Muss anders gebucht werden?

4.3.1   Mussfelder und Auffangpositionen legen den Detailgrad der Buchhaltung fest

Die Finanzverwaltung legt in der Taxonomie mögliche Positionen fest, die ein Unternehmen übermitteln kann. Voraussetzung für die Übermittlung ist, dass (mindestens) ein Buchhaltungskonto vorliegt, mit dessen Stand zum Bilanzstichtag diese Position befüllt werden kann.[2]

Beispiel

Die Taxonomie hat eine Position „Waren" definiert. Damit ein Unternehmen aus seiner Buchhaltung heraus für diese Position einen Wert übermitteln kann, muss ein Konto vorliegen, das die Warenbestände zeigt.

Eine Position in der Taxonomie kann auch mehrere Konten aus der Buchhaltung aufnehmen.

Beispiel

Die Taxonomie definiert die Position „fertige Erzeugnisse und Waren". Ein Unternehmen, das sowohl eigene fertige Erzeugnisse als auch (fremde) Waren auf einem eigenen Konto erfasst, kann beide Kontostände dieser Position zuordnen.

---

[1] In der Anfangsphase erscheint es dem Autor fraglich, ob die Finanzämter überhaupt flächendeckend Anhänge von kleinen Gesellschaften anfordern werden, wenn die Unternehmen diese nicht von selbst mitschicken und Anlagenverzeichnisse übermittelt werden.

[2] Mit Ausnahme von Software, bei denen Beträge manuell eingegeben werden können und müssen.

Das BMF hat einige Positionen („Mussfelder") definiert, die unter zwei Voraussetzungen zwingend mit Werten ausgefüllt werden müssen:

1. Es gab einen Geschäftsvorfall im Berichtszeitraum, der dieser Position zugeordnet werden kann.
2. Es kann oder es wird keine Auffangposition (siehe unten) genutzt.

Wenn ein Mussfeld keinen Wert aus der Buchhaltung enthält, wird der Wert „Not in List" (NIL) an das Finanzamt übermittelt. Mussfelder werden auch dann an das Finanzamt übermittelt, wenn ihnen kein Wert aus der Buchhaltung zugeordnet wurde. Der an das Finanzamt übermittelte Datensatz enthält immer mindestens alle Mussfelder.

▶ Wichtig: NIL ist nicht gleichzusetzen mit „0,00". Wenn die Taxonomieposition „Waren" einen NIL-Wert hat, heißt das, dass sie nicht mit Werten aus der Buchhaltung befüllt ist. Folgende Möglichkeiten gibt es:
 1. Es besteht ein eigenes Konto „Waren" mit einem Bilanzstichtagswert von 0 oder größer, das lediglich in eine andere Position eingeflossen ist (zwei Buchhaltungskonten auf einer Taxonomieposition).
 2. Es besteht kein Konto „Waren", und vorhandene Waren werden auf einem anders bezeichneten Konto erfasst (Buchhaltungskonto erfasst bspw. Waren und fertige Erzeugnisse).
 3. Es gab keine Geschäftsvorfälle im Besteuerungszeitraum, die in die Position „Waren" hätten einfließen müssen (bspw. weil das Unternehmen ein reiner Dienstleister ist).
 Wenn die Taxonomieposition „Waren" den Wert „0,00" hat, hat das Unternehmen keine Waren am Bilanzstichtag. Letzteres hat direkten Einfluss auf die Besteuerungsgrundlage.

Von Taxonomiepositionen wird man in der täglichen Buchführung nicht berührt. Auch bei der Jahresabschlusserstellung wird man in der Regel von seiner Software nicht auf E-Bilanz-Positionen hingewiesen. Als E-Bilanzierender kommt man dennoch nicht darum herum, sich zumindest einen Überblick über die Mussfelder zu verschaffen.

Damit die Einführung der E-Bilanz nicht allzu tief in das Buchhaltungsgeschehen der Unternehmen eingreift, wurden **Auffangpositionen** geschaffen. Das BMF definiert Auffangpositionen wie folgt:

Um Eingriffe in das Buchungsverhalten zu vermeiden, aber dennoch einen möglichst hohen Grad an Standardisierung zu erreichen, sind im Datenschema der Taxonomie Auffangpositionen eingefügt (erkennbar durch die Formulierung im beschreibenden Text „nicht zuordenbar" in der Positionsbezeichnung). Ein Steuerpflichtiger, der eine durch Mussfelder vorgegebene Differenzierung für einen bestimmten Sachverhalt nicht aus der Buchführung ableiten kann, kann zur Sicherstellung der rechnerischen Richtigkeit für die Übermittlung der Daten alternativ die Auffangpositionen nutzen. (BMF vom 28. September 2011, RN 19)

Wo Auffangpositionen existieren, kann also auf die Befüllung von Mussfeldern verzichtet werden, wenn die Mussfelder sich nicht ohne wesentlichen Aufwand aus der Buchhaltung ableiten lassen.

Beispiel

Mussfelder mit Auffangposition

Die Müller GmbH hat gegenüber Ihrem Gesellschafter Müller eine Forderung von 40.000 EUR, gegenüber ihrem typisch stillen Gesellschafter Schmitz eine Forderung von 60.000 EUR und gegenüber dem typisch stillen Gesellschafter Meier eine Forderung von 20.000 EUR.

E-Bilanz-Folge:

1. Wenn für jede Forderung ein gesondertes Konto geführt wird, sind zwingend auch in der E-Bilanz die beiden Positionen „Forderungen gegen GmbH-Gesellschafter 40.000 EUR" und „Forderungen gegen typisch stille Gesellschafter 80.000 EUR" zu übermitteln. Die beiden für die Darlehen der stillen Gesellschafter geführten Konten können als Kontennachweis zur Position freiwillig übermittelt werden.

2. Wenn sich aus der Buchhaltung aus unternehmensinternen Gründen nicht ableiten lassen würde, gegenüber welcher Gesellschaftergruppe welche Forderung bestünde, könnte auch die Auffangposition „Forderungen gegen Gesellschafter, nach Rechtsform des Gesellschafters nicht zuordenbar 120.000 EUR" übermittelt werden.

Mussfelder ohne Auffangposition

Die Müller GmbH hat einen Warenbestand von 30.000 EUR. Dieser wird auf einem gleichnamigen Konto geführt.

E-Bilanz-Folge:

• Der Warenbestand kann in der Position „Waren" übermittelt werden. Diese Position ist aber kein Mussfeld. Der Warenbestand kann auch im Mussfeld „fertige Erzeugnisse und Waren" übermittelt werden.

Für dieses Mussfeld existiert keine Auffangposition. Die in der Taxonomie befindliche Position „sonstige Vorräte" hat keine Auffangpositionseigenschaft und darf nicht alternativ genutzt werden.

Was die Verwaltung nun genau unter der Ableitbarkeit aus der Buchhaltung verstehen will, bleibt zum Zeitpunkt der Textverfassung noch abzuwarten. Der Fragenkatalog des BMFs äußert sich wie folgt:

> Ein Wert ist grundsätzlich aus der Buchführung ableitbar, wenn er sich aus den Unterlagen der Buchführung gem. § 140 AO ergibt. Die Ableitung kann aus den Hauptbüchern oder den Nebenbüchern vorgenommen werden. Für den Einführungszeitraum der elektronischen Bilanz wird es reichen die Ableitung der Werte aus dem Hauptbuch vorzunehmen. (BMF 2011, FAQ E-Bilanz, S. 7)

Die Buchhaltungspraxis entscheidet also darüber, welche Auffangpositionen genutzt werden können. Wenn ein Unternehmer Auffangpositionen aktiv einsetzen will, muss er diese Entscheidung aus der Buchhaltung heraus treffen. Grenzen dieser Entscheidungsmacht werden durch die Anforderungen an eine ordnungsgemäße Buchhaltung gesetzt – daher der Hinweis des BMF auf § 140 AO.

Bei einigen Mussfeldern wünscht sich die Finanzverwaltung einen Kontennachweis. Damit ist eine Liste all der Konten gemeint, die in eine Taxonomieposition eingeflossen sind. Dieser Wunsch ist in der Taxonomie durch den Zusatz „Mussfeld, Kontennachweis erwünscht" kenntlich gemacht.

Beispiel

Die Müller GmbH betreibt drei Verkaufsstellen in Deutschland. An jeder gibt es eine Barkasse. Zum Bilanzstichtag hat Kasse 1 einen Wert von 150 EUR, Kasse 2 einen Wert von 10 EUR und Kasse 3 einen Wert von 0 EUR. Alle drei Kassen werden mit eigenem Buchhaltungskonto abgebildet.

E-Bilanz-Folge: Die Kassen sind zwingend in der Taxonomieposition „Kasse 160 EUR" zusammenzufassen und zu übermitteln. Die Finanzverwaltung wünscht sich, dass die Zusammensetzung dieser Summe mit einem Kontonachweis aller derjenigen Konten, die eingeflossen sind, untermauert wird. Die Möglichkeit der Nutzung der Auffangposition „Sonstige nicht zuordenbare flüssige Mittel" existiert nicht, weil es Konten in der Buchhaltung gibt, aus denen sich das Mussfeld „Kasse" klar ableiten lässt. Die Auffangposition „Kassenbestand, Bundesbankguthaben, Guthaben bei Kreditinstituten und Schecks, soweit aus der/den für die ausländische(n) Betriebsstätte(n) geführten Buchführung(en) nicht anders zuordenbar" kann auch deswegen nicht genutzt werden, weil sie nur in Zusammenhang mit Auslandssachverhalten einsetzbar ist.

Der Kontennachweis umfasst für jedes Konto dessen Kontonummer, Bezeichnung und Saldo zum Bilanzstichtag (vgl. BMF vom 28. September 2011, RN 17).

Was ein Mussfeld und was eine Auffangposition ist, wird auch der völlig unvorbereitete User spätestens merken, wenn er sich eine Vorschau des zu übermittelnden Datensatzes anzeigen lässt und hier eine Vielzahl von Positionsbezeichnungen mit dem NIL-Wert findet, die aus der Buchhaltung nicht bekannt sind.

Für den User einer guten Software weniger wichtig zu wissen: Die Taxonomien haben außer den beschriebenen Feldern noch Summenmussfelder, Positionen mit der Eigenschaft „Rechnerisch notwendig, soweit vorhanden" und unzulässige Positionen.

Summenmussfelder sind Sammelpositionen auf einer höheren Gliederungsebene für Mussfelder, die eine Ebene tiefer definiert worden sind. Sie müssen existieren, damit rechnerische Richtigkeit gewährleistet ist.

Rechnerisch notwendig, soweit vorhanden

Die Werte der Unterpositionen einer tiefergelegenen Ebene müssen in Summe den Wert ergeben, der ihrer Oberposition entspricht. Daher kann es sein, dass auch Felder ohne Mussfeldeigenschaft übermittelt werden müssen, damit die rechnerische Richtigkeit gewährleistet ist. Das sollte eine Software erledigen, ohne dass der User sich Gedanken machen muss.

Unzulässige Positionen

„steuerlich unzulässig" ist beispielsweise die Position „Gesellschafterdarlehen mit Eigenkapital-Charakter [Aktivseite]". Bevor die E-Bilanz übermittelt werden kann, müssen diese Positionen in der Überleitungsrechnung eliminiert werden. Bei originären Steuerbilanzen tauchen sie gar nicht erst auf.

„für handelsrechtlichen Einzelabschluss unzulässig" bedeutet, dass diese Positionen weder in Handels- noch in Steuerbilanz auftauchen dürfen. Auch hier warnt eine gute Software.

Beispiel zu Summenmussfeldern

Die Müller GmbH benötigte im Berichtszeitraum solche Rohstoffe, auf die der Regel-steuersatz von 19 % und auf die der reduzierte Steuersatz von 7 % fällig wurde. Korrekter Weise werden die entsprechenden Konten den Mussfeldern „Aufwand zum Regelsteuer-satz" und „Aufwand zum ermäßigten Steuersatz" zugeordnet. Beide Positionen fallen in die Gliederungsebene 9. Die Taxonomieposition „Aufwendungen für Roh- Hilfs- und Betriebsstoffe" ist ein Summenmussfeld der Gliederungsebene 8, muss zwingend über-mittelt werden und zeigt die Summe der beschriebenen Unterpositionen. Der User einer guten Software kann sich darauf verlassen, dass die Rechenübung korrekt und ohne sein Zutun erledigt wird. Über Gliederungsebenen muss er sich keine Gedanken machen. Soll-te einmal händisches Rechnen notwendig sein und dabei ein Fehler unterlaufen, würde ERiC die Annahme des kompletten Datensatzes verweigern, da rechnerische Richtigkeit vorausgesetzt wird. Letzter Hinweis zum Beispiel: Falls die Müller GmbH unterjährig nur ein gemeinsames Aufwandskonto „Einkauf Roh-, Hilfs- und Betriebsstoffe" für Waren mit Regel- und reduziertem Steuersatz verwendet hat, kann sie dieses Konto der Auffang-position „Aufwendungen ohne Zuordnung nach Umsatzsteuertatbeständen" zuordnen.

Mussfelder und Auffangpositionen sind seit 2011 überarbeitet worden. Sie werden auch in Zukunft einem Wandel unterliegen, denn die E-Bilanz ist Teil des ständig in der Verän-derung befindlichen deutschen Steuersystems. Zusätzliche Regeln können neue Informa-tionsbedürfnisse der Finanzverwaltung begründen, abgeschaffte oder ersetzte gesetzliche Regelungen können zum Wegfall führen. Der Praktiker muss sich daher über Taxonomie-änderungen auf dem Laufenden halten.

4.4 Warum man freiwillig mehr übermitteln könnte

Die Mussfelder und die Auffangpositionen determinieren den verwaltungsseitig gefor-derten Mindestumfang. Generell gilt: Je mehr Angaben freiwillig – also ohne dass die Taxonomie dies zwingend vorsieht – gemacht werden, desto größer die Möglichkeiten für das Finanzamt, automatische Prüfungsschritte durchzuführen. Auf der anderen Seite könnte ein freiwillig detaillierteres Übermitteln auch dazu führen, dass das eigene Unter-nehmen als besonders transparent eingestuft wird, dadurch weniger Fragen entstehen und eine schnellere Veranlagung begünstigt wird.

4.4.1 Die Minimalstrategie

Der Steuerpflichtige, der diese Strategie verfolgt, berücksichtigt schon bei der Buchhaltung, dass möglichst wenige genutzte Buchhaltungskonten die Nutzung von Auffangpositionen begünstigen. Er fasst so viele Konten wie möglich auf der höchsten Gliederungsebene zusammen. Der Steuerpflichtige muss Zeit investieren, um die maximal mögliche Reduktion des Informationsgehalts der E-Bilanz zu erreichen. Ob diese zeitliche Investition sich auszahlt, ist fraglich. Denn wer meint, er könne mit der Zusammenfassung möglichst vieler Buchungsvorgänge auf möglichst wenige Konten steuererhebliche Tatsachen nachhaltig vor dem Finanzamt verstecken, misst der E-Bilanz eine zu hohe Bedeutung zu. Wer die Geschäftsvorgänge zunächst in der Buchhaltung erfasst und nachher systematisch mit vielen anderen Informationen zusammenfasst, um eine automatische Prüfung zu verhindern, der macht sich verdächtig. Damit steigt das Risiko, dass das Finanzamt in jeder Veranlagungsrunde nachfragt. Die Wahrscheinlichkeit, dass das Finanzamt von Betriebsprüfungen, Lohnsteueraußenprüfungen, Umsatzsteuersonderprüfungen etc. gebraucht macht, wird größer.

4.4.2 Die Neutralstrategie

Ein Anhänger dieser Strategie ist der Ansicht, dass er wegen der Einführung der E-Bilanz nur minimalen Aufwand betreiben möchte. Er ändert so wenig wie möglich an seinem Buchhaltungsgeschehen, befolgt Wünsche des Finanzamts, übermittelt aber freiwillig auch nicht mehr Konten und Angaben, als er das bisher auf Papier getan hat.

Der Vorteil dieser Strategie liegt im geringen Aufwand bei der Umstellung auf die E-Bilanz. Die Gefahr, dass bei gleicher Detailtiefe wie in den Vorjahresabschlüssen zusätzliche Nachfragen des Finanzamts entstehen, ist überschaubar. Betriebsprüfungen sollten sich nach Meinung des Autors auch nicht häufen. Wenn sich im Vergleich zur Vorjahres-Papierversion nur die Übermittlungsart, nicht aber die Informationstiefe ändert, sollten Betriebsprüfer aus Eigeninteresse eher andere Risikoindikatoren (bspw. hoher Anteil von Bargeschäften, Kontrollmitteilungen von anderen Ämtern etc.) bei der Auswahl ihrer Fälle heranziehen, als lediglich fehlende maximale Detailtiefe.

Die Auswahl der Neutralstrategie kann auch dann sinnvoll sein, wenn aus technischen oder tatsächlichen Gründen die Umsetzung der Maximalstrategie nicht möglich ist, aber die Verfolgung der Minimalstrategie vermieden werden soll.

4.4.3 Die Maximalstrategie

Verfolgt ein Unternehmen die Maximalstrategie, dann möchte es dem Finanzamt signalisieren, dass es hochtransparent und damit vertrauenswürdig ist. Es stellt seine Buchhaltung um, damit keine Auffangpositionen genutzt werden müssen. Darüber hinaus übermittelt es zu jeder Position Kontennachweise, alle technisch möglichen Berichtsbestandteile werden elektronisch übermittelt.

Nachteilig ist der deutlich höher Aufwand, um die Umstellung der einzelnen Konten und Positionen zu vollziehen. Die Detailtiefe ist eine gute Voraussetzung dafür, dass viele vollautomatische Prüfschritte der Finanzverwaltung effektiv eingesetzt werden können und zu validen Ergebnissen kommen. Der Hauptvorteil wird voraussichtlich darin liegen, dass das Finanzamt solche Unternehmen als weniger risikoreich betrachtet und auf Betriebsprüfungen im Zweifelsfall eher verzichtet, wenn nicht andere Hinweise vorliegen. Bescheide könnten bei positivem Ausgang aller automatischen Prüfschritte auch vollautomatisch erstellt werden – damit würde der Steuerpflichtige schneller Rechtssicherheit erlagen.

4.5   Das Ende der gebuchten Einheitsbilanz

Spätestens seit dem Inkrafttreten des Bilanzrechtsmodernisierungsgesetzes (BilMoG) gibt es so zahlreiche Abweichungen von Handels- und Steuerbilanz, dass eine Einheitsbilanz (Handelsbilanz gleich Steuerbilanz) immer seltener wird. Die E-Bilanz ist hierfür nicht verantwortlich zu machen. Dennoch hat ihre Einführung dazu geführt, dass das Buchungsverhalten auch in diesem Kontext beeinflusst wird. Denn wer bisher die handelsbilanziellen Werte im Buchhaltungssystem erfasste, aber nur in Word oder Excel die (von der Anzahl innerhalb eines Jahresabschlusses her oft überschaubaren) Abweichungen zur Steuerbilanz dokumentierte und als Überleitungsrechnung zum Paket an das Finanzamt hinzulegte, der muss sich seit Einführung der E-Bilanz zwingend damit auseinandersetzen, wie man die Buchhaltungssoftware so bedient, dass handels- und steuerrechtliche Werte nebeneinander aufgenommen und ausgewiesen werden können. Auch könnten automatische Prüfverfahren bei Positionen in der Handelsbilanz ansetzen, bei denen eine wertmäßige Abweichung zur Steuerbilanz wahrscheinlich oder sogar zwingend gegeben ist. Eine Überprüfung aller eingereichten Bilanzen auf Differenzen zwischen den Bilanzen wird damit wahrscheinlicher.[3]

Beispiel

Ein Schritt einer Prüfsoftware könnte beispielsweise darin bestehen, immer bei Vorliegen einer Pensionsrückstellung in der Handelsbilanz (also Übermittlung des Summenmussfelds „Rückstellungen für Pensionen und ähnliche Verpflichtungen" mit einem anderen Wert als „NIL") zu prüfen, ob eine entsprechende Position in der Überleitungsrechnung zur Steuerbilanz vorhanden ist, die das steuerliche Ergebnis beeinflusst (Vorhandensein einer entsprechenden Position „Passivposition" und „GuV-Posten mit erfolgswirksamen Abweichungen" im Modul „steuerliche Modifikationen"). Da wertgleiche Pensionsrückstellungen in Handels- und Steuerbilanz extrem unwahrscheinlich sind, würde ein Fehlen dieser Korrekturposition Nachfragen rechtfertigen und mit relativ hoher Treffsicherheit Fehler aufdecken.

Das kann als Anlass genügen, sich noch einmal die wichtigsten Abweichungen von Handels- und Steuerbilanz zu vergegenwärtigen (Tab. 4.2).

---

[3] Da die tatsächlichen Prüfschritte nicht veröffentlicht werden, ist dies freilich reine Spekulation.

Tab. 4.2 Wichtige zwingende Abweichungen zwischen Handels- und Steuerbilanz. (vgl. Frotscher 2012, Rz. 63 ff.; Bertram 2013, § 274 HGB Rz. 163 ff.; Reiner 2103, § 274 Rn. 18–26; Schubert und Adrian 2014, § 274 HGB)

Position	Handelsbilanz	Steuerbilanz
Selbst geschaffene, immaterielle Wirtschaftsgüter (WG) des Anlagevermögens	Aktivierungswahlrecht (bis auf Marken, Kundenlisten etc., vgl. § 248 HGB)	Aktivierungsverbot
Derivativer (von fremden Dritten entgeltlich erworbener) Geschäfts- oder Firmenwert: Nutzungsdauer	Norm: 5-jährige Nutzungsdauer. Mehr als 5 Jahre müssen im Anhang begründet werden	Pauschale Nutzungsdauer: 15 Jahre
Anschaffungsnahe Herstellungskosten	Ansatzverbot, wenn keine wesentliche Verbesserung herbeigeführt wird (§ 255 Abs. 2 S. 1 HGB)	Ansatzgebot, unabhängig von der Art der Aufwendungen, wenn innerhalb von 3 Jahren nach Anschaffung durch diese Kosten mehr als 15% des Anschaffungspreises erreicht werden (§ 6 Abs. 1 Nr. 1a EStG)
Disagio als aktiver Rechnungsabgrenzungsposten	Ansatzwahlrecht (§ 250 Abs. 3 S.1 HGB)	Aktivierungspflicht (§ 5 Abs. 5 EStG)
Zölle, Verbrauchssteuern als aktiver Rechnungsabgrenzungsposten	Aktivierungsverbot (§ 250 Abs. 1 HGB)	Aktivierungspflicht (§ 5 Abs. 5 EStG)
Pensionsverpflichtungen und Deckungsvermögen	Saldierungspflicht (§ 246 Abs. 2 S. 2 HGB)	Saldierungsverbot (§ 5 Abs. 1a EStG)
Pensionsverpflichtungen, Bewertung	Die Bewertung erfolgt mit dem Erfüllungsbetrag, künftige Preissteigerungen müssen berücksichtigt werden. Der Abzinsungszinssatz ist marktabhängig	Die Bewertung erfolgt mit dem Teilwert (§ 6a Abs. 3 S. 1 EStG). Abzinsung mit 6%
Verbindlichkeiten	Erfüllungsbetrag (keine Abzinsung)	Anschaffungskosten oder höherer Teilwert (vgl. Mutscher, 2012, § 6 EStG Rz. 360). Abzinsung mit 5,5% (§ 6 Abs. 1 Nr. 3 EStG)
Rückbauverpflichtungen (unter anderem bei Windmühlen)	Erfüllungsbetrag	Anschaffungskosten oder höherer Teilwert. Abzinsung mit 5,5% (§ 6 Abs. 1 Nr. 3 EStG)
Fremdwährungsverbindlichkeiten, langfristig	Umrechnung zum Devisenkassamittelkurs am Abschlussstichtag (§ 256a HGB)	Abwertung nur bei voraussichtlich dauernder Wertminderung
Investitionsabzugsbetrag	Darf nicht gebildet werden	Darf gebildet werden (§ 7 g EStG)

4.6   Informationen, die das Finanzamt sonst noch fordert

Wer seine Bilanz samt Gewinn- und Verlustrechnung und eventuell einer Überleitungsrechnung elektronisch an das Finanzamt übermittelt hat, muss daran denken, dass er zusätzlich noch folgende Unterlagen eventuell per Papier an die Behörde schickt (§ 60 EStDV):

1. Anhang (soweit handelsrechtlich erstellt und nicht elektronisch übermittelt). Kleine Kapitalgesellschaften und KapCo müssen handelsrechtlich keinen Anlagespiegel aufstellen. Das Finanzamt fordert dennoch häufig unter Berufung auf Mitwirkungspflichten ein Anlagenverzeichnis an. Wer bisher klaglos Anlagespiegel per Papier an das Finanzamt sendete, sollte sich auch bei E-Bilanz-Einführung darauf einstellen, diesen entweder elektronisch oder per Papier zu übermitteln
2. Lagebericht (soweit handelsrechtlich erstellt und nicht elektronisch übermittelt)
3. Prüfbericht (soweit handelsrechtlich erstellt und nicht elektronisch übermittelt)
4. Besonderes Verzeichnis nach § 5a EStG (Tonnagebesteuerer)

4.7   ERiC- Der Torhüter des Finanzamts

Die Finanzverwaltung will mit ERiC sicherstellen, dass verwendbare Daten bei ihr ankommen und verarbeitet werden können. ERiC vermeidet, dass im Zuge der Abarbeitung der Datenmengen immer wieder unvollständige oder fehlerhafte Datensätze auftauchen und eine Bearbeitung nicht möglich ist. ERiC ist ein Instrument, das die Qualität der eingehenden Daten auf einem entsprechenden Mindeststandard hält.

ERiC wird allen E-Bilanz-willigen Softwareanbietern von der Finanzverwaltung zu Verfügung gestellt. Die Softwareanbieter müssen ERiC dann in ihr Programm integrieren. Wer ERiC nicht integriert, kann keine E-Bilanz-fähige Software vermarkten. Der User hingegen nutzt ERiC meist unbewusst im Zusammenspiel mit der ihm bekannten Software. ERiC fungiert als Schnittstelle zum Finanzamt und prüft, ob beispielsweise die entsprechenden Strukturen der Taxonomie eingehalten wurden, ob die Angaben vollständig oder alle Mussfelder ausgefüllt sind. Findet ERiC Fehler, wird die Übermittlung des gesamten Datensatzes abgelehnt. Für computeraffine User lassen sich sämtliche Prüfschritte im technischen Leitfaden zur Taxonomie 5.2 nachlesen.[4]

---

[4] Abrufbar unter www.esteuer.de, http://www.esteuer.de/download/Technischer_Leitfaden_fuer_Taxonomie_5.2_05.08.2013.zip (19.06.2014).

Literatur

Bertram K (2013) Haufe HGB Bilanz Kommentar. In: Bertram k, Brinkmann R, Kessler H, Müller S (Hrsg.) § 274, HGB Rz. 163 ff. Zugegriffen: 16. Dez. 2013

BMF-Schreiben vom 28. September 2011, IV C 6 – S 2133-b/11/10009

Frotscher G (2012) Kommentar zum Einkommensteuergesetz. In: Frotscher G, Geurts M (Hrsg.) § 5 EStG. Zugegriffen: 15. Juni 2012

Mutscher, Frotscher G, Geurts M (Hrsg.) (2012) Kommentar zum Einkommensteuergesetz. § 6 EStG Rz. 360. Zugegriffen: 15. Okt. 2012

Reiner G (2013) Münchener Kommentar zum Handelsgesetzbuch. In: Schmidt H (Hrsg.) § 274

Schubert WJ, Adrian G (2014) Beck'scher Bilanz Kommentar. § 274. C. H. Beck, München

Umsetzung der E-Bilanz

5

5.1 Einführungsprozedere bei KMU

Im Zuge der Einführung der E-Bilanz werden sich viele Unternehmen im Jahr 2014 mit der Thematik auseinandersetzen. In größeren Unternehmen und erst recht in Konzernen wird die Einführung der E-Bilanz im Rahmen eines strukturierten Projektmanagementprozesses einzuführen sein. Verschiedene Bereiche, beispielsweise IT, Steuerabteilung, Buchhaltung und Geschäftsführung müssen unter Umständen grenzüberschreitend Einigungen erzielen und die nötigen Voraussetzungen schaffen. Eine Erläuterung des nötigen Projektmanagements für diese Fälle nehmen bspw. Althoff et al. anschaulich vor (vgl. Althoff et al. 2013, S. 126–208). Das vorliegende Buch richtet sich bewusst an kleine und mittlere Unternehmen, die selbst unter Einsatz einer Standardsoftware bilanzieren oder diese Aufgabe fremdvergeben. Darüber hinaus wendet es sich an Steuerberater, die die Erstellung und Übermittlung der E-Bilanz für ihre Mandanten der beschriebenen Größe übernehmen.

Für diese Zielgruppe wird hier folgendes Vorgehen vorgeschlagen:

1. Erlangung eines Grundlagenwissens zur E-Bilanz (Pflichtbestandteile, Mussfelder, Auffangpositionen, Entscheidung zur „Strategie" und in Abhängigkeit davon Anpassen der Buchhaltung)
2. Schaffen der entsprechenden Voraussetzungen zur Übermittlung durch Registrierung auf www.elster.de (falls noch nicht geschehen). Achtung! Die erstmalige Registrierung braucht etwas Zeit, zwei Wochen sind nicht ungewöhnlich

© Springer Fachmedien Wiesbaden 2014
B. J. Feindt, *Die E-Bilanz in kleinen und mittleren Unternehmen (KMU)*,
DOI 10.1007/978-3-658-06060-2_5

3. Prüfung, ob die eingesetzte Software E-Bilanz-fähig ist. Das erfährt man am besten direkt vom Softwareanbieter
   - Wenn nein: Sicherstellung, dass eine Exportmöglichkeit in ein anderes, E-bilanz-fähiges Buchhaltungssystem möglich ist. Wenn die Umstellung bis zur nächsten Frist zu aufwendig erscheint, frühzeitiges Stellen des Härtefallantrags
   - Wenn ja: Auseinandersetzen mit der Umsetzung der E-Bilanz durch die genutzte Software. Optimaler Weise Durchspielen einer künftigen Übermittlung mit fiktiven Zahlen inklusive ERiC-Prüfung, bevor Fristen drohen. Wenn die Umstellung bis zur nächsten Frist zu aufwendig erscheint, frühzeitiges Stellen des Härtefallantrags

▶   **Hinweis für Steuerberater** Wenn der Jahresabschluss unter Anwendung des 4-Augen-Prinzips erstellt wird, sollte die ERiC-Prüfung bereits erfolgt sein, bevor das zweite Augenpaar den Jahresabschluss kontrolliert. Wenn die ERiC-Prüfung durchgeführt wird, bevor der Mandant das (wohl in den meisten Fällen noch ausgedruckte) Jahresabschlussexemplar zur Unterschrift erhält, können ärgerliche Umbuchungen aus E-Bilanz-Gründen vermieden werden.
Wer bisher den Mandanten über alles in Kenntnis setzte, das er in dessen Namen an die Behörden übermittelte, kommt wohl nicht umhin, auch den übermittelten E-Bilanz-Datensatz (m. E. mit allen NIL-Werten) kenntlich zu machen.

5.2   Der genutzte Kontenrahmen als Ausgangspunkt

Kontenrahmen geben der Buchhaltung eine gewisse Struktur, in dem sie den Konten feste Positionen zuordnen. Über Kontennummern können Konten eindeutig zugeordnet werden. Für einige Branchen existieren spezielle Kontenrahmen. Nutzt man den für das eigene Unternehmen richtige Kontenrahmen, kann man davon profitieren, dass Kontenbezeichnungen und Funktionen passend mitgeliefert werden. Bei KMU häufig eingesetzte Kontenrahmen sind der Standardkontenrahmen (SKR) 03 und der SKR 04. Beim deutschen Marktführer für Steuerberatersoftware DATEV und bei den hier vorgestellten Buchhaltungssystemen Simba und Stotax sind die Ausprägungen dieser Kontenrahmen sehr ähnlich. Sie werden meist mit vierstelligen Kontennummern verwendet. Eine rechtliche Verpflichtung zum Einsatz eines bestimmten Kontenrahmens existiert nicht. Aber die allgemeinen Grundsätze ordnungsgemäßer Buchhaltung (GoB) müssen beachtet werden – hier im Wesentlichen die Forderung nach Klarheit und Übersichtlichkeit der Buchhaltung. Kontenrahmen werden vom Softwareanbieter an Änderungen im Gesetzgebungsverfahren und andere laufend angepasst. Bei E-Bilanz-fähiger Software darf man erwarten, dass die Anpassungen auch immer ein schlüssiges Mapping umfassen.

5.2.1 Kurzüberblick SKR 03

Dieser Kontenrahmen orientiert sich an den Prozessabläufen im Unternehmen. Die Konten werden 10 Kontenklassen zugeordnet (vgl. Datev Kontenrahmen 2014):

0:      Anlage – und Kapitalkonten
1:      Finanz- und Privatkonten
2:      Abgrenzungskonten
3:      Wareneingangs- und Bestandskonten
4, 5, 6: Betriebliche Aufwendungen
7:      Bestände an Erzeugnissen
8:      Erlöskonten
9:      Vortrags-, Kapital-, Korrektur- und Statistische Konten

Beispiel

Als Konto für den Einkauf von Roh-, Hilfs- und Betriebsstoffen sieht der DATEV SKR 03 bei 19 %iger Vorsteuer unter anderem das Konto mit der Nr. 3030 vor. Wird dieses Konto korrekt genutzt, dann sollte bei Einsatz einer E-Bilanz-fähigen Software automatisch ein Mapping zur richtigen E-Bilanz Position stattfinden.

5.2.2 Kurzüberblick SKR 04

Dieser Kontenrahmen orientiert sich am HGB-Bilanzschema. Auch hier werden 10 Kontenklassen gebildet:

0:      Anlagevermögenskonten
1:      Umlaufvermögenskonten
2:      Eigenkapitalkonten
3:      Fremdkapitalkonten
4:      Betriebliche Erträge
5, 6:   Betriebliche Aufwendungen
7:      Weitere Erträge und Aufwendungen
8:      Frei
9:      Vortrags-, Kapital-, Korrektur- und Statistische Konten

5.3 XBRL-Format

Mit der Einführung der E-Bilanz in Deutschland wurde das XBRL-Format als Grundlage für die Übermittlung des amtlichen Datensatzes festgelegt. XBRL steht für **eXtensible Business Reporting Language** und „ist eine frei verfügbare elektronische Sprache für das ‚Financial Reporting', also den Austausch von Informationen von und über Unternehmen, insbesondere von Jahresabschlüssen. XBRL bietet einen Standard für die Erstellung, die Veröffentlichung, Auswertung und den Vergleich solcher Informationen." (XBRL e. V. 2014). Insbesondere XBRL ist dafür entwickelt worden, um große Datenmengen von Unternehmen standardisiert, leicht und in nützlicher Form den berechtigten Anspruchsgruppen zugänglich zu machen. In manchen Bereichen der Wirtschaft, wie z. B. bei der Bankenaufsicht oder bei Nutzung des Bundesanzeigers, ist dieses Format schon einige Jahre im Einsatz.

XBRL baut auf der Websprache XML (eXtensible Markup Language) auf. Da XBRL Positionen, Datensatzbeschreibung und Inhaltsübermittlung zulässt, können Jahresabschlüsse, die mit diesem Standard übermittelt werden, automatisch bearbeitet werden. Der Nutzer muss nichts über die Funktionsweise von XBRL wissen, da er ohne geeignete Software die E-Bilanz selbst nicht übermitteln kann.

5.4 EXKURS HGB

5.4.1 HGB-Taxonomie

Auch für handelsrechtliche Zwecke existieren Taxonomien. Diese werden derzeit beispielsweise bei Offenlegungen und Hinterlegungen beim elektronischen Bundesanzeiger verwendet. Die HGB-Taxonomien werden vom XBRL Deutschland e.V. herausgegeben. Die aktuellste Version ist die Version 5.2. Es ist die erste „einheitliche Taxonomie für steuerliche und handelsrechtliche Zwecke" (XBRL e. V. 2014). Wer die Excel-Visualisierungen auf www.xbrl.de und auf www.esteuer.de vergleicht, wird auf den ersten Blick kaum Unterschiede erkennen. „Anzustreben ist, dass ein Konto handelsrechtlich und steuerrechtlich nur einmal zugeordnet wird!" (XBRL e. V. 2014) heißt eins der Ziele des XBRL-Vereins.

Eine deutliche Abweichung existiert aber in Darstellung von MicroBilG-Abschlüssen. Das Handelsrecht erlaubt seit Kleinstkapitalgesellschaften-Bilanzrechtsänderungsgesetz (MicroBilG) wesentliche Erleichterungen für Kleinstgesellschaften. Kapitalgesellschaften und KapCo, die zwei der drei maßgeblichen Schwellenwerte an zwei aufeinander folgenden Abschlussstichtagen nicht überschreiten, gelten als „Kleinst":

- 350.000 € Bilanzsumme
- 700.000 € Umsatzerlöse
- eine durchschnittliche Zahl von bis zu 10 Beschäftigten

Dies führt aber nicht dazu, dass die Finanzverwaltung auf den Mindestumfang verzichten würde (vgl. Kap. 2.3). Insbesondere bei der GuV ergeben sich Abweichungen. Die Darstellung in der MicroBilG-Ansicht weicht daher ab, ohne dass sich für die E-Bilanz-Praxis wesentliche Auswirkungen ergeben.

5.4.2 Anwendungspraxis im Bundesanzeiger

Jedes Jahr werden in Deutschland mehr als eine Million Jahresabschlüsse durch den Bundesanzeiger veröffentlicht. Um diese enorme Datenmenge zugänglich zu machen, wird das Datenformat XBRL genutzt. Begonnen wurde mit der elektronischen Übermittlung im Jahr 2007, sämtliche nach HGB-erstellte und veröffentlichte Jahresabschlüsse waren betroffen. Mit Beschluss der EU-Richtlinie 2012/6/EU und des MicroBilG haben Kleinstunternehmen auch die Möglichkeit, ihren Jahresabschluss beim Bundesanzeiger zu hinterlegen. **Hinterlegung** hat für den Unternehmer den Vorteil, dass die Daten nur bei Zahlung einer Gebühr von fremden Dritten abrufbar sind. Alle Jahresabschlüsse von offenlegungspflichtigen Unternehmen, die nicht von der Kleinstunternehmer-Regelung profitieren, können kostenlos und anonym unter www.bundesanzeiger.de abgerufen werden. Von mobilen Endgeräten kann über die kostenlose App „BilanzMonitor" auf diese Daten zugegriffen werden.

Gibt es rechtliche Bestimmungen, die eine Offenlegung oder Hinterlegung vorschreiben, dann muss eine Registrierung auf der Publikations-Plattform (www.bundesanzeiger.de) erfolgen. Im Anschluss können die Unterlagen in unterschiedlichen Formaten (XBRL, Excel, Word, PDF, händische Eingabe) übermittelt werden.

5.5 Taxonomien der E-Bilanz

5.5.1 Taxonomien allgemein

Der Begriff der Taxonomie setzt sich zusammen aus den griechischen Wortteilen „taxis" und „nomos". Das Wort „taxis" steht für Ordnung und „nomos" für Gesetz (vgl. Duden 2014). Sinngemäß bedeutet das Wort soviel wie die Einordnung in ein System. Im Zusammenhang mit der E-Bilanz ist dies zutreffend, denn grundsätzlich gilt es, die vorhandene Buchführung in ein standardisiertes Schema zu übertragen.

Die E-Bilanz-Taxonomie ist ein Datenschema für den amtlich vorgeschriebenen Datensatz i.S.d. § 5b EStG zur Übermittlung der geforderten Daten als Besteuerungsgrundlage. Wie bei einem Kontenrahmen werden verschiedenartige Positionen definiert, die in strukturierten und hierarchischen Eigenschaften zueinander angeordnet sind. Das beschränkt sich nicht nur auf das Zahlenmaterial des Unternehmens, sondern betrifft ebenfalls Informationen darüber hinaus. Die Taxonomie kann nicht auf eigenen Wunsch erweitert werden. Wer mehr übermitteln will, kann allerdings komplette Kontennachweise liefern und in Textfeldern zusätzliche Angaben machen – vergleichbar mit einem Begleitschreiben an das Finanzamt.

5.5.2 Kerntaxonomie

Die Kerntaxonomie gilt für den Großteil der Unternehmer, nämlich immer dann, wenn keine Spezialtaxonomie vorgeschrieben ist. Sie nimmt das Zahlenmaterial des Unternehmens auf.

Die Taxonomieversion 5.2 vom 30. April 2013 gilt zwingend für Geschäftsjahre, die nach dem 31.12.2013 beginnen, kann aber auch schon im Vorjahr verwendet werden (vgl. BMF vom 27. Juni 2013). Um Aktualität gewährleisten zu können, aktualisiert die Finanzverwaltung regelmäßig die Taxonomien. Die Taxonomieversion 5.3 ist für Wirtschaftsjahre anzuwenden, die nach dem 31.12.2014 beginnen, kann aber auch für Wirtschaftsjahre die nach dem 31.12.2013 beginnen, angewendet werden. Wenn das Wirtschaftsjahr dem Kalenderjahr entspricht, kann also für den Jahresabschluss 2014 sowohl die Version 5.2 als auch die Version 5.3 angewendet werden. Welche Version die bessere ist, hängt wohl weniger von den Taxonomien ab (deren Änderungen von 5.2 auf 5.3 für kleine und mittelständische Unternehmen unwesentlich sind), als von der Umsetzung und Einbindung der Taxonomie in der verwendeten Software. Die jährlichen Anpassungen werden mittels BMF-Schreiben veröffentlicht und erhalten ein eindeutiges Gültigkeitsdatum.

Die Kerntaxonomie beinhaltet eine Vielzahl von Positionen für alle Rechtsformen und Branchen, wobei im jeweiligen Einzelfall nur die Positionen zu befüllen sind, zu denen auch tatsächlich Geschäftsvorfälle vorliegen.

5.5.3   Ergänzungstaxonomien

Ergänzungstaxonomien stellen branchentypische Positionen bereit und kommen zusätzlich zur Kerntaxonomie zum Einsatz. Derzeit existieren Ergänzungstaxonomien für folgende Branchen:

- Krankenhäuser
- Pflegeeinrichtungen
- Verkehrsunternehmen
- Kommunale Eigenbetriebe und
- Land- und Forstwirtschaft
- Wohnungswirtschaft

5.5.4   Spezialtaxonomien

Spezielle Branchen nutzen Spezialtaxonomien. Hierzu zählen die folgenden Bereiche:

- Kredit- und Finanzdienstleistungsinstitute
- Versicherungsunternehmen
- Zahlungsinstitute

Spezialtaxonomien werden anstelle der Kerntaxonomie eingesetzt.

5.6 Umstellungsaufwand ja, aber keine Angst vor neuen Anforderungen in der Buchhaltung

Der Umstellungsprozess auf die E-Bilanz verläuft oft hakelig. Ursprünglich für 2011 geplant, müssen nun erst für 2013 Bilanzen elektronisch übermittelt werden. Behördenseitig ist auch derzeit noch einiges unklar.[1] Die Systeme stellen erst nach und nach um. Einige Buchhaltungssysteme haben (noch) gar keine E-Bilanz-Lösung. Andere Systeme bilden nur einen Teil der elektronisch übertragbaren Daten ab, so dass neben der elektronischen Übersendung noch immer der Brief zum Finanzamt zum Einsatz kommen muss. Diese Friktionen kosten Unternehmer Zeit und Geld. Ohnehin muss in Wissensaufbau zu den neuen Regelungen und in das Handling der E-Bilanz mit der eingesetzten Software investiert werden. Personengesellschaften werden besonders mit Umstellungsaufwand belastet. Zweifellos ist der Aufwand nicht zu unterschätzen. Neben den gesetzlichen Regelungen hängt der Umstellungsaufwand sehr stark davon ab, wie intuitiv und userfreundlich die gesetzlichen Anforderungen von der Buchhaltungssoftware umgesetzt worden sind.

Die Auswirkungen auf die tägliche Finanzbuchhaltung werden bei KMU, die E-Bilanz-fähige Software einsetzen, aber in der Regel überschaubar bleiben. Zwar ist erklärtes Ziel der E-Bilanz Standardisierung und Automatisierung. Allerdings ist ein Nebenziel, zu tiefe Eingriffe zu vermeiden. Daher wurden Auffangpositionen geschaffen. Je nach Entscheidung der Übermittlungsstrategie können die intensiv genutzt werden. Ein Mussfeld, das bisher im Unternehmen nicht mit einem eigenen Konto abgebildet wurde, obwohl ein Geschäftsvorfall dafür vorliegt, und für das keine Auffangposition besteht und daher nun zu zusätzlichen Buchungen führt, wird nicht vielen Unternehmen begegnen.

Einige Beispiele:

1. Umsatzerlöse: Entweder man bucht Umsätze, Rabatte und dergleichen auf die dafür vorgesehenen Konten unter Aufgliederung nach verschiedenen Steuersätzen oder man nutzt die Auffangposition dafür. Umsatzerlöse nach Umsatzsteuertatbeständen aufzugliedern, auch wenn 19%ige und 7%ige Umsätze bisher auf dem gleichen Konto gelandet sein sollten, dürfte nicht schwer sein, wenn die Software dafür eine Lösung bereithält. Schließlich musste auch vor der E-Bilanz eine Umsatzsteuerjahreserklärung ausgefüllt werden, in denen diese Angaben nicht fehlen konnten
2. Wareneinkauf: Entweder man bucht Wareneinkauf und den Einkauf von Roh-, Hilfs- und Betriebsstoffen auf die verschiedenen dafür vorgesehenen Konten oder man nutzt ein einziges Konto für beide als Auffangposition. Es kann in der Praxis durchaus schwer sein, im Zeitpunkt des Einkaufs zu unterscheiden, ob die Produkte als Ware weiterverkauft oder als Rohstoffe noch verarbeitet werden
3. Gehälter: Entweder man bucht die Gehälter der Angestellten und die Geschäftsführergehälter auf verschiedene Konten oder man nutzt die Auffangposition und beides wird auf einem Konto zusammengefasst

---

[1] Vgl. bspw. die derzeit 13-seitige „Known errors"-Fehlersammlung unter www.esteuer.de.

Gute Programme „meckern" rechtzeitig, wenn falsch gebucht wurde. Wer sich unsicher ist, ob seine Buchhaltung ausreicht, kann gut mit einem Vorschau-Test feststellen, ob Fehlermeldungen erscheinen. Wenn Meldungen auftauchen, kann man in der Regel auch noch ex post reagieren. Also keine Angst vor Umstellungen in der Buchhaltung! Allerdings sollte man für die Umstellung in der Software Zeit einplanen. Die Kosten für die Umstellung schätzen KMU zwischen 101 € und 1.000 € ein.[2]

Literatur

Althoff F, Arnold A, Jansen A, Polka T, Wetzel F (2013) E-Bilanz – Grundlagen, Umsetzung, Folgen der Umstellung. Haufe, Freiburg

BMF-Schreiben (2011) vom 28. Sept. 2011 IV C 6– S2133-b/11/10009

Bundesanzeiger (2014) Stichwort: struktur. http://www.bundesanzeigerdatenservice.de/datenservice/jahresabschluesse/strukturdaten-xbrl.html. Zugegriffen: 20. Mai 2014

Datev (2014) Kontenrahmen nach dem Bilanzrechtsmodernisierungsprinzip - Standardkontenrahmen 03, Version 2014. „http://www.datev.de/portal/ShowPage/do?pid=dpi%25nid=84733" http://www.datev.de/portal/ShowPage/do?pid=dpi%nid=84733. Zugegriffen: 09. Juni 2014

Duden Onlinewörterbuch (2014) http://www.duden.de/node/767491/revisions/1147644/view. Zugegriffen: 11. Juni 2014

Kolbe (2013) Die E-Bilanz aus Sicht der Verwaltung. IHK Akademie, München

Richter, Kruczynski (2012) Die Auswirkungen der Einführung der E-Bilanz auf Klein- und Kleinstbetriebe – eine empirische Analyse, DStR S922

Springer Gabler Verlag (Hrsg) Gabler Wirtschaftslexikon, Stichwort: Prozessgliederungsprinzip. http://wirtschaftslexikon.gabler.de/Archiv/1740/prozessgliederungsprinzip-v9.html

XBRL (2014) Deutschland e. V.:Einleitung zur Taxonomie 5.2 des XBRL Deutschland e. V. http://www.xbrl.de/index.php?option=com_content&view=article&id=113&Itemid=91. Zugegriffen: 11. Juni 2014

---

[2] Vgl. Richter, Kruczynski: Die Auswirkungen der Einführung der E-Bilanz auf Klein- und Kleinstbetriebe – eine empirische Analyse, DStR 2012, S. 919.

Datenschutz im E-Bilanz Kontext

6

Je größer der Einsatz elektronischer Datenübermittlungs- und Verarbeitungssysteme, umso größer auch die Gefahr des Missbrauchs. Die Finanzbehörden können mit der E-Bilanz in Sekundenschnelle Massen von Bilanz- und GuV-Daten empfangen und verarbeiten. Elektronische Massendatenverarbeitung verlangt aber von allen Beteiligten eine erhöhte Aufmerksamkeit in Bezug auf damit verbundene, typische Risiken. Daten der E-Bilanz sind vom Steuergeheimnis nach § 30 AO gedeckt, vom Bundesdatenschutzgesetz aber nur eingeschränkt (vgl. Schnittmann 2012, RN 17). Der niedersächsische Landesbeauftragte für den Datenschutz kategorisiert Risiken wie folgt (vgl. Landesbeauftragte für den Datenschutz Niedersachsen 2014):

1. Lesbarkeit. Elektronisch gespeicherte Daten sind nur mit Hilfsmitteln lesbar. Die Gefahr der Datenkorruption steigt. Unversehrtheit und Originalität der Daten im Datenspeicher sind vom Steuerpflichtigen selbst nicht nachvollziehbar.
2. Datenverlust. Elektronisch gespeicherte Daten können bspw. durch Entmagnetisierung verlorengehen.
3. Zunahme personenbeziehbarer Daten. Nicht nur Inhalte können elektronisch ausgewertet werden, sondern unter Umständen auch Ort des Senders, Uhrzeit der Beginn der Verbindung, Uhrzeit des Verbindungsende und dergleichen mehr. Es werden also Daten produziert, die mit dem ursprünglichen Regelungszweck nichts zu tun haben.
4. Für den Zugriff, die Entwendung und die Manipulation elektronischer Daten muss man nicht physisch vor Ort sein.
5. Automatisierung von Einzelentscheidungen. Die Aussage „Das hat das System so gemacht" wird Vielen so oder ähnlich von der Kommunikation mit dem Finanzamt bei Nachfragen zu fraglichen Sachverhalten bekannt sein. Je mehr automatisiert verarbeitet wird, desto mehr wird der Einsatz des „gesunden Menschenverstands" von vornherein unterbunden.

© Springer Fachmedien Wiesbaden 2014
B. J. Feindt, *Die E-Bilanz in kleinen und mittleren Unternehmen (KMU)*,
DOI 10.1007/978-3-658-06060-2_6

6. Eine Papierakte können auch Mitarbeiter der Finanzbehörden nur in dem Raum einse-
hen, wo sie steht. Die elektronische Akte kann innerhalb der beim Finanzamt eingesetzten Software theoretisch von jedem Mitarbeiter von überall eingesehen werden. Hier
ist eine gute Rechteverwaltung innerhalb der Behördensoftware gefragt. Finanzbeamte
dürfen sich zwar nur die Datensätze ansehen, die sie bearbeiten müssen, allerdings sind
Zweifel aufgetreten, ob dies auch immer so gehandhabt wird (vgl Schweriner Volkszeitung 22.1.2014).

7. Bedrohungen beim Datentransport. Der Transport von E-Bilanz-Daten erfolgt daher
verschlüsselt.

8. Bedrohungen beim Nutzer. Die vom Nutzer eingesetzten Systeme könnten korrumpiert
sein. Fehlbedienungen und Fehlverhalten sind häufige Ursachen für Datenschutzpan-
nen. Schließlich sind einige User durch die Vielzahl neuer behördlicher Online-Ange-
bote verunsichert. Betrüger können dies ausnutzen. Derlei Betrugsversuche können nur
durch einen soliden Wissensstand beim User eingedämmt werden. (Abb. 6.1, 6.2)

Beispiel

Beispielsweise warnte das Bundeszentralamt für Steuern (BZSt) im Frühsommer 2014
davor, auf Weisung eine Phishing-Mail hin („Sie erhalten Steuern zurück") Kontodaten
auf einer Website einzugeben.

Abb. 6.1 Phishing Site. Screenshot entnommen aus der Pressemitteilung des Bundeszentralsamts
für Steuern vom 13.5.2014

Abb. 6.2 Screenshot der Originalwebsite des BZSt. (www.bzst.de am 10.6.2014)

Literatur

Schmittmann JM (2012) Steuerrechtliche Mitwirkungspflichten im Spannungsfeld zum Datenschutz. ZD 2012, RN 17

Der niedersächsische Beauftragte für den Datenschutz: Herausforderungen für den Datenschutz bei E-Government. www.lfd.niedersachsen.de. Zugegriffen: 6. Juni 2014

Schweriner Volkszeitung vom 22.1.2014. Jeder dritte Finanzbeamte verstößt gegen die Richtlinien. www.svz.de. Zugegriffen: 5. Juni 2014

Anmeldung Elster und erster Login

Bei der E-Bilanz ersetzt ein elektronisches Zertifikat die Unterschrift des Geschäftsführers oder Steuerberaters. Die Identität der über das Internet Handelnden muss sichergestellt sein. Dies geschieht über ein Zertifikat, das man über www.elsteronline.de beantragen kann (Abb. 7.1).

Abb. 7.1 www.elsteronline.de (Beschreibung und Quelle)

Wer ein Zertifikat beantragen will, geht über den Punkt „Registrierung" und kann verschiedene Zertifikate auswählen. Dass bei keiner der Möglichkeiten auf eine Eignung in

© Springer Fachmedien Wiesbaden 2014
B. J. Feindt, *Die E-Bilanz in kleinen und mittleren Unternehmen (KMU)*,
DOI 10.1007/978-3-658-06060-2_7

Zusammenhang mit der E-Bilanz hingewiesen wird, darf den User nicht irritieren. Für die
Zwecke der hier beschriebenen Software reicht das Elster-Zertifikat als Software auf dem
Computer (oder auf einem Verzeichnis der Serverstruktur) aus („ElsterBasis") (Abb. 7.2).

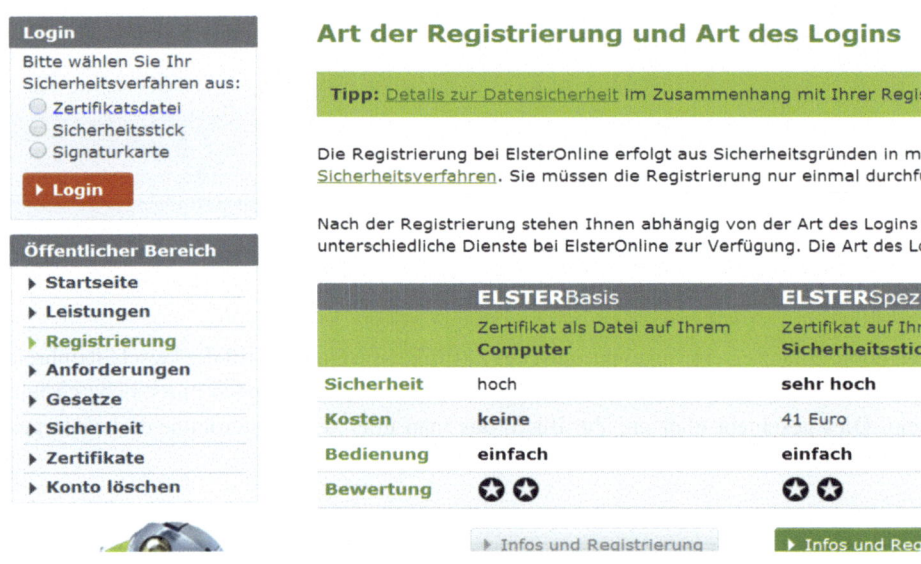

Abb. 7.2 Zertifikatauswahl unter www.elsteronline.de

Den nun folgenden vier Schritten – auch der Vorabschritt ist durchaus empfehlenswert
– ist Folge zu leisten (Abb. 7.3).

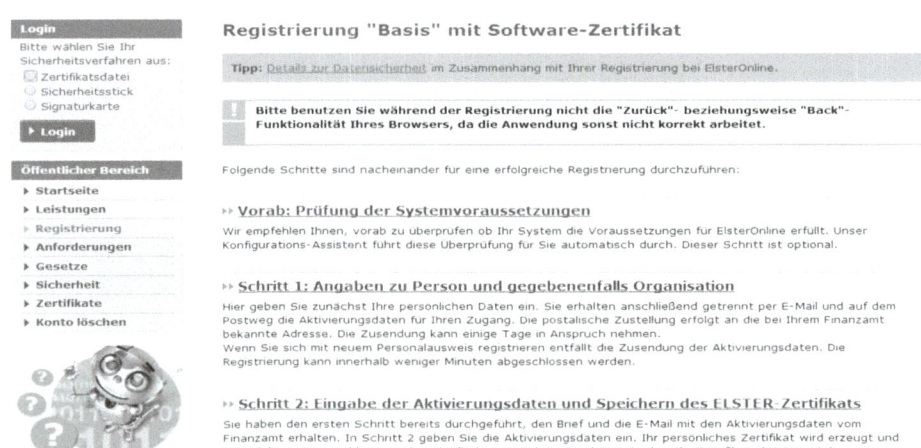

Abb. 7.3 Vier Schritte zur Registrierung (www.elsteronline.de)

Die unten zu findenden Beispiele nutzen eine GmbH und eine KG. Für beide ist das Nicht-persönliche Zertifikat das Richtige. In Schritt 1 werden Finanzamt und Steuernummer benötigt – beides kann man beispielsweise dem letzten Steuerbescheid entnehmen. Wer alles richtig eingegeben – bei der Steuernummer erfolgt eine Plausibilisierung – und die Captcha-Abfrage überstanden hat, erhält einen Überblick über die eingegebenen Daten und kann diese abschicken (Abb. 7.4).

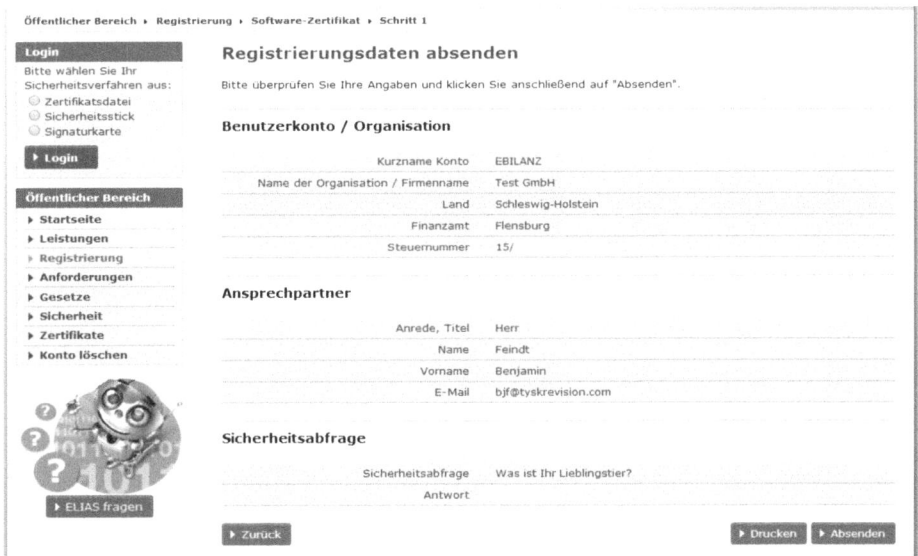

Abb. 7.4 Überblick über die in Elster gemachten Angaben (www.elsteronline.de)

Nach Datenversand erhält der Anwender umgehend eine Mail an die eingegebene Adresse, die auffordert, einem Link zur Bestätigung zu folgen. Das gesamte Registrierungsprozedere muss binnen 90 Tagen abgeschlossen sein (Abb. 7.5).

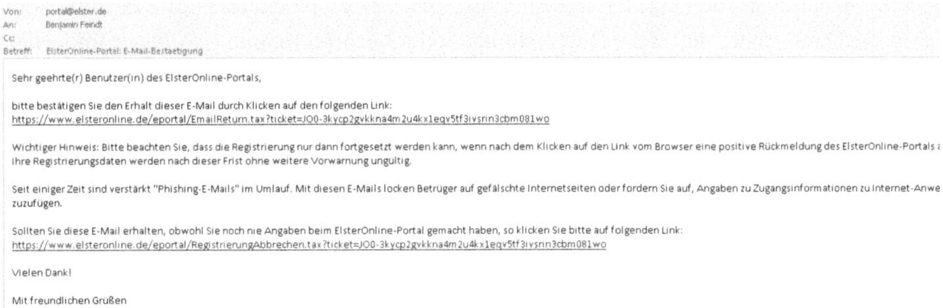

Abb. 7.5 Bestätigungsmail (www.elsteronline.de)

Mit Klick auf den Link in der Mail öffnet sich eine Seite auf www.elsteronline.de, die darüber aufklärt, dass man eine weitere Mail mit „Persönlicher Aktivierungs-ID" und auf dem Postweg einen „Aktivierungscode" erhält. Nun heißt es auf Mail und Brief warten. Auf den Brief sollte nicht länger als 14 Tage gewartet werden (Abb. 7.6).

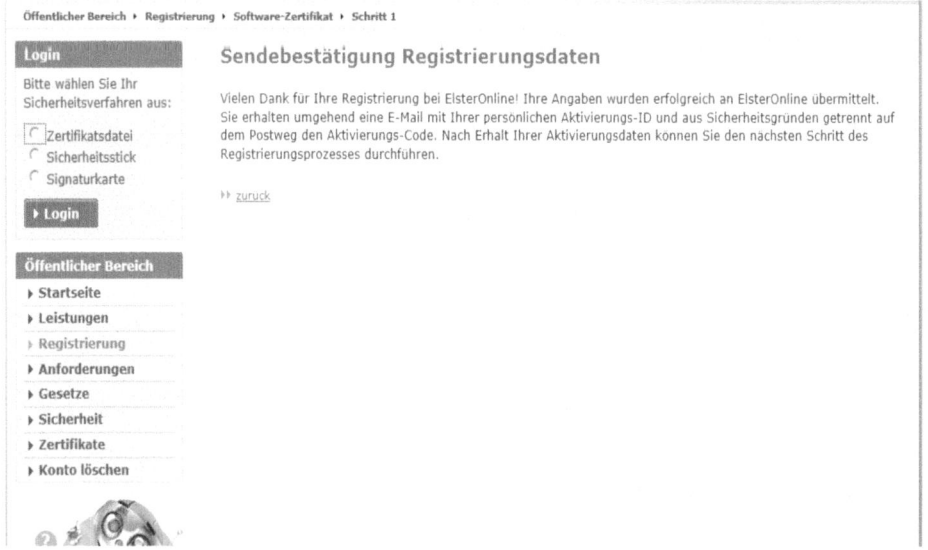

Abb. 7.6 Sendebestätigung (www.elsteronline.de)

Mit Aktivierungs-ID und Aktivierungscode bewaffnet, kann – vorausgesetzt, dass der benutzte Browser von Elsteronline unterstützt wird – Schritt Nummer 2 der Registrierung angegangen werden.

Nach erfolgreicher Eingabe dieser Daten kreiert die Software das benötigte Zertifikat als Datei, die auf dem eigenen Rechner gespeichert werden muss. Das Zertifikat kann danach wie eine beliebige Datei verschoben, kopiert und gelöscht werden. Die Datei kann beliebig benannt werden und hat die Endung „.pfx". Der Speicherort muss bekannt sein, damit die Datei später durch die Buchhaltungs- oder Veröffentlichungssoftware importiert werden kann.

Der dritte Schritt besteht in der Aktivierung und kann sofort im Anschluss an Schritt 2 durchgeführt werden.

Anforderungen an IT-Systeme

8.1 Softwareauswahl

Der User muss feststellen, ob seine Netzanbindung, Hardware und Software zur Übermittlung der E-Bilanz geeignet ist. Die Anforderungen an die Hardware hängen von der eingesetzten Software ab. Die E-Bilanz wird in der Regel nicht zu neuen Softwareanforderungen an die Hardware führen. Das Hauptaugenmerk für den User wird sich daher auf die eingesetzte Software und die verwendete Softwareversion richten. Unter www.esteuer.de existiert eine Liste von Softwareanbietern, die gegenüber der Behörde geäußert haben, dass ihre Produkte E-Bilanz-fähig sind. Die Aufnahme in diese Liste setzt nicht voraus, dass alle die dort genannten Produkte die kompletten DFÜ-Übermittlungsmöglichkeiten anbieten. Die Liste erhebt keinen Anspruch auf Vollständigkeit. Die Software muss neben XBRL auch die Einbindung der ERiC-Schnittstelle unterstützen, denn die Daten werden mittels dieser Einbindung im System des Anwenders der ERiC-Prüfung unterzogen, verschlüsselt und schließlich übermittelt. Wer zweifelt, ob er mit seiner Software E-Bilanzen übermitteln kann, fragt am besten direkt beim Anbieter nach. Wenn eine Buchhaltungssoftware nicht E-Bilanz-fähig ist, aber dennoch weiter genutzt werden soll, müssen die Daten aus dem Buchhaltungssystem in Übermittlungssoftware eingegeben werden. Das ist meist mit händischen Aufwand verbunden und verlangt daher auch zeitliches Engagement.

8.2 Laufende Anpassung und Aktualisierung

Da sich sämtliche Parameter ändern könnten, angefangen vom Übermittlungsstandard über die Schnittstelle (bis hierher allerdings unwahrscheinlich) bis zu den verwendeten Taxonomien, den Mussfeldern und den Auffangpositionen, muss von vornherein einkal-

© Springer Fachmedien Wiesbaden 2014
B. J. Feindt, *Die E-Bilanz in kleinen und mittleren Unternehmen (KMU)*,
DOI 10.1007/978-3-658-06060-2_8

kuliert werden, dass die verwendete Software regelmäßig auf den neuesten Stand gebracht werden muss. Wer bisher Buchhaltungssoftware einmal anschaffte und Updates nur sehr zögerlich oder gar nicht nutzte, wird schneller an die Grenzen der Einsetzbarkeit stoßen. Taxonomien werden nur für ein, maximal für zwei Jahr genutzt (vgl. BMF 2012). Wer von vornherein Software nur mietet oder auf Systeme zugreift, bei denen über eine Internetverbindung auf eine Software zugegriffen wird, muss sich um Einspielen von Updates nicht kümmern. Rechtliche Neuerungen werden userseitig immer ein gewisses Maß an Veränderungswissen einfordern. Wer aus seinem Buchhaltungssystem die Daten exportiert und in eine E-Bilanz-Übermittlungssoftware importiert, verlagert die Softwarepflege ebenfalls auf den Anbieter.

Literatur

BMF (2012) vom 5.6.2012, IV C 6– S2133-b/11/10016

Umsetzung am Beispiel der Software SIMBA   9

9.1 Simba Kurzvorstellung

Simba ist als mandantenfähige Software der Simba Computer Systeme GmbH erhältlich für Steuerberater (Simba Kanzlei), Unternehmer (Simba Unternehmen) und Soziale Einrichtungen (Simba human). Die hier beschriebene Version ist 2014.40 (3). Die Anwendung ist in vielen Punkten der Software des Marktführers Datev ähnlich. Simba muss beim User installiert werden. Die Systemvoraussetzungen hierfür werden transparent dargestellt und sind unter anderem unter www.simba.de beziehbar. Einzelne Funktionsbereiche der Software sind aus einem modularen System wählbar. Das Modul E-Bilanz muss gesondert lizensiert werden. Die herbei entstehenden Kosten hängen vom bisher gewählten Lizenzumfang ab.

Simba bietet den Einsatz verschiedener Standardkontenrahmen. Ein Überblick über das Mapping der Standardkonten zu Taxonomiepositionen ist für Simba erhältlich. Kunden erhalten kostenlos rechtsformspezifische, gut verständliche Step-by-Step-Anleitungen zur Erstellung und Versendung der E-Bilanz. Diese Anleitungen sollen durch den folgenden Abschnitt keinesfalls ersetzt werden. Der Abschnitt dient zur Veranschaulichung von Umsetzungsbeispielen der in den vorherigen Kapiteln beschriebenen Anforderungen.

9.2 Zertifikateinbindung in das Buchhaltungssystem

Bevor eine E-Bilanz über das System versendet werden kann, muss das Elster-Zertifikat importiert werden. Simba akzeptiert Software- und Sicherheitsstick-Zertifikate. Diese werden über das Menü Jahresabschluss/ Elster-Versand/ Zertifikatsverwaltung eingelesen (Abb. 9.1).

© Springer Fachmedien Wiesbaden 2014

B. J. Feindt, *Die E-Bilanz in kleinen und mittleren Unternehmen (KMU)*,
DOI 10.1007/978-3-658-06060-2_9

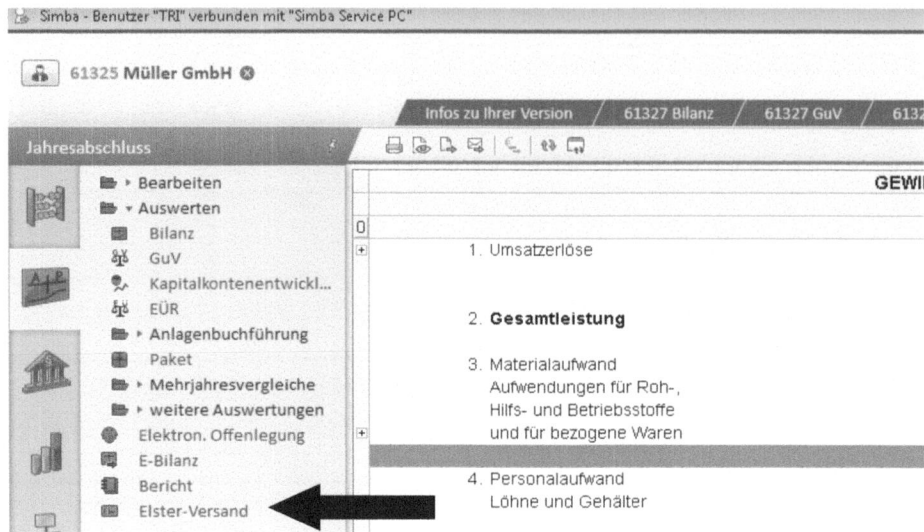

Abb. 9.1 Einbindung des Softwarezertifikats im Bereich Elster-Versand

Simba akzeptiert mehrere Zertifikate, sodass mehrere Unternehmen oder mehrere Steuerberater über ein System arbeiten können (Abb. 9.2).

Abb. 9.2 Einbindung des Softwarezertifikats

Über den Button „Neu" kann ein neues Zertifikat installiert werden. Hierfür muss der Speicherort aus Kap. 7 noch bekannt sein.

9.3   Standardkontenrahmen: Vorhandene Mappings nutzen

Der genutzte Kontenrahmen wird in den Stammdaten festgelegt. Im Beispiel wird der Kontenrahmen 40 nach dem Abschlussgliederungsprinzip genutzt. Simba pflegt diesen Kontenrahmen laufend. Von dieser Pflege sind auch Mappings betroffen. Durch Verwendung der Standardkontenrahmen in Verbindung mit den Standardauswertungen ist das E-Bilanz Mapping in der Regel ohne manuelles Eingreifen nutzbar.

Einen Überblick, welche Auswertungspositionen mit den dazugehörigen Konten Simba welchen E-Bilanz-Taxonomiepositionen zuordnet, kann sich der User im Bereich Stammdaten über die Auswertungsstrukturen anzeigen lassen (Abb. 9.3).

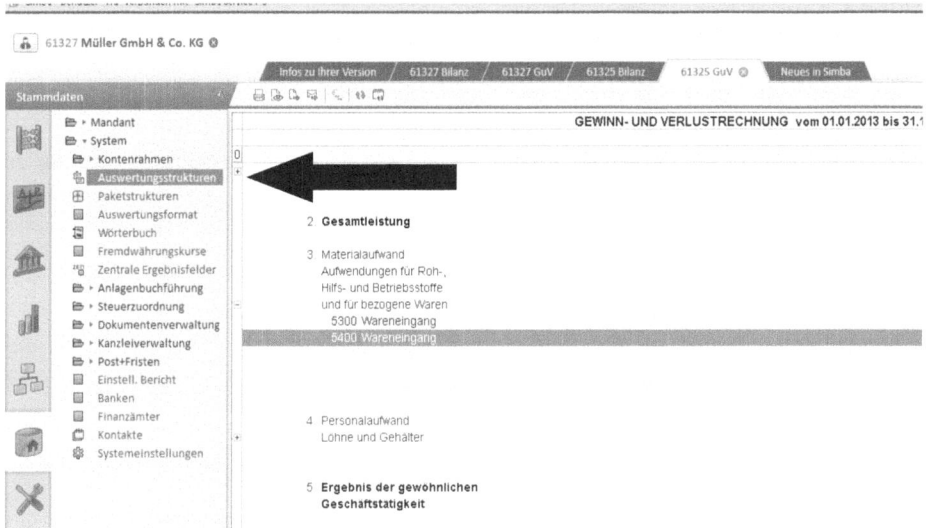

Abb. 9.3 Aufrufen der Standardmappings

Die hier im Beispiel verwendete Auswertungsstruktur ist B40_S 510. Diese kann man sich über den den Button „Auswertungsstrukturen anzeigen" aufrufen (Abb. 9.4).

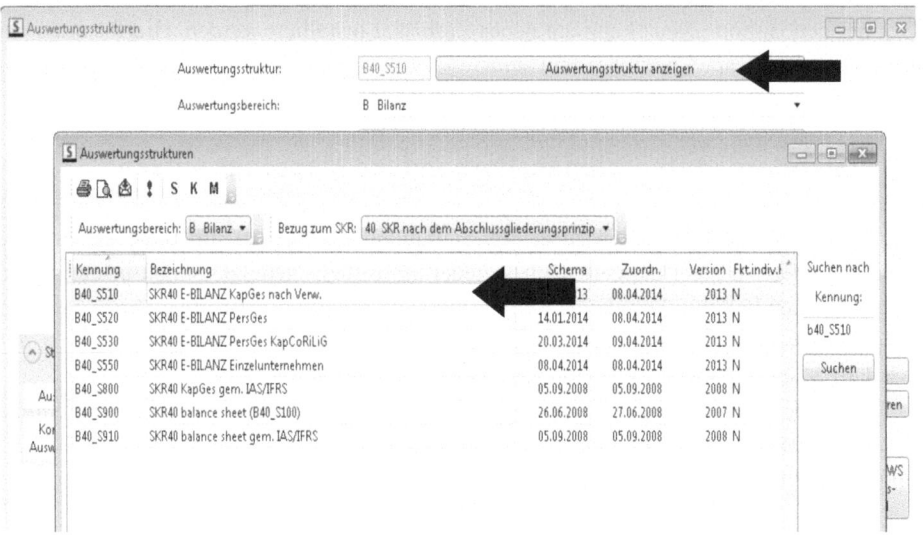

Abb. 9.4 Auswahl der Auswertungsstruktur

Nach Auswahl der entsprechenden Auswertungsstruktur erreicht man über den Bereich Stammdaten links den Button „Auswertungsschema". Über diesen erhält man den Gesamtüberblick über alle Kontenzuordnungen der ausgewählten Auswertungsstruktur zu den Taxonomiepositionen (Abb. 9.5).

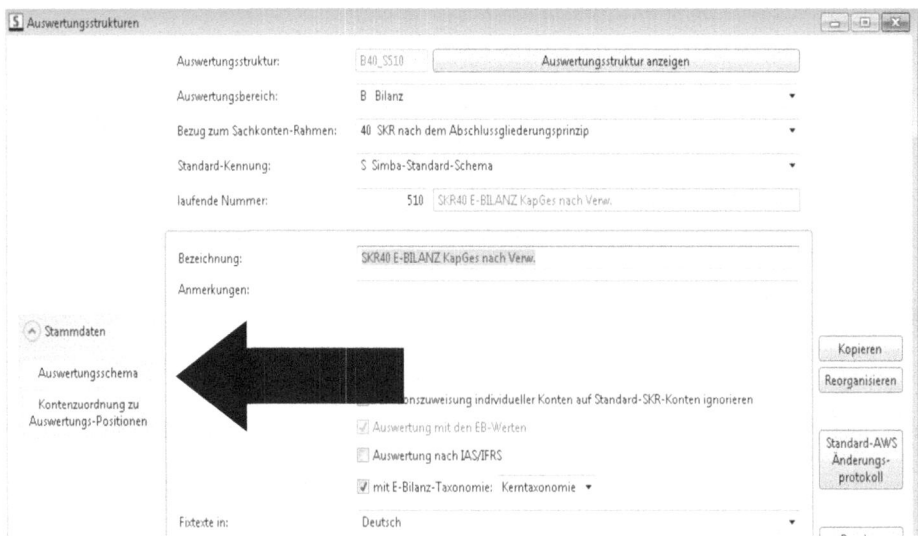

Abb. 9.5 Anzeige der Kontenmappings aufrufen

Auf diesem Weg erhält man den kompletten Überblick über sämtliche Mappings des Kontenrahmens. Wer nur wissen will, ob die bereits gebuchten Konten des eigenen Unter-

nehmens korrekt genutzt und zugeordnet werden, kommt mit der weiter unten beschriebenen Vorschau schneller ans Ziel (Abb. 9.6).

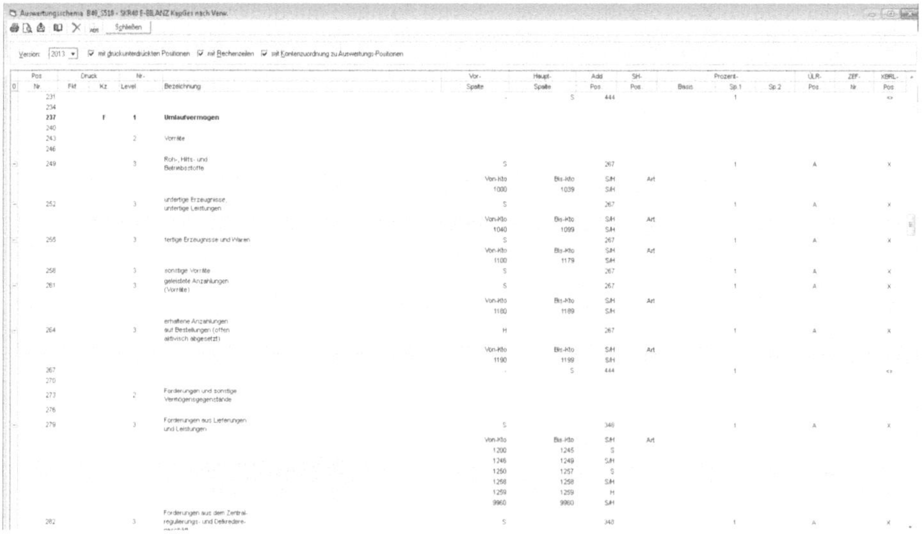

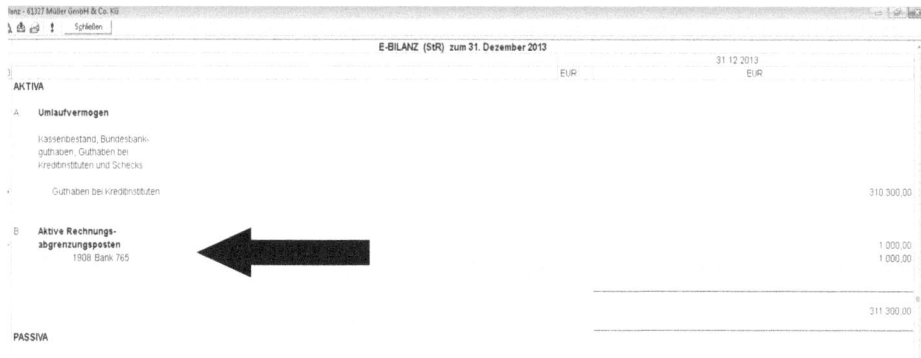

Abb. 9.6 Auszug aus einem Standardkontenrahmenmapping

Sollte es nötig oder gewünscht sein, Konten im Standardkontenrahmen zweckentfrem-
det zu verwenden, bietet Simba die Funktion „Zuordnen wie Standard-SKR-Konto" in
den Sachkontoeinstellungen. Wer beispielsweise im SKR 40 aus unternehmensinternen
Gründen bisher das individuelle Konto 1908 als ein Bankkonto verwendet hat, kann dies
auch für die E-Bilanz tun. Voraussetzung dafür ist, dass im System festgelegt wurde, dass
das Konto 1908 wie das Standardkonto 1800 verwendet werden soll. Ohne diesen Schritt
wird das individuelle Konto 1908 dem User in der Bilanzauswertung „Bank" zunächst
unter der Position „Rechnungsabgrenzungsposten" angezeigt (Abb. 9.7).

Abb. 9.7 Fehlerhafte Zuordnung eines individuell genutzten Kontos

Erst nach Angabe der Zuordnung „wie Standard-SKR-Konto 1800" wird das individuelle Konto 1908 ausgewiesen als sei unter 1800–1899 „richtig" im Sinne des Kontenrahmens gebucht worden. Dieses „Zuordnung wie Standard-SKR-Konto" ist Mapping! Obwohl der Standardkontenrahmen genutzt wird, können mit diesem Workaround einzelne abweichende Kontennutzungen E-Bilanz-konform angepasst werden, ohne dass Änderungen im Standard-Mapping der E-Bilanz notwendig sind (Abb. 9.8 und 9.9).

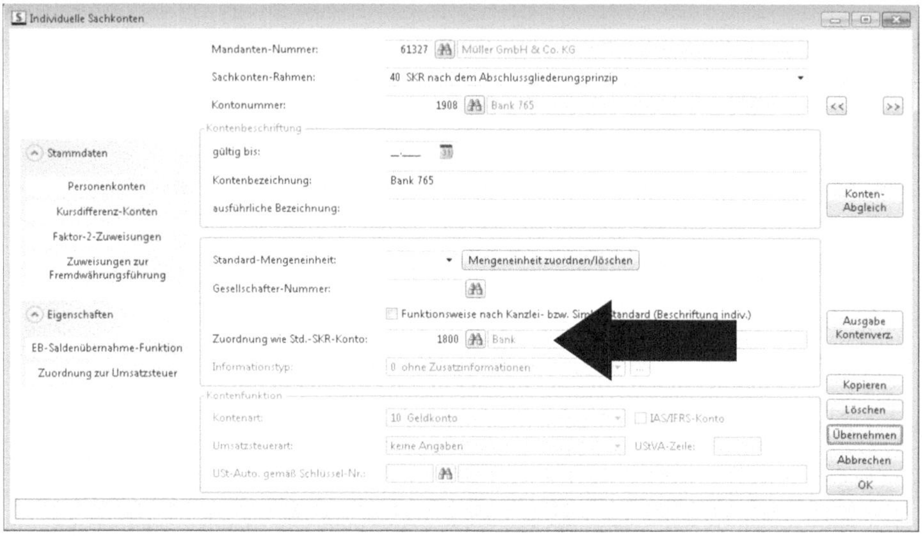

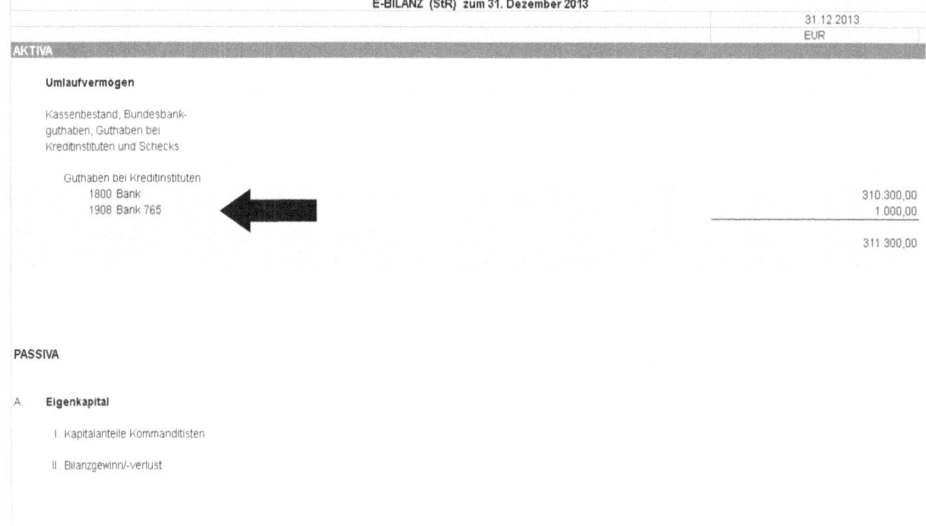

Abb. 9.8 Mapping über „Zuordnung wie Standard-SKR-Konto"

Abb. 9.9 Ausweis des individuellen Kontos 1908 als Bankkonto in der E-Bilanz

9.4   Individualkontenrahmen: Selber Konten mappen und pflegen

Einige Unternehmen setzen individuelle Kontenrahmen ein, sei es, um Unternehmensspezi-
fika besser abzubilden, sei es, um Auslandssachverhalten besser Rechnung zu tragen oder
sei es auf Grund einer historischen Entwicklung. Diese Unternehmen haben auch in Simba
die Zusatzarbeit zu leisten, den selbst geschaffenen Konten ihre Position zuzuweisen. Wer
mit Simba individuelle Kontenrahmen nutzt (einzurichten über dem Menüpunkt „SKR-Ver-
waltung"), der kennt diese Zuordnungen bereits aus anderem Kontext. Individuelle Verwen-
dungen von Konten bedeuten auch einzelne Zuordnungen zu Positionen im (individuellen)
Auswertungsschema (Funktion „Kontenzuordnung zu Auswertungspositionen" im Bereich
Auswertungsstrukturen). Wer vor der Wahl steht, individuelle oder standardisierte Kontenrahmen zu nutzen, sollte handfeste Gründe für eine Entscheidung zugunsten des individuellen Rahmens haben. Andernfalls wird der Mehraufwand kaum zu rechtfertigen sein.

9.5   Eigene Steuerbilanz-Buchungskreise

Wer beispielsweise Rückstellungen für Abraumbeseitigung in seiner Bilanz berücksichtigen muss, stößt auf Abweichungen zwischen Handels- und Steuerbilanz. Diese Abweichungen werden in Simba so behandelt, dass ausgehend von der Handelsbilanz die steuerlichen Werte als Abweichung zu buchen sind (Abb. 9.10).

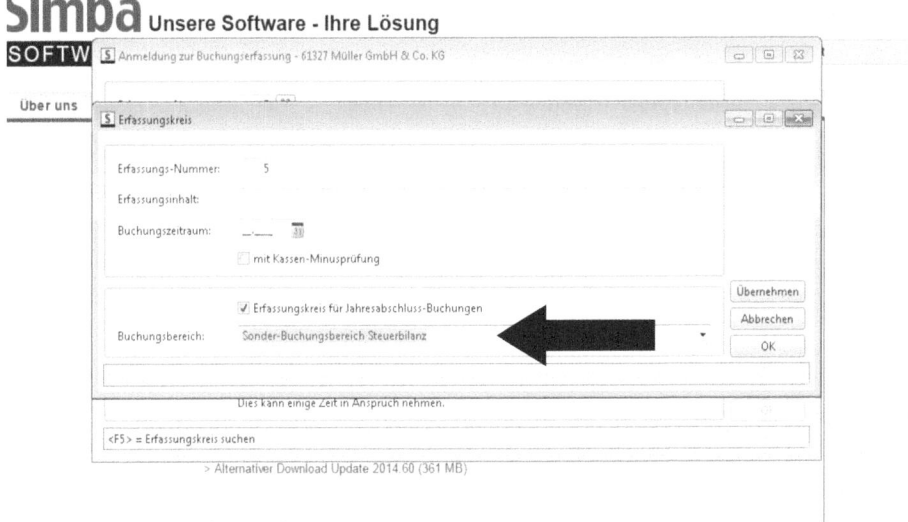

Abb. 9.10 Einrichtung eines Sonderbuchungsbereichs Steuerbilanz

In allen Bilanz- und GuV-Auswertungen kann nun gewählt werden, ob die handelsrechtliche oder die steuerrechtliche Darstellung angezeigt werden soll (Abb. 9.11).

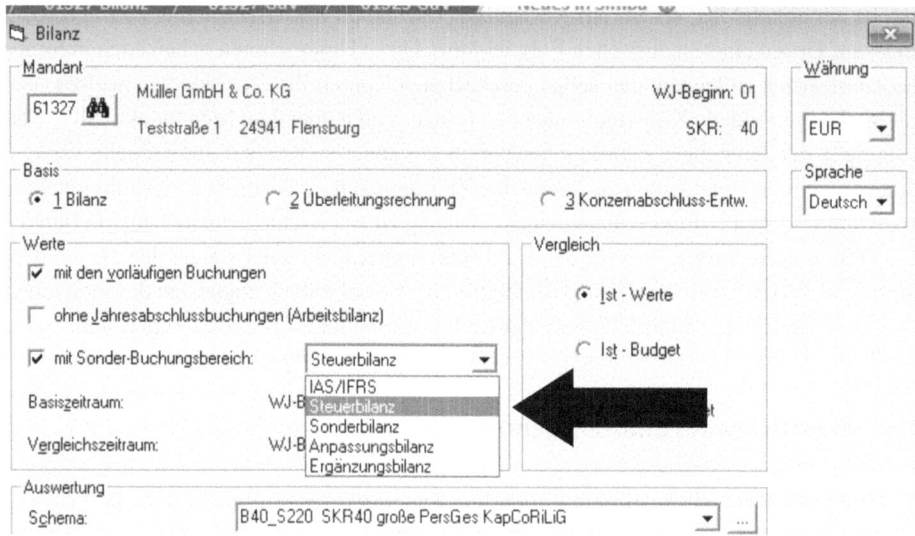

Abb. 9.11 Auswahl der Steuerbilanzansicht

9.6 Nutzung der Preview-Ansicht

Der Menüpunkt „E-Bilanz" befindet sich im Bereich „Jahresabschluss", direkt unter dem Punkt „Elektron. Offenlegung" (Abb. 9.12).

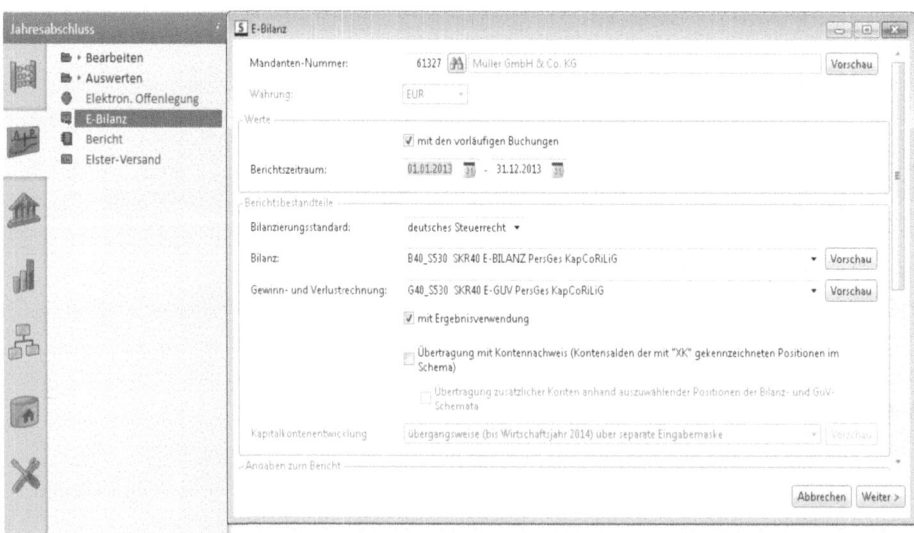

Abb. 9.12 E-Bilanz Startbildschirm in Simba

Die erste Seite des E-Bilanz-Dialogs bietet unter anderem drei Vorschau-Buttons. Der erste Button zeigt die GCD-Daten des Unternehmens. Eine Validierung der GCD-Daten im Hinblick auf ERiC-Anforderungen findet beim Klick auf diesen Button nicht statt.

Der zweite und dritte Button führt zur Vorschau der Bilanz- und GuV-Daten. Vorschau und Übermittlung können durch die Auswahl von Auswertungsschemata beeinflusst werden. Wer individuelle Auswertungsschemata angelegt hat, dem werden diese hier auch angezeigt. Nach Klick auf den Vorschau-Button öffnet sich die (E-) Bilanz bzw. die E-GuV. Fehler, die der Übermittlung entgegenstehen, werden hier leicht verständlich gleich in der ersten Zeile angezeigt (Abb. 9.13).

Abb. 9.13 E-Bilanz Vorschau mit Fehlerhinweis

Die Vorschau kann auch unterjährig gut zur Überprüfung eingesetzt werden, ob die bisherige Buchhaltung im E-Bilanz-Kontext sinnige Auswertungen produziert.

Der hier gezeigte Fehlerhinweis moniert die fehlende Verteilung des Gewinns auf die KG-Gesellschafter. Dies kann über statistische Konten, bswp. Konto 9790 an Konto 9560, gebucht werden. Nach Verteilung des gesamten Gewinns zeigt die Vorschau den Fehlerhinweis nicht mehr.

9.7 Einheits- oder Steuerbilanz

Mit Simba kann der User zwei Arten von Bilanzen elektronisch übermitteln: Die Einheitsbilanz (Handels- gleich Steuerbilanz) oder die Steuerbilanz. Die Übermittlung einer Handelsbilanz samt Überleitungsrechnung ist in der beschriebenen Version nicht möglich, wird aber nach Herstellerangaben ab Ende 2014 möglich sein. Bis dahin ist zwingend

„Steuerbilanz" auszuwählen, wenn handels- und steuerrechtlich abweichende Werte vorliegen.

9.8 Übermittlung zusätzlicher Informationen

9.8.1 „Wunsch" des Finanzamts

Aus der Taxonomie sind die Felder mit der Eigenschaft „Kontennachweis erwünscht" bekannt. Diesem Wunsch des Finanzamts kann man mit Simba nachkommen, in dem beim Punkt „Übertragung mit Kontennachweis" ein Haken gesetzt wird. Mit Setzen dieses Hakens werden für alle Felder dieser Eigenschaft die Kontennachweise mitgeliefert. Das gilt unabhängig davon, ob das Unternehmen für diese Position im Berichtszeitraum Vorfälle hatte und Konten bebucht worden sind oder nicht. Für alle nicht verwendeten Positionen werden NIL-Werte übermittelt (Abb. 9.14).

Abb. 9.14 Wunsch des Finanzamts: Kontennachweis

9.8.2 Freiwillige Übermittlungen darüber hinaus

Wer bisher Bilanzen als Kontennachweis zum Finanzamt schickte, der wird das auch elektronisch tun wollen. Den Stand zusätzlicher Konten zum Bilanzstichtag übermittelt, wer den Haken bei „Übertragung zusätzlicher Konten anhand auszuwählender Positionen der Bilanz- und GuV-Schemata" setzt. Wer einfach für alle bebuchten Konten die Salden übermitteln möchte, positioniert den Mauszeiger über einem Auswahlfeld und wählt über einen rechten Mausklick „alle auswählen" (Abb. 9.15).

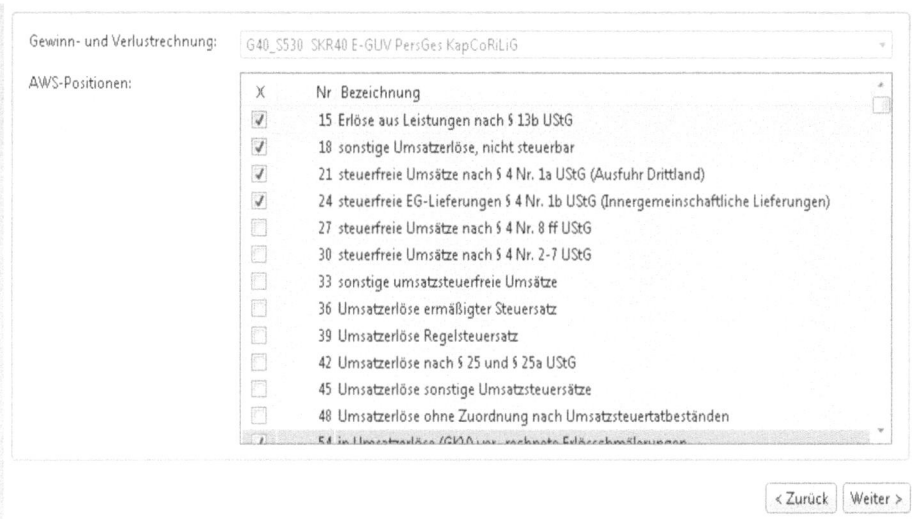

Abb. 9.15 Freiwilliger Kontennachweis über den Wunsch des Finanzamts hinaus

9.9   Sonder- und Ergänzungsbilanzen

Als Übergangslösung stellt Simba für die Sonder- und Ergänzungsbilanzen ein Freitextfeld zu Verfügung. Der User kann von anderen Programmen – beispielsweise Word – erstellte Sonder- und Ergänzungsbilanzen in das Freitextfeld per Copy & Paste hineinkopie-
ren (Abb. 9.16).

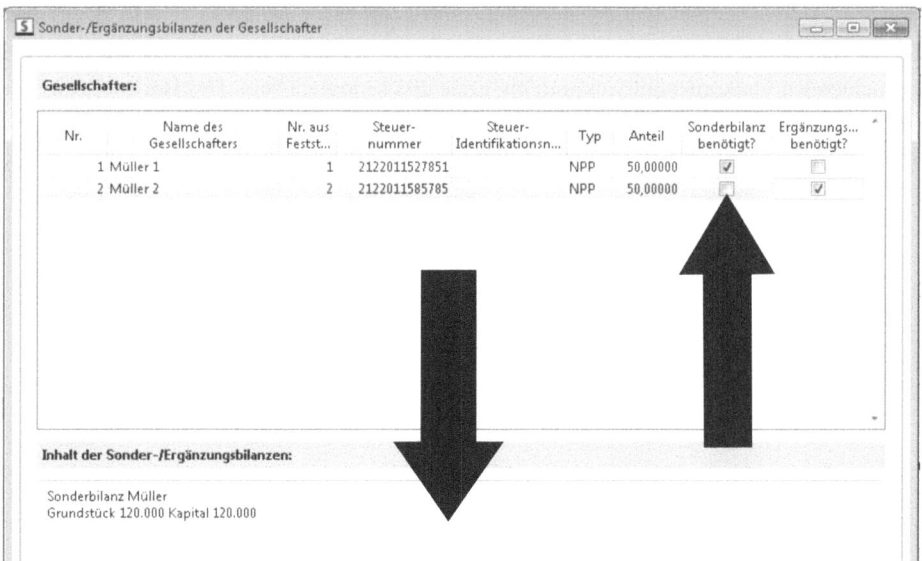

Abb. 9.16 Freitextfeld Sonder- und Ergänzungsbilanzen (Übergangslösung)

9.10   Steuerliche Gewinnermittlung

Bei Personengesellschaften ruft Simba im E-Bilanz-Dialog standardmäßig die Steuerliche
Gewinnermittlung auf. Der Screenshot unten zeigt beispielhaft 100.000 € als nach DBA
steuerfreie Erträge (Abb. 9.17).

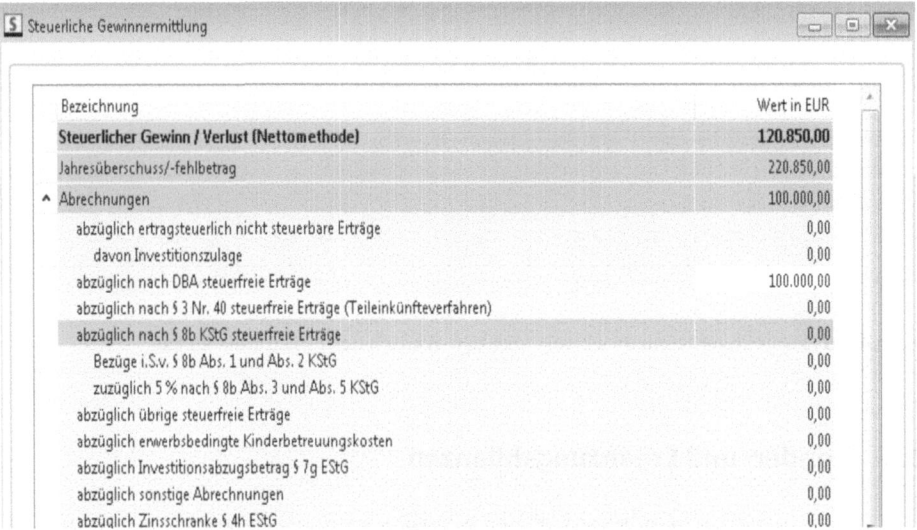

Abb. 9.17 Steuerliche Gewinnermittlung mit DBA-Beispiel

9.11   Kapitalkontenentwicklung

Dieser Bereich ist derzeit manuell einzugeben. Laut Hersteller wird die Übermittlung der
gebuchten Kapitalkontenentwicklung bis Ende 2014 möglich sein. Das Beispiel zeigt die
Verteilung eines Jahresgewinns in Höhe von 220.850,00 €. Gesellschafterindividuelle
Werte werden dem Finanzamt nicht übermittelt (Abb. 9.18).

Summe Kapaländerung durch Übertragung einer § 6b EStG Rücklage	0,00
Summe Jahresüberschuss	0,00
Summe Kapitalumgliederungen	0,00
nicht eingeforderte ausstehende Einlagen der persönlich haftenden Gesellschafter	0,00
⌃ Kapitalanteile der Kommanditisten	245.850,00
Summe Anfangskapital	25.000,00
Summe Kapitalanpassungen nach BilMoG	0,00
Summe Kapitalanpassungen	0,00
Summe Einlagen	0,00
Summe Entnahmen	0,00
Summe Kapaländerung durch Übertragung einer § 6b EStG Rücklage	0,00
Summe Jahresüberschuss	220.850,00
Summe Kapitalumgliederungen	0,00
nicht eingeforderte ausstehende Einlagen der Kommanditisten	0,00

‹ Zurück   Weiter ›

Abb. 9.18 Kapitalkontenentwicklung

Nach Eingabe der benötigten Werte klickt man auf „weiter" und gelangt zum letzten Dialogfeld (Abb. 9.19).

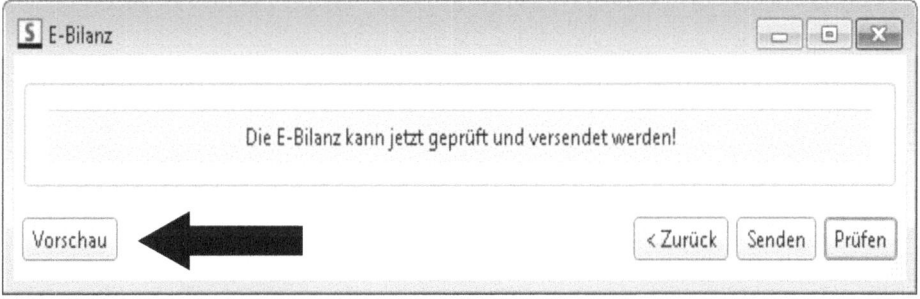

Abb. 9.19 Letztes Dialogfeld vor der Versendung

Der Klick auf den Vorschau-Button kreiert bei erfolgreicher Prüfung ein Dokument auf dem alle GCD- und Gaap-Daten, die übermittelt werden, erscheinen. Diese Vorschau kann als PDF auch archiviert werden. Bis zu dieser Vorschau sollten Steuerberater gedrungen sein, bevor sie den Jahresabschluss ihren Kunden zur Besprechung und Unterschrift vorlegen.

9.12   Anhang derzeit nicht übermittelbar

Die nach § 60 EStDV geforderten Bestandteile Anhang, Lagebericht oder Prüfungsbericht müssen derzeit noch per Papierpost zum Finanzamt gesendet werden. Laut Simba ist dies zum Zeitpunkt der Erstellung dieses Textes aber bereits in Arbeit.

Umsetzung am Beispiel der Software „Stotax" 10

10.1 Stotax Kurzvorstellung

Stotax ist eine Software der Stollfuß Medien GmbH & Co. KG. Stotax Kontor richtet sich an Unternehmen, Stotax Kanzlei an Steuerberater. Die E-Bilanz Funktionalität ist bei beiden Programmen identisch. Stotax kann auch als ASP-Version genutzt werden. Hierbei greift der User über eine verschlüsselte Verbindung auf einen Server des Anbieters zu, auf dem die Software liegt. Dadurch benötigt der User stets eine Internetverbindung. Eine Installation auf dem eigenen Server wird nicht benötigt, das Einspielen von Updates erübrigt sich. Die E-Bilanz-Funktionalität ist nicht mit zusätzlichen Kosten verbunden.

Stotax bietet die Nutzung verschiedener Standardkontenrahmen, unter anderem auch die SKR 03 und 04.

10.2 Zertifikateinbindung in das Buchhaltungssystem

Im Menüpunkt „E-Bilanz übermitteln" kann nach Klick auf den Button „Authentifizierte Übermittlung an das Finanzamt" das Zertifikat ausgewählt und eingebunden werden.

10.3 Standardkontenrahmen: Vorhandene Mappings nutzen

Stotax bietet den Hauptkontenrahmen 1 (angelehnt an den SKR 03), den Hauptkontenrahmen 2 (angelehnt an SKR 04) und branchenspezifische Kontenrahmen zur Auswahl. Wer den richtigen Kontenrahmen wählt, darf erwarten, dass die angesprochenen Konten auch den richtigen Taxonomiepositionen zugeordnet werden. (Abb. 10.1)

© Springer Fachmedien Wiesbaden 2014
B. J. Feindt, *Die E-Bilanz in kleinen und mittleren Unternehmen (KMU)*,
DOI 10.1007/978-3-658-06060-2_10

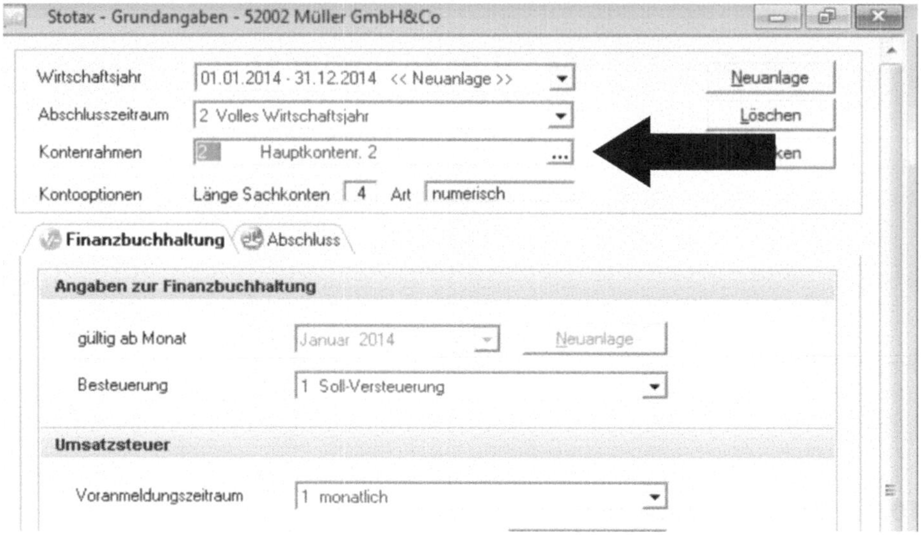

Abb. 10.1 Festlegung des Kontenrahmens in Stotax

Das Mapping muss später über eine Maske im E-Bilanz-Dialog übernommen werden. (Abb. 10.2)

Konten können auch individuell zugeordnet werden. Dafür stellt Stotax einen Import-assistenten zu Verfügung, mit dem unter anderem Excel-Dateien als Zuordnungstabellen eingelesen werden können. Der Reiter „Jahresabschluss" bietet eine übersichtliche Dar-stellung davon, welcher Taxonomieposition welches Konto aufgenommen hat. (Abb. 10.3)

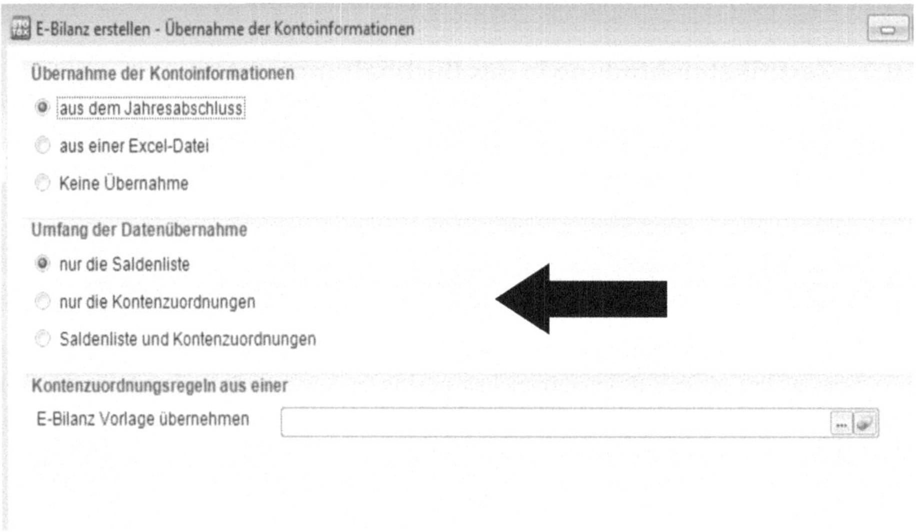

Abb. 10.2 Mappingübernahmen

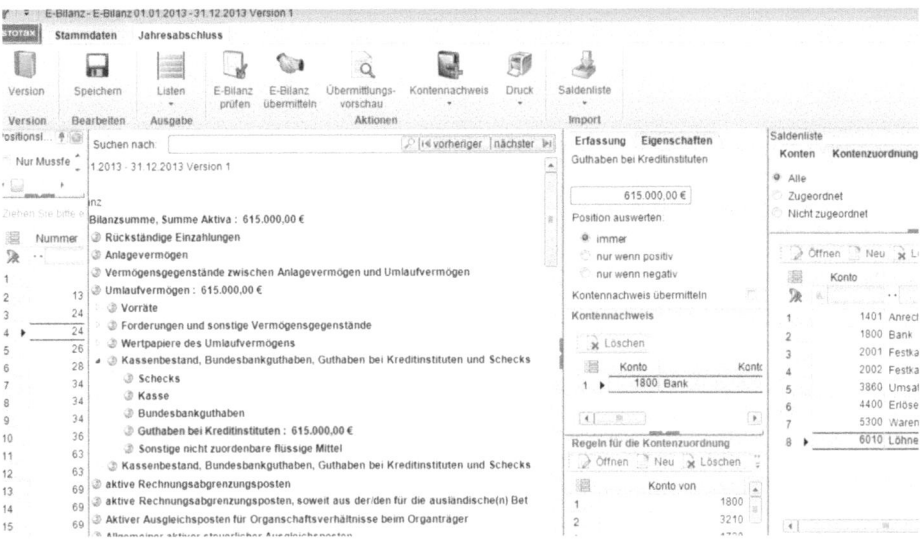

Abb. 10.3 Individuelle Kontenzuordnungen in Stotax

Sollten Fehler entstanden sein, können diese mit der Funktion „E-Bilanz prüfen" identifiziert werden. Die hier gefundenen Fehler sind leicht lesbar. In einigen Fällen bietet die Software auch direkte Fehlerbehandlung aus der Maske heraus an – damit entfällt das lästige Suchen der Stelle in der Software, wo Angaben eventuell korrigiert werden müssen. (Abb. 10.4)

Leider bedeutet eine leere Fehlerliste in diesem Menü nicht, dass die E-Bilanz auch tatsächlich fehlerfrei ist und daher übermittelt werden kann. Wer im Bereich „E-Bilanz übermitteln" die Daten plausibilisiert, erhält, eventuell trotz leerer Fehlerliste im Vorschritt, ein Systemfeedback, das kaum als verständliche Handlungshilfe angesehen werden kann. (Abb. 10.5)

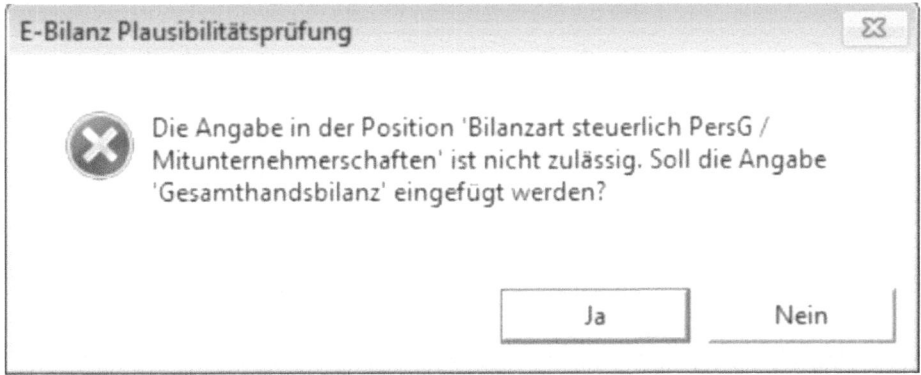

Abb. 10.4 Verständliche Fehlerhinweise in der Vorprüfung

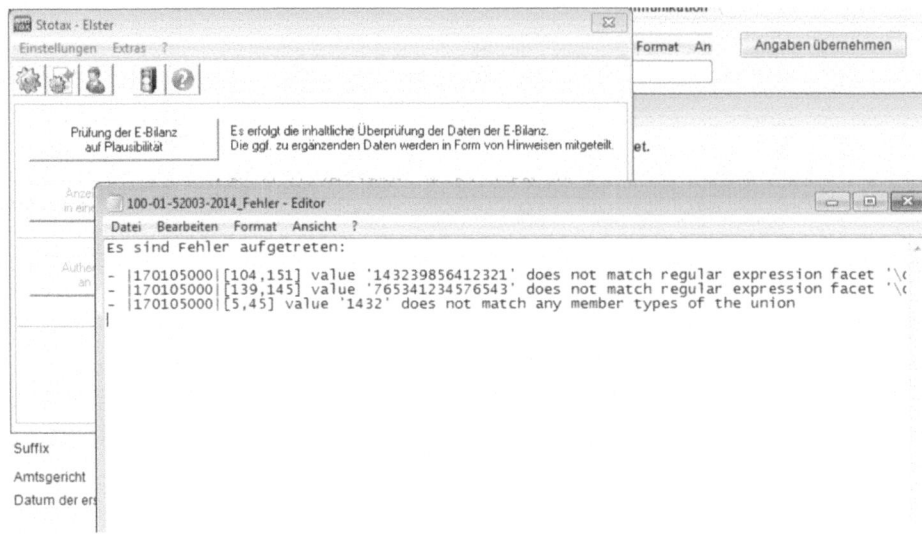

Abb. 10.5 ERiC-Prüfung mit Fehlerhinweis

10.4   Steuerbilanz, Handelsbilanz und Überleitungsrechnung

Stotax ermöglicht die Übermittlung aller Bilanzarten. Diese können per Dropdown im Dialogfeld „Grundangaben" ausgewählt werden. (Abb. 10.6)

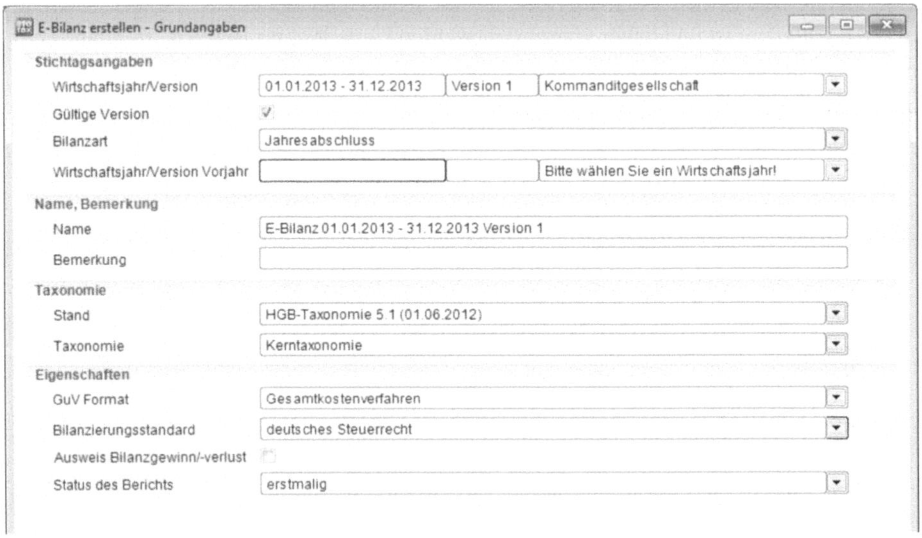

Abb. 10.6 Auswahl der Bilanzart

Abb. 10.7 Kontennachweis aktivieren

10.5   Übermittlung zusätzlicher Informationen

Im Bereich Jahresabschluss gibt es den Menüpunkt „Kontennachweis aktivieren" und „Kontennachweis deaktivieren". (Abb. 10.7)

Bei aktiviertem Kontennachweis wird für die Taxonomiepositionen ein Kontennachweis übermittelt, die mit Konten oder Werten befüllt worden sind.

10.6   Sonder- und Ergänzungsbilanzen

Hierfür muss in Stotax eine neue E-Bilanz angelegt werden. Diese Version muss als Sonderbilanz gekennzeichnet werden. Stotax bietet nun drei Möglichkeiten an: Bereits bebuchte Konten können direkt im Dialogfenster gemappt werden. (Abb. 10.8)

Kontensalden können auch vollständig neu angelegt und direkt in der E-Bilanz-Maske mit Werten belegt werden. (Abb. 10.9)

Schließlich ist es auch möglich, die Taxonomiepositionen direkt mit Werten zu befüllen, ohne dass eine Kontenzuordnung nötig ist. (Abb. 10.10)

Konten   Kontenzuordnung

   ✗ Löschen   Ausgabe▾

Ziehen Sie bitte eine Spalte hierhin, um nach dieser Spalte zu gruppieren.

	Konto	Kontobezeichnung	Betrag	Art	X	E-Bilanz Element
1	1401	Anrechenbare Vorsteuer, 7 %	32.710,28 €	S	b	Verbindlichkeiten, davon mit Restlau
2	1401	Anrechenbare Vorsteuer, 7 %	32.710,28 €	S	b	sonstige Verbindlichkeiten, davon mi
3	1401	Anrechenbare Vorsteuer, 7 %	32.710,28 €	S	b	Umsatzsteuerverbindlichkeiten
4	1800	Bank	615.000,00 €	S	b	Guthaben bei Kreditinstituten
5 ▶	2001	Festkapital	12.500,00 €	H	b	Kapitalanteile der persönlich haftend
6	2001	Festkapital	12.500,00 €	H	b	Nicht durch Vermögenseinlagen ged
7	2002	Festkapital	12.500,00 €	H	b	Nicht durch Vermögenseinlagen ged
8	2002	Festkapital	12.500,00 €	H	b	Kapitalanteile der persönlich haftend
9	3860	Umsatzsteuer, 19 %	190.000,00 €	H	b	sonstige Verbindlichkeiten, davon mi
10	3860	Umsatzsteuer, 19 %	190.000,00 €	H	b	Umsatzsteuerverbindlichkeiten
11	3860	Umsatzsteuer, 19 %	190.000,00 €	H	b	Verbindlichkeiten, davon mit Restlau
12	4400	Erlöse, Regelsteuersatz	1.000.000,00 €	H	i	Umsatzerlöse Regelsteuersatz
13	5300	Wareneingang, erm. StS	467.289,72 €	S	i	Wareneinkauf zum ermäßigten Steu
14	6010	Löhne	100.000,00 €	S	i	übrige und nicht zuordenbare Löhne

Abb. 10.8 Zuordnung bereits bebuchter Konten

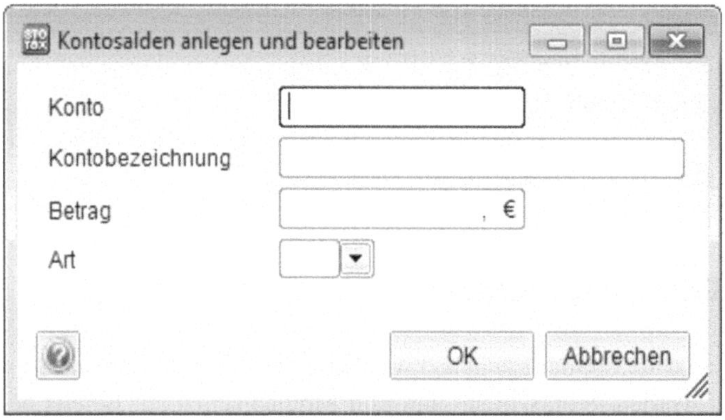

Abb. 10.9 Neueingabe von Kontensalden im E-Bilanz-Dialog

Erfassung   Eigenschaften

derivativer Firmenwert (Goodwill)

100.000|00 €

Position auswerten:

⦿ immer

○ nur wenn positiv

○ nur wenn negativ

Abb. 10.10 Eintragung der Werte in Taxonomiepositionen

10.7 Steuerliche Gewinnermittlung, Kapitalkonten, Anhang und andere Berichtsbestandteile

Aus der Baumstruktur können Berichtsbestandteile ausgewählt werden. Hierbei stehen die Möglichkeiten der Zuordnung von Werten wie unter 11.6 beschrieben oder der Eingabe von Texten zu Verfügung. Die Vorgehensweise ist generell für alle genannten Bereiche identisch. (Abb. 10.11)

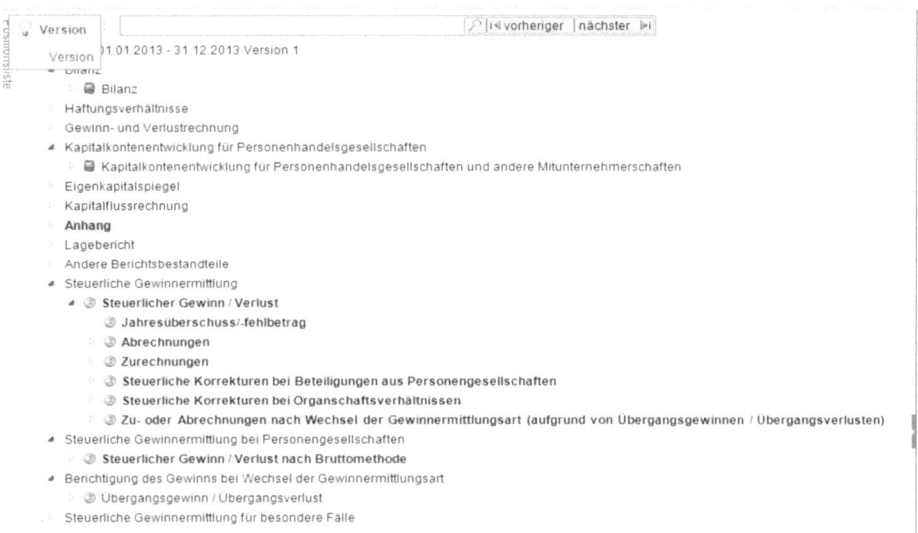

Abb. 10.11 Baumstruktur zur Auswahl von Berichtsbestandteilen

Wenn die Buchhaltungssoftware nicht E-Bilanz-fähig ist

11.1 Wechsel des Buchhaltungssystems: Ja oder nein?

Es gibt durchaus Buchhaltungssoftware am Markt, die nicht E-Bilanz-fähig ist. Ob sich der Aufwand der Umstellung von einem solchen zu einem E-Bilanz-fähigen System lohnt, hängt von dem Aufwand ab, den der Unternehmer für Datenmigration, Schulung und Anschaffung einer neuen Software veranschlagen muss. Wer nicht wechseln will oder kann, muss für Zwecke der E-Bilanz immer ein zusätzliches Softwaretool zum Einsatz bringen, da die Finanzverwaltung selbst keine Formulare oder Software bereitstellt, um die E-Bilanz-Anforderungen zu erfüllen.

11.2 eBilanz-Online als Beispiel einer Versandsoftware

11.2.1 Kurzvorstellung eBilanz-Online

eBilanz-Online ist ein Programm der Bundesanzeiger Verlag GmbH, das in Kooperation mit der fwsb GmbH erstellt wurde. Die hier beschriebene Version ist 2.0.0.7. Das Programm richtet sich an Unternehmen aller Größenklassen und Steuerberater. Geworben wird mit einer unkomplizierten und kostengünstigen E-Bilanz-Lösung, die den Verwaltungsaufwand reduzieren soll. Die Software wird im Internet unter www.ebilanzonline.zu Verfügung gestellt, eine Installation ist nicht nötig.

© Springer Fachmedien Wiesbaden 2014
B. J. Feindt, *Die E-Bilanz in kleinen und mittleren Unternehmen (KMU)*,
DOI 10.1007/978-3-658-06060-2_11

11.2.2   Übermittlungsmöglichkeiten

eBilanz-Online kann Handelsbilanzen samt Überleitungsrechnung oder eine originäre Steuerbilanz übermitteln. Zusätzlich bietet das Programm noch die Möglichkeit, einen XBRL-Datensatz für die Hinterlegung oder Offenlegung beim Bundesanzeiger zu kreieren (Abb. 11.1).

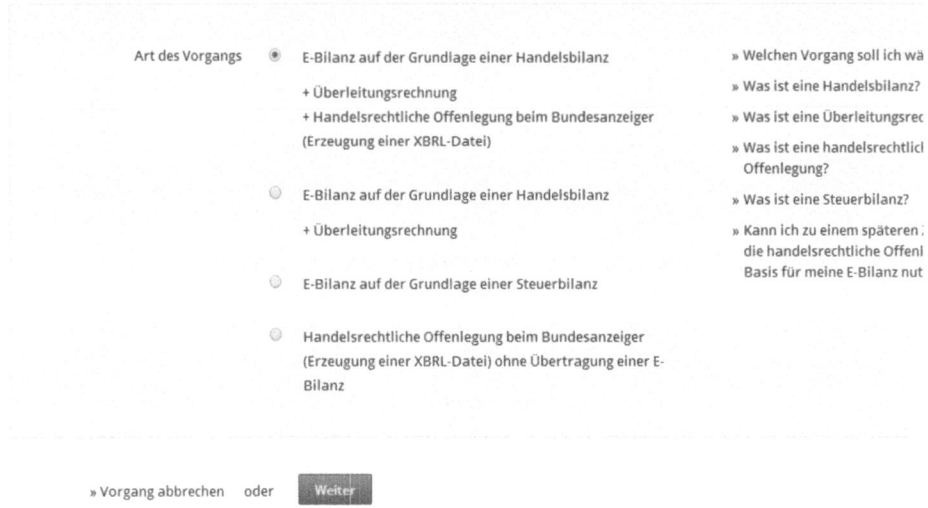

Abb. 11.1   Auswahl der gewünschten Übermittlung

Die in den Dialogen auszufüllenden Felder sind leicht verständlich erklärt (Abb. 11.2).

Abb. 11.2   Leicht verständliche Erläuterung der zu tätigenden Angaben

11.2.3   Übermittlung von GCD- Und GAAP-Daten

Sämtliche Daten, die von Seiten der Finanzverwaltung übermittelbar sind, lassen sich mit Hilfe dieses Programms übermitteln. Anfänger können sich im „geführten Modus" durch die Dateneingabe leiten lassen. Die Daten können importiert oder per Hand in eine Maske eingegeben werden.

Datenimport ist für verschiedene Daten möglich. Für KMU dürften die Kontenzuordnung und die Kontensalden die wichtigsten Funktionen sein. Mit der Kontenzuordnung importiert das Programm eine beliebige Exceldatei mit Spalten, in denen die verwendeten Konten den Taxonomiepositionen zugeordnet werden. Für die Standardkontenrahmen SKR 03 und SKR 04 bietet das Programm ein fertiges Mapping in den Arbeitshilfen (Abb. 11.3).

1   Import (Optional)

Bilanz- und GuV-Struktur
Status: unbearbeitet

Kontenzuordnung (Mapping)
Status: unbearbeitet

Kontensalden für Zuordnung
Status: erledigt am 27.06.2014

Werte für Taxonomie-IDs (ohne Zuordnung)
Status: unbearbeitet

XBRL-Datei
Status: unbearbeitet

Der Datenimpo
sind daher deak
aktivieren, klick
folgenden Link:
» Alle Module ;

Wenn Sie Hilfe I
richtigen Impor
nutzen Sie bitte

Import-Navi

Abb. 11.3 Importmöglichkeiten

Wer aus seinem Buchhaltungssystem eine Summen- und Saldenliste in Excel exportieren kann, der kann diese über den Importassistenten leicht anzeigen. Der Importassistent übernimmt keine Wertevalidierung für numerische Werte – wer also „100.000,30" als Text mit Punkt eingibt, der wird erst bei der Zuordnung lernen, dass diese Werte nicht erkannt werden. Bis Ende 2014 soll hier laut Anbieter eine Wertevalidierung eingebaut werden.

Alle Daten können auch über eine Eingabemaske eingegeben werden. Die Software bietet gegen allzu lange Listen die Funktion „nur Mussfelder anzeigen". Eingegebene Daten können jederzeit validiert werden. Auch eine Speicherung von als inkorrekt erkannten Daten ist möglich. Wer sich für die händische Eingabe entscheidet, muss Fleißarbeit bei allen Daten, die übermittelt werden sollen, leisten (Abb. 11.4).

Abb. 11.4 Eingabemaske zum
händischen Einpflegen der
Daten

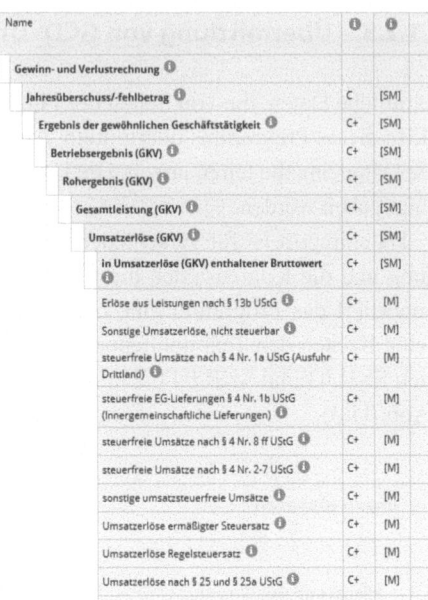

11.3 Fazit Versandprogramme

Die eigene Buchhaltungssoftware muss nicht in jedem Fall deswegen abgeschafft werden, weil sie keine E-Bilanz-Funktionalität anbietet. Zwar wird dann eine Schnittstelle mehr benötigt, und damit steigt unter anderem die Fehleranfälligkeit. Das Ziel, ohne Medienbruch von Erstellung der Buchhaltung zu Veranlagung zu gelangen, wird zumindest bei der händischen Eingabe nicht erreicht. Am Markt erhältliche Programme wie „eBilanz-Online" verlangen eine gewisse Zeit, um sich mit ihnen auseinanderzusetzen. Dieses zeitliche Investment ist aber überschaubar. Mit einem neuen Buchhaltungsprogramm würde zweifellos ebenfalls Zeit für die Umstellung zu veranschlagen sein. Damit können Versandprogramme das kleinere Übel darstellen.

Vollautomatische Prüfungshandlungen des Finanzamts – einige Spekulationen

12

12.1 Risikoklassifizierung des Finanzamts

Die Mehrzahl deutscher Jahresabschlüsse wird nicht geprüft. Lediglich Großunternehmen treffen jährlich auf Betriebsprüfer. Bei KMU ist eine Betriebsprüfung eher die Ausnahme (vgl. kritisch Spengel et al. 2012, S 466 ff.). Das Finanzamt muss die zeitlichen Ressourcen seiner Prüfer möglichst auf die Unternehmen konzentrieren, bei denen mit hoher Wahrscheinlichkeit ein steuerliches Mehrergebnis erzielt werden kann. Grundlage der Bearbeitung der Steuerdaten und der damit verbundenen gewünschten Effekte ist die Einführung eines bundeseinheitlichen Risikomanagementsystems (RMS). RMS verfolgt das Ziel, das Risiko für einen Steuerausfall in einem gegebenen Steuerfall auf Basis der verfügbaren Daten automatisiert zu bewerten (vgl. Finanzverwaltungen der Länder und des Bundes 2011, S 14). Das RMS teilt Unternehmen in Risikoklassen eins bis vier. Klasse vier bedeutet, dass eine Prüfung durchgeführt wird. Mit der Festlegung der Risikoklasse werden die Intensität und der Zeitraum einzelner Prüfungen von Steuerzahlern konkretisiert. Die Einteilung in die Klasse eins bedeutet, dass eine Prüfung häufig und umfangreich stattfinden soll. Die Risikoklasse zwei bedeutet hingegen nur kleine Auffälligkeiten bei verschiedenen Punkten. Hier werden wenig bis keine Prüfungen und Nachfragen seitens der Finanzverwaltung erfolgen. Der Übergang zur Risikoklasse drei ist dann für Fälle vorgesehen, die aus Sicht der Prüfung keinerlei Risiken beinhalten. Die Risikoklasse vier wird Unternehmen zugeordnet, für die eine Betriebsprüfung tatsächlich vorgesehen ist. Das macht dann eine Einteilung in die übrigen Klassen überflüssig. Das Unternehmen in Steuerklasse drei muss am wenigsten Zeit in Nachfragen oder Begleitung von Prüfungen des Finanzamts investieren, weswegen viele Unternehmer eine Einstufung in diese Klasse bevorzugen werden.

Die Verwendung von Prüffeldern ist seitens der Finanzverwaltung keine neue Erfindung der E-Bilanz. Schon vor der Einführung der E-Bilanz wurden abgegebene und elek-

© Springer Fachmedien Wiesbaden 2014
B. J. Feindt, *Die E-Bilanz in kleinen und mittleren Unternehmen (KMU)*,
DOI 10.1007/978-3-658-06060-2_12

tronisch eingereichte Steuererklärungen schwerpunktmäßig geprüft und bearbeitet. Diese Schwerpunkte werden mittels Prüffeldern jährlich durch die Oberfinanzdirektion oder durch das Finanzministerium festgelegt. Beispielsweise wird bestimmt, welche Einkunftsart besonders bearbeitet und geprüft werden soll (vgl. OfD NRW 2014).

Durch die technischen Bedingungen der XBRL-Datensätze sind die Voraussetzungen dafür geschaffen, dass viele Prüfungen automatisiert stattfinden können. Ob die Automatismen valide Ergebnisse produzieren, hängt wesentlich davon ab, welche Qualität die Buchführung oder das Mapping aufweisen. Wenn eine Position im Rahmen eines automatisierten Prozesses nur deswegen auffällt, weil sie versehentlich falsch gebucht oder gemappt wurde, führt die Prüfung nicht mit der gewünschten Genauigkeit zu Hinweisen für die Finanzbehörde, die in Steuermehreinnahmen münden. Wenn sich die Fehlermeldungen häufen, die keine „echten", steuerrelevanten Fehlermeldungen, sondern lediglich „Fehlbedienungen" der Software oder der Taxonomien aufdecken, und die Behörden nicht mit hinreichender Sicherheit „echte" von „falschen" Warnhinweisen unterscheiden können, kann das gesamte Prüfsystem versagen. Insbesondere in den Anfangsjahren kann bezweifelt werden, dass valide Prüfergebnisse die Hinweise auf Softwarefehlbedienungen übersteigen. Investiert das Finanzamt Zeit, den Einzelfall auf Abweichungen hinzuweisen und Anordnungen zur Verbesserung des Mappings oder der Buchhaltung zu geben, werden diese technischen Fehler aber mit der Zeit abnehmen und ein Lerneffekt entstehen. Wenn die Datensatzqualität stimmt, wird die E-Bilanz der Finanzverwaltung helfen, Auffälligkeiten zu entdecken und gezielt zu verfolgen. Nicht auffällige Datensätze könnten dann vollautomatisch bearbeitet werden.

12.2   Denkbare, automatisierte Prüfschritte[1]

12.2.1   Zeitreihenanalysen

Die Durchführung von Zeitreihenanalysen wird in Betriebsprüfungen vor allem mit unterjährigen Zeitreihen eingesetzt (bspw.: „Gibt es Ausreißer bei Umsätzen über alle Freitage eines Kalenderjahres?"). Die E-Bilanz liefert nur einen Wert zum Stichtag. Bis Zeitreihenvergleiche effektiv als Auswahlkriterium einsetzbar sind, dürfte daher noch geraume Zeit vergehen.

---

[1] Die tatsächlichen Prüfschritte der Finanzbehörden im Rahmen der E-Bilanz werden nicht veröffentlicht. Daher ist dieser Abschnitt reine Spekulation. Er soll lediglich einen Eindruck von Möglichkeiten vermitteln.

12.2.2 Kennzahlenanalysen

Das Finanzamt dürfte innerhalb eines sehr kurzen Zeitrahmens eine enorm umfangreiche Datenbank aufbauen. Wer (derzeit freiwillig) Angaben zur Branche macht, dessen Kennzahlen wie Umsatzrentabilität, Wareneinsatz, Eigenkapitalrentabilität etc. können sehr gut mit Unternehmen der gleichen Branche verglichen werden. Größenklasseneinteilungen sind leicht denkbar, regionale Unterschiede könnten herausgefiltert werden. Spannweiten und Abweichungstoleranzen werden über mehrere Jahre immer genauer anpassbar. Veränderungen der Kennzahlen eines einzelnen Unternehmens über die Jahre hinweg könnten Prüfhinweise liefern.

12.2.3 Abgleich mit externen Datenquellen

Mit steigender Schnittstellenentwicklung und Zuordnung der Daten verschiedener Informationsquellen zu einem Steuersubjekt werden auch Abgleiche der Systeme untereinander möglich. Beispielsweise könnten Kapitalerträge laut GuV mit den Meldungen der Geldinstitute an die Finanzämter verglichen werden, wenn die Systeme über eindeutige Schlüssel verfügen, über die eine Zuordnung möglich ist (bspw. die Steueridentifikationsnummer). Angaben in der Steuererklärung können darauf geprüft werden, ob sie im Verhältnis zur Bilanz und GuV plausibel sind (Beispiel: Stimmen die Angaben in der Erklärung zur gesonderten und einheitlichen Feststellung von Besteuerungsgrundlagen zum Bereich „betrieblicher Schuldzinsenabzug" mit den Einlagen und Entnahmen aus der Kapitalkontenentwicklung einer Personengesellschaft überein?)

12.2.4 Plausibilisierung innerhalb von Bilanz und GuV

Hier seien lediglich einige denkbare Beispiele anhand der Mussfelder aufgezählt:

1. Bei Existenz eines Goodwills und Übermittlung einer Überleitungsrechnung: Existiert steuerlich eine andere Abschreibung als handelsrechtlich?
2. Ist die Position „Geschäfts- und Vorführwagen" fälschlich genutzt?
3. Welche Ertragszinsen stehen der Position „Ausleihungen an Gesellschafter" oder „Ausleihungen an verbundene Unternehmen" gegenüber? Sind diese im Drittvergleichbarkeitsrahmen? (Vergleich mit Position „Erträge aus Ausleihungen an Gesellschaften und Gesellschafter [KapG/ Mitunternehmer (PersG)]")
4. Ist die Position „Vorräte" plausibel zum Jahresumsatz?
5. Sind „Forderungen und Darlehen an Mitarbeiter" angemessen verzinst?
6. Stimmt ein „Nicht durch Vermögenseinlagen gedeckter Verlustanteil der Kommanditisten" mit den Angaben in der Steuererklärung überein?

7. Geben Eigenkapital und Gewinnsituation Anlass zur Sorge, ob Steuerforderungen einbringbar sein werden?
8. Wurden steuerfreie Rücklagen gebildet oder sind sie seit einer Vielzahl von Jahren unverändert?
9. Bei Existenz einer Pensionsrückstellung und Übermittlung einer Überleitungsrechnung: Existiert steuerlich eine andere Rückstellung als handelsrechtlich?
10. Werden Verbindlichkeiten gegenüber Gesellschaftern und verbundenen Unternehmen angemessen verzinst?

Literatur

Spengel C, Ortmann-Babel M, Matenaer S (2012) Tax Risk Management der Finanzverwaltung- hat Deutschland den Anschluss an die internationale Entwicklung verpasst? Die Unternehmensbesteuerung 7/2012, S 466 ff.
Finanzverwaltungen der Länder, des Bundes (Hrsg) (2011) Koordinierte neue Software-Entwicklung für die Steuerverwaltung (KONSENS). Düsseldorf
Oberfinanzdirektion Nordrhein-Westfalen, Prüffelder (2014) http://www.ofd.nrw.de/die_ofd_nrw/aktuelles/prueffelder_2014.php. Zugegriffen: 21. März 2014

Entwicklungskontext der E-Bilanz

13.1 E-Government ist Trend

E-Government soll die Prozesse in der Verwaltung durch Bürokratieabbau beschleunigen und kosteneffizienter machen. Der Bürger soll leichter mit den Behörden interagieren können. Im E-Governmentgesetz, das vom Bundesrat am 7.6.2013 beschlossen wurde, finden sich Regelungen zum Einsatz von De-Mail, zum Einsatz einer Digitalen Akte und dergleichen mehr. Das Bundeskabinett beschloss am 8. April 2014 die Eckpunkte eines Programms mit dem Namen „Digitale Verwaltung 2020", welches das E-Government-Gesetz umsetzen soll (vgl. IT-Beauftragte des Bundes 2014). Die E-Bilanz selbst ist Teil eines 2008 verabschiedeten Steuerbürokratieabbaugesetzes. Es gibt also seit längerer Zeit eine Vielzahl von Aktivitäten, die zum Ziel hat, Informationstechnologien im Verwaltungsbereich zum Einsatz zu bringen. Dieser Trend ist ungebrochen. Auch wenn die E-Bilanz diverse Male verschoben wurde und das Prozedere insgesamt viele Fragen aufwirft, ist eine völlige Wiederabschaffung wie im Fall des elektronischen Entgeldnachweises „ELENA" unwahrscheinlich.

13.2 KONSENS

KONSENS steht für „koordinierte neue Software-Entwicklung für die Steuerverwaltung". Ziel des Vorhabens ist es, die Entwicklung von steuerlichen Fachverfahren unter Führung eines Landes für die Bundesebene zu ermöglichen. Entstehen soll dabei eine für die Finanzämter aller Länder einheitliche Software für das Besteuerungsverfahren, die von allen Ländern gemeinsam entwickelt, beschafft und eingesetzt werden soll (vgl. Finanzverwaltungen der Länder und des Bundes 2011, S. 14). Fachliche und organisatorische

© Springer Fachmedien Wiesbaden 2014
B. J. Feindt, *Die E-Bilanz in kleinen und mittleren Unternehmen (KMU)*,
DOI 10.1007/978-3-658-06060-2_13

Besonderheiten der jeweiligen Länder werden nur noch dann berücksichtigt, wenn sie unabdingbar sind.

Handlungsziele sind insbesondere:

- Effizienzgewinne im Besteuerungsverfahren
- Sicherstellung einer gleichmäßigen Besteuerung
- Länderübergreifender Informationsaustausch und Risikomanagement
- Verbesserung der Steuerbetrugsbekämpfung
- Ausbau weiterer E-Government-Angebote
- Wirtschaftlicher Verwaltungsvollzug

Konsens umfasst die Kernverfahren

- GINSTER – Grundinformationsdienst Steuer
- ELFE – Einheitliches länderübergreifendes Festsetzungsverfahren und
- BIENE – Bundeseinheitliches integriertes evolutionär neu entwickeltes Erhebungsverfahren

Ginster wird unten beispielhaft beschrieben.

13.2.1 GISI

Das Projekt GISI ist eine Interimslösung aufgrund der Verzögerung mit der Einführung von GINSTER, das im folgenden Abschnitt erläutert wird.

GISI steht für GINSTER-Simulator und ist eine Software-Lösung, welche die Funktionalitäten und Programmabläufe von GINSTER wie im Original abbildet und Analysen zulässt. Dieses System wird noch für das Jahr 2014 eingesetzt. Die Einführung von GINSTER mit dem 01. Januar 2015 ist in sämtlichen Verordnungen der Länderfinanzverwaltungen festgelegt und gilt als unumstößlich.

13.2.2 GINSTER

Mit dem System GINSTER (Grundinformationsdienst Steuer) werden sämtliche relevanten Stammdaten der Steuerpflichtigen verwaltet. Dieser Grunddienst soll die Stammdaten für andere Programme zu Verfügung stellen. GINSTER ermöglicht voraussichtlich ab 2015 auch das Hinterlegen von Vollmachten für Steuerberater (vgl. Feindt und Johanssen 2012, S. 8).

13.2.3 Vorausgefüllte Steuererklärung

Durch den Koalitionsvertrag im Zuge der Regierungsbildung wurde festgelegt, dass mit dem Steuerjahr 2013 das Projekt **Vorausgefüllte Steuererklärung** eingeführt wird.

Bei der vorausgefüllten Steuererklärung handelt es sich um eine Erfassungshilfe für den Steuerpflichtigen. Die Finanzverwaltung erhält von Dritten steuerrelevante Daten des Steuerpflichtigen – beispielsweise die Lohnsumme. Bisher muss der Steuerpflichtige diese Daten dennoch aus seiner Jahreslohnsteuerbescheinigung in der Steuererklärung angeben. Jetzt kann sich der Steuerpflichtige die der Behörde vorliegenden Daten direkt im Steuererklärungsformular anzeigen lassen.

Hierbei handelt es sich beispielsweise um:

- Krankenversicherungsbeiträge
- Rentenversicherungsbeiträge
- Lohnsteuerbescheinigungen
- Riester- und Rürup-Vorsorgebeiträge
- Stammdaten
- Religionszugehörigkeit

Neben dem Dateneigentümer können ebenfalls berechtigte Dritte wie z. B. Steuerberater die Daten bei Bedarf abrufen. Eine Nutzung dieser Funktion erfordert die elektronische Registrierung und Anmeldung im ElsterOnlinePortal oder über die entsprechende Steuersoftware. Um einen Missbrauch des Abrufens der Daten durch Dritte zu unterbinden und um das Steuergeheimnis zu wahren, hat die Finanzverwaltung ein Berechtigungsmanagement eingerichtet.

Für die Richtigkeit und Vollständigkeit der Daten (auch der vorausgefüllten Daten) ist weiterhin der Steuerpflichtige verantwortlich und haftbar.

Literatur

Feindt B, Johannsen N (2012) E-Bilanz – Leitfaden mit neuem DATEV-Kontenrahmen zur Einführung in Unternehmen. Springer Gabler, Wiesbaden

IT-Beauftragte des Bundes (30.4.2014) Eckpunkte für Regierungsprogramm Digitale Verwaltung 2020 beschlossen. http://www.cio.bund.de/SharedDocs/Kurzmeldungen/DE/2014/mitMS/20140430_eckpunkte_digitale_verwaltung.html

Finanzverwaltungen der Länder und des Bundes (Hrsg) (2011) Koordinierte neue Software-Entwicklung für die Steuerverwaltung (KONSENS), Düsseldorf

14.1 Handelsgesetzbuch

- § 1 HGB: Kaufmannsbegriff.
- § 238 HGB: Buchführungspflicht für Kaufleute.
- § 241 a HGB: Befreiung von der Buchführungspflicht für bestimmte Einzelkaufleute.
- § 242 HGB: Aufstellungspflicht des Jahresabschlusses.
- § 267 HGB: Definition der Unternehmensgrößenklassen.
- § 267 a HGB: Definition von Kleinstkapitalgesellschaften.

14.2 Abgabenordnung

- § 12 AO: Betriebsstättendefinition.
- § 13 AO: Definition des ständigen Vertreters.
- § 30 AO: Steuergeheimnis.
- § 140 AO: Buchführungspflicht nach anderen Gesetzen.
- § 141 AO: Buchführungspflicht wegen Überschreitung bestimmter Größen.
- § 150 Abs. 7 AO: Das BMF darf Details zur E-Bilanz regeln.
- § 150 Abs. 8 AO: Umgang der Behörden mit Härtefallanträgen.
- § 329 AO: Zwangsgeld.
- § 332 AO: Androhung von Zwangsgeld.

© Springer Fachmedien Wiesbaden 2014
B. J. Feindt, *Die E-Bilanz in kleinen und mittleren Unternehmen (KMU)*,
DOI 10.1007/978-3-658-06060-2_14

14.3 Einkommensteuergesetz, Durchführungsverordnung und Anwendungszeitpunktverschiebungsverordnung

- § 4 Abs. 1 EStG: Gewinnermittlung nach steuerlichen Vorschriften.
- § 5 EStG: Gewinn bei Kaufleuten und bestimmten anderen Gewerbetreibenden.
- § 5a EStG: Gewinn bei Handelsschiffen.
- § 5b EStG: Kernvorschrift E-Bilanz.
- § 51 Abs. 4 Nr. 1b EStG: Das BMF darf den Mindestumfang der E-Bilanz bestimmen.
- § 52 Abs. 15a EStG: Anwendung der E-Bilanz für Wirtschafsjahre ab 2011.
- § 60 EStDV: Unterlagen, die der Steuererklärung beizulegen sind.
- § 1 AnwZpvV: Verschiebung der E-Bilanz-Anwendung auf 2012.

14.4 BMF-Schreiben und Veröffentlichungen

- Elektronische Übermittlung von Bilanzen sowie Gewinn- und Verlustrechnungen, Anwendungsschreiben zur Veröffentlichung der Taxonomie vom 28. September 2011, IV C 6– S 2133-b/11/10009
- Elektronische Übermittlung von Bilanzen sowie Gewinn- und Verlustrechnungen, steuerbegünstigte Körperschaften, Übermittlungspflichten vom 19. Dezember 2013, IV C 6– S 2133 b/11/10009
- E-Bilanz, Veröffentlichung der Taxonomie 5.2 vom 30. April 2013 vom 27. Juni 2013, IV C 6– S 2133-b/11/10016
- E-Bilanz, Veröffentlichung der Taxonomie 5.3 vom 2. April 2014, vom 20. Juni 2014, IV C 6– S 2133-b/11/10016:004
- E-Bilanz, Verfahrensgrundsätze zur Aktualisierung der Taxonomien, Veröffentlichung der aktualisierten Taxonomien (Version 5.1) vom 5.6.2012, IV C 6– S 2133-b/11/10016
- E-Bilanz, Auswertung der Pilotphase vom 25.8.2011, IV C 6– S 2133-b/11/10009

Anhang

15.1 Mussfelder und Auffangpositionen in Bilanz und GuV nach Rechtsform (Visualisierung der Taxonomie, herunterzuladen über http://www.esteuer.de/download/de-gaap-ci-2013-04-30-shell-fiscal.zip)

15.1.1 So lesen Sie die Tabellen

1. Der rote Streifen rechts neben einer Taxonomieposition zeigt an, dass für diese Position eine Auffangposition existiert. Die zugehörige Auffangposition finden Sie weiter unten dort, wo der jeweilige Streifen aufhört. Zwei oder drei Streifen bedeuten, dass in übergeordneten Hierarchieebenen der Taxonomie ebenfalls Auffangpositionen bestehen. Die Nummern in der zweiten Spalte kennzeichnen die Gliederungsebene.

2. Abkürzungen:
   - AP: Auffangposition
   - MF: Mussfeld
   - SMF: Summenmussfeld
   - RN: Rechnerisch notwendig, sofern vorhanden
   - KN: Kontennachweis erwünscht
   - AB AP: Auffangposition für Sachverhalte in Zusammenhang mit einer ausländischen Betriebsstätte
   - B: Bilanz
   - G: Gewinn- und Verlustrechnung

© Springer Fachmedien Wiesbaden 2014
B. J. Feindt, *Die E-Bilanz in kleinen und mittleren Unternehmen (KMU)*,
DOI 10.1007/978-3-658-06060-2_15

15.1.2   Einzelunternehmer

		Position	Kommentar der Finanzverwaltung	Feldart
B	2	Bilanzsumme, Summe Aktiva	Dieser Wert muss der Bilanzsumme, Summe Passiva entsprechen	SMF
B	3	Rückständige Einzahlungen		RN
B	3	Bilanzierungshilfe	Die Position ist nur in der Handelsbilanz zulässig. § 269 HGB wurde durch das BilMoG aufgehoben. Es besteht daher keine Möglichkeit mehr, eine Bilanzierungshilfe in Anspruch zu nehmen. Gemäß Art. 67 Abs. 5 EGHGB können die nach bisherigem Recht in einem Jahresabschluss für ein vor dem 1.1.2010 endendes Geschäftsjahr angesetzten Beträge unter Anwendung der für sie geltenden Vorschriften des HGB a.F. fortgeführt werden. Steuerlich ist eine Bilanzierungshilfe mangels Wirtschaftsguteigenschaft nicht zulässig und muss im Rahmen der Überleitungsrechnung eliminiert werden.	RN
B	3	Anlagevermögen		SMF
B	4	Immaterielle Vermögensgegenstände		SMF
B	5	Selbst geschaffene gewerbliche Schutzrechte und ähnliche Rechte und Werte	Nicht aufgenommen werden unter diesem Posten selbstgeschaffene Marken, Drucktitel, Verlagsrechte, Kundenlisten oder vergleichbare immaterielle VG des Anlagevermögens (§ 248 Abs. 2 S. 2 HGB). Handelsrechtlich besteht ein Aktivierungswahlrecht. Steuerlich ist diese Position nicht zulässig und muss im Rahmen der Überleitungsrechnung eliminiert werden. Zur zeitlichen Anwendung Hinweis auf Art. 66 Abs. 7 EGHGB.	RN
B	5	entgeltlich erworbene Konzessionen, gewerbliche Schutz- und ähnliche Rechte und Werte sowie Lizenzen an solchen Rechten und Werten	Die Aktivierungspflicht der Posten ist weit gefasst. Neben rechtlich abgesicherten Positionen (Konzessionen, Schutzrechte) sind auch ähnliche Rechte wie Nutzungsrechte und Wettbewerbsverbote zu aktivieren.	MF, KN
B	6	entgeltlich erworbene Konzessionen, gewerbliche Schutz- und ähnliche Rechte und Werte sowie Lizenzen an solchen Rechten und Werten, soweit aus der/den für die ausländische(n) Betriebsstätte(n) geführten Buchführung(en) nicht anders zuordenbar	Die Position dient als Auffangposition für Vermögensgegenstände ausländischer Betriebsstätten, soweit keine detaillierte Zuordnung auf die unter der Position entgeltlich erworbene Konzessionen, gewerbliche Schutz- und ähnliche Rechte und Werte sowie Lizenzen an solchen Rechten und Werten vorhandenen Positionen möglich ist.	AP AB
B	5	Geschäfts-, Firmen- oder Praxiswert	Anders als die Regelung des § 7 Abs. 1 S. 3 EStG trifft das HGB über die Dauer des Abschreibungszeitraums keine typisierende Bestimmung. Allerdings regelt § 285 Abs. 13 HGB n.F. dass die Gründe, welche die Annahme einer betrieblichen Nutzungsdauer eines entgeltlich erworbenen Geschäfts- oder Firmenwert von mehr als 5 Jahren rechtfertigen, im Anhang anzugeben sind. Sofern aufgrund dieser Vorschriftenregelung die handelsrechtliche von der steuerrechtlichen Nutzungsdauer abweicht, ist im Rahmen der Überleitungsrechnung eine Anpassung herbeizuführen.	MF, KN
B	6	Geschäfts-, Firmen- oder Praxiswert, soweit aus der/den für die ausländische(n) Betriebsstätte(n) geführten Buchführung(en) nicht anders zuordenbar	Die Position dient als Auffangposition für Vermögensgegenstände ausländischer Betriebsstätten, soweit keine detaillierte Zuordnung auf die unter der Position Geschäfts-, Firmen- oder Praxiswert vorhandenen Positionen möglich ist.	AP AB
B	5	geleistete Anzahlungen (immaterielle Vermögensgegenstände)	Hier sind nur Anzahlungen auf entgeltlich erworbene immaterielle Vermögensgegenstände aufzunehmen.	MF, KN

B	5	sonstige immaterielle Vermögensgegenstände	Hier sind nur Anzahlungen auf entgeltlich erworbene immaterielle Vermögensgegenstände aufzunehmen.	RN
B	4	Sachanlagen		SMF
B	5	Grundstücke, grundstücksgleiche Rechte und Bauten einschließlich der Bauten auf fremden Grundstücken	Lt. Beck'schem Bilanzkommentar besteht dieser Posten des § 266 HGB aus den vier als Mussfelder ausgewiesenen Positionen (siehe Unterpositionen).	SMF
B	6	unbebaute Grundstücke	Hier sind ausschließlich unbebaute Grundstücke auszuweisen. Der Grund und Boden bei bebauten Grundstücken ist in der Position "Bauten auf eigenen Grundstücken und grundstücksgleichen Rechten, davon Grund und Boden-Anteil" auszuweisen.	MF, KN
B	6	grundstücksgleiche Rechte ohne Bauten	Grundstücksgleiche Rechte sind Rechte, die den Vorschriften des bürgerlichen Rechts über Grundstücke unterliegen (z.B. Erbbaurecht).	MF, KN
B	6	Bauten auf eigenen Grundstücken und grundstücksgleichen Rechten	Die Position umfasst sowohl den Wert der Bauten als auch den Wert der Grundstücke.	MF, KN
B	7	Bauten auf eigenen Grundstücken und grundstücksgleichen Rechten, davon Grund und Boden-Anteil	Der in der Position „Bauten auf eigenen Grundstücken und grundstücksgleichen Rechten" enthaltene Anteil des Grund und Bodens ist hier gesondert auszuweisen.	MF
B	6	Bauten auf fremden Grundstücken	Hier sind auch die Mietereinbauten, sofern es sich um keine technischen Anlagen und Maschinen handelt, einzutragen. Die Abgrenzung ist nach dem Erlass vom 15.01.1976, BStBl. I 1976 S. 66, vorzunehmen.	MF, KN
B	6	Übrige Grundstücke, nicht zuordenbar	Die Position die übrigen Grundstücke. Darüber dient sie als Auffangposition, soweit eine detaillierte Zuordnung auf die in der gleichen Ebene vorhandenen Positionen nicht möglich ist.	RN AP
B	6	Grundstücke, grundstücksgleiche Rechte und Bauten einschließlich der Bauten auf fremden Grundstücken, soweit aus der/den für die ausländische(n) Betriebsstätte(n) geführten Buchführung(en) nicht anders zuordenbar	Die Position dient als Auffangposition für Vermögensgegenstände ausländischer Betriebsstätten, soweit keine detaillierte Zuordnung auf die unter der Position Grundstücke, grundstücksgleiche Rechte und Bauten einschließlich der Bauten auf fremden Grundstücken vorhandenen Positionen möglich ist.	RN AP AB
B	5	technische Anlagen und Maschinen	Hierzu gehören alle Anlagen und technischen Maschinen, die der Produktion dienen. Auch Mietereinbauten, sofern es sich nicht um Bauten auf fremden Grundstücken handelt. Die Abgrenzung ist nach dem Erlass vom 15.01.1976, BStBl. I 1976 S. 66 vozunehmen.	MF
B	6	technische Anlagen und Maschinen, soweit aus der/den für die ausländische(n) Betriebsstätte(n) geführten Buchführung(en) nicht anders zuordenbar	Die Position dient als Auffangposition für Vermögensgegenstände ausländischer Betriebsstätten, soweit keine detaillierte Zuordnung auf die unter der Position technische Anlagen und Maschinen vorhandenen Positionen möglich ist.	AP AB
B	5	andere Anlagen, Betriebs- und Geschäftsausstattung	Hierzu zählen alle Gegenstände der Büro- und Werkstatteinrichtung, EDV-Hardware, Telefonanlagen, Arbeitsgeräte, Kraftwagen, sonstige Fahrzeuge, Transportbehälter, Werkzeuge und Baustellencontainer.	MF, KN
B	6	andere Anlagen, Betriebs- und Geschäftsausstattung, soweit aus der/den für die ausländische(n) Betriebsstätte(n) geführten Buchführung(en) nicht anders zuordenbar	Die Position dient als Auffangposition für Vermögensgegenstände ausländischer Betriebsstätten, soweit keine detaillierte Zuordnung auf die unter der Position andere Anlagen, Betriebs- und Geschäftsausstattung vorhandenen Positionen möglich ist.	AP AB

B	5	Geschäfts- und Vorführwagen	Diese Position gilt nur für Autohäuser. Die PKW sind im Übrigen unter der Position Andere Anlagen, Betriebs- und Geschäftsausstattung zu erfassen.	RN
B	5	geleistete Anzahlungen und Anlagen im Bau	Geleistete Anzahlungen sind Vorleistungen auf eine von dem anderen Vertragsteil zu erbringende Lieferung oder Leistung. Anlagen im Bau umfassen die bis zum Bilanzstichtag getätigten Investitionen für Gegenstände des Sachanlagevermögens, die am Bilanzstichtag noch nicht fertig gestellt sind.	MF, KN
B	6	geleistete Anzahlungen und Anlagen im Bau, soweit aus der/den für die ausländische(n) Betriebsstätte(n) geführten Buchführung(en) nicht anders zuordenbar	Die Position dient als Auffangposition für Vermögensgegenstände ausländischer Betriebsstätten, soweit keine detaillierte Zuordnung auf die unter der Position geleistete Anzahlungen und Anlagen im Bau vorhandenen Positionen möglich ist.	AP AB
B	5	sonstige Sachanlagen	Sammelposten für alle den vorgenannten Positionen nicht zuordenbare Sachanlagen	MF
B	6	übrige sonstige Sachanlagen, nicht zuordenbare Sachanlagen		AP
B	4	Finanzanlagen		SMF
B	5	Anteile an verbundenen Unternehmen	Anteile im Sinne des § 271 Abs. 2 HGB. § 15 AktG ist hier nicht anzuwenden.	SMF
B	6	Anteile an Personengesellschaften	z.B. Anteile an KG, GmbH und Co. KG, OHG, GbR (Mitunternehmerschaft). Zur Abgrenzung bei ausländischen Rechtsformen vgl. BMF vom 24.12.1999, IV B 4 –S 1300 – 111/99, BStBl 1999 I S. 1076. Steuerbilanziell ist der Wertansatz nach der sog. Spiegelbildmethode vorzunehmen. Abweichungen zwischen HB- und StB-Wert sind in der Überleitungsrechnung darzustellen. Die Untergliederung in „Anteile an Personengesellschaften" und „Anteile an Kapitalgesellschaften" soll rein steuerlich verstanden werden. Bei Einreichung einer Handelsbilanz können die entsprechenden Positionen leer übermittelt werden. Die Positionen sind nur für die steuerliche Überleitungsrechnung oder bei Einreichung einer originären Steuerbilanz zu verwenden.	MF, KN
B	6	Anteile an Kapitalgesellschaften	z. B. Aktien, GmbH-Anteile Zur Abgrenzung bei ausländischen Rechtsformen vgl. BMF vom 24.12.1999, IV B 4 –S 1300 – 111/99, BStBl 1999 I S. 1076. Die Untergliederung in „Anteile an Personengesellschaften" und „Anteile an Kapitalgesellschaften" soll rein steuerlich verstanden werden. Bei Einreichung einer Handelsbilanz können die entsprechenden Positionen leer übermittelt werden. Die Positionen sind nur für die steuerliche Überleitungsrechnung oder bei Einreichung einer originären Steuerbilanz zu verwenden.	MF, KN
B	6	Anteile an verbundenen Unternehmen, nach Rechtsform nicht zuordenbar		RN AP
B	6	Anteile an verbundenen Unternehmen, soweit aus der/den für die ausländische(n) Betriebsstätte(n) geführten Buchführung(en) nicht anders zuordenbar	Die Position dient als Auffangposition für Vermögensgegenstände ausländischer Betriebsstätten, soweit keine detaillierte Zuordnung auf die unter der Position Anteile an verbundenen Unternehmen vorhandenen Positionen möglich ist.	RN AP AB
B	5	Ausleihungen an Gesellschafter	Unter Ausleihungen werden ausschließlich Forderungen verstanden, welche unter Hingabe von Kapital erworben wurden. Auch partiarische Darlehen sind hier zu erfassen. Nicht Forderungen aus Lieferungen und Leistungen, auch wenn sie langfristig sind. Nicht bei Aktiengesellschaft verwendbar.	SMF

B	6	Ausleihungen an GmbH-Gesellschafter und stille Gesellschafter	Unter Ausleihungen werden ausschließlich Forderungen verstanden, welche unter Hingabe von Kapital erworben wurden. Auch partiarische Darlehen sind hier zu erfassen. Nicht Forderungen aus Lieferungen und Leistungen, auch wenn sie langfristig sind. Nicht bei Aktiengesellschaft verwendbar.	MF, KN
B	6	Ausleihungen an Gesellschafter, nicht nach Rechtsform des Gesellschafters zuordenbar	Unter Ausleihungen werden ausschließlich Forderungen verstanden, welche unter Hingabe von Kapital erworben wurden. Auch partiarische Darlehen sind hier zu erfassen. Nicht Forderungen aus Lieferungen und Leistungen, auch wenn sie langfristig sind.	RN AP
B	5	Ausleihungen an verbundene Unternehmen		SMF
B	6	Ausleihungen an verbundene Unternehmen, soweit Personengesellschaften	Hier sind Ausleihungen aufzuführen, bei denen das verbundene Unternehmen eine Personengesellschaft ist. Liegen die Voraussetzungen des § 15 Abs. 1 Nr. 2 S. 1 2. HS EStG vor (Vergütungen für die Hingabe von Darlehen), so ist die Ausleihung (Forderung) steuerlich als Sonderbetriebsvermögen bei der Untergesellschaft zu erfassen. Nach den Grundsätzen der spiegelbildlichen Bilanzierung ist der handelsrechtliche Posten „Ausleihungen an Personengesellschaften" in der Steuerbilanz zugunsten des Beteiligungsbuchwertes aufzulösen (Überleitungsrechnung).	MF, KN
B	6	Ausleihungen an verbundene Unternehmen, soweit Kapitalgesellschaften	Hier sind Ausleihungen aufzuführen, bei denen das verbundene Unternehmen eine Kapitalgesellschaft ist.	MF, KN
B	6	Ausleihungen an verbundene Unternehmen, soweit Einzelunternehmen		RN
B	6	Ausleihungen an verbundene Unternehmen, nach Rechtsform nicht zuordenbar		RN AP
B	6	Ausleihungen an verbundene Unternehmen, soweit aus der/den für die ausländische(n) Betriebsstätte(n) geführten Buchführung(en) nicht anders zuordenbar	Die Position dient als Auffangposition für Vermögensgegenstände ausländischer Betriebsstätten, soweit keine detaillierte Zuordnung auf die unter der Position Ausleihungen an verbundene Unternehmen vorhandenen Positionen möglich ist.	RN AP AB
B	5	Beteiligungen	nicht jedoch Anteile an verbundenen Unternehmen nach § 271 Abs. 2 HGB, § 6 Abs. 1 Nr. 2 EStG	SMF
B	6	Beteiligungen an Personengesellschaften	z.B. Anteile an KG, GmbH und Co. KG, OHG, GbR (Mitunternehmerschaft). Atypisch stille Beteiligungen werden nicht hier sondern unter „stillen Beteiligungen" erfasst. Anteile an verbundenen Unternehmen nach § 271 Abs. 2 HGB, § 6 Abs. 1 Nr. 2 EStG werden unter „Anteile an verbundenen Unternehmen" erfasst. Zur Abgrenzung bei ausländischen Rechtsformen vgl. BMF vom 24.12.1999, IV B 4 –S 1300 – 111/99, BStBl 1999 I S. 1076. Steuerbilanziell ist der Wertansatz nach der sog. Spiegelbildmethode vorzunehmen. Abweichungen zwischen HB- und StB-Wert sind in der Überleitungsrechnung darzustellen.	MF, KN
B	6	Beteiligungen an Kapitalgesellschaften	z. B. Aktien, GmbH-Anteile Anteile an verbundenen Unternehmen nach § 271 Abs. 2 HGB, § 6 Abs. 1 Nr. 2 EStG werden unter „Anteile an verbundenen Unternehmen" erfasst. Zur Abgrenzung bei ausländischen Rechtsformen vgl. BMF vom 24.12.1999, IV B 4 –S 1300 – 111/99, BStBl 1999 I S. 1076.	MF, KN

B	6	stille Beteiligungen		SMF
B	7	typisch stille Beteiligung	Stille Gesellschaft i.S.d. § 230 HGB ohne Beteiligung am Vermögen des Unternehmens.	MF, KN
B	7	atypisch stille Beteiligung	Stille Gesellschaft i.S.d. § 230 HGB, aber mit weitergehenden Rechten des Beteiligten, insbesondere Beteiligung am Vermögen des Unternehmens. Die atypisch stille Beteiligung ist steuerrechtlich eine Mitunternehmerschaft.	MF, KN
B	6	sonstige Beteiligungen, nach Rechtsform nicht zuordenbar		RN AP
B	6	Beteiligungen, soweit aus der/den für die ausländische(n) Betriebsstätte(n) geführten Buchführung(en) nicht anders zuordenbar	Die Position dient als Auffangposition für Vermögensgegenstände ausländischer Betriebsstätten, soweit keine detaillierte Zuordnung auf die unter der Position Beteiligungen vorhandenen Positionen möglich ist.	RN AP AB
B	5	Ausleihungen an Unternehmen, mit denen ein Beteiligungsverhältnis besteht		SMF
B	6	Ausleihungen an Personengesellschaften	Hier sind Ausleihungen aufzuführen, bei denen die Beteiligung an einer Personengesellschaft besteht. Liegen die Voraussetzungen des § 1a Abs. 1 Nr. 2 S. 1 2. HS EStG vor (Vergütungen für die Hingabe von Darlehen) so ist die Ausleihung (Forderung) steuerlich als Sonderbetriebsvermögen bei der Untergesellschaft zu erfassen. Nach den Grundsätzen der spiegelbildlichen Bilanzierung ist der handelsrechtliche Posten „Ausleihungen an Personengesellschaften" in der Steuerbilanz zugunsten des Beteiligungsbuchwertes aufzulösen (Überleitungsrechnung).	MF, KN
B	6	Ausleihungen an Kapitalgesellschaften	Hier sind Ausleihungen aufzuführen, bei denen die Beteiligung an einer Kapitalgesellschaft besteht.	MF, KN
B	6	Ausleihungen an Unternehmen, mit denen ein Beteiligungsverhältnis besteht, nicht nach Rechtsform zuordenbar		RN AP
B	6	Ausleihungen an Unternehmen, mit denen ein Beteiligungsverhältnis besteht, soweit aus der/den für die ausländische(n) Betriebsstätte(n) geführten Buchführung(en) nicht anders zuordenbar	Die Position dient als Auffangposition für Vermögensgegenstände ausländischer Betriebsstätten, soweit keine detaillierte Zuordnung auf die unter der Position Ausleihungen an Unternehmen, mit denen ein Beteiligungsverhältnis besteht vorhandenen Positionen möglich ist.	RN AP AB
B	5	Wertpapiere des Anlagevermögens	Inhaber- und Orderpapiere, die nach Art und Ausstattung übertragbar und im Bedarfsfall verwertbar sind und der längerfristigen Kapitalanlage dienen.	MF
B	6	sonstige Wertpapiere des Anlagevermögens	Sammelposten für alle den vorgenannten Positionen nicht zuordenbare Ausleihungen	AP
B	6	Wertpapiere des Anlagevermögens, soweit aus der/den für die ausländische(n) Betriebsstätte(n) geführten Buchführung(en) nicht anders zuordenbar	Die Position dient als Auffangposition für Vermögensgegenstände ausländischer Betriebsstätten, soweit keine detaillierte Zuordnung auf die unter der Position Wertpapiere des Anlagevermögens, mit denen ein Beteiligungsverhältnis besteht vorhandenen Positionen möglich ist.	AP AB
B	5	sonstige Ausleihungen	Sammelposten für alle den vorgenannten Positionen nicht zuordenbare Finanzanlagen	MF
B	6	übrige sonstige Ausleihungen / nicht zuordenbare sonstige Ausleihungen		AP

B	6	sonstige Ausleihungen, soweit aus der/den für die ausländische(n) Betriebsstätte(n) geführten Buchführung(en) nicht anders zuordenbar	Die Position dient als Auffangposition für Vermögensgegenstände ausländischer Betriebsstätten, soweit keine detaillierte Zuordnung auf die unter der Position sonstige Ausleihungen vorhandenen Positionen möglich ist.	AP AB
B	5	sonstige Finanzanlagen		SMF
B	6	Genussrechte		RN
B	6	Genossenschaftsanteile (langfristiger Verbleib)		RN
B	6	Rückdeckungsansprüche aus Lebensversicherungen (langfristiger Verbleib)	Unabhängig vom handelsrechtlichen Bilanzausweis ist der Rückdeckungsanspruch steuerlich stets gesondert als Aktivposten zu erfassen (§ 5 Abs. 1a S. 1 EStG). Sofern handelsrechtlich ein saldierter Ausweis zwingend ist, ist im Rahmen der Überleitungsrechnung ein gesonderter Ausweis vorzunehmen (§ 246 Abs. 2 S. 2, 3 HGB)	MF
B	6	stille Beteiligungen innerhalb der sonstigen Finanzanlagen		RN
B	6	übrige sonstige Finanzanlagen / nicht zuordenbare sonstige Finanzanlagen		RN AP
B	3	Vermögensgegenstände zwischen Anlagevermögen und Umlaufvermögen		RN
B	3	Umlaufvermögen		SMF
B	4	Vorräte		SMF
B	5	Roh-, Hilfs- und Betriebsstoffe	Rohstoffe gehen bei Produktionsunternehmen als Hauptbestandteile und Hilfsstoffe als Bestandteile von untergeordneter Bedeutung in die Fertigung ein. Betriebsstoffe dienen der Fertigung sowie den übrigen betrieblichen Bereichen.	MF
B	6	Roh-, Hilfs- und Betriebsstoffe, soweit aus der/den für die ausländische(n) Betriebsstätte(n) geführten Buchführung(en) nicht anders zuordenbar	Die Position dient als Auffangposition für Vermögensgegenstände ausländischer Betriebsstätten, soweit keine detaillierte Zuordnung auf die unter der Position Roh-, Hilfs- und Betriebsstoffe vorhandenen Positionen möglich ist.	AP AB
B	5	unfertige Erzeugnisse, unfertige Leistungen	Unfertige Erzeugnisse sind noch nicht im verkaufsbereiten Zustand, es sind am Bilanzstichtag Herstellungskosten (Fertigungskosten, Materialkosten) angefallen.	MF
B	6	unfertige Erzeugnisse, unfertige Leistungen, soweit aus der/den für die ausländische(n) Betriebsstätte(n) geführten Buchführung(en) nicht anders zuordenbar	Die Position dient als Auffangposition für Vermögensgegenstände ausländischer Betriebsstätten, soweit keine detaillierte Zuordnung auf die unter der Position unfertige Erzeugnisse, unfertige Leistungen vorhandenen Positionen möglich ist.	AP AB
B	5	fertige Erzeugnisse und Waren	Fertige Erzeugnisse sind selbsthergestellt, verkaufsfertige Wirtschaftsgüter, auch selbst erzeugte Ersatzteile. Waren sind angeschaffte Gegenstände (Handelsware), d. h. keine Erzeugnisse.	MF
B	6	fertige Erzeugnisse und Waren, soweit aus der/den für die ausländische(n) Betriebsstätte(n) geführten Buchführung(en) nicht anders zuordenbar	Die Position dient als Auffangposition für Vermögensgegenstände ausländischer Betriebsstätten, soweit keine detaillierte Zuordnung auf die unter der Position fertige Erzeugnisse und Waren vorhandenen Positionen möglich ist.	AP AB
B	5	sonstige Vorräte		RN

B	5	geleistete Anzahlungen (Vorräte)	Anzahlungen auf Lieferungen von Vermögensgegenständen des Vorratsvermögens	MF
B	5	Vorräte, vor Absetzung von erhaltenen Anzahlungen		RN
B	5	erhaltene Anzahlungen auf Bestellungen (offen aktivisch abgesetzt)		RN
B	4	Forderungen und sonstige Vermögensgegenstände		SMF
B	5	Forderungen aus Lieferungen und Leistungen		MF
B	5	Forderungen aus dem Zentralregulierungs- und Delkrederegeschäft		RN
B	5	Forderungen gegen Gesellschafter	Auch Forderungen aus Lieferungen und Leistungen gegen Gesellschafter, soweit nicht in der Position Forderungen aus Lieferungen und Leistungen enthalten.	SMF
B	6	Forderungen gegen Kommanditisten und atypisch stille Gesellschafter	Auch Forderungen aus Lieferungen und Leistungen gegen Gesellschafter, soweit nicht in der Position Forderungen aus Lieferungen und Leistungen enthalten.	MF
B	6	Forderungen gegen typisch stille Gesellschafter	Auch Forderungen aus Lieferungen und Leistungen gegen Gesellschafter, soweit nicht in der Position Forderungen aus Lieferungen und Leistungen enthalten.	MF
B	6	Forderungen gegen sonstige Gesellschafter		RN
B	6	Forderungen gegen Gesellschafter, nach Rechtsform des Gesellschafters nicht zuordenbar	Auch Forderungen aus Lieferungen und Leistungen gegen Gesellschafter, soweit nicht in der Position Forderungen aus Lieferungen und Leistungen enthalten.	RN AP
B	5	Forderungen gegen verbundene Unternehmen		MF, KN
B	6	Forderungen gegen verbundene Unternehmen, soweit aus der/den für die ausländische(n) Betriebsstätte(n) geführten Buchführung(en) nicht anders zuordenbar	Die Position dient als Auffangposition für Vermögensgegenstände ausländischer Betriebsstätten, soweit keine detaillierte Zuordnung auf die unter der Position Forderungen gegen verbundene Unternehmen vorhandenen Positionen möglich ist.	AP AB
B	5	Forderungen gegen Unternehmen, mit denen ein Beteiligungsverhältnis besteht	Liegen die Voraussetzungen des § 15 Abs. 1 Nr. 2 S. 1 2. HS EStG vor (Vergütungen für die Hingabe von Darlehen), so ist die Ausleihung (Forderung) steuerlich als Sonderbetriebsvermögen bei der Untergesellschaft zu erfassen. Nach den Grundsätzen der spiegelbildlichen Bilanzierung ist der handelsrechtliche Posten „Ausleihungen an Personengesellschaften" in der Steuerbilanz zugunsten des Beteiligungsbuchwertes aufzulösen (Überleitungsrechnung).	MF, KN
B	5	sonstige Vermögensgegenstände		SMF
B	6	Genussrechte		RN
B	6	Einzahlungsansprüche zu Nebenleistungen oder Zuzahlungen		RN
B	6	Genossenschaftsanteile (kurzfristiger Verbleib)		RN
B	6	Rückdeckungsansprüche aus Lebensversicherungen (kurzfristiger Verbleib)	Unabhängig vom handelsrechtlichen Bilanzausweis ist der Rückdeckungsanspruch steuerlich stets gesondert als Aktivposten zu erfassen. Sofern handelsrechtlich ein saldierter Ausweis zwingend ist, ist im Rahmen der Überleitungsrechnung ein gesonderter Ausweis vorzunehmen.	MF

B	6	Umsatzsteuerforderungen	Die Position gilt für Forderungen sowohl gegenüber deutschen als auch gegenüber ausländischen Finanzbehörden.	RN
B	6	Gewerbesteuerüberzahlungen	Erstattungsansprüche entstehen mit Ablauf des Wirtschaftsjahres, ein Gewerbesteuerbescheid ist nicht notwendig. gilt für Forderungen gegenüber deutschen als auch ausländischen Finanzbehörden.	RN
B	6	Mindersteuern lt. Finanzverwaltung	Die Position gilt für Forderungen sowohl gegenüber deutschen als auch gegenüber ausländischen Finanzbehörden.	RN
B	6	Zinsen nach § 233a AO auf Mindersteuern lt. Finanzverwaltung	Die Position gilt für Forderungen sowohl gegenüber deutschen als auch gegenüber ausländischen Finanzbehörden.	RN
B	6	andere Forderungen gegen Finanzbehörden	Die Position gilt für Forderungen sowohl gegenüber deutschen als auch gegenüber ausländischen Finanzbehörden.	RN
B	6	Forderungen gegen Sozialversicherungsträger		RN
B	6	Forderungen und Darlehen an Mitarbeiter		RN
B	6	Forderungen gegen Arbeitsgemeinschaften		RN
B	6	Sonstige Vermögensgegenstände gegenüber Gesellschaftern		RN
B	6	Übrige sonstige Vermögensgegenstände / nicht zuordenbare sonstige Vermögensgegenstände	Übrige sonstige Vermögensgegenstände, die nicht anderen Positionen zuzuordnen sind sowie Auffangposition, jedoch nur soweit eine detaillierte Zuordnung auf die in der gleichen Ebene vorhandenen Positionen nicht möglich ist.	RN AP
B	6	sonstige Vermögensgegenstände, soweit aus der/den für die ausländische(n) Betriebsstätte(n) geführten Buchführung(en) nicht anders zuordenbar	Die Position dient als Auffangposition für Vermögensgegenstände ausländischer Betriebsstätten, soweit keine detaillierte Zuordnung auf die unter der Position sonstige Vermögensgegenstände vorhandenen Positionen möglich ist.	RN AP AB
B	4	Wertpapiere des Umlaufvermögens		SMF
B	5	Anteile an verbundenen Unternehmen (Umlaufvermögen)	Hier sind die zur Veräußerung bestimmten Anteile auszuweisen, die zusätzlich zu den im Anlagevermögen ausgewiesenen Anteilen gehalten werden.	MF
B	5	sonstige Wertpapiere des Umlaufvermögens	Sonstige Wertpapiere des Umlaufvermögens sowie Auffangposition,soweit eine detaillierte Zuordnung auf die in der gleichen Ebene vorhandenen Positionen nicht möglich ist.	MF AP
B	5	nicht zuordenbare Wertpapiere des Umlaufvermögens		RN AP
B	4	Kassenbestand, Bundesbankguthaben, Guthaben bei Kreditinstituten und Schecks		SMF
B	5	Schecks		RN
B	5	Kasse	Zum Kassenbestand gehören alle Banknoten, Sorten sowie in- und ausländische Münzen, auch Nebenkassen und Automaten.	MF, KN
B	5	Bundesbankguthaben		RN
B	5	Guthaben bei Kreditinstituten		RN
B	5	Sonstige nicht zuordenbare flüssige Mittel	z.B. Cashpooling, soweit nicht als Forderungen an verbundene Unternehmen ausgewiesen sowie Auffangposition, soweit eine detaillierte Zuordnung auf die in der gleichen Ebene vorhandenen Positionen nicht möglich ist.	RN AP

B	5	Kassenbestand, Bundesbankguthaben, Guthaben bei Kreditinstituten und Schecks, soweit aus der/den für die ausländische(n) Betriebsstätte(n) geführten Buchführung(en) nicht anders zuordenbar	Die Position dient als Auffangposition für Vermögensgegenstände ausländischer Betriebsstätten, soweit keine detaillierte Zuordnung auf die unter der Position "Kassenbestand, Bundesbankguthaben, Guthaben bei Kreditinstituten und Schecks vorhandenen Positionen möglich ist.	RN AP AB
B	3	aktive Rechnungsabgrenzungsposten	Ausgaben vor dem Abschlussstichtag sind zu aktivieren, soweit sie Aufwand für einen bestimmten Zeitraum danach darstellen.	MF
B	4	aktive Rechnungsabgrenzungsposten, soweit aus der/den für die ausländische(n) Betriebsstätte(n) geführten Buchführung(en) nicht anders zuordenbar	Die Position dient als Auffangposition für aktive Rechnungsabgrenzungsposten ausländischer Betriebsstätten, soweit keine detaillierte Zuordnung auf die unter der Position aktive Rechnungsabgrenzungsposten vorhandenen Positionen möglich ist.	AP AB
B	3	Aktive latente Steuern		RN
B	3	Aktiver Unterschiedsbetrag aus der Vermögensverrechnung		RN
B	3	Aktiver Ausgleichsposten für Organschaftsverhältnisse beim Organträger	Gem. § 14 Abs. 4 S. 1 KStG ist für Minderabführungen, die ihre Ursache in organschaftlicher Zeit haben, in der Steuerbilanz des Organträgers ein besonderer aktiver Ausgleichsposten in Höhe des Betrags zu bilden, der dem Verhältnis der Beteiligung des Organträgers am Nennkapital der Organgesellschaft entspricht. Da der Ausweis auf der Vorschrift des § 14 Abs. 4 S. 1 KStG beruht, scheidet ein Ausweis in der Handelsbilanz aus. Bei der Übermittlung einer Handelsbilanz ist die Taxonomieposition "Aktiver Ausgleichsposten für Organschaftsverhältnisse beim Organträger" daher in der "Überleitungsrechnung" abzubilden.	MF
B	3	Allgemeiner aktiver steuerlicher Ausgleichsposten		RN
B	3	nicht durch Eigenkapital gedeckter Fehlbetrag / nicht durch Vermögenseinlagen gedeckter Verlustanteil		SMF
B	4	Privatkonto (Einzelunternehmen) [Aktivseite]	Negatives Eigenkapital des Einzelunternehmens am Ende des Wirtschaftsjahres (Anfangskapital des Wirtschaftsjahres nach Kapitalanpassung zzgl. Einlagen abzgl. Entnahmen zzgl. Gewinn abzgl. Verlust und bereinigt um Kapitaländerungen aufgrund von § 6b EStG)	SMF
B	5	Anfangskapital [Aktivseite]	Eigenkapital zum Ende des vorangegangenen Wirtschaftsjahres. Technisch ist hingegen bei periodType als period/instant das Ende des aktuellen Wirtschaftsjahres einzutragen.	MF
B	5	Kapitalanpassung nach BilMoG		RN
B	5	Kapitalanpassungen	Summe der Kapitalanpassungen z.B. aufgrund einer Außenprüfung	MF
B	5	Einlagen [Aktivseite]		MF, KN
B	5	Entnahmen [Aktivseite]		MF, KN
B	5	Kapitaländerung durch Übertragung einer § 6 b EStG Rücklage	Kapitalerhöhung durch Übertragung einer § 6b EStG-Rücklage auf Wirtschaftsgüter eines anderen Betriebs oder einer Personengesellschaft oder Kapitalminderung durch Übertragung einer § 6b EStG-Rücklage auf Wirtschaftsgüter des Betriebs.	MF
B	5	Jahresüberschuss/-fehlbetrag [Aktivseite]	Jahresüberschuss Einzelunternehmen: Jahresüberschuss/-fehlbetrag aus der Gewinn- und Verlustrechnung ohne außerbilanzielle Gewinnkorrekturen. Diese können mit Hilfe der	MF

			Module „Steuerliche Gewinnermittlung" und „Steuerliche Gewinnermittlung bei Personengesellschaften" übermittelt werden.	
B	3	sonstige Aktiva		RN
B	2	Bilanzsumme, Summe Passiva	Dieser Wert muss der Bilanzsumme, Summe Aktiva entsprechen.	SMF
B	3	Eigenkapital		SMF
B	4	gezeichnetes Kapital / Kapitalkonto/ Kapitalanteile		SMF
B	5	Privatkonto (Einzelunternehmen)	Positives Eigenkapital des Einzelunternehmens am Ende des Wirtschaftsjahres (Anfangskapital des Wirtschaftsjahres nach Kapitalanpassung zzgl. Einlagen abzgl. Entnahmen zzgl. Gewinn abzgl. Verlust und bereinigt um Kapitaländerungen aufgrund von § 6b EStG)	SMF
B	6	Anfangskapital [Privatkonto, Passivseite]	Eigenkapital zum Ende des vorangegangenen Wirtschaftsjahres Technisch ist hingegen bei periodType als period/instant das Ende des aktuellen Wirtschaftsjahres einzutragen.	MF
B	6	Kapitalanpassung nach BilMoG [Privatkonto, Passivseite]		RN
B	6	Kapitalanpassungen, [Privatkonto, Passivseite]	Summe der Kapitalanpassungen z.B. aufgrund einer Außenprüfung	MF
B	6	Einlagen [Privatkonto, Passivseite]		MF, KN
B	6	Entnahmen [Privatkonto, Passivseite]		MF, KN
B	6	Kapitaländerung durch Übertragung einer § 6 b EStG Rücklage	Kapitalerhöhung durch Übertragung einer § 6b EStG-Rücklage auf Wirtschaftsgüter eines anderen Betriebs oder einer Personengesellschaft oder Kapitalminderung durch Übertragung einer § 6b EStG-Rücklage auf Wirtschaftsgüter des Betriebs.	MF
B	6	Jahresüberschuss/-fehlbetrag [Privatkonto, Passivseite]	Jahresüberschuss Einzelunternehmen: Jahresüberschuss/-fehlbetrag aus der Gewinn- und Verlustrechnung ohne außerbilanzielle Gewinnkorrekturen. Diese können mit Hilfe der Module „Steuerliche Gewinnermittlung" und „Steuerliche Gewinnermittlung bei Personengesellschaften" übermittelt werden. Diese Position ist mit der Position "Jahresüberschuss lt. GuV" verknüpft.	MF
B	4	Genussrechtskapital mit Eigenkapital-Charakter	Genussrechte sind Gläubigerrechte schuldrechtlicher Art. Sie gewähren keine Mitgliedschaftsrechte (insbesondere kein Stimmrecht), jedoch Vermögensrechte, die typischerweise Gesellschaftern zustehen, meistens eine Beteiligung am Gewinn und/oder am Liquidationserlös.	RN
B	4	Einlagen stiller Gesellschafter mit EK-Charakter		RN
B	4	Gewinnrücklagen/Ergebnisrücklagen	Das Summenmussfeld "Gewinnrücklagen/Ergebnisrücklagen" hat die Summe aller entsprechenden Rücklagen auszuweisen.	SMF
B	4	steuerlicher Ausgleichsposten	Steuerliches Mehr- oder Minderkapital, insbesondere bei Kapitalgesellschaften.	RN
B	4	Währungsumrechnungsdifferenzen		RN
B	4	Nicht durch Eigenkapital gedeckter Fehlbetrag (Passivausweis)		RN
B	3	Sonderposten mit Rücklageanteil	Sonderposten mit Rücklageanteil sind Passivposten, die sowohl einen Fremdkapitalanteil als auch einen Eigenkapitalanteil (Rücklagenanteil) enthalten.	SMF
B	4	steuerfreie Rücklagen	Zu den steuerfreien Rücklagen gehören die Rücklage für Veräußerungsgewinne (§ 6b EStG), die Rücklage für Zuschüsse, die Rücklage für Ersatzbeschaffung (R 6.6 EStR) und weitere steuerfreie Rücklagen (z.B. aufgrund von Anwendungsregelungen des § 52 EStG).	SMF

B	5	Rücklage für Veräußerungsgewinne	Rücklagen für Veräußerungsgewinne nach § 6b EStG	MF
B	5	Rücklage für Zuschüsse		RN
B	5	Rücklage für Ersatzbeschaffung	Rücklagen für Ersatzbeschaffung nach R 6.6. EStR 2008, steuerfreie Rücklage in Höhe der aufgedeckten stillen Reserven, sofern bis zum Ende des Wirtschaftsjahres noch keine Ersatzbeschaffung vorgenommen wurde.	MF
B	5	Rücklage durch Vornahme von Ansparabschreibungen		RN
B	5	Rücklage nach dem Steuerentlastungsgesetz		RN
B	5	Übrige steuerfreie Rücklagen / nicht zuordenbare steuerfreie Rücklagen	Die Position dient zur Erfassung der übrigen steuerfreien Rücklagen und als Auffangposition, soweit eine detaillierte Zuordnung auf die in der gleichen Ebene vorhandenen Positionen nicht möglich ist.	RN AP
B	4	steuerrechtliche Sonderabschreibungen		RN
B	3	Sonstige Sonderposten	Zu den sonstigen Sonderposten gehören u.a. die Einlagen typisch stiller Gesellschafter, der passive Ausgleichsposten für Organschaftsverhältnisse beim Organträger und andere Sonderposten (z.B. § 4g EStG).	SMF
B	4	Einlagen stiller Gesellschafter		RN
B	4	Sonderposten für Investitionszulagen und für Zuschüsse Dritter		RN
B	4	Passiver Ausgleichsposten für Organschaftsverhältnisse beim Organträger	Gem. § 14 Abs. 4 S. 1 KStG ist für Mehrabführungen, die ihre Ursache in organschaftlicher Zeit haben, in der Steuerbilanz des Organträgers ein besonderer passiver Ausgleichsposten in Höhe des Betrags zu bilden, der dem Verhältnis der Beteiligung des Organträgers am Nennkapital der Organgesellschaft entspricht. Da der Ausweis auf der Vorschrift des § 14 Abs. 4 S. 1 KStG beruht, scheidet ein Ausweis in der Handelsbilanz aus. Bei der Übermittlung einer Handelsbilanz ist die Taxonomieposition "Passiver Ausgleichsposten für Organschaftsverhältnisse beim Organträger" daher in der „Überleitungsrechnung" abzubilden.	MF
B	4	Allgemeiner passiver steuerlicher Ausgleichsposten		RN
B	4	andere Sonderposten		MF
B	5	davon Auflösung des Ausgleichspostens bei Entnahmen § 4 g EStG	Der Ausschluss oder die Beschränkung des Besteuerungsrechts hinsichtlich des Gewinns aus der Veräußerung oder Nutzung eines Wirtschaftsguts steht einer Entnahme gleich (§ 4 Abs. 1 S. 3 EStG). Der Gewinn kann in einen Ausgleichsposten nach § 4g Abs. 1 EStG eingestellt werden, der im Wirtschaftsjahr der Bildung und in den vier folgenden Wirtschaftsjahren aufzulösen ist. Eine außerbilanzielle Darstellung ist („abzüglich sonstige Abrechnungen" und „zuzüglich Auflösung des Ausgleichsposten bei Entnahmen § 4g EStG") ebenfalls möglich.	MF
B	3	Rückstellungen		SMF
B	4	Rückstellungen für Pensionen und ähnliche Verpflichtungen		SMF
B	5	Rückstellungen für Pensionen und ähnliche Verpflichtungen, davon gegenüber Gesellschaftern oder nahestehenden Personen	Pensionsrückstellungen gegenüber Gesellschaftern (bei Kapital- und Personengesellschaften) oder nahestehenden Personen (z.B. Ehegatten). Eine steuerliche Relevanz besteht grundsätzlich ab einem Beteiligungsumfang von 1 %. In jedem Fall wird hier eine Übermittlung bei einem Beteiligungsumfang von mindestens 10 % erwartet.	MF

B	5	Rückstellung für Direktzusagen	Pensionsrückstellung, Direktzusage des Arbeitgebers auf Leistungen der betrieblichen Altersvorsorge ohne externen Durchführungsweg (keine Direktversicherung, Pensionskasse oder Pensionsfonds).	MF
B	5	Rückstellungen für Zuschussverpflichtungen für Pensionskassen und Lebensversicherungen (bei Unterdeckung oder Aufstockung)	Pensionsrückstellung, Zusage des Arbeitgebers auf Leistungen der betrieblichen Altersversorgung mit externen Durchführungsweg (z.B. Pensionskasse oder Lebensversicherung).	MF
B	5	Rückstellungen für Pensionen und ähnliche Verpflichtungen, nicht zuordenbar	Die Position dient als Auffangposition, soweit eine detaillierte Zuordnung auf die in der gleichen Ebene vorhandenen Positionen nicht möglich ist.	RN AP
B	5	Rückstellungen für Pensionen und ähnliche Verpflichtungen, soweit aus der/den für die ausländische(n) Betriebsstätte(n) geführten Buchführung(en) nicht anders zuordenbar	Die Position dient als Auffangposition für Rückstellungen ausländischer Betriebsstätten, soweit keine detaillierte Zuordnung auf die unter der Position "Rückstellungen für Pensionen und ähnliche Verpflichtungen" vorhandenen Positionen möglich ist.	RN AP AB
B	4	Steuerrückstellungen	Summe der Rückstellungen für ungewisse Steuerverbindlichkeiten (z.B. Gewerbesteuerrückstellung, Körperschaftsteuerrückstellung), solange die Ungewissheit nicht beseitigt ist	MF, KN
B	5	Steuerrückstellungen, soweit aus der/den für die ausländische(n) Betriebsstätte(n) geführten Buchführung(en) nicht anders zuordenbar	Die Position dient als Auffangposition für Rückstellungen ausländischer Betriebsstätten, soweit keine detaillierte Zuordnung auf die unter der Position Steuerrückstellungen vorhandenen Positionen möglich ist.	AP AB
B	4	sonstige Rückstellungen	Summe der sonstigen Rückstellungen ohne Pensions- und Steuerrückstellungen, z.B. für die Verpflichtung zur Aufstellung der Jahresabschlüsse, Verpflichtung zur Buchung laufender Geschäftsvorfälle, die Verpflichtung zur Aufbewahrung von Geschäftsunterlagen und Garantierückstellungen.	MF, KN
B	5	übrige sonstige Rückstellungen / nicht zuordenbare Rückstellungen	Die Position dient zur Erfassung der übrigen sonstigen Rückstellungen und als Auffangposition, soweit eine detaillierte Zuordnung auf die in der gleichen Ebene vorhandenen Positionen nicht möglich ist.	AP
B	5	sonstige Rückstellungen, soweit aus der/den für die ausländische(n) Betriebsstätte(n) geführten Buchführung(en) nicht anders zuordenbar	Die Position dient als Auffangposition für Rückstellungen ausländischer Betriebsstätten, soweit keine detaillierte Zuordnung auf die unter der Position sonstige Rückstellungen vorhandenen Positionen möglich ist.	AP AB
B	3	Verbindlichkeiten		SMF
B	4	Anleihen	Anleihen sind festverzinsliche Wertpapiere zur langfristigen Kapitalfinanzierung des Unternehmens, die als Fremdkapital zu behandeln sind.	MF
B	5	Anleihen, soweit aus der/den für die ausländische(n) Betriebsstätte(n) geführten Buchführung(en) nicht anders zuordenbar	Die Position dient als Auffangposition für Anleihen ausländischer Betriebsstätten, soweit keine detaillierte Zuordnung auf die unter der Position Anleihen vorhandenen Positionen möglich ist.	AP AB
B	4	Sonstige Schuldtitel / sonstige Finanzschulden	z.B. Inhaberorderschuldverschreibung, Genussscheine, commercial papers	RN

B	4	Verbindlichkeiten gegenüber Kreditinstituten	Sämtliche Verbindlichkeiten gegenüber Kreditinstituten (z.B. Darlehen, nicht geleistete Schuldzinsen, negative Bankkonten).	MF
B	5	Verbindlichkeiten gegenüber Kreditinstituten, soweit aus der/den für die ausländische(n) Betriebsstätte(n) geführten Buchführung(en) nicht anders zuordenbar	Die Position dient als Auffangposition für Verbindlichkeiten ausländischer Betriebsstätten, soweit keine detaillierte Zuordnung auf die unter der Position "Verbindlichkeiten gegenüber Kreditinstituten" vorhandenen Positionen möglich ist.	AP AB
B	4	erhaltene Anzahlungen auf Bestellungen	Bruttowert der erhaltenen Anzahlungen.	MF, KN
B	5	erhaltene Anzahlungen auf Bestellungen, soweit aus der/den für die ausländische(n) Betriebsstätte(n) geführten Buchführung(en) nicht anders zuordenbar	Die Position dient als Auffangposition für Verbindlichkeiten ausländischer Betriebsstätten, soweit keine detaillierte Zuordnung auf die unter der Position "erhaltene Anzahlungen auf Bestellungen gegenüber Kreditinstituten" vorhandenen Positionen möglich ist.	AP AB
B	4	Verbindlichkeiten aus Lieferungen und Leistungen		MF
B	5	Verbindlichkeiten aus Lieferungen und Leistungen, soweit aus der/den für die ausländische(n) Betriebsstätte(n) geführten Buchführung(en) nicht anders zuordenbar	Die Position dient als Auffangposition für Verbindlichkeiten ausländischer Betriebsstätten, soweit keine detaillierte Zuordnung auf die unter der Position "Verbindlichkeiten aus Lieferungen und Leistungen" vorhandenen Positionen möglich ist.	AP AB
B	4	Verbindlichkeiten aus dem Zentralregulierungs- und Delkrederegeschäft		MF
B	4	Verbindlichkeiten aus der Annahme gezogener Wechsel und der Ausstellung eigener Wechsel	Summe der Verbindlichkeiten aus der Annahme gezogener Wechsel (Akzepte) und der Ausstellung eigener Wechsel (Solawechsel). Der Wechsel ist im Wechselgesetz (WG) geregelt.	MF
B	5	Verbindlichkeiten aus der Annahme gezogener Wechsel und der Ausstellung eigener Wechsel, soweit aus der/den für die ausländische(n) Betriebsstätte(n) geführten Buchführung(en) nicht anders zuordenbar	Die Position dient als Auffangposition für Verbindlichkeiten ausländischer Betriebsstätten, soweit keine detaillierte Zuordnung auf die unter der Position Verbindlichkeiten aus der Annahme gezogener Wechsel und der Ausstellung eigener Wechsel vorhandenen Positionen möglich ist.	AP AB
B	4	Verbindlichkeiten gegenüber Gesellschaftern	Verbindlichkeiten (Darlehen und grundsätzlich auch Verbindl. aus Lieferungen und Leistungen), die gegenüber Gesellschaftern (bei Kapital- und Personengesellschaften) bestehen. Die Verbindlichkeiten aus Lieferungen und Leistungen gegenüber Gesellschafter können auch bei der Taxonomieposition "Verbindlichkeiten aus Lieferungen und Leistungen" enthalten sein, dann ist jedoch zusätzlich die Taxonomieposition "Verbindlichkeiten aus Lieferungen und Leistungen, davon gegenüber Gesellschafter" zu übermitteln.	SMF
B	5	Verbindlichkeiten gegenüber GmbH-Gesellschaftern und stillen Gesellschaftern	Verbindlichkeiten gegenüber GmbH – Gesellschaftern, die einen oder mehrere Geschäftsanteile im Sinne des GmbHG halten, und stillen Gesellschaftern (z.B. bei der GmbH & Still, §§ 230 bis 236 HGB).	MF, KN
B	4	Verbindlichkeiten gegenüber verbundenen Unternehmen		MF, KN

B	4	Verbindlichkeiten gegenüber Unternehmen, mit denen ein Beteiligungsverhältnis besteht		MF, KN
B	4	sonstige Verbindlichkeiten	Summe der sonstigen Verbindlichkeiten (z.B. Steuerverbindlichkeiten, Verbindlichkeiten im Rahmen der sozialen Sicherheit).	SMF
B	5	sonstige Verbindlichkeiten aus Steuern	Die Position gilt für Verbindlichkeiten sowohl gegenüber deutschen als auch gegenüber ausländischen Finanzbehörden.	RN
B	5	sonstige Verbindlichkeiten im Rahmen der sozialen Sicherheit		RN
B	5	sonstige Verbindlichkeiten gegenüber Mitarbeitern		RN
B	5	sonstige Verbindlichkeiten aus partiarischen Darlehen		RN
B	5	sonstige Verbindlichkeiten gegenüber Arbeitsgemeinschaften		RN
B	5	sonstige Verbindlichkeiten aus Genussrechten mit Fremdkapitalcharakter		RN
B	5	übrige sonstige Verbindlichkeiten		RN
B	5	sonstige Verbindlichkeiten, soweit aus der/den für die ausländische(n) Betriebsstätte(n) geführten Buchführung(en) nicht anders zuordenbar	Die Position dient als Auffangposition für Verbindlichkeiten ausländischer Betriebsstätten, soweit keine detaillierte Zuordnung auf die unter der Position sonstige Verbindlichkeiten vorhandenen Positionen möglich ist.	RN AP AB
B	3	passive Rechnungsabgrenzungsposten	Als passiver Rechnungsabgrenzungsposten sind Einnahmen vor dem Abschlussstichtag, soweit sie Ertrag für eine bestimmte Zeit nach diesem Tag darstellen, zu erfassen, z.B. Vereinnahmung einer Mietvorauszahlung.	MF
B	3	Passive latente Steuern		RN
G	2	Jahresüberschuss/-fehlbetrag	Diese Position ist mit dem Jahresüberschuss in der Bilanz bzw. der Ergebnisverwendung (bei Personengesellschaften: Übergangsregelung) verknüpft.	SMF
G	3	Ergebnis der gewöhnlichen Geschäftstätigkeit		SMF
G	4	Betriebsergebnis (GKV)		SMF
G	5	Rohergebnis (GKV)		SMF
G	6	Gesamtleistung (GKV)		SMF
G	7	Umsatzerlöse (GKV)	Hierunter fallen auch die Sonderbetriebseinnahmen von Mitunternehmern. Darunter fällt auch das Bereederungsentgelt, soweit die Bereederung durch einen Mitunternehmer durchgeführt wird. In diesem Fall ist zunächst das gesamte Bereederungsentgelt anzugeben. Davon ist außerbilanziell derjenige Teil zu kürzen, der gemäß BMF-Schreiben vom 31.10.2008, BStBl. I 2008, 956, Rz. 34 von der Abgeltungswirkung des § 5a Abs. 1 EStG erfasst ist.	SMF
G	8	in Umsatzerlöse (GKV) enthaltener Bruttowert	Hierunter fallen auch die Sonderbetriebseinnahmen von Mitunternehmern. Darunter fällt auch das Bereederungsentgelt, soweit die Bereederung durch einen Mitunternehmer durchgeführt wird. In diesem Fall ist zunächst das gesamte Bereederungsentgelt anzugeben. Davon ist außerbilanziell derjenige Teil zu kürzen, der gemäß BMF-Schreiben vom 31.10.2008, BStBl. I 2008, 956, RZ 34 von der Abgeltungswirkung des § 5a Abs. 1 EStG erfasst ist.	SMF

G	9	Erlöse aus Leistungen nach § 13b UStG	z.B. Lieferungen sicherungsübereigneter Gegenstände durch den Sicherungsgeber an den Sicherungsnehmer außerhalb des Insolvenzverfahrens; unter das Grunderwerbsteuergesetz fallende Umsätze, insbesondere Lieferungen von Grundstücken, für die der leistende Unternehmer nach § 9 (3) UStG zur Steuerpflicht optiert hat; Werklieferungen und sonstige Leistungen, die der Herstellung, Instandsetzung, Instandhaltung, Änderung oder Beseitigung von Bauwerken dienen (ohne Planungs- und Überwachungsleistungen), wenn der Leistungsempfänger ein Unternehmer ist, der selbst solche Bauleistungen erbringt.	MF
G	9	Sonstige Umsatzerlöse, nicht steuerbar	z.B. alle Lieferungen und sonstige Leistungen deren umsatzsteuerlicher Leistungsort sich nicht im Inland befindet. Außerdem sind im Inland ausgeführte nicht steuerbare Umsätze (z.B. Geschäftsveräußerungen im Ganzen, Innenumsätze zwischen Unternehmensteilen) anzugeben.	MF
G	9	steuerfreie Umsätze nach § 4 Nr. 1a UStG (Ausfuhr Drittland)	Steuerfreie Ausfuhrlieferungen und Lohnveredelungen an Gegenständen der Ausfuhr nach § 4 Nr. 1a UStG (Drittland).	MF
G	9	steuerfreie EG-Lieferungen § 4 Nr. 1b UStG (Innergemeinschaftliche Lieferungen)	Steuerfreie innergemeinschaftliche Lieferungen nach § 4 Nr. 1b UStG einschließlich Lieferungen des ersten Abnehmers im Rahmen eines innergemeinschaftlichen Dreieckgeschäftes nach § 25b UStG und Lieferungen von neuen Fahrzeugen.	MF
G	9	steuerfreie Umsätze nach § 4 Nr. 8 ff UStG	z.B. Gewährung und Vermittlung von Krediten, Umsätze und Vermittlung mit Geschäftsanteilen, Umsätze im Geschäft mit Forderungen (§ 4 Nr. 8 UStG); Umsätze, die unter das Grunderwerbsteuergesetz fallen (§ 4 Nr. 9a UStG) (Hinweis: wurde zur Steuerpflicht optiert, sind diese Umsätze unter Erlöse aus Leistungen nach § 13b UStG anzugeben); Leistungen aufgrund eines Versicherungsverhältnisses (§ 4 Nr. 10 UStG); Leistungen aus der Tätigkeit von Bausparkassenvertretern, Versicherungsvertretern, -maklern (§ 4 Nr. 11 UStG); Vermietung und Verpachtung von Grundstücken (§ 4 Nr. 12 UStG) (Hinweis: handelt es sich um Nebenerlöse, sind die steuerfreien Umsätze unter Nebenerlöse aus Vermietung).	MF
G	9	steuerfreie Umsätze nach § 4 Nr. 2-7 UStG	z.B. Umsätze der Seeschifffahrt und Luftfahrt § 4 Nr. 2 UStG, steuerfreie Auslagerungsumsätze nach § 4 Nr. 4a UStG etc.	MF
G	9	sonstige umsatzsteuerfreie Umsätze	z. B. Offshore Abkommen, das Zusatzabkommen zum NATO-Truppenstatut und das Ergänzungsabkommen zum Protokoll über die NATO-Hauptquartiere, steuerfreie Reiseleistungen nach § 25 Abs. 2 UStG (Betrag, der den Reisevorleistungen entspricht zzgl. steuerfreie Differenz).	MF
G	9	Umsatzerlöse ermäßigter Steuersatz		MF
G	9	Umsatzerlöse Regelsteuersatz		MF
G	9	Umsatzerlöse nach § 25 und § 25a UStG	Umsatzsteuerpflichtige (sämtliche Steuersätze) Reiseleistungen nach § 25 UStG und Umsätze aus der sog. Differenzbesteuerung nach § 25a UStG (einschließlich § 14c UStG). Einzutragen ist der Betrag, der dem Einkaufspreis/den Reisevorleistungen entspricht zzgl. steuerpflichtige Differenz.	MF
G	9	Umsatzerlöse sonstige Umsatzsteuersätze	Umsätze, die anderen Steuersätzen unterliegen (einschließlich § 14c UStG), z.B. Änderungen von Bemessungsgrundlagen nach § 17 UStG, die dem bis zum 31.12.2006 gültigen allgemeinen Regelsteuersatz unterlegen haben. Zahlungseingänge auf in früheren Perioden abgeschriebene Forderungen sind unter der Position „Zahlungseingänge auf in früheren Perioden abgeschriebene Forderungen" zu erfassen. Außerdem sind die Umsätze der land- und	MF

			forstwirtschaftlichen Betriebe nach § 24 UStG, auch übrige steuerpflichtige Umsätze land- und forstwirtschaftlicher Betriebe, für die keine Steuer zu entrichten ist, hier zu übermitteln, soweit nicht die Branchentaxonomie für Land- und Forstwirtschaft verwendet wird.	
G	9	Umsatzerlöse ohne Zuordnung nach Umsatzsteuertatbeständen	Die Position dient als Auffangposition, soweit eine detaillierte Zuordnung auf die in der gleichen Ebene vorhandenen Positionen nicht möglich ist.	RN AP
G	8	in Umsatzerlöse (GKV) verrechnete Erlösschmälerungen	Erlösschmälerungen, wie z.B. Boni, Skonti, Nachlässe etc. sind hier anzugeben.	MF, KN
G	9	Erlösschmälerungen ohne Zuordnung nach Umsatzsteuertatbeständen	Die Position dient als Auffangposition, soweit eine detaillierte Zuordnung auf die in der gleichen Ebene vorhandenen Positionen nicht möglich ist.	AP
G	7	Erhöhung oder Verminderung des Bestandes an fertigen und unfertigen Erzeugnissen (GKV)		MF
G	7	andere aktivierte Eigenleistungen (GKV)		MF
G	6	sonstige betriebliche Erträge (GKV)		SMF
G	7	sonstige betriebliche Erträge (GKV), davon sonstige betriebliche Erträge (GKV) - verbundene Unternehmen	Nachrichtliche Mitteilung der sonstigen betrieblichen Erträge - von verbundenen Unternehmen -, die in der Position „sonstige betriebliche Erträge" enthalten sind.	MF
G	7	Nebenerlöse aus Vermietung und Verpachtung	Soweit es sich bei den Erlösen aus Vermietung und Verpachtung um Erlöse aus dem gewöhnlichen Geschäftsbetrieb handelt, z.B. bei Hotels etc., sind diese unter den Umsatzerlösen (getrennt nach deren umsatzsteuerlichen Behandlung) zu erfassen. Handelt es sich um Nebenerlöse, sind hier sämtliche Einnahmen unabhängig von ihrer umsatzsteuerlichen Behandlung (einschließlich umsatzsteuerfreier Leistungen) anzugeben. Die darin enthaltenen umsatzsteuerfreien Erlöse sind nachrichtlich noch in der Position „davon steuerfreie Umsätze aus Vermietung und Verpachtung § 4 Nr. 12 UStG" zusätzlich mitzuteilen.	MF
G	8	davon steuerfreie Umsätze aus Vermietung und Verpachtung § 4 Nr. 12 UStG	Nachrichtliche Mitteilung der umsatzsteuerfreien Umsätze aus Vermietung und Verpachtung nach, die in der Position „Nebenerlöse aus Vermietung und Verpachtung" enthalten sind.	MF
G	7	Nebenerlöse aus Provisionen, Lizenzen und Patenten	Soweit es sich bei den Erlösen aus Provisionen, Lizenzen und Patenten um Erlöse aus dem gewöhnlichen Geschäftsbetrieb handelt, z.B. bei Handelsvertretern etc. sind diese unter den Umsatzerlösen (getrennt nach deren umsatzsteuerlichen Behandlung) zu erfassen. Handelt es sich um Nebenerlöse, sind hier sämtliche Einnahmen unabhängig von ihrer umsatzsteuerlichen Behandlung anzugeben.	MF
G	7	andere Nebenerlöse	Darunter fallen sonstige Einnahmen aus nicht branchenüblichen Leistungen (z.B. gutachtliche Tätigkeiten etc.). Soweit es sich bei den anderen Nebenerlösen um Erlöse aus dem gewöhnlichen Geschäftsbetrieb handelt, sind diese unter den Umsatzerlösen (getrennt nach deren umsatzsteuerlichen Behandlung) zu erfassen. Handelt es sich um Nebenerlöse, sind hier sämtliche Einnahmen unabhängig von ihrer umsatzsteuerlichen Behandlung anzugeben	MF
G	7	Erträge aus Auflösung des Sonderpostens mit und ohne Rücklageanteil	Soweit nach den steuerlichen Vorschriften eine Verzinsung vorzunehmen ist, ist diese im Berichtsbestandteil „Steuerliche Gewinnermittlung" unter den entsprechenden Posten (z.B. § 6b Abs. 7 und 10 EStG) zu erfassen.	SMF
G	8	§ 6b Abs. 10 EStG	Auflösungen einer § 6b Abs. 10 EStG-Rücklage (Veräußerung von Anteilen an Kapitalgesellschaften).	MF

G	8	§ 6b Abs. 3 EStG	Auflösungen einer § 6b Abs. 3 EStG Rücklage, (Veräußerung von Grund und Boden oder Aufwuchs auf Grund und Boden mit dem dazugehörigen Grund und Boden, wenn der Aufwuchs zu einem land- und forstwirtschaftlichen Betriebsvermögen gehörte oder Gebäuden oder Binnenschiffen).	MF
G	8	Rücklage für Ersatzbeschaffung, R 6.6 EStR	Auflösungen von Rücklagen für Ersatzbeschaffungen nach R 6.6 EStR.	MF
G	8	§ 4g EStG	Auflösungen von Ausgleichsposten nach § 4g EStG (Zuordnung eines Wirtschaftsgutes des Anlagevermögens zu einer Betriebstätte desselben Steuerpflichtigen in einem anderen Mitgliedstaat der Europäischen Union gemäß § 4 Abs. 1 S. 3 EStG).	MF
G	8	§ 7g Abs. 7 EStG	Auflösungen sog. Ansparabschreibungen für Existenzgründer nach § 7g Abs. 7 EStG a.F., die noch nach altem Recht gebildet worden waren.	RN
G	8	Sonstige / nicht zuordenbare Erträge aus Auflösung eines Sonderpostens mit Rücklageanteil	Die Position dient als Auffangposition, soweit eine detaillierte Zuordnung auf die in der gleichen Ebene vorhandenen Positionen nicht möglich ist.	RN AP
G	7	Erträge aus Abgängen des Anlagevermögens	Zu erfassen sind hier alle Gewinne aus der Veräußerung von Anlagegegenständen, unabhängig ihrer umsatzsteuerlichen Behandlung (Erlöse abzüglich Restbuchwert). Verluste sind im Aufwandsposten „Verluste aus dem Abgang von Vermögensgegenständen des Anlagevermögens" anzugeben.	MF, KN
G	7	Erträge aus Zuschreibungen des Anlagevermögens	Wertaufholungsgebot z.B. wegen Wegfall des Grunds einer Teilwertabschreibung.	MF
G	7	Erträge aus der Auflösung von Rückstellungen	Es sind hier die Erträge aus der Auflösung von Rückstellungen einzutragen. Die Erträge aus der steuerlichen Abzinsung von Rückstellungen (§ 6 Abs. 1 Nr. 3a EStG) sind beim Posten „sonstige Zinsen und ähnliche Erträge aus Abzinsung" zu erfassen.	MF, KN
G	7	Erträge aus Abgängen des Umlaufvermögens		RN
G	7	Erträge aus Zuschreibungen des Umlaufvermögens	Wertaufholungsgebot z.B. wegen Wegfall des Grundes einer Teilwertabschreibung	MF
G	7	Erträge aus der Herabsetzung / Auflösung von Einzel- und Pauschalwertberichtigungen		SMF
G	8	Einzelwertberichtigungen		MF
G	8	Pauschalwertberichtigungen		MF
G	8	nicht PWB / EWB zuordenbare Wertberichtigung	Die Position dient als Auffangposition, soweit eine detaillierte Zuordnung auf die in der gleichen Ebene vorhandenen Positionen nicht möglich ist.	RN AP
G	7	Erträge aus der Aktivierung unentgeltlich erworbener Vermögensgegenstände		RN
G	7	Erträge aus der Herabsetzung von Verbindlichkeiten	z.B. aus tatsächlichen Gründen wegen Verzichts oder Verjährung. Die Erträge aus der steuerlichen Abzinsung von Verbindlichkeiten (§ 6 Abs. 1 Nr. 3 EStG) sind in der Position „sonstige Zinsen und ähnliche Erträge aus Abzinsung" zu erfassen.	MF, KN
G	7	Zahlungseingänge auf in früheren Perioden abgeschriebene Forderungen	Hier sind alle Einnahmen aus in Vorjahren ausgebuchten Kundenforderungen, unabhängig ihrer umsatzsteuerlichen Behandlung, anzugeben.	MF
G	7	Kostenerstattungen, Rückvergütungen und Gutschriften für frühere Jahre		RN
G	7	Erträge aus Steuerbelastungen an Organgesellschaften		RN

G	7	Erträge aus Verwaltungskostenumlagen		RN
G	7	Zuschüsse und Zulagen	Zuschüsse und Zulagen, soweit sie nicht bei den Anschaffungs- oder Herstellungskosten abgezogen wurden. Insbesondere sind hier auch Erträge aus der Gewährung von Investitionszulagen anzugeben. Rückzahlungen von Investitionszulagen sind hier ebenfalls anzugeben (auch wenn insgesamt negativ). Die steuerliche Korrektur der darin enthaltenen Investitionszulagen ist beim Modul steuerliche Gewinnermittlung vorzunehmen.	MF
G	7	Versicherungsentschädigungen und Schadensersatzleistungen		MF
G	7	Kurs-/Währungsgewinne		RN
G	7	Erträge aus Eigenverbrauch		SMF
G	8	Private KFZ-Nutzung (nicht Kapitalgesellschaften)	Private Kfz-Nutzung bei Einzelunternehmen bzw. bei Personengesellschaften nach der 1%-Regelung oder nach Fahrtenbuch, unabhängig der umsatzsteuerlichen Behandlung, d.h. sowohl der umsatzsteuerpflichtige Teil als auch der umsatzsteuerfreie Teil sind hier zu erfassen.	MF
G	8	Sonstige Sach-, Nutzungs- und Leistungsentnahmen	Hier sind, bis auf die private Kfz-Nutzung, alle weiteren Sach-, Nutzungs- und Leistungsentnahmen (z.B. Telefon, Heizung, Strom), unabhängig ihrer umsatzsteuerlichen Behandlungen, zu erfassen. Insbesondere auch die Pauschalen für unentgeltliche Wertabgaben (Sachentnahmen), die lt. amtlicher Richtsatzsammlung bei bestimmten Gewerbezweigen (Bäckerei, Metzgerei, Gastwirtschaften etc.) anzusetzen sind (voller und ermäßigter Steuersatz).	MF
G	8	Sachbezüge KFZ	Wendet der Unternehmer (Arbeitgeber) seinem Personal (seinen Arbeitnehmern) als Vergütung für geleistete Dienste auch einen Sachlohn (hier z.B. private Kfz-Nutzung bzw. Nutzung des betrieblichen Fahrzeugs für Fahrten Wohnung - Arbeitsstätte) liegen Sachbezüge vor. Diese Zuwendungen sind auch dann steuerbar, wenn sie unentgeltlich sind; § 8 EStG und § 3 Abs. 1b, §§ 3 Abs. 1b, 3 Abs. 9a UStG.	MF
G	8	Sonstige Sachbezüge	Wendet der Unternehmer (Arbeitgeber) seinem Personal (seinen Arbeitnehmern) als Vergütung für geleistete Dienste auch einen Sachlohn (hier z.B. Wohnung, Kost, Waren, Dienstleistungen) liegen Sachbezüge vor. Diese Zuwendungen sind auch dann steuerbar, wenn sie unentgeltlich sind § 8 EStG und §§ 3 Abs. 1b, 3 Abs. 9a UStG.	MF
G	7	andere sonstige betriebliche Erträge (GKV), nicht zuordenbar	Hier wird erwartet, dass in dieser Position tatsächlich nur „andere" sonstige betriebliche Erträge enthalten sind; d.h. diese Erträge konnten nicht bereits unter eine der oben genannten Taxonomie - Positionen eingereiht werden. Hinweis: Zins- und Beteiligungserträge sind beim „Finanz- und Beteiligungsergebnis", Steuererstattungen bei „Steuern vom Einkommen"- und Ertrag sowie außerordentliche Erträge beim „außerordentlichen Ergebnis" aufzugliedern.	RN AP
G	6	Materialaufwand (GKV)		SMF
G	7	Aufwendungen für Roh-, Hilfs- und Betriebsstoffe und für bezogene Waren	Gesamter Materialaufwand gem. § 275 Abs. 2 Nr. 5 HGB, Umlaufvermögen.	SMF
G	8	Aufwendungen für Roh- Hilfs- und Betriebsstoffe		SMF
G	9	Aufwand zum Regelsteuersatz	Roh-, Hilfs- und Betriebsstoffe zum Regelsteuersatz	MF
G	9	Aufwand zum ermäßigten Steuersatz	Roh-, Hilfs- und Betriebsstoffe zum aktuell ermäßigten Steuersatz (§ 12 Abs. 2 UStG) – nicht Durchschnittssteuersatz i.S.d. §§ 23, 24 UStG.	MF

G	9	Innergemeinschaftliche Erwerbe	Innergemeinschaftliche Erwerbe, soweit es sich um Roh-, Hilfs- und Betriebsstoffe handelt	MF
G	9	Aufwendungen ohne Zuordnung nach Umsatzsteuertatbeständen	z.B. Erwerb von Roh-, Hilfs- und Betriebsstoffen zum Durchschnittssteuersätzen i.S.d. §§ 23, 24 UStG oder Erwerb ohne Vorsteuerabzug sowie Auffangposition, soweit eine detaillierte Zuordnung auf die in der gleichen Ebene vorhandenen Positionen nicht möglich ist.	RN AP
G	9	Bestandsveränderungen	Bestandsveränderungen bei Roh-, Hilfs- und Betriebsstoffen	MF
G	8	Aufwendungen für bezogene Waren		SMF
G	9	Wareneinkauf zum Regelsteuersatz		MF
G	9	Wareneinkauf zum ermäßigten Steuersatz	Wareneinkauf zum aktuell ermäßigten Steuersatz (§ 12 Abs. 2 UStG) – nicht Durchschnittssteuersatz i.S.d. §§ 23, 24 UStG.	MF
G	9	Innergemeinschaftliche Erwerbe	Innergemeinschaftliche Erwerbe, soweit es sich um Aufwendungen für bezogene Waren handelt	MF
G	9	Wareneinkauf ohne Zuordnung nach Umsatzsteuertatbeständen	z.B. Erwerb von Waren zu Durchschnittssteuersätzen i.S.d. §§ 23, 24 UStG, Erwerb von Waren ohne Vorsteuerabzug oder Wareneingang hinsichtlich Differenzbesteuerung i.S.d. §§ 25, 25a UStG sowie Auffangposition, soweit eine detaillierte Zuordnung auf die in der gleichen Ebene vorhandenen Positionen nicht möglich ist.	RN AP
G	9	Bestandsveränderungen	Warenbestandsveränderungen	MF
G	8	Anschaffungsnebenkosten		RN
G	7	Aufwendungen für bezogene Leistungen	Werklieferungen und Werkleistungen fremder Unternehmen	SMF
G	8	Leistungen nach § 13b UStG mit Vorsteuerabzug	Leistungen, bei denen der Leistungsempfänger Umsatzsteuersteuerschuldner ist (§ 13b UStG) und gleichzeitig ein Vorsteueranspruch besteht.	MF
G	8	Leistungen nach § 13b UStG ohne Vorsteuerabzug	Leistungen, bei denen der Leistungsempfänger Umsatzsteuersteuerschuldner ist (§ 13b UStG) und kein Vorsteueranspruch besteht.	MF
G	8	Übrige Leistungen mit Vorsteuerabzug	Übrige bezogene Leistungen mit Vorsteuerabzug	MF
G	8	Übrige Leistungen ohne Vorsteuerabzug	Übrige bezogene Leistungen ohne Vorsteuerabzug	MF
G	8	Übrige Leistungen ohne Zuordnung nach Umsatzsteuertatbeständen	Die Position dient als Auffangposition, soweit eine detaillierte Zuordnung auf die in der gleichen Ebene vorhandenen Positionen nicht möglich ist.	RN AP
G	5	Personalaufwand (GKV)	Löhne und Gehälter sind alle als Aufwendungen zu erfassende Personalkosten für gewerbliche Arbeitnehmer, für Angestellte, für Vorstände oder Geschäftsführer. Die Löhne sind brutto zu erfassen, vor Abzug der Lohnsteuer und der von den Arbeitnehmern zu tragenden Sozialabgaben.	SMF
G	6	Löhne und Gehälter	Hierunter fallen die Bruttobeträge der Löhne und Gehälter (Nettobetrag, Steuern, Arbeitnehmeranteile zur Sozialversicherung).	SMF
G	7	Löhne für Minijobs	Eine geringfügige Beschäftigung liegt vor, wenn das Arbeitsentgelt aus dieser Beschäftigung den in § 8 Abs. 1 Nr. 1 SGB IV geregelten Betrag regelmäßig im Monat nicht übersteigt. Unter Löhne für Minijobs fallen auch die Sachbezüge und Zuschüsse sowie die vom Arbeitgeber übernommene Lohn- und Kirchensteuer sowie alle weiteren Sozialen Abgaben.	MF
G	7	übrige und nicht zuordenbare Löhne und Gehälter	Löhne (z.B. für Produktion und Fertigung) sowie Gehälter (z.B. für Verwaltung und Vertrieb), inkl. Sachbezüge, soweit keine Vergütungen an Gesellschafter-Geschäftsführer oder Mitunternehmer sowie Auffangposition, soweit eine detaillierte Zuordnung auf die in der gleichen Ebene vorhandenen Positionen nicht möglich ist. Hierunter fallen die Bruttobeträge der Löhne und Gehälter, sowohl Geld- als auch Sachbezüge (Nettobetrag, Steuern, Arbeitnehmeranteile zur Sozialversicherung und Beiträge zur Berufsgenossenschaft).	RN AP

G	7	davon Sachbezüge	Sachbezüge, z.B. für zur privaten Nutzung überlassene Firmenfahrzeuge oder Telefonanschlüsse, Gestellung von Wohnungen und Mahlzeiten, Überlassung von Waren etc.	MF
G	7	davon freiwillige Zuwendungen	Insbesondere freiwillige soziale Aufwendungen wie z.B. Aufwendungen für die Zukunftssicherung, Werkspensionen, Werksrenten, Erholungsbeihilfen, Fortbildungskosten, Studien- und Ausbildungsbeihilfen, Gelegenheitsgeschenke, Heirats- und Geburtsbeihilfen, Jubiläumsgeschenke, Sterbebeihilfen, Aufwendungen für Werksküche, Ledigenheime, Werkschor und Werkskapelle, Belegschaftsveranstaltungen, Mietzuschüsse, verbilligte Überlassung von Werks- und Dienstwohnungen, Unfallkosten und Zinszahlungen aufgrund von Arbeitsgerichtsprozessen.	MF
G	6	soziale Abgaben und Aufwendungen für Altersversorgung und für Unterstützung		SMF
G	7	soziale Abgaben	Aufwendungen für Arbeitslosen-, Renten-, Kranken- und Pflegeversicherung (ausgenommen: Soziale Abgaben auf Löhne für Minijobs).	MF
G	7	Aufwendungen für Altersversorgung	z.B. Aufwendungen für die Direktversicherung (§ 4b EStG), Pensionskassenbeiträge (§ 4c EStG), Beiträge an Unterstützungskassen (§ 4d EStG) oder an Pensionsfonds (§ 4e EStG).	MF
G	7	Aufwendungen für Unterstützung	Sonstige Unterstützungsleistungen des Arbeitgebers, z.B. nach § 3 Nr. 34 EStG.	MF
G	7	soziale Abgaben und Aufwendungen für Altersversorgung und für Unterstützung, nicht zuordenbar	Die Position dient als Auffangposition, soweit eine detaillierte Zuordnung auf die in der gleichen Ebene vorhandenen Positionen nicht möglich ist.	RN AP
G	5	Abschreibungen (GKV)		SMF
G	6	Abschreibungen auf immaterielle Vermögensgegenstände des Anlagevermögens und Sachanlagen	Soweit freiwillig ein Anlagespiegel im XBRL-Format übermittelt wird, siehe Tz. 23 des BMF-Schreibens vom 28.09.2011, genügt es hier eine Wertübermittlung vorzunehmen. Die darunter liegenden Ebenen können mit einem "NIL-Wert" übermittelt werden.	SMF
G	7	Abschreibungen auf immaterielle Vermögensgegenstände des Anlagevermögens und Sachanlagen, auf Ingangsetzungsaufwendungen	Die Position ist nur in der Handelsbilanz zulässig und muss im Rahmen der Überleitungsrechnung eliminiert werden.	RN
G	7	Abschreibungen auf immaterielle Vermögensgegenstände des Anlagevermögens und Sachanlagen, auf Geschäfts-, Firmen- oder Praxiswert	Abschreibungen auf den Firmen- oder Geschäftswert i.S.d. § 246 Abs. 1 S. 2 HGB. Dieser zeitlich begrenzt nutzbare Vermögensgegenstand unterliegt den allgemeinen Regelungen zur Zugangs- und Folgebewertung; als betriebsgewöhnliche Nutzungsdauer gilt abweichend von handelsrechtlichen Maßstäben ein Zeitraum von 15 Jahren (§ 7 Abs. 1 Satz 3 EStG). Hinsichtlich der Abschreibung des Praxiswerts siehe BMF vom 15.01.1995, BStBl 1995 I S. 14. Soweit freiwillig ein Anlagespiegel im XBRL-Format übermittelt wird, siehe Tz. 23 des BMF-Schreibens vom 28.09.2011, sind hier keine Angaben erforderlich (NIL-Wert). Es genügt eine Werteübermittlung auf Ebene 6 "Abschreibungen auf immaterielle Vermögensgegenstände des Anlagevermögens und Sachanlagen".	MF
G	7	Abschreibungen auf immaterielle Vermögensgegenstände des Anlagevermögens und Sachanlagen, auf andere immaterielle Vermögensgegenstände	Soweit freiwillig ein Anlagespiegel im XBRL-Format übermittelt wird, siehe Tz. 23 des BMF-Schreibens vom 28.09.2011, sind hier keine Angaben erforderlich (NIL-Wert). Es genügt eine Werteübermittlung auf Ebene 6 "Abschreibungen auf immaterielle Vermögensgegenstände des Anlagevermögens und Sachanlagen".	MF

G	7	Abschreibungen auf immaterielle Vermögensgegenstände des Anlagevermögens und Sachanlagen, auf Sachanlagen	Soweit freiwillig ein Anlagespiegel im XBRL-Format übermittelt wird, siehe Tz. 23 des BMF-Schreibens vom 28.09.2011, sind hier keine Angaben erforderlich (NIL-Wert). Es genügt eine Werteübermittlung auf Ebene 6 "Abschreibungen auf immaterielle Vermögensgegenstände des Anlagevermögens und Sachanlagen".	MF
G	8	Abschreibungen (GKV) auf Sachanlagen, davon Sofortabschreibung GWG	Sofort als Betriebsausgabe zu erfassender Aufwand für GWG. Abschreibungen auf aktivierte GWG sind hier nicht auszuweisen. Soweit freiwillig ein Anlagespiegel im XBRL-Format übermittelt wird, siehe Tz. 23 des BMF-Schreibens vom 28.09.2011, sind hier keine Angaben erforderlich (NIL-Wert). Es genügt eine Werteübermittlung auf Ebene 6 "Abschreibungen auf immaterielle Vermögensgegenstände des Anlagevermögens und Sachanlagen".	MF
G	8	Abschreibungen (GKV) auf Sachanlagen, davon Auflösung GWG-Sammelposten	Sammelposten, der mit jeweils einem Fünftel pro Wirtschaftsjahr aufzulösen ist. Soweit freiwillig ein Anlagespiegel im XBRL-Format übermittelt wird, siehe Tz. 23 des BMF-Schreibens vom 28.09.2011, sind hier keine Angaben erforderlich (NIL-Wert). Es genügt eine Werteübermittlung auf Ebene 6 "Abschreibungen auf immaterielle Vermögensgegenstände des Anlagevermögens und Sachanlagen".	MF
G	8	Abschreibungen (GKV) auf Sachanlagen, davon Abschreibungen auf Gebäude	Soweit freiwillig ein Anlagespiegel im XBRL-Format übermittelt wird, siehe Tz. 23 des BMF-Schreibens vom 28.09.2011, sind hier keine Angaben erforderlich (NIL-Wert). Es genügt eine Werteübermittlung auf Ebene 6 "Abschreibungen auf immaterielle Vermögensgegenstände des Anlagevermögens und Sachanlagen".	MF
G	7	außerplanmäßige und Sonderabschreibungen	Soweit freiwillig ein Anlagespiegel im XBRL-Format übermittelt wird, siehe Tz. 23 des BMF-Schreibens vom 28.09.2011, sind hier keine Angaben erforderlich (NIL-Wert). Es genügt eine Werteübermittlung auf Ebene 6 "Abschreibungen auf immaterielle Vermögensgegenstände des Anlagevermögens und Sachanlagen".	SMF
G	8	außerplanmäßige Abschreibungen	Außerplanmäßige Abschreibungen dienen der Berücksichtigung von Wertverlusten beim abnutzbaren und nicht abnutzbaren Anlagevermögen zum Bilanzstichtag, soweit diese beim abnutzbaren Anlagevermögen nicht bereits durch planmäßige Abschreibungen erfasst wurden; steuerrechtlich sind außerplanmäßige Abschreibungen nur bei einer dauernden Wertminderung zulässig. Soweit freiwillig ein Anlagespiegel im XBRL-Format übermittelt wird, siehe Tz. 23 des BMF-Schreibens vom 28.09.2011, sind hier keine Angaben erforderlich (NIL-Wert). Es genügt eine Werteübermittlung auf Ebene 6 "Abschreibungen auf immaterielle Vermögensgegenstände des Anlagevermögens und Sachanlagen".	SMF
G	9	außerplanmäßige Abschreibungen auf Geschäfts-, Firmen- oder Praxiswert	Außerplanmäßige Abschreibungen auf immaterielle Vermögensgegenstände wie z.B. bei der vorzeitigen Beendigung der Nutzung eines Patentes oder eines sonstigen Schutzrechts. Soweit freiwillig ein Anlagespiegel im XBRL-Format übermittelt wird, siehe Tz. 23 des BMF-Schreibens vom 28.09.2011, sind hier keine Angaben erforderlich (NIL-Wert). Es genügt eine Werteübermittlung auf Ebene 6 "Abschreibungen auf immaterielle Vermögensgegenstände des Anlagevermögens und Sachanlagen".	MF
G	9	außerplanmäßige Abschreibungen auf andere immaterielle Vermögensgegenstände	Soweit freiwillig ein Anlagespiegel im XBRL-Format übermittelt wird, siehe Tz. 23 des BMF-Schreibens vom 28.09.2011, sind hier keine Angaben erforderlich (NIL-Wert). Es genügt eine Werteübermittlung auf Ebene 6 "Abschreibungen auf immaterielle Vermögensgegenstände des Anlagevermögens und Sachanlagen".	MF

G	9	außerplanmäßige Abschreibungen auf Sachanlagen	Außerplanmäßige Abschreibung nur bei dauernder Wertminderung. Soweit freiwillig ein Anlagespiegel im XBRL-Format übermittelt wird, siehe Tz. 23 des BMF-Schreibens vom 28.09.2011, sind hier keine Angaben erforderlich (NIL-Wert). Es genügt eine Werteübermittlung auf Ebene 6 "Abschreibungen auf immaterielle Vermögensgegenstände des Anlagevermögens und Sachanlagen".	MF
G	9	außerplanmäßige Abschreibungen, nicht zuordenbar	Auffangposition, soweit eine detaillierte Zuordnung auf die in der gleichen Ebene vorhandenen Positionen nicht möglich ist. Soweit freiwillig ein Anlagespiegel im XBRL-Format übermittelt wird, siehe Tz. 23 des BMF-Schreibens vom 28.09.2011, sind hier keine Angaben erforderlich (NIL-Wert). Es genügt eine Werteübermittlung auf Ebene 6 "Abschreibungen auf immaterielle Vermögensgegenstände des Anlagevermögens und Sachanlagen".	RN AP
G	8	Sonderabschreibungen	z.B. Sonderabschreibungen nach § 7g EStG oder soweit Sonderabschreibungen in Katastrophenfällen zugelassen (§ 163 AO). Soweit freiwillig ein Anlagespiegel im XBRL-Format übermittelt wird, siehe Tz. 23 des BMF-Schreibens vom 28.09.2011, sind hier keine Angaben erforderlich (NIL-Wert). Es genügt eine Werteübermittlung auf Ebene 6 "Abschreibungen auf immaterielle Vermögensgegenstände des Anlagevermögens und Sachanlagen"	MF
G	8	außerplanmäßige und Sonderabschreibungen, nicht zuordenbar	Auffangposition, jedoch nur insoweit, wie eine detaillierte Zuordnung auf die in der gleichen Ebene vorhandenen Positionen nicht möglich ist. Soweit freiwillig ein Anlagespiegel im XBRL-Format übermittelt wird, siehe Tz. 23 des BMF-Schreibens vom 28.09.2011, sind hier keine Angaben erforderlich (NIL-Wert). Es genügt eine Werteübermittlung auf Ebene 6 "Abschreibungen auf immaterielle Vermögensgegenstände des Anlagevermögens und Sachanlagen".	RN AP
G	7	Abschreibungen auf immaterielle Vermögensgegenstände des Anlagevermögens und Sachanlagen, nicht zuordenbar	Auffangposition, jedoch nur insoweit, wie eine detaillierte Zuordnung auf die in der gleichen Ebene vorhandenen Positionen nicht möglich ist. Soweit freiwillig ein Anlagespiegel im XBRL-Format übermittelt wird, siehe Tz. 23 des BMF-Schreibens vom 28.09.2011, sind hier keine Angaben erforderlich (NIL-Wert). Es genügt eine Werteübermittlung auf Ebene 6 "Abschreibungen auf immaterielle Vermögensgegenstände des Anlagevermögens und Sachanlagen".	RN AP
G	6	Abschreibungen (GKV), auf Vermögensgegenstände des Umlaufvermögens, soweit diese die in der Kapitalgesellschaft üblichen Abschreibungen überschreiten		SMF
G	7	Abschreibungen auf Vorräte	Teilwertvermutung (§ 6 Abs. 1 Nr. 2 EStG).	MF
G	7	Abschreibungen auf Forderungen und sonstige Vermögensgegenstände	Abschreibungen auf Forderungen und sonstige Vermögensgegenstände, soweit sie bei der Kapitalgesellschaft üblichen Abschreibungen überschreiten.	MF
G	8	Abschreibungen auf Forderungen und sonstige Vermögensgegenstände, davon Abschreibungen auf Forderungen gegenüber Kapitalgesellschaften, an denen eine Beteiligung besteht	Abschreibungen auf Forderungen und sonstige Vermögensgegenstände gegenüber Kapitalgesellschaften, an denen eine Beteiligung besteht, soweit sie die bei der Kapitalgesellschaft üblichen Abschreibungen überschreiten.	MF
G	8	Abschreibungen auf Forderungen und sonstige Vermögensgegenstände, davon Abschreibungen auf Forderungen gegenüber Gesellschaftern und nahe stehenden Personen	Abschreibungen auf Forderungen und sonstige Vermögensgegenstände gegenüber Gesellschaftern und nahe stehenden Personen, soweit sie bei der Kapitalgesellschaft üblichen Abschreibungen überschreiten.	MF

G	5	sonstige betriebliche Aufwendungen (GKV)		SMF
G	6	Miet- und Pachtaufwendungen für unbewegliche Wirtschaftsgüter		SMF
G	7	Übrige / nicht zuordenbare Miete und Pacht für unbewegliche Wirtschaftsgüter	Miet- und Pachtaufwendungen für unbewegliche Wirtschaftsgüter, soweit nicht an Mitunternehmer oder Gesellschafter zu entrichten.	MF AP
G	6	Aufwand für Fremdreparaturen und Instandhaltung für Grundstücke und Gebäude		RN
G	6	Aufwendungen für Energie	z.B. Heizung, Gas, Strom, Wasser	MF
G	6	Miet- und Pachtaufwendungen für bewegliche Wirtschaftsgüter		SMF
G	7	Übrige / nicht zuordenbare Miete und Pacht für bewegliche Wirtschaftsgüter	Miet- und Pachtaufwendungen für bewegliche Wirtschaftsgüter, soweit nicht an Mitunternehmer oder Gesellschafter zu entrichten.	MF AP
G	6	Aufwendungen für Leasing		SMF
G	7	Leasing für bewegliche Wirtschaftsgüter	Inkl. Aufwendungen für Kfz-Leasing, EDV Leasing, Sachmittelleasing etc.	MF
G	7	übrige Leasingaufwendungen	Übrige Leasingaufwendungen sowie Auffangposition, soweit eine detaillierte Zuordnung auf die in der gleichen Ebene vorhandenen Positionen nicht möglich ist.	MF AP
G	6	Aufwand für Fremdreparaturen und Instandhaltung (ohne Grundstücke)	Aufwendungen für Fremdreparaturen und Instandhaltung, soweit sie nicht Grundstücke betreffen.	RN
G	6	Versicherungsprämien, Gebühren und Beiträge		MF
G	6	Aufwendungen für den Fuhrpark	Aufwendungen für den Fuhrpark ohne Abschreibungen, Zinsen und Leasingkosten.	MF
G	6	Werbeaufwand	z.B. Messekosten, Repräsentation, Werbekostenzuschüsse, Dekoration, Druckerzeugnisse, Zeitungsinserate etc.	MF
G	6	beschränkt abziehbare Betriebsausgaben		SMF
G	7	Geschenke abziehbar	Soweit die Anschaffungs- oder Herstellungskosten der dem Empfänger im Wirtschaftsjahr zugewendeten Gegenstände 35 € insgesamt nicht übersteigen.	MF
G	7	Geschenke nicht abziehbar	Soweit die Anschaffungs- oder Herstellungskosten der dem Empfänger im Wirtschaftsjahr zugewendeten Gegenstände 35 € insgesamt übersteigen.	MF
G	7	Bewirtungskosten (gesamt)	Bewirtungskosten (ohne Kürzung nach § 4 Abs. 5 Satz 1 Nr 2 EStG)	MF
G	7	sonstige beschränkt abziehbare Betriebsausgaben	sonstige beschränkt abziehbare Betriebsausgaben, ohne Bewirtungskosten, z.B. Gästehäuser § 4 Abs. 5 Nr. 3 EStG, Aufwendungen für Jagd, Fischerei, Segeljachten § 4 Abs. 5 Nr. 4 EStG, Bußgelder, Ordnungs- und Verwarungsgelder, nicht abzugsfähige steuerliche Nebenleisten (Verspätungszuschläge, Zwangsgelder), Spenden, Aufwendungen für Aufsichts- und Verwaltungsrat	MF
G	6	Reisekosten Unternehmer	Hierzu gehören Fahrtkosten - soweit nicht in den Aufwendungen für den Fuhrpark enthalten-, Verpflegungsmehraufwendungen (§ 4 Abs. 5 Nr. 5 EStG), Übernachtungs- und Reisenebenkosten, soweit diese durch den Unternehmer selbst verursacht sind.	MF
G	6	Reisekosten Arbeitnehmer	Hierzu gehören Fahrtkosten - soweit nicht in den Aufwendungen für den Fuhrpark enthalten-, Verpflegungsmehraufwendungen (§ 4 Abs. 5 Nr. 5 EStG), Übernachtungs- und Reisenebenkosten, soweit diese durch die Arbeitnehmer verursacht sind.	RN

G	6	Frachten / Verpackung	z.B. Kosten der Warenabgabe, Ausgangsfrachten, Verpackungsmaterial, Transportversicherungen	MF
G	6	Provisionen	Gezahlte Provisionen an Dienstleister und Handels- oder Versicherungsvertreter für vermittelte Leistungen oder Umsätze, z.B. Vertriebsprovisionen, Fremdarbeiten (Vertrieb).	MF
G	6	Aufwendungen für Konzessionen und Lizenzen	Die Aktivierungspflicht für entgeltlich erworbene immaterielle Vermögensgegenstände ist zu beachten.	MF
G	6	Aufwendungen für Kommunikation	Aufwendungen für Kommunikation, insb. auch Porto und Telefon	MF
G	6	Rechts- und Beratungskosten	Rechts- und Beratungskosten	MF
G	6	Fortbildungskosten	Alle mit der beruflichen oder geschäftlichen Fortbildung verbundenen Aufwendungen mit Ausnahme eventueller Kosten für ein häusliches Arbeitszimmer.	MF
G	6	sonstige Aufwendungen für Personal	Freiwillig soziale Aufwendungen, die nicht in den Personalkosten enthalten sind, z.B. Betriebsveranstaltungen, Kantinenaufwendungen, Unfallschutz, Schwerbehindertenabgabe, Bekleidung und Ausrüstung, Werksarzt, Personalbeschaffung, Personalberatung, Personalwerbung.	RN
G	6	Einstellung in steuerliche Rücklagen		SMF
G	7	§ 6b Abs. 10 EStG	Einstellung in eine § 6b Abs. 10 EStG-Rücklage (Veräußerung von Anteilen an Kapitalgesellschaften).	MF
G	7	§ 6b Abs. 3 EStG	Einstellung in eine § 6b Abs. 3 EStG Rücklage (Veräußerung von Grund und Boden oder Aufwuchs auf Grund und Boden mit dem dazugehörigen Grund und Boden, wenn der Aufwuchs zu einem land- und forstwirtschaftlichen Betriebsvermögen gehörte oder Gebäuden oder Binnenschiffen).	MF
G	7	Rücklage für Ersatzbeschaffung, R 6.6 EStR	Einstellung in eine Rücklage für Ersatzbeschaffungen nach R 6.6 EStR.	MF
G	7	§ 4g EStG	Einstellung in einen Ausgleichsposten nach § 4g EStG (Zuordnung eines Wirtschaftsgutes des Anlagevermögens zu einer Betriebstätte desselben Steuerpflichtigen in einem anderen Mitgliedstaat der Europäischen Union gemäß § 4 Abs. 1 S. 3 EStG). Sofern ein Ausgleichsposten gebildet wird, besteht die Verpflichtung zur Führung eines Verzeichnisses, aus dem die Bildung und Auflösung des Ausgleichspostens hervorgehen.	MF
G	7	übrige / nicht zuordenbare Einstellung in steuerliche Rücklagen	Die Position dient der Erfassung übriger Einstellungen in steuerliche Rücklagen und als Auffangposition, soweit eine detaillierte Zuordnung auf die in der gleichen Ebene vorhandenen Positionen nicht möglich ist.	RN AP
G	6	Herabsetzungsbetrag nach § 7g Abs. 2 EStG	Minderung der Anschaffungs- oder Herstellungskosten im Jahr der Anschaffung / Herstellung.	MF
G	6	Aufwand aus Wertberichtigungen des lfd. Jahres		SMF
G	7	Einzelwertberichtigungen des lfd. Jahres	Einzelwertberichtigungen des laufenden Jahres	MF
G	7	Pauschalwertberichtigungen des lfd. Jahres	Pauschalwertberichtigungen des laufenden Jahres	MF
G	7	nicht PWB / EWB zuordenbare Wertberichtigung	Die Position dient als Auffangposition, soweit eine detaillierte Zuordnung auf die in der gleichen Ebene vorhandenen Positionen nicht möglich ist.	RN AP
G	6	übliche Abschreibungen auf Forderungen	Hier sind nur die üblichen Abschreibungen auf Forderungen zu erfassen (§ 275 Abs. 2 Nr. 7b HGB).	MF
G	6	Verluste aus dem Abgang von Vermögensgegenständen des Anlagevermögens	Zu erfassen sind hier nur die Verluste aus der Veräußerung von Anlagegegenständen (Erlöse abzüglich Restbuchwert). Gewinne sind im Ertragsposten „Erträge aus Abgängen des Anlagevermögens" anzugeben.	MF, KN

G	6	Verluste aus dem Abgang von Vermögensgegenständen des Umlaufvermögens		RN
G	6	sonstige Steuern, soweit in den sonstigen Aufwendungen ausgewiesen	Z.B. Verbrauchssteuern, Verkehrssteuern (z.B. KfzSt) sowie andere Steuern; ebenso die USt auf Eigenverbrauch.	MF
G	6	Zuführungen zu Aufwandsrückstellungen	Betrifft nur Rückstellungen für Instandhaltung und Abraumbeseitigung.	MF
G	6	Kurs- / Währungsverluste		RN
G	6	andere ordentliche / nicht zuordenbare sonstige betriebliche Aufwendungen	Andere ordentliche sonstige betriebliche Aufwendungen d.h. im Unternehmen auf einzelnen Konten zugeordnete Aufwendungen, z.B. sonstige Raumkosten, Reinigung, Betriebsbewachung, Betriebsbedarf, Büromaterial, Zeitschriften und Bücher, Aufwand für Abraum und Abfallbeseitigung, Nebenkosten des Geldverkehrs, Bürobedarf, Werkzeuge und Kleingeräte, periodenfremde Aufwendungen, Schadensersatz, Börsenkosten, Kosten der Hauptversammlung etc. sowie Auffangposition, soweit eine detaillierte Zuordnung auf die in der gleichen Ebene vorhandenen Positionen nicht möglich ist. Die auf dem Konto "sonstige betriebliche Aufwendungen" gebuchten Aufwendungen, sind in einer eigenen Position zu erfassen.	RN AP
G	6	andere sonstige betriebliche Aufwendungen (GKV)	Zu erfassen sind die auch im Unternehmen nicht zugeordneten Aufwendungen auf dem Konto "sonstige betriebliche Aufwendungen". Andere nicht auf dieser Ebene zuordenbare Konten sind unter "andere ordentliche sonstige betriebliche Aufwendungen" zu erfassen.	MF
G	4	Betriebsergebnis (Umsatzkosten)		SMF
G	5	Bruttoergebnis vom Umsatz (UKV)		SMF
G	6	Umsatzerlöse (UKV)		SMF
G	7	in Umsatzerlöse (UKV) enthaltener Bruttowert	Hierunter fallen auch die Sonderbetriebseinnahmen von Mitunternehmern. Darunter fällt auch das Bereederungsentgelt, soweit die Bereederung durch einen Mitunternehmer durchgeführt wird. In diesem Fall ist zunächst das gesamte Bereederungsentgelt anzugeben. Davon ist außerbilanziell derjenige Teil zu kürzen, der gemäß BMF-Schreiben vom 31.10.2008, BStBl. I 2008, 956, RZ 34 von der Abgeltungswirkung des § 5a Abs. 1 EStG erfasst ist.	SMF
G	8	Erlöse aus Leistungen nach § 13b UStG	z.B. Lieferungen sicherungsübereigneter Gegenstände durch den Sicherungsgeber an den Sicherungsnehmer außerhalb des Insolvenzverfahrens; unter das Grunderwerbsteuergesetz fallende Umsätze, insbesondere Lieferungen von Grundstücken, für die der leistende Unternehmer nach § 9 Abs. 3 UStG zur Steuerpflicht optiert hat; Werklieferungen und sonstige Leistungen, die der Herstellung, Instandsetzung, Instandhaltung, Änderung oder Beseitigung von Bauwerken dienen (ohne Planungs- und Überwachungsleistungen), wenn der Leistungsempfänger ein Unternehmer ist, der selbst solche Bauleistungen erbringt.	MF
G	8	Sonstige Umsatzerlöse, nicht steuerbar	z.B. alle Lieferungen und sonstige Leistungen, deren umsatzsteuerlicher Leistungsort sich nicht im Inland befindet. Außerdem sind im Inland ausgeführte nicht steuerbare Umsätze (z.B. Geschäftsveräußerungen im Ganzen, Innenumsätze zwischen Unternehmensteilen) anzugeben.	MF
G	8	steuerfreie Umsätze nach § 4 Nr. 1a UStG (Ausfuhr Drittland)	Steuerfreie Ausfuhrlieferungen und Lohnveredelungen an Gegenständen der Ausfuhr nach § 4 Nr. 1a UStG (Drittland).	MF

G	8	steuerfreie EG-Lieferungen § 4 Nr. 1b UStG (Innergemeinschaftliche Lieferungen)	Steuerfreie innergemeinschaftliche Lieferungen nach § 4 Nr. 1b UStG einschließlich Lieferungen des ersten Abnehmers im Rahmen eines innergemeinschaftlichen Dreieckgeschäftes nach § 25 b UStG und Lieferungen von neuen Fahrzeugen.	MF
G	8	steuerfreie Umsätze nach § 4 Nr. 8 ff UStG	z.B. Gewährung und Vermittlung von Krediten, Umsätze und Vermittlung mit Geschäftsanteilen, Umsätze im Geschäft mit Forderungen (§ 4 Nr. 8 UStG); Umsätze, die unter das Grunderwerbsteuergesetz fallen (§ 4 Nr. 9a UStG) (Hinweis: wurde zur Steuerpflicht optiert, sind diese Umsätze unter Erlöse aus Leistungen nach § 13b UStG anzugeben); Leistungen aufgrund eines Versicherungsverhältnisses (§ 4 Nr. 10 UStG); Leistungen aus der Tätigkeit von Bausparkassenvertretern, Versicherungsvertretern, -maklern (§ 4 Nr. 11 UStG); Vermietung und Verpachtung von Grundstücken (§ 4 Nr. 12 UStG) (Hinweis: handelt es sich um Nebenerlöse, sind die steuerfreien Umsätze unter Nebenerlöse aus Vermietung).	MF
G	8	steuerfreie Umsätze nach § 4 Nr. 2-7 UStG	z.B. Umsätze der Seeschifffahrt und Luftfahrt § 4 Nr. 2 UStG, steuerfreie Auslagerungsumsätze nach § 4 Nr. 4a UStG etc.	MF
G	8	sonstige umsatzsteuerfreie Umsätze	z. B. Offshore Abkommen, das Zusatzabkommen zum NATO-Truppenstatut und das Ergänzungsabkommen zum Protokoll über die NATO-Hauptquartiere, steuerfreie Reiseleistungen nach § 25 Abs. 2 UStG (Betrag, der den Reisevorleistungen entspricht zzgl. steuerfreie Differenz).	MF
G	8	Umsatzerlöse ermäßigter Steuersatz		MF
G	8	Umsatzerlöse Regelsteuersatz		MF
G	8	Umsatzerlöse nach § 25 und § 25a UStG	Umsatzsteuerpflichtige (sämtliche Steuersätze) Reiseleistungen nach § 25 UStG und Umsätze aus der sog. Differenzbesteuerung nach § 25a UStG (einschließlich § 14c UStG). Einzutragen ist der Betrag, der dem Einkaufspreis/den Reisevorleistungen entspricht zzgl. steuerpflichtige Differenz.	MF
G	8	Umsatzerlöse sonstige Umsatzsteuersätze	Umsätze, die anderen Steuersätzen unterliegen (einschließlich § 14c UStG), z.B. Änderungen von Bemessungsgrundlagen nach § 17 UStG, die dem bis zum 31.12.2006 gültigen allgemeinen Regelsteuersatz unterlegen haben. Zahlungseingänge auf in früheren Perioden abgeschriebene Forderungen sind unter der Position „Zahlungseingänge auf in früheren Perioden abgeschriebene Forderungen" zu erfassen. Außerdem sind die Umsätze der land- und forstwirtschaftlichen Betriebe nach § 24 UStG, auch übrige steuerpflichtige Umsätze land- und forstwirtschaftlicher Betriebe, für die keine Steuer zu entrichten ist, hier zu übermitteln, soweit nicht die Branchentaxonomie für Land- und Forstwirtschaft verwendet wird.	MF
G	8	Umsatzerlöse ohne Zuordnung nach Umsatzsteuertatbeständen		RN AP
G	7	in Umsatzerlöse (UKV) verrechnete Erlösschmälerungen	Erlösschmälerungen, wie z.B. Boni, Skonti, Nachlässe etc. sind hier anzugeben.	MF, KN
G	8	Erlösschmälerungen ohne Zuordnung nach Umsatzsteuertatbeständen		AP
G	6	Herstellungskosten der zur Erzielung der Umsatzerlöse erbrachten Leistungen (UKV)	Herstellungskosten der im Herstellungsbereich angefallenen Aufwendungen der verkauften Erzeugnisse und in Rechnung gestellten Leistungen.	RN
G	7	Herstellungskosten der zur Erzielung der Umsatzerlöse erbrachten Leistungen (UKV), davon verbundene Unternehmen	Herstellungskosten der im Herstellungsbereich angefallenen Aufwendungen der verkauften Erzeugnisse und in Rechnung gestellten Leistungen durch verbundene Unternehmen.	MF

G	5	Vertriebskosten (UKV)	Vertriebskosten dürfen nicht in die Herstellungskosten einbezogen werden, daher der gesonderte Ausweis. Hierunter fallen die Aufwendungen des Funktionsbereichs Vertrieb, z.B. Aufwendungen der Verkaufs-, Werbe- und Marketingabteilung sowie des Vertreternetzes und der Vertriebslager.	MF
G	5	allgemeine Verwaltungskosten (UKV)	Alle Aufwendungen, die weder Herstellungskosten noch Vertriebskosten sind, z.B. Material- und Personalaufwendungen sowie Abschreibungen aus dem Verwaltungsbereich.	MF
G	5	sonstige betriebliche Erträge (UKV)		SMF
G	6	sonstige betriebliche Erträge (UKV), davon verbundene Unternehmen	Nachrichtliche Mitteilung der sonstigen betrieblichen Erträge - von verbundenen Unternehmen -, die in der Position „sonstige betriebliche Erträge" enthalten sind.	MF
G	6	Nebenerlöse aus Vermietung und Verpachtung (UKV)	Soweit es sich bei den Erlösen aus Vermietung und Verpachtung um Erlöse aus dem gewöhnlichen Geschäftsbetrieb handelt, z.B. bei Hotels etc., sind diese unter den Umsatzerlösen (getrennt nach deren umsatzsteuerlichen Behandlung) zu erfassen. Handelt es sich um Nebenerlöse, sind hier sämtliche Einnahmen unabhängig von ihrer umsatzsteuerlichen Behandlung (einschließlich umsatzsteuerfreier Leistungen) anzugeben. Die darin enthaltenen umsatzsteuerfreien Erlöse sind nachrichtlich noch in der Position „davon steuerfreie Umsätze aus Vermietung und Verpachtung § 4 Nr. 12 UStG" zusätzlich	MF
G	7	Nebenerlöse aus Vermietung und Verpachtung (UKV), davon steuerfreie Umsätze aus Vermietung und Verpachtung § 4 Nr. 12 UStG	Nachrichtliche Mitteilung der umsatzsteuerfreien Umsätze aus Vermietung und Verpachtung, die in der Position Nebenerlöse aus Vermietung und Verpachtung enthalten sind.	MF
G	6	Nebenerlöse aus Provisionen, Lizenzen und Patenten (UKV)	Soweit es sich bei den Erlösen aus Provisionen, Lizenzen und Patenten um Erlöse aus dem gewöhnlichen Geschäftsbetrieb handelt, z.B. bei Handelsvertretern etc. sind diese unter den Umsatzerlösen (getrennt nach deren umsatzsteuerlichen Behandlung) zu erfassen. Handelt es sich um Nebenerlöse, sind hier sämtliche Einnahmen unabhängig von ihrer umsatzsteuerlichen Behandlung anzugeben.	MF
G	6	andere Nebenerlöse (UKV)	Darunter fallen sonstige Einnahmen aus nicht branchenüblichen Leistungen (z.B. gutachtliche Tätigkeiten etc.). Soweit es sich bei den anderen Nebenerlösen um Erlöse aus dem gewöhnlichen Geschäftsbetrieb handelt, sind diese unter den Umsatzerlösen (getrennt nach deren umsatzsteuerlichen Behandlung) zu erfassen. Handelt es sich um Nebenerlöse, sind hier sämtliche Einnahmen unabhängig von ihrer umsatzsteuerlichen Behandlung anzugeben	MF
G	6	Erträge aus Auflösung des Sonderpostens mit und ohne Rücklageanteil (UKV)	Soweit nach den steuerlichen Vorschriften eine Verzinsung vorzunehmen ist, ist diese im Berichtsbestandteil „Steuerliche Gewinnermittlung" unter den entsprechenden Posten (z.B. § 6b Abs. 7 und 10 EStG) zu erfassen.	SMF
G	7	§ 6b Abs. 10 EStG	Auflösungen einer § 6b Abs. 10 EStG-Rücklage (Veräußerung von Anteilen an Kapitalgesellschaften).	MF
G	7	§ 6b Abs. 3 EStG	Auflösungen einer § 6b Abs. 3 EStG Rücklage, (Veräußerung von Grund und Boden oder Aufwuchs auf Grund und Boden mit dem dazugehörigen Grund und Boden, wenn der Aufwuchs zu einem land- und forstwirtschaftlichen Betriebsvermögen gehörte oder Gebäuden oder Binnenschiffen).	MF
G	7	Rücklage für Ersatzbeschaffung, R 6.6 EStR	Auflösungen von Rücklagen für Ersatzbeschaffungen nach R 6.6 EStR.	MF
G	7	§ 4g EStG	Auflösungen von Ausgleichsposten nach § 4g EStG (Zuordnung eines Wirtschaftsgutes des Anlagevermögens zu einer Betriebsstätte desselben Steuerpflichtigen in einem anderen Mitgliedstaat der Europäischen Union gemäß § 4 Abs. 1 S. 3 EStG).	MF

G	7	§ 7g Abs. 7 EStG	Auflösungen sog. Ansparabschreibungen für Existenzgründer nach § 7g Abs. 7 EStG a.F., die noch nach altem Recht gebildet worden waren.	RN
G	7	Sonstige / nicht zuordenbare Erträge aus der Auflösung des Sonderpostens mit Rücklageanteil (UKV)	Sonstige Erträge aus Auflösung eines Sonderpostes sowie Auffangposition, soweit eine detaillierte Zuordnung auf die in der gleichen Ebene vorhandenen Positionen nicht möglich ist.	RN AP
G	6	Erträge aus Abgängen des Anlagevermögens (UKV)	Zu erfassen sind hier alle Gewinne aus der Veräußerung von AnlagegZu erfassen sind hier alle Gewinne aus der Veräußerung von Anlagegegenständen, unabhängig ihrer umsatzsteuerlichen Behandlung (Erlöse abzüglich Restbuchwert). Verluste sind im Aufwandsposten „Verluste aus dem Abgang von Vermögensgegenständen des Anlagevermögens" anzugeben.	MF, KN
G	6	Erträge aus Zuschreibungen des Anlagevermögens (UKV)	Wertaufholungsgebot z.B. wegen Wegfall des Grund einer Teilwertabschreibung.	MF
G	6	Erträge aus der Auflösung von Rückstellungen (UKV)	Es sind hier die Erträge aus der Auflösung von Rückstellungen einzutragen. Die Erträge aus der steuerlichen Abzinsung von Rückstellungen (§ 6 Abs. 1 Nr. 3a EStG) sind beim Posten „sonstige Zinsen und ähnliche Erträge aus Abzinsung" zu erfassen.	MF, KN
G	6	Erträge aus Abgängen des Umlaufvermögens (UKV)		RN
G	6	Erträge aus Zuschreibungen des Umlaufvermögens (UKV)	Wertaufholungsgebot z.B. wegen Wegfall des Grundes einer Teilwertabschreibung.	MF
G	6	Erträge aus der Herabsetzung / Auflösung von Einzel- und Pauschalwertberichtigungen (UKV)		SMF
G	7	Einzelwertberichtigungen		MF
G	7	Pauschalwertberichtigungen		MF
G	7	nicht PWB / EWB zuordenbare Wertberichtigung	Auffangposition, soweit eine detaillierte Zuordnung auf die in der gleichen Ebene vorhandenen Positionen nicht möglich ist.	RN AP
G	6	Erträge aus der Aktivierung unentgeltlich erworbener Vermögensgegenstände (UKV)		RN
G	6	Erträge aus der Herabsetzung von Verbindlichkeiten (UKV)	z.B. aus tatsächlichen Gründen wegen Verzichts oder Verjährung. Die Erträge aus der steuerlichen Abzinsung von Verbindlichkeiten (§ 6 Abs. 1 Nr. 3 EStG) sind in der Position „sonstige Zinsen und ähnliche Erträge aus Abzinsung" zu erfassen.	MF, KN
G	6	Zahlungseingänge auf in früheren Perioden abgeschriebene Forderungen (UKV)	Hier sind alle Einnahmen aus in Vorjahren ausgebuchten Kundenforderungen, unabhängig ihrer umsatzsteuerlichen Behandlung, anzugeben.	MF
G	6	Kostenerstattungen, Rückvergütungen und Gutschriften für frühere Jahre (UKV)		RN
G	6	Erträge aus Steuerbelastungen an Organgesellschaften (UKV)		RN
G	6	Erträge aus Verwaltungskostenumlagen (UKV)		RN
G	6	Zuschüsse und Zulagen (UKV)	Zuschüsse und Zulagen, soweit sie nicht bei den Anschaffungs- oder Herstellungskosten abgezogen wurden. Insbesondere sind hier auch Erträge aus der Gewährung von Investitionszulagen anzugeben. Rückzahlungen von Investitionszulagen sind hier ebenfalls anzugeben (auch wenn insgesamt negativ). Die steuerliche Korrektur der darin enthaltenen Investitionszulagen ist beim Modul steuerliche Gewinnermittlung vorzunehmen.	MF

G	6	Versicherungsentschädigungen und Schadensersatzleistungen (UKV)		MF
G	6	Kurs-/Währungsgewinne (UKV)		RN
G	6	Erträge aus Eigenverbrauch (UKV)		SMF
G	7	Private KFZ-Nutzung (nicht Kapitalgesellschaften)	Private Kfz-Nutzung bei Einzelunternehmen bzw. bei Personengesellschaften nach der 1%-Regelung oder nach Fahrtenbuch, unabhängig von der umsatzsteuerlichen Behandlung, d.h. sowohl der umsatzsteuerpflichtige Teil als auch der umsatzsteuerfreie Teil sind hier zu erfassen.	MF
G	7	Sonstige Sach-, Nutzungs- und Leistungsentnahmen	Hier sind, bis auf die private Kfz-Nutzung, alle weiteren Sach-, Nutzungs- und Leistungsentnahmen (z.B. Telefon, Heizung, Strom), unabhängig ihrer umsatzsteuerlichen Behandlungen, zu erfassen. Insbesondere auch die Pauschalen für unentgeltliche Wertabgaben (Sachentnahmen), die lt. amtlicher Richtsatzsammlung bei bestimmten Gewerbezweigen (Bäckerei, Metzgerei, Gastwirtschaften etc.) anzusetzen sind (voller und ermäßigter Steuersatz).	MF
G	7	Sachbezüge KFZ	Wendet der Unternehmer (Arbeitgeber) seinem Personal (seinen Arbeitnehmern) als Vergütung für geleistete Dienste auch einen Sachlohn (hier z.B. private Kfz-Nutzung bzw. Nutzung des betrieblichen Fahrzeugs für Fahrten Wohnung - Arbeitsstätte) liegen Sachbezüge vor. Diese Zuwendungen sind auch dann steuerbar, wenn sie unentgeltlich sind; § 8 EStG und § 3 Abs. 1b, §§ 3 Abs. 1b, 3 Abs. 9a UStG.	MF
G	7	Sonstige Sachbezüge	Wendet der Unternehmer (Arbeitgeber) seinem Personal (seinen Arbeitnehmern) als Vergütung für geleistete Dienste auch einen Sachlohn (hier z.B. Wohnung, Kost, Waren, Dienstleistungen) zu, liegen Sachbezüge vor. Diese Zuwendungen sind auch dann steuerbar, wenn sie unentgeltlich sind § 8 EStG und §§ 3 Abs. 1b, 3 Abs. 9a UStG.	MF
G	6	andere sonstige betriebliche Erträge (UKV), nicht zuordenbar	Hier wird erwartet, dass in dieser Position tatsächlich nur „andere" sonstige betriebliche Erträge enthalten sind; d.h. diese Erträge konnten nicht bereits unter eine der oben genannten Taxonomie-Positionen eingereiht werden. Hinweis: Zins- und Beteiligungserträge sind beim „Finanz- und Beteiligungsergebnis", Steuererstattungen bei „Steuern vom Einkommen"- und Ertrag sowie außerordentliche Erträge beim „außerordentlichen Ergebnis" aufzugliedern.	RN AP
G	5	sonstige betriebliche Aufwendungen außerhalb des Herstellungs-, Vertriebs- und Verwaltungsbereichs (UKV)		RN
G	6	andere sonstige betriebliche Aufwendungen (UKV)	andere sonstige betriebliche Aufwendungen, soweit nicht anderweitig zuordenbar - UKV	AP
G	5	Nachrichtlich: Materialaufwand (entsprechend GKV)		SMF
G	6	Aufwendungen für Roh-, Hilfs- und Betriebsstoffe und für bezogene Waren (entsprechend GKV; nachrichtlich)	Sämtlicher Materialaufwand gem. § 275 Abs. 2 Nr. 5 HGB Umlaufvermögen.	SMF
G	7	Aufwendungen für Roh- Hilfs- und Betriebsstoffe (entsprechend GKV; nachrichtlich)		SMF
G	8	Aufwand zum Regelsteuersatz (entsprechend GKV; nachrichtlich)	Roh-, Hilfs- und Betriebsstoffe zum Regelsteuersatz - UKV	MF
G	8	Aufwand zum ermäßigten Steuersatz (entsprechend GKV; nachrichtlich)	Aktueller ermäßigter Steuersatz (§ 12 Abs. 2 UStG) – nicht Durchschnittssteuersatz i.S.d. §§ 23, 24 UStG.	MF

G	8	Innergemeinschaftiche Erwerbe (entsprechend GKV; nachrichtlich)	innergemeinschaftliche Erwerbe von Roh-, Hilfs- und Betriebsstoffen - UKV	MF
G	8	übrige Aufwendungen ohne Zuordnung nach Umsatzsteuertatbeständen (entsprechend GKV; nachrichtlich)	z.B. Erwerb von Waren zu Durchschnittssteuersätzen i.S.d. §§ 23, 24 UStG oder Erwerb ohne Vorsteuerabzug sowie Auffangposition, soweit eine detaillierte Zuordnung auf die in der gleichen Ebene vorhandenen Positionen nicht möglich ist.	RN AP
G	8	Bestandsveränderungen (entsprechend GKV; nachrichtlich)	Bestandsveränderungen bei Roh-, Hilfs- und Betriebsstoffen - UKV	MF
G	7	Aufwendungen für bezogene Waren (entsprechend GKV; nachrichtlich)		SMF
G	8	Wareneinkauf zum Regelsteuersatz (entsprechend GKV; nachrichtlich)		MF
G	8	Wareneinkauf zum ermäßigten Steuersatz (entsprechend GKV; nachrichtlich)	Wareneinkauf zum aktuellen ermäßigten Steuersatz (§ 12 Abs. 2 UStG) – nicht Durchschnittssteuersatz i.S.d. §§ 23, 24 UStG.	MF
G	8	Innergemeinschaftliche Erwerbe (entsprechend GKV; nachrichtlich)	Innergemeinschaftliche Erwerbe von Waren (außer Roh-, Hilfs- und Betriebsstoffe) - UKV	MF
G	8	übriger Wareneinkauf ohne Zuordnung nach Umsatzsteuertatbeständen (entsprechend GKV; nachrichtlich)	z.B. Erwerb von Waren zu Durchschnittssteuersätzen i.S.d. §§ 23, 24 UStG, Erwerb von Waren ohne Vorsteuerabzug oder Wareneingang hinsichtlich Differenzbesteuerung i.S.d. §§ 25, 25a UStG sowie Auffangposition, soweit eine detaillierte Zuordnung auf die in der gleichen Ebene vorhandenen Positionen nicht möglich ist.	RN AP
G	8	Bestandsveränderungen (entsprechend GKV; nachrichtlich)	Bestandsveränderungen bei Waren - UKV	MF
G	7	Anschaffungsnebenkosten (entsprechend GKV; nachrichtlich)		RN
G	6	Aufwendungen für bezogene Leistungen (entsprechend GKV; nachrichtlich)		SMF
G	7	Leistungen nach § 13b UStG mit Vorsteuerabzug (entsprechend GKV; nachrichtlich)	Z.B. Lieferungen sicherungsübereigneter Gegenstände durch den Sicherungsgeber an den Sicherungsnehmer außerhalb des Insolvenzverfahrens; unter das Grunderwerbsteuergesetz fallende Umsätze, insbesondere Lieferungen von Grundstücken, für die der leistende Unternehmer nach § 9 Abs. 3 UStG zur Steuerpflicht optiert hat; Werklieferungen und sonstige Leistungen, die der Herstellung, Instandsetzung, Instandhaltung, Änderung oder Beseitigung von Bauwerken dienen (ohne Planungs- und Überwachungsleistungen), wenn der Leistungsempfänger ein Unternehmer ist, der selbst solche Bauleistungen erbringt.	MF
G	7	Leistungen nach § 13b UStG ohne Vorsteuerabzug (entsprechend GKV; nachrichtlich)	Z.B. Lieferungen sicherungsübereigneter Gegenstände durch den Sicherungsgeber an den Sicherungsnehmer außerhalb des Insolvenzverfahrens; unter das Grunderwerbsteuergesetz fallende Umsätze, insbesondere Lieferungen von Grundstücken, für die der leistende Unternehmer nach § 9 Abs. 3 UStG zur Steuerpflicht optiert hat; Werklieferungen und sonstige Leistungen, die der Herstellung, Instandsetzung, Instandhaltung, Änderung oder Beseitigung von Bauwerken dienen (ohne Planungs- und Überwachungsleistungen), wenn der Leistungsempfänger ein Unternehmer ist, der selbst solche Bauleistungen erbringt.	MF
G	7	Übrige Leistungen mit Vorsteuerabzug (entsprechend GKV; nachrichtlich)		MF

G	7	Übrige Leistungen ohne Vorsteuerabzug (entsprechend GKV; nachrichtlich)		MF
G	7	Übrige Leistungen ohne Zuordnung nach Umsatzsteuertatbeständen (entsprechend GKV; nachrichtlich)	Auffangposition, soweit eine detaillierte Zuordnung auf die in der gleichen Ebene vorhandenen Positionen nicht möglich ist.	RN AP
G	5	Nachrichtlich: Personalaufwand (entsprechend GKV)	Löhne und Gehälter sind alle als Aufwendungen zu erfassende Personalkosten für gewerbliche Arbeitnehmer, für Angestellte, für Vorstände oder Geschäftsführer. Die Löhne sind brutto zu buchen, vor Abzug der Lohnsteuer und der von den Arbeitnehmern zu tragenden Sozialabgaben.	SMF
G	6	Löhne und Gehälter (entsprechend GKV; nachrichtlich)	Hierunter fallen die Bruttobeträge der Löhne und Gehälter (Nettobetrag, Steuern, Arbeitnehmeranteile zur Sozialversicherung).	SMF
G	7	Löhne für Minijobs (entsprechend GKV; nachrichtlich)	Eine geringfügige Beschäftigung liegt vor, wenn das Arbeitsentgelt aus dieser Beschäftigung den in § 8 Abs. 1 Nr. 1 SGB IV geregelten Betrag regelmäßig im Monat nicht übersteigt. Unter Löhne für Minijobs fallen auch die Sachbezüge und Zuschüsse sowie die vom Arbeitgeber übernommene Lohn- und Kirchensteuer sowie alle weiteren Sozialen Abgaben.	MF
G	7	übrige und nicht zuordenbare Löhne und Gehälter (entsprechend GKV; nachrichtlich)	Löhne (z.B. für Produktion und Fertigung) sowie Gehälter (z.B. für Verwaltung und Vertrieb), inkl. Sachbezüge, soweit keine Vergütungen an Gesellschafter-Geschäftsführer oder Mitunternehmer sowie Auffangposition, soweit eine detaillierte Zuordnung auf die in der gleichen Ebene vorhandenen Positionen nicht möglich ist. Hierunter fallen die Bruttobeträge der Löhne und Gehälter, sowohl Geld- als auch Sachbezüge (Nettobetrag, Steuern, Arbeitnehmeranteile zur Sozialversicherung und Beiträge zur Berufsgenossenschaft).	RN AP
G	7	davon Sachbezüge (entsprechend GKV; nachrichtlich)	Sachbezüge, z.B. zur zur privaten Nutzung überlassene Firmenfahrzeuge oder Telefonanschlüsse, Gestellung von Wohnungen und Mahlzeiten, Überlassung von Waren etc.	MF
G	7	davon freiwillige Zuwendungen (entsprechend GKV; nachrichtlich)	Insbesondere freiwillige soziale Aufwendungen wie z.B. Aufwendungen für die Zukunftssicherung, Werkspensionen, Werksrenten, Erholungsbeihilfen, Fortbildungskosten, Studien- und Ausbildungsbeihilfen, Gelegenheitsgeschenke, Heirats- und Geburtsbeihilfen, Jubiläumsgeschenke, Sterbebeihilfen, Aufwendungen für Werksküche, Ledigenheime, Werkschor und Werkskapelle, Belegschaftsveranstaltungen, Mietzuschüsse, verbilligte Überlassung von Werks- und Dienstwohnungen, Unfallkosten und Zinszahlungen aufgrund von Arbeitsgerichtsprozessen.	MF
G	6	soziale Abgaben und Aufwendungen für Altersversorgung und Unterstützung (entsprechend GKV; nachrichtlich)	Aufwendungen für Arbeitslosen-, Renten-, Kranken- und Pflegeversicherung.	SMF
G	7	soziale Abgaben (entsprechend GKV; nachrichtlich)	Aufwendungen für Arbeitslosen-, Renten-, Kranken- und Pflegeversicherung (ausgenommen: Soziale Abgaben auf Löhne für Minijobs).	MF
G	7	Aufwendungen für Altersversorgung (entsprechend GKV; nachrichtlich)	z.B. Aufwendungen für die Direktversicherung (§ 4b EStG), Pensionskassenbeiträge (§ 4c EStG), Beiträge an Unterstützungskassen (§ 4d EStG) oder an Pensionsfonds (§ 4e EStG).	MF
G	7	Aufwendungen für Unterstützung (entsprechend GKV; nachrichtlich)	Sonstige Unterstützungsleistungen des Arbeitgebers, z.B. nach § 3 Nr. 34 EStG.	MF
G	7	soziale Abgaben und Aufwendungen für Altersversorgung und für Unterstützung, nicht zuordenbar (entsprechend GKV; nachrichtlich)		RN AP
G	5	Nachrichtlich: Abschreibungen (entsprechend GKV)		SMF
G	6	Abschreibungen auf immaterielle Vermögensgegenstände des Anlagevermögens und Sachanlagen(entsprechend GKV; nachrichtlich)	Soweit freiwillig ein Anlagespiegel im XBRL-Format übermittelt wird, siehe Tz. 23 des BMF-Schreibens vom 28.09.2011, genügt es hier eine Wertübermittlung vorzunehmen. Die darunter liegenden Ebenen können mit einem "NIL-Wert" übermittelt werden.	SMF

G	7	Abschreibungen auf Ingangsetzungsaufwendungen (entsprechend GKV; nachrichtlich)	Die Position ist nur in der Handelsbilanz zulässig und muss im Rahmen der Überleitungsrechnung eliminiert werden.	RN
G	7	Abschreibungen auf Geschäfts- oder Firmenwert (entsprechend GKV; nachrichtlich)	Abschreibungen auf den Firmen- oder Geschäftswert i.S.d. § 246 Abs. 1 S. 2 HGB. Dieser zeitlich begrenzt nutzbare Vermögensgegenstand unterliegt den allgemeinen Regelungen zur Zugangs- und Folgebewertung; als betriebsgewöhnliche Nutzungsdauer gilt abweichend von handelsrechtlichen Maßstäben ein Zeitraum von 15 Jahren (§ 7 Abs. 1 Satz 3 EStG). Hinsichtlich der Abschreibung des Praxiswerts siehe BMF vom 15.01.1995, BStBl 1995 I S. 14. Soweit freiwillig ein Anlagespiegel im XBRL-Format übermittelt wird, siehe Tz. 23 des BMF-Schreibens vom 28.09.2011, sind hier keine Angaben erforderlich (NIL-Wert). Es genügt eine Werteübermittlung auf Ebene 6 "Abschreibungen auf immaterielle Vermögensgegenstände des Anlagevermögens und Sachanlagen".	MF
G	7	Abschreibungen auf andere immaterielle Vermögensgegenstände (entsprechend GKV; nachrichtlich)	Soweit freiwillig ein Anlagespiegel im XBRL-Format übermittelt wird, siehe Tz. 23 des BMF-Schreibens vom 28.09.2011, sind hier keine Angaben erforderlich (NIL-Wert). Es genügt eine Werteübermittlung auf Ebene 6 "Abschreibungen auf immaterielle Vermögensgegenstände des Anlagevermögens und Sachanlagen".	MF
G	7	Abschreibungen auf Sachanlagen (entsprechend GKV; nachrichtlich)	Soweit freiwillig ein Anlagespiegel im XBRL-Format übermittelt wird, siehe Tz. 23 des BMF-Schreibens vom 28.09.2011, sind hier keine Angaben erforderlich (NIL-Wert). Es genügt eine Werteübermittlung auf Ebene 6 "Abschreibungen auf immaterielle Vermögensgegenstände des Anlagevermögens und Sachanlagen".	MF
G	8	Abschreibungen auf Sachanlagen (entsprechend GKV; nachrichtlich), davon Sofortabschreibung GWG	Sofort als Betriebsausgabe zu erfassender Aufwand für GWG. Abschreibungen auf aktivierte GWG sind hier nicht auszuweisen. Soweit freiwillig ein Anlagespiegel im XBRL-Format übermittelt wird, siehe Tz. 23 des BMF-Schreibens vom 28.09.2011, sind hier keine Angaben erforderlich (NIL-Wert). Es genügt eine Werteübermittlung auf Ebene 6 "Abschreibungen auf immaterielle Vermögensgegenstände des Anlagevermögens und Sachanlagen".	MF
G	8	Abschreibungen auf Sachanlagen (entsprechend GKV; nachrichtlich), davon Auflösung GWG-Sammelposten	Sammelposten, der mit jeweils einem Fünftel pro Wirtschaftsjahr aufzulösen ist. Soweit freiwillig ein Anlagespiegel im XBRL-Format übermittelt wird, siehe Tz. 23 des BMF-Schreibens vom 28.09.2011, sind hier keine Angaben erforderlich (NIL-Wert). Es genügt eine Werteübermittlung auf Ebene 6 "Abschreibungen auf immaterielle Vermögensgegenstände des Anlagevermögens und Sachanlagen".	MF
G	8	Abschreibungen auf Sachanlagen (entsprechend GKV; nachrichtlich), davon Abschreibungen auf Gebäude	Soweit freiwillig ein Anlagespiegel im XBRL-Format übermittelt wird, siehe Tz. 23 des BMF-Schreibens vom 28.09.2011, sind hier keine Angaben erforderlich (NIL-Wert). Es genügt eine Werteübermittlung auf Ebene 6 "Abschreibungen auf immaterielle Vermögensgegenstände des Anlagevermögens und Sachanlagen".	MF
G	7	außerplanmäßige und Sonderabschreibungen (entsprechend GKV; nachrichtlich)	Soweit freiwillig ein Anlagespiegel im XBRL-Format übermittelt wird, siehe Tz. 23 des BMF-Schreibens vom 28.09.2011, sind hier keine Angaben erforderlich (NIL-Wert). Es genügt eine Werteübermittlung auf Ebene 6 "Abschreibungen auf immaterielle Vermögensgegenstände des Anlagevermögens und Sachanlagen".	SMF
G	8	außerplanmäßige Abschreibungen (entsprechend GKV; nachrichtlich)	Außerplanmäßige Abschreibungen dienen der Berücksichtigung von Wertverlusten beim abnutzbaren und nicht abnutzbaren Anlagevermögen zum Bilanzstichtag, soweit diese beim abnutzbaren Anlagevermögen nicht bereits durch planmäßige Abschreibungen erfasst wurden;	SMF

		steuerrechtlich sind außerplanmäßige Abschreibungen nur bei einer dauernden Wertminderung zulässig. Soweit freiwillig ein Anlagespiegel im XBRL-Format übermittelt wird, siehe Tz. 23 des BMF-Schreibens vom 28.09.2011, sind hier keine Angaben erforderlich (NIL-Wert). Es genügt eine Werteübermittlung auf Ebene 6 "Abschreibungen auf immaterielle Vermögensgegenstände des Anlagevermögens und Sachanlagen".	
G	9	außerplanmäßige Abschreibungen auf Geschäfts- oder Firmenwert (entsprechend GKV; nachrichtlich)	Außerplanmäßige Abschreibungen auf immaterielle Vermögensgegenstände wie z.B. bei der vorzeitigen Beendigung der Nutzung eines Patentes oder eines sonstigen Schutzrechts. Soweit freiwillig ein Anlagespiegel im XBRL-Format übermittelt wird, siehe Tz. 23 des BMF-Schreibens vom 28.09.2011, sind hier keine Angaben erforderlich (NIL-Wert). Es genügt eine Werteübermittlung auf Ebene 6 "Abschreibungen auf immaterielle Vermögensgegenstände des Anlagevermögens und Sachanlagen".	MF
G	9	außerplanmäßige Abschreibungen auf andere immaterielle Vermögensgegenstände (entsprechend GKV; nachrichtlich)	Soweit freiwillig ein Anlagespiegel im XBRL-Format übermittelt wird, siehe Tz. 23 des BMF-Schreibens vom 28.09.2011, sind hier keine Angaben erforderlich (NIL-Wert). Es genügt eine Werteübermittlung auf Ebene 6 "Abschreibungen auf immaterielle Vermögensgegenstände des Anlagevermögens und Sachanlagen".	MF
G	9	außerplanmäßige Abschreibungen auf Sachanlagen (entsprechend GKV; nachrichtlich)	Außerplanmäßige Abschreibung nur bei dauernder Wertminderung. Soweit freiwillig ein Anlagespiegel im XBRL-Format übermittelt wird, siehe Tz. 23 des BMF-Schreibens vom 28.09.2011, sind hier keine Angaben erforderlich (NIL-Wert). Es genügt eine Werteübermittlung auf Ebene 6 "Abschreibungen auf immaterielle Vermögensgegenstände des Anlagevermögens und Sachanlagen".	MF
G	9	außerplanmäßige Abschreibungen, nicht zuordenbar (entsprechend GKV; nachrichtlich)		RN AP
G	8	Sonderabschreibungen (entsprechend GKV; nachrichtlich)	Soweit freiwillig ein Anlagespiegel im XBRL-Format übermittelt wird, siehe Tz. 23 des BMF-Schreibens vom 28.09.2011, sind hier keine Angaben erforderlich (NIL-Wert). Es genügt eine Werteübermittlung auf Ebene 6 "Abschreibungen auf immaterielle Vermögensgegenstände des Anlagevermögens und Sachanlagen"	MF
G	8	außerplanmäßige und Sonderabschreibungen, nicht zuordenbar (entsprechend GKV; nachrichtlich)		RN AP
G	7	Abschreibungen auf immaterielle Vermögensgegenstände des Anlagevermögens und Sachanlagen, nicht zuordenbar (entsprechend GKV; nachrichtlich)		RN AP
G	6	Abschreibungen (entsprechend GKV), auf Vermögensgegenstände des Umlaufvermögens, soweit diese die in der Kapitalgesellschaft üblichen Abschreibungen überschreiten (entsprechend GKV; nachrichtlich)		SMF
G	7	Abschreibungen auf Vorräte (entsprechend GKV; nachrichtlich)	Teilwertvermutung (§ 6 Abs. 1 Nr. 2 EStG).	MF

G	7	Abschreibungen auf Forderungen und sonstige Vermögensgegenstände (entsprechend GKV; nachrichtlich)	Abschreibungen auf Forderungen und sonstige Vermögensgegenstände, soweit sie die bei der Kapitalgesellschaft üblichen Abschreibungen überschreiten (UKV).	MF
G	8	Abschreibungen auf Forderungen und sonstige Vermögensgegenstände (entsprechend GKV; nachrichtlich), davon Abschreibungen auf Forderungen gegenüber Kapitalgesellschaften, an denen eine Beteiligung besteht		MF
G	8	Abschreibungen auf Forderungen und sonstige Vermögensgegenstände (entsprechend GKV; nachrichtlich), davon Abschreibungen auf Forderungen gegenüber Gesellschaftern und nahe stehenden Personen		MF
G	5	Nachrichtlich: sonstige betriebliche Aufwendungen (entsprechend GKV)		SMF
G	6	Miet- und Pachtaufwendungen für unbewegliche Wirtschaftsgüter (entsprechend GKV; nachrichtlich)		SMF
G	7	Übrige / nicht zuordenbare Miete und Pacht für unbewegliche Wirtschaftsgüter (entsprechend GKV; nachrichtlich)	Übrige / nicht zuordenbare Miete und Pacht für unbewegliche Wirtschaftsgüter, soweit nicht an Mitunternehmer oder Gesellschafter zu entrichten	MF AP
G	6	Aufwand für Fremdreparaturen und Instandhaltung für Grundstücke und Gebäude (entsprechend GKV; nachrichtlich)		RN
G	6	Aufwendungen für Energie (entsprechend GKV; nachrichtlich)	z.B. Heizung, Gas, Strom, Wasser	MF
G	6	Miet- und Pachtaufwendungen für bewegliche Wirtschaftsgüter (entsprechend GKV; nachrichtlich)		SMF
G	7	Übrige / nicht zuordenbare Miete und Pacht für bewegliche Wirtschaftsgüter (entsprechend GKV; nachrichtlich)	Übrige / nicht zuordenbare Miete und Pacht für bewegliche Wirtschaftsgüter, soweit nicht an Mitunternehmer oder Gesellschafter zu entrichten	MF AP
G	6	Aufwendungen für Leasing (entsprechend GKV; nachrichtlich)		SMF
G	7	Leasing für bewegliche Wirtschaftsgüter (entsprechend GKV; nachrichtlich)	Inkl. Aufwendungen für Kfz-Leasing, EDV Leasing, Sachmittelleasing etc.	MF
G	7	übrige Leasingaufwendungen	Die Position dient der Erfassung von übriger Leasingaufwendungen und als Auffangposition, soweit eine detaillierte Zuordnung auf die in der gleichen Ebene vorhandenen Positionen nicht möglich ist.	MF AP
G	6	Aufwand für Fremdreparaturen und Instandhaltung (ohne Grundstücke)		RN
G	6	Versicherungsprämien, Gebühren und Beiträge (entsprechend GKV; nachrichtlich)		MF

G	6	Aufwendungen für den Fuhrpark (entsprechend GKV; nachrichtlich)	Aufwendungen für den Fuhrpark ohne Abschreibungen, Zinsen und Leasingkosten.	MF
G	6	Werbeaufwand (entsprechend GKV; nachrichtlich)	z.B. Messekosten, Repräsentation, Werbekostenzuschüsse, Dekoration, Druckerzeugnisse, Zeitungsinserate etc.	MF
G	6	beschränkt abziehbare Betriebsausgaben (entsprechend GKV; nachrichtlich)		SMF
G	7	Geschenke abziehbar (entsprechend GKV; nachrichtlich)	Soweit die Anschaffungs- oder Herstellungskosten der dem Empfänger im Wirtschaftsjahr zugewendeten Gegenstände 35 € insgesamt nicht übersteigen.	MF
G	7	Geschenke nicht abziehbar (entsprechend GKV;	Soweit die Anschaffungs- oder Herstellungskosten der dem Empfänger im Wirtschaftsjahr zugewendeten Gegenstände 35 € insgesamt übersteigen.	MF
G	7	Bewirtungskosten (gesamt) (entsprechend GKV; nachrichtlich)	Bewirtungskosten (ohne Kürzung nach § 4 Abs. 5 Satz 1 Nr 2 EStG) - UKV	MF
G	7	sonstige beschränkt abziehbaren Betriebsausgaben (entsprechend GKV; nachrichtlich) nachrichtlich)	sonstige beschränkt abziehbare Betriebsausgaben, ohne Bewirtungskosten - UKV, z.B. Gästehäuser § 4 Abs. 5 Nr. 3 EStG, Aufwendungen für Jagd, Fischerei, Segeljachten § 4 Abs. 5 Nr. 4, Bußgelder, Ordnungs- und Verwarungsgelder, nicht abzugsfähige steuerliche Nebenleisten (Verspätungszuschläge, Zwangsgelder), Spenden, Aufwendungen für Aufsichts- und Verwaltungsrat.	MF
G	6	Reisekosten Unternehmer (entsprechend GKV; nachrichtlich)	Hierzu gehören Fahrtkosten - soweit nicht in den Aufwendungen für den Fuhrpark enthalten -, Verpflegungsmehraufwendungen (§ 4 Abs. 5 Nr. 5 EStG), Übernachtungs- und Reisenebenkosten, soweit diese durch den Unternehmer selbst verursacht sind - UKV.	MF
G	6	Reisekosten Arbeitnehmer (entsprechend GKV; nachrichtlich)		RN
G	6	Frachten / Verpackung (entsprechend GKV; nachrichtlich)	z.B. Kosten der Warenabgabe, Ausgangsfrachten, Verpackungsmaterial, Transportversicherungen	MF
G	6	Provisionen (entsprechend GKV; nachrichtlich)	Gezahlte Provisionen an Dienstleister und Handels- oder Versicherungsvertreter für vermittelte Leistungen und Umsätze - UKV, z.B. Vertriebsprovisionen, Fremdarbeiten (Vertrieb).	MF
G	6	Aufwendungen für Konzessionen und Lizenzen (entsprechend GKV; nachrichtlich)	Die Aktivierungspflicht für entgeltlich erworbene immaterielle Vermögensgegenstände ist zu beachten.	MF
G	6	Aufwendungen für Kommunikation (entsprechend GKV; nachrichtlich)	Aufwendungen für Kommunikation, insb. auch Porto und Telefon.	MF
G	6	Rechts- und Beratungskosten (entsprechend GKV; nachrichtlich)		MF
G	6	Fortbildungskosten (entsprechend GKV; nachrichtlich)	Alle mit der beruflichen oder geschäftlichen Fortbildung verbundenen Aufwendungen mit Ausnahme eventueller Kosten für ein häusliches Arbeitszimmer - UKV.	MF
G	6	sonstige Aufwendungen für Personal (entsprechend GKV; nachrichtlich)	Freiwillig soziale Aufwendungen, soweit diese nicht in den Personalkosten enthalten sind, z.B. Betriebsveranstaltungen, Kantinenaufwendungen, Unfallschutz, Schwerbehindertenabgabe, Bekleidung und Ausrüstung, Werksarzt, Personalbeschaffung, Personalberatung, Personalwerbung.	RN
G	6	Einstellung in steuerliche Rücklagen (entsprechend GKV; nachrichtlich)		SMF
G	7	§ 6b Abs. 10 EStG (entsprechend GKV; nachrichtlich)	Einstellung in eine § 6b Abs. 10 EStG-Rücklage (Veräußerung von Anteilen an Kapitalgesellschaften) - UKV des Ausgleichspostens hervorgehen. –UKV	MF

G	7	§ 6b Abs. 3 EStG (entsprechend GKV; nachrichtlich)	Einstellung in eine § 6b Abs. 3 EStG Rücklage, (Veräußerung von Grund und Boden oder Aufwuchs auf Grund und Boden mit dem dazugehörigen Grund und Boden, wenn der Aufwuchs zu einem land- und forstwirtschaftlichen Betriebsvermögen gehörte oder Gebäuden oder Binnenschiffen) - UKV	MF
G	7	Rücklage für Ersatzbeschaffung, R 6.6 EStR (entsprechend GKV; nachrichtlich)	Einstellung in eine Rücklage für Ersatzbeschaffungen nach R 6.6 EStR – UKV	MF
G	7	§ 4g EStG (entsprechend GKV; nachrichtlich)	Einstellung in einen Ausgleichsposten nach § 4g EStG (Zuordnung eines Wirtschaftsgutes des Anlagevermögens zu einer Betriebstätte desselben Steuerpflichtigen in einem anderen Mitgliedstaat der Europäischen Union gemäß § 4 Abs. 1 S. 3 EStG). Sofern ein Ausgleichsposten gebildet wird, besteht die Verpflichtung zur Führung eines Verzeichnisses, aus dem die Bildung und Auflösung	MF
G	7	übrige / nicht zuordenbare Einstellung in steuerliche Rücklagen	Die Position dient der Erfassung von übrigen Einstellungen in steuerliche Rücklagen und als Auffangposition, soweit eine detaillierte Zuordnung auf die in der gleichen Ebene vorhandenen Positionen nicht möglich ist.	RN AP
G	6	Herabsetzungsbetrag nach § 7g Abs. 2 EStG (entsprechend GKV; nachrichtlich)	Minderung der Anschaffungs- oder Herstellungskosten im Jahr der Anschaffung / Herstellung.	MF
G	6	Aufwand aus Wertberichtigungen des lfd. Jahres (entsprechend GKV; nachrichtlich)		SMF
G	7	Einzelwertberichtigungen des lfd. Jahres (entsprechend GKV; nachrichtlich)	Einzelwertberichtigungen des laufenden Jahres	MF
G	7	Pauschalwertberichtigungen des lfd. Jahres (entsprechend GKV; nachrichtlich)	Pauschalwertberichtigungen des laufenden Jahres	MF
G	7	nicht PWB / EWB zuordenbare Wertberichtigung	Die Position dient als Auffangposition, soweit eine detaillierte Zuordnung auf die in der gleichen Ebene vorhandenen Positionen nicht möglich ist.	RN AP
G	6	übliche Abschreibungen auf Forderungen (entsprechend GKV; nachrichtlich)	Hier sind nur die üblichen Abschreibungen auf Forderungen zu erfassen (§ 275 Abs. 2 Nr. 7b HGB) - UKV.	MF
G	6	Verluste aus dem Abgang von Vermögensgegenständen des Anlagevermögens (entsprechend GKV; nachrichtlich)	Zu erfassen sind hier nur die Verluste aus der Veräußerung von Anlagegegenständen (Erlöse abzüglich Restbuchwert). Gewinne sind im Ertragsposten „Erträge aus Abgängen des Anlagevermögens" anzugeben.	MF, KN
G	6	Verluste aus dem Abgang von Vermögensgegenständen des Umlaufvermögens (entsprechend GKV; nachrichtlich)		RN
G	6	sonstige Steuern, soweit in den sonstigen Aufwendungen ausgewiesen (entsprechend GKV; nachrichtlich)	Z.B. Verbrauchssteuern, Verkehrssteuern (z.B. KfzSt) sowie andere Steuern; ebenso die USt auf Eigenverbrauch.	MF
G	6	Zuführungen zu Aufwandsrückstellungen (entsprechend GKV; nachrichtlich)	Betrifft nur Rückstellungen für Instandhaltung und Abraumbeseitigung.	MF
G	6	Kurs- / Währungsverluste (entsprechend GKV; nachrichtlich)		RN

G	6	andere ordentliche / nicht zuordenbare sonstige betriebliche Aufwendungen (entsprechend GKV; nachrichtlich)	Andere ordentliche sonstige betriebliche Aufwendungen d.h. im Unternehmen auf einzelnen Konten zugeordnete Aufwendungen, z.B. sonstige Raumkosten, Reinigung, Betriebsbewachung, Betriebsbedarf, Büromaterial, Zeitschriften und Bücher, Aufwand für Abraum und Abfallbeseitigung, Nebenkosten des Geldverkehrs, Bürobedarf, Werkzeuge und Kleingeräte, periodenfremde Aufwendungen, Schadensersatz, Börsenkosten, Kosten der Hauptversammlung etc. sowie Auffangposition, soweit eine detaillierte Zuordnung auf die in der gleichen Ebene vorhandenen Positionen nicht möglich ist. Die auf dem Konto "sonstige betriebliche Aufwendungen" gebuchten Aufwendungen, sind in einer eigenen Position zu erfassen.	RN AP
G	6	andere sonstige betriebliche Aufwendungen (entsprechend GKV; nachrichtlich)	Zu erfassen sind die auch im Unternehmen nicht zugeordneten Aufwendungen auf dem Konto "sonstige betriebliche Aufwendungen". Andere nicht auf dieser Ebene zuordenbare Konten sind unter "andere ordentliche sonstige betriebliche Aufwendungen" zu erfassen.	MF
G	6	Genossenschaftliche Rückvergütung (entsprechend GKV; nachrichtlich)		MF
G	4	Finanz- und Beteiligungsergebnis		SMF
G	5	Erträge aus Beteiligungen	Beteiligungserträge von Kapitalgesellschaften bzw. von Personengesellschaften sind steuerlich unterschiedlich zu behandeln (Teileinkünfteverfahren, § 8b KStG, gewerbesteuerliche Kürzungen bzw. Hinzurechnungen). Die Erträge sind deshalb aufzuteilen.	SMF
G	6	Erträge aus Beteiligungen an Kapitalgesellschaften	Ausschüttungen, Dividenden, etc. einschließlich Beteiligungserträge von verbundenen Unternehmen nach § 271 Abs. 1 HGB.	MF
G	6	Erträge aus Beteiligungen an Personengesellschaften	Gewinnanteile aus Mitunternehmerschaften einschließlich Gewinnanteile von verbundenen Unternhemen nach § 271 Abs. 1 HGB.	MF
G	6	Erträge aus Beteiligungen, nach Rechtsform der Beteiligung nicht zuordenbar	Die Position dient als Auffangposition, soweit eine detaillierte Zuordnung auf die in der gleichen Ebene vorhandenen Positionen nicht möglich ist.	RN AP
G	5	auf Grund einer Gewinngemeinschaft, eines Gewinnabführungs- oder Teilgewinnabführungsvertrags erhaltene Gewinne (Mutter)	Gem. § 277 Abs. 3 S. 2 HGB sind auf Grund einer Gewinngemeinschaft, eines Gewinnabführungs- oder eines Teilgewinnabführungsvertrags erhaltene Gewinne jeweils gesondert unter entsprechender Bezeichnung auszuweisen. Für diesen Ausweis ist die Taxonomieposition - ebenso wie (wahlweise) die Unterpositionen - vorgesehen.	MF, KN
G	5	Erträge aus anderen Wertpapieren und Ausleihungen des Finanzanlagevermögens	Beteiligungserträge von Kapitalgesellschaften bzw. von Personengesellschaften sind steuerlich unterschiedlich zu behandeln (Teileinkünfteverfahren, § 8b KStG, gewerbesteuerliche Kürzungen bzw. Hinzurechnungen). Die Erträge sind deshalb aufzuteilen.	SMF
G	6	Erträge aus Beteiligungen an Kapitalgesellschaften		MF
G	6	Erträge aus Beteiligungen an Personengesellschaften		MF
G	6	Erträge aus Beteiligungen, nach Rechtsform der Beteiligung nicht zuordenbar	Die Position dient als Auffangposition, soweit eine detaillierte Zuordnung auf die in der gleichen Ebene vorhandenen Positionen nicht möglich ist.	RN AP
G	6	Erträge aus Ausleihungen an Gesellschaften und Gesellschafter [KapG / Mitunternehmer (PersG)]	z.B. Zinserträge aus Darlehen an verbundene Kapitalgesellschaften (AG, GmbH etc.); Personengesellschaften (GbR, OHG, KG etc.); an GmbH-Gesellschafter bzw. an Gesellschafter von Personengesellschaften.	RN

G	6	Zins- und Dividendenerträge	Übrige Zins- und Dividendenerträge, die nicht unter die Positionen „Erträge aus Beteiligungen an Kapitalgesellschaften" und „Erträge aus Ausleihungen an Gesellschaften und Gesellschafter [KapG / Mitunternehmer (PersG)] fallen.	MF
G	6	erhaltene Ausgleichszahlungen (als außenstehender Aktionär)		RN
G	5	sonstige Zinsen und ähnliche Erträge		SMF
G	6	sonstige Zinsen und ähnliche Erträge aus Abzinsung	Beträge aus der Abzinsung von Verbindlichkeiten und Rückstellungen	MF
G	6	sonstige Zinsen und ähnliche Erträge im Zusammenhang mit Vermögensverrechnung		RN
G	6	Zinsen auf Einlagen bei Kreditinstituten und auf Forderungen an Dritte	Z.B. Zinsen aus Ausleihungen an Arbeitnehmer, Zinsen nach § 233a AO für Steuererstattungen betrieblicher Steuern. Zinsen aus Ausleihungen an Gesellschafter sind unter der Position „Erträge aus Ausleihungen an Gesellschaften [KapG / Mitunternehmer (PersG)] und Gesellschafter" zu erfassen. Soweit Zinsen nach § 233a AO enthalten sind, sind diese zusätzlich noch in der Taxonomieposition "Zinsen auf Einlagen bei Kreditinstituten und auf Forderungen an Dritte, davon Zinsen nach § 233a AO" nachrichtlich zu erfassen.	MF
G	7	Zinsen auf Einlagen bei Kreditinstituten und auf Forderungen an Dritte, davon nach Zinsen nach § 233a AO	Soweit Zinsen nach § 233a AO in der Taxonomieposition "Zinsen auf Einlagen bei Kreditinstituten und auf Forderungen an Dritte" enthalten sind, sind diese hier nachrichtlich darzustellen.	MF
G	6	Diskonterträge		MF
G	6	Zins- und Dividendenerträge aus Wertpapieren des Umlaufvermögens		MF
G	7	Zins- und Dividendenerträge aus Wertpapieren des Umlaufvermögens, davon Dividendenerträge		MF
G	6	Übrige / nicht zuordenbare sonstige Zinsen und ähnliche Erträge	Die Position dient zur Erfassung der übrigen sonstigen Zinsen und ähnlicher Erträge und als Auffangposition, soweit eine detaillierte Zuordnung auf die in der gleichen Ebene vorhandenen Positionen nicht möglich ist.	RN AP
G	5	Abschreibungen auf Finanzanlagen und auf Wertpapiere des Umlaufvermögens		SMF
G	6	Abschreibungen auf Finanzanlagen und auf Wertpapiere des Umlaufvermögens, davon an verbundene Unternehmen		MF
G	6	Abschreibungen auf Finanzanlagen	Außerplanmäßige Abschreibungen auf Finanzanlagen des Umlaufvermögens wie z.B. bei einer Beteiligung (§ 253 Abs. 3 S. 4 HGB).	MF
G	6	Einzelwertberichtigungen auf langfristige Ausleihungen	Aufwand, der aus dem (ganzen oder teilweisen) Ausfall von Ausleihungen (z.B. Darlehensforderungen) resultiert.	MF
G	6	Pauschalwertberichtigungen auf langfristige Ausleihungen	Pauschal ermittelter Aufwand, der aus dem (ganzen oder teilweisen) Ausfall von Ausleihungen (z.B. Darlehensforderungen) resultiert.	MF
G	6	übliche und unübliche Abschreibungen auf Wertpapiere des Umlaufvermögens		MF

G	6	Aufwendungen aufgrund von Verlustanteilen an Mitunternehmerschaften	Verluste aus Mitunternehmerschaften	MF
G	6	außerplanmäßige Abschreibungen auf Finanzanlagen	Außerplanmäßige Abschreibungen auf Finanzanlagen des Anlagevermögens wie z.B. bei einer Beteiligung (§ 253 Abs. 3 S. 4 HGB).	MF
G	6	Abschreibungen auf Finanzanlagen und auf Wertpapiere des Umlaufvermögens, nicht zuordenbar	Die Position dient als Auffangposition, soweit eine detaillierte Zuordnung auf die in der gleichen Ebene vorhandenen Positionen nicht möglich ist.	RN AP
G	5	Aufwendungen aus Verlustübernahmen (Mutter)	Gem. § 277 Abs. 3 S. 2 HGB sind Aufwendungen aus einer Verlustübernahme auf Grund einer Gewinngemeinschaft, eines Gewinnabführungs- oder eines Teilgewinnabführungsvertrags jeweils gesondert unter entsprechender Bezeichnung auszuweisen. Für diesen Ausweis ist die Taxonomieposition - ebenso wie (wahlweise) die Unterpositionen - vorgesehen.	MF, KN
G	5	Zinsen und ähnliche Aufwendungen	Alle Beträge, die vom Unternehmen für das aufgenommene Fremdkapital zu entrichten sind (beachte: § 4h EStG). Ähnliche Aufwendungen: z.B. Bankprovisionen und Kreditgebühren, Wechseldiskont, Bürgschafts- und Avalprovisionen, Aufwendungen aus Zinsswaps.	SMF
G	6	sonstige Zinsen und ähnliche Aufwendungen aus Abzinsung	Aufwendungen aus der Abzinsung von Verbindlichkeiten und Rückstellungen	MF
G	6	Zinsen		MF
G	7	Zinsen, davon Zinsen nach § 233a AO	Zinsen nach § 233a AO	MF
G	7	Zinsen, davon Zinsaufwendungen zur Finanzierung des Anlagevermögens i.S.d. § 4 Abs. 4a EStG	Zinsaufwendungen zur Finanzierung von Anschaffungs- oder Herstellungskosten von Wirtschaftsgütern des Anlagevermögens; dieser Schuldzinsenabzug bleibt von möglichen Abzugsbeschränkungen nach § 4 Abs. 4a EStG unberührt.	MF
G	6	Zinsanteil der Zuführungen zu Pensionsrückstellungen		RN
G	6	Diskontaufwendungen		RN
G	6	Abschreibungen auf ein Agio, Disagio oder Damnum		RN
G	6	Kreditprovisionen und Verwaltungskostenbeiträge		RN
G	6	Übrige / nicht zuordenbare sonstige Zinsen und ähnliche Aufwendungen	Die Position dient zur Erfassung von übrigen sonstigen Zinsen und ähnliche Aufwendungen und als Auffangposition, soweit eine detaillierte Zuordnung auf die in der gleichen Ebene vorhandenen Positionen nicht möglich ist.	RN AP
G	3	außerordentliches Ergebnis		SMF
G	4	außerordentliche Erträge		SMF
G	5	außerordentliche Erträge aus der Anwendung des EGHGB		RN
G	5	Erträge durch Stilllegung von Betriebsteilen		RN
G	5	Erträge durch Verkauf von bedeutenden Grundstücken		RN
G	5	Erträge durch Verkauf von bedeutenden Beteiligungen		RN
G	5	Erträge durch Verschmelzung und Umwandlung	Steuerlich kein Ansatz gem. § 12 Abs. 2 S. 1 UmwStG, wird im Rahmen der Körperschaftsteuerveranlagung neutralisiert.	MF
G	5	andere außerordentliche Erträge	Die Position dient zur Erfassung anderer außerordentlicher Erträge und als Auffangposition, soweit eine detaillierte Zuordnung auf die in der gleichen Ebene vorhandenen Positionen nicht möglich ist.	RN AP

G	4	außerordentliche Aufwendungen		SMF
G	5	außerordentliche Aufwendungen aus der Anwendung des EGHGB		RN
G	5	Verluste durch Stilllegung von Betriebsteilen		RN
G	5	Verluste durch Verschmelzung und Umwandlung	Steuerlich kein Ansatz gem. § 12 Abs. 2 S. 1 UmwStG, da die Verluste im Rahmen der Körperschaftsteuerveranlagung zu berücksichtigen sind.	MF
G	5	Verluste durch außergewöhnliche Schadensfälle		RN
G	5	Aufwendungen für Restrukturierungs- und Sanierungsmaßnahmen		RN
G	5	andere außerordentliche Aufwendungen, nicht zuordenbar		RN AP
G	3	Steuern vom Einkommen und vom Ertrag	In dieser Position sind sowohl Steuernachzahlungen als auch Steuererstattungen bzw. Erträge aus der Auflösung von Steuerrückstellungen (Steuern vom Einkommen und Ertrag) zu erfassen. Die Zinsen nach § 233a AO sind jedoch nicht hier sondern unter der Position "Zinsen auf Einlagen an Kreditinstituten und auf Forderungen an Dritte" sowie nachrichtlich unter der Position „davon Zinsen nach § 233a AO" zu erfassen.	MF, KN
G	3	sonstige Steuern	In dieser Position sind sowohl Steuernachzahlungen als auch Steuererstattungen bzw. Erträge aus der Auflösung von Steuerrückstellungen (sonstige Steuern) zu erfassen (§ 275 Abs. 3 Nr. 18 HGB).	MF, KN
G	3	Sammelposten für Gewinnänderungen aus der Überleitungsrechnung	Dieser Posten darf weder in einer Handelsbilanz noch in einer Steuerbilanz, sondern nur in der Überleitungsrechnung übermittelt werden.	RN
G	3	Ergebnis der ausländischen Betriebsstätten, soweit aus der/den für die ausländische(n) Betriebsstätte(n) geführten Buchführung(en) nicht anders zuordenbar	Die Position dient als Auffangposition für die GuV-Positionen ausländischer Betriebsstätten, soweit keine detaillierte Zuordnung zu den im Berichtsbestandteil „Gewinn- und Verlustrechnung" vorhandenen Positionen möglich ist.	RN AP AB

## 15.1.3	Personengesellschaften

		Position	Kommentar der Finanzverwaltung	Feldart
B	2	Bilanzsumme, Summe Aktiva	Dieser Wert muss der Bilanzsumme, Summe Passiva entsprechen	SMF
B	3	Rückständige Einzahlungen		RN
B	3	Bilanzierungshilfe	Die Position ist nur in der Handelsbilanz zulässig. § 269 HGB wurde durch das BilMoG aufgehoben. Es besteht daher keine Möglichkeit mehr, eine Bilanzierungshilfe in Anspruch zu nehmen. Gemäß Art. 67 Abs. 5 EGHGB können die nach bisherigem Recht in einem Jahresabschluss für ein vor dem 1.1.2010 endendes Geschäftsjahr angesetzten Beträge unter Anwendung der für sie geltenden Vorschriften des HGB a.F. fortgeführt werden. Steuerlich ist eine Bilanzierungshilfe mangels Wirtschaftsguteigenschaft nicht zulässig und muss im Rahmen der Überleitungsrechnung eliminiert werden.	RN
B	3	Anlagevermögen		SMF
B	4	Immaterielle Vermögensgegenstände		SMF
B	5	Selbst geschaffene gewerbliche Schutzrechte und ähnliche Rechte und Werte	Nicht aufgenommen werden unter diesem Posten selbstgeschaffene Marken, Drucktitel, Verlagsrechte, Kundenlisten oder vergleichbare immaterielle VG des Anlagevermögens (§ 248 Abs. 2 S. 2 HGB). Handelsrechtlich besteht ein Aktivierungswahlrecht. Steuerlich ist diese Position nicht zulässig und muss im Rahmen der Überleitungsrechnung eliminiert werden. Zur zeitlichen Anwendung Hinweis auf Art. 66 Abs. 7 EGHGB.	RN
B	5	entgeltlich erworbene Konzessionen, gewerbliche Schutz- und ähnliche Rechte und Werte sowie Lizenzen an solchen Rechten und Werten	Die Aktivierungspflicht der Posten ist weit gefasst. Neben rechtlich abgesicherten Positionen (Konzessionen, Schutzrechte) sind auch ähnliche Rechte wie Nutzungsrechte und Wettbewerbsverbote zu aktivieren.	MF, KN
B	6	entgeltlich erworbene Konzessionen, gewerbliche Schutz- und ähnliche Rechte und Werte sowie Lizenzen an solchen Rechten und Werten, soweit aus der/den für die ausländische(n) Betriebsstätte(n) geführten Buchführung(en) nicht anders zuordenbar	Die Position dient als Auffangposition für Vermögensgegenstände ausländischer Betriebsstätten, soweit keine detaillierte Zuordnung auf die unter der Position entgeltlich erworbene Konzessionen, gewerbliche Schutz- und ähnliche Rechte und Werte sowie Lizenzen an solchen Rechten und Werten vorhandenen Positionen möglich ist.	AP AB
B	5	Geschäfts-, Firmen- oder Praxiswert	Anders als die Regelung des § 7 Abs. 1 S. 3 EStG trifft das HGB über die Dauer des Abschreibungszeitraums keine typisierende Bestimmung. Allerdings regelt § 285 Abs. 13 HGB n.F. dass die Gründe, welche die Annahme einer betrieblichen Nutzungsdauer eines entgeltlich erworbenen Geschäfts- oder Firmenwert von mehr als 5 Jahren rechtfertigen, im Anhang anzugeben sind. Sofern aufgrund dieser Vorschriftenregelung die handelsrechtliche von der steuerrechtlichen Nutzungsdauer abweicht, ist im Rahmen der Überleitungsrechnung eine Anpassung herbeizuführen.	MF, KN

B	6	Geschäfts-, Firmen- oder Praxiswert, soweit aus der/den für die ausländische(n) Betriebsstätte(n) geführten Buchführung(en) nicht anders zuordenbar	Die Position dient als Auffangposition für Vermögensgegenstände ausländischer Betriebsstätten, soweit keine detaillierte Zuordnung auf die unter der Position Geschäfts-, Firmen- oder Praxiswert vorhandenen Positionen möglich ist.	AP AB
B	5	geleistete Anzahlungen (immaterielle Vermögensgegenstände)	Hier sind nur Anzahlungen auf entgeltlich erworbene immaterielle Vermögensgegenstände aufzunehmen.	MF, KN
B	5	sonstige immaterielle Vermögensgegenstände	Hier sind nur Anzahlungen auf entgeltlich erworbene immaterielle Vermögensgegenstände aufzunehmen.	RN
B	4	Sachanlagen		SMF
B	5	Grundstücke, grundstücksgleiche Rechte und Bauten einschließlich der Bauten auf fremden Grundstücken	Lt. Beck'schem Bilanzkommentar besteht dieser Posten des § 266 HGB aus den vier als Mussfelder ausgewiesenen Positionen (siehe Unterpositionen).	SMF
B	6	unbebaute Grundstücke	Hier sind ausschließlich unbebaute Grundstücke auszuweisen. Der Grund und Boden bei bebauten Grundstücken ist in der Position "Bauten auf eigenen Grundstücken und grundstücksgleichen Rechten, davon Grund und Boden-Anteil" auszuweisen.	MF, KN
B	6	grundstücksgleiche Rechte ohne Bauten	Grundstücksgleiche Rechte sind Rechte, die den Vorschriften des bürgerlichen Rechts über Grundstücke unterliegen (z.B. Erbbaurecht).	MF, KN
B	6	Bauten auf eigenen Grundstücken und grundstücksgleichen Rechten	Die Position umfasst sowohl den Wert der Bauten als auch den Wert der Grundstücke.	MF, KN
B	7	Bauten auf eigenen Grundstücken und grundstücksgleichen Rechten, davon Grund und Boden-Anteil	Der in der Position „Bauten auf eigenen Grundstücken und grundstücksgleichen Rechten" enthaltene Anteil des Grund und Bodens ist hier gesondert auszuweisen.	MF
B	6	Bauten auf fremden Grundstücken	Hier sind auch die Mietereinbauten, sofern es sich um keine technischen Anlagen und Maschinen handelt, einzutragen. Die Abgrenzung ist nach dem Erlass vom 15.01.1976, BStBl. I 1976 S. 66, vorzunehmen.	MF, KN
B	6	Übrige Grundstücke, nicht zuordenbar	Die Position die übrigen Grundstücke. Darüber dient sie als Auffangposition, soweit eine detaillierte Zuordnung auf die in der gleichen Ebene vorhandenen Positionen nicht möglich ist.	RN AP
B	6	Grundstücke, grundstücksgleiche Rechte und Bauten einschließlich der Bauten auf fremden Grundstücken, soweit aus der/den für die ausländische(n) Betriebsstätte(n) geführten Buchführung(en) nicht anders zuordenbar	Die Position dient als Auffangposition für Vermögensgegenstände ausländischer Betriebsstätten, soweit keine detaillierte Zuordnung auf die unter der Position Grundstücke, grundstücksgleiche Rechte und Bauten einschließlich der Bauten auf fremden Grundstücken vorhandenen Positionen möglich ist.	RN AP AB
B	5	technische Anlagen und Maschinen	Hierzu gehören alle Anlagen und technischen Maschinen, die der Produktion dienen. Auch Mietereinbauten, sofern es sich nicht um Bauten auf fremden Grundstücken handelt. Die Abgrenzung ist nach dem Erlass vom 15.01.1976, BStBl. I 1976 S. 66 vozunehmen.	MF
B	6	technische Anlagen und Maschinen, soweit aus der/den für die ausländische(n) Betriebsstätte(n) geführten Buchführung(en) nicht anders zuordenbar	Die Position dient als Auffangposition für Vermögensgegenstände ausländischer Betriebsstätten, soweit keine detaillierte Zuordnung auf die unter der Position technische Anlagen und Maschinen vorhandenen Positionen möglich ist.	AP AB

B	5	andere Anlagen, Betriebs- und Geschäftsausstattung	Hierzu zählen alle Gegenstände der Büro- und Werkstatteinrichtung, EDV-Hardware, Telefonanlagen, Arbeitsgeräte, Kraftwagen, sonstige Fahrzeuge, Transportbehälter, Werkzeuge und Baustellencontainer.	MF, KN
B	6	andere Anlagen, Betriebs- und Geschäftsausstattung, soweit aus der/den für die ausländische(n) Betriebsstätte(n) geführten Buchführung(en) nicht anders zuordenbar	Die Position dient als Auffangposition für Vermögensgegenstände ausländischer Betriebsstätten, soweit keine detaillierte Zuordnung auf die unter der Position andere Anlagen, Betriebs- und Geschäftsausstattung vorhandenen Positionen möglich ist.	AP AB
B	5	Geschäfts- und Vorführwagen	Diese Position gilt nur für Autohäuser. Die PKW sind im Übrigen unter der Position Andere Anlagen, Betriebs- und Geschäftsausstattung zu erfassen.	RN
B	5	geleistete Anzahlungen und Anlagen im Bau	Geleistete Anzahlungen sind Vorleistungen auf eine von dem anderen Vertragsteil zu erbringende Lieferung oder Leistung. Anlagen im Bau umfassen die bis zum Bilanzstichtag getätigten Investitionen für Gegenstände des Sachanlagevermögens, die am Bilanzstichtag noch nicht fertig gestellt sind.	MF, KN
B	6	geleistete Anzahlungen und Anlagen im Bau, soweit aus der/den für die ausländische(n) Betriebsstätte(n) geführten Buchführung(en) nicht anders zuordenbar	Die Position dient als Auffangposition für Vermögensgegenstände ausländischer Betriebsstätten, soweit keine detaillierte Zuordnung auf die unter der Position geleistete Anzahlungen und Anlagen im Bau vorhandenen Positionen möglich ist.	AP AB
B	5	sonstige Sachanlagen	Sammelposten für alle den vorgenannten Positionen nicht zuordenbare Sachanlagen	MF
B	6	übrige sonstige Sachanlagen, nicht zuordenbare Sachanlagen		AP
B	4	Finanzanlagen		SMF
B	5	Anteile an verbundenen Unternehmen	Anteile im Sinne des § 271 Abs. 2 HGB. § 15 AktG ist hier nicht anzuwenden.	SMF
B	6	Anteile an Personengesellschaften	z.B. Anteile an KG, GmbH und Co. KG, OHG, GbR (Mitunternehmerschaft). Zur Abgrenzung bei ausländischen Rechtsformen vgl. BMF vom 24.12.1999, IV B 4 –S 1300 – 111/99, BStBl 1999 I S. 1076. Steuerbilanziell ist der Wertansatz nach der sog. Spiegelbildmethode vorzunehmen. Abweichungen zwischen HB- und StB-Wert sind in der Überleitungsrechnung darzustellen. Die Untergliederung in „Anteile an Personengesellschaften" und „Anteile an Kapitalgesellschaften" soll rein steuerlich verstanden werden. Bei Einreichung einer Handelsbilanz können die entsprechenden Positionen leer übermittelt werden. Die Positionen sind nur für die steuerliche Überleitungsrechnung oder bei Einreichung einer originären Steuerbilanz zu verwenden.	MF, KN
B	6	Anteile an Kapitalgesellschaften	z. B. Aktien, GmbH-Anteile Zur Abgrenzung bei ausländischen Rechtsformen vgl. BMF vom 24.12.1999, IV B 4 –S 1300 – 111/99, BStBl 1999 I S. 1076. Die Untergliederung in „Anteile an Personengesellschaften" und „Anteile an Kapitalgesellschaften" soll rein steuerlich verstanden werden. Bei Einreichung einer Handelsbilanz können die entsprechenden Positionen leer übermittelt werden. Die Positionen sind nur für die steuerliche Überleitungsrechnung oder bei Einreichung einer originären Steuerbilanz zu verwenden.	MF, KN
B	6	Anteile an verbundenen Unternehmen, nach Rechtsform nicht zuordenbar		RN AP

B	6	Anteile an verbundenen Unternehmen, soweit aus der/den für die ausländische(n) Betriebsstätte(n) geführten Buchführung(en) nicht anders zuordenbar	Die Position dient als Auffangposition für Vermögensgegenstände ausländischer Betriebsstätten, soweit keine detaillierte Zuordnung auf die unter der Position Anteile an verbundenen Unternehmen vorhandenen Positionen möglich ist.	RN AP AB
B	5	Ausleihungen an Gesellschafter	Unter Ausleihungen werden ausschließlich Forderungen verstanden, welche unter Hingabe von Kapital erworben wurden. Auch partiarische Darlehen sind hier zu erfassen. Nicht Forderungen aus Lieferungen und Leistungen, auch wenn sie langfristig sind. Nicht bei Aktiengesellschaft verwendbar.	SMF
B	6	Ausleihungen an GmbH-Gesellschafter und stille Gesellschafter	Unter Ausleihungen werden ausschließlich Forderungen verstanden, welche unter Hingabe von Kapital erworben wurden. Auch partiarische Darlehen sind hier zu erfassen. Nicht Forderungen aus Lieferungen und Leistungen, auch wenn sie langfristig sind. Nicht bei Aktiengesellschaft verwendbar.	MF, KN
Bilanz	6	Ausleihungen an persönlich haftende Gesellschafter	Unter Ausleihungen werden ausschließlich Forderungen verstanden, welche unter Hingabe von Kapital erworben wurden. Auch partiarische Darlehen sind hier zu erfassen. Nicht Forderungen aus Lieferungen und Leistungen, auch wenn sie langfristig sind.	MF, KN
Bilanz	6	Ausleihungen an Kommanditisten	Unter Ausleihungen werden ausschließlich Forderungen verstanden, welche unter Hingabe von Kapital erworben wurden. Auch partiarische Darlehen sind hier zu erfassen. Nicht Forderungen aus Lieferungen und Leistungen, auch wenn sie langfristig sind.	MF, KN
B	6	Ausleihungen an Gesellschafter, nicht nach Rechtsform des Gesellschafters zuordenbar	Unter Ausleihungen werden ausschließlich Forderungen verstanden, welche unter Hingabe von Kapital erworben wurden. Auch partiarische Darlehen sind hier zu erfassen. Nicht Forderungen aus Lieferungen und Leistungen, auch wenn sie langfristig sind.	RN AP
B	5	Ausleihungen an verbundene Unternehmen		SMF
B	6	Ausleihungen an verbundene Unternehmen, soweit Personengesellschaften	Hier sind Ausleihungen aufzuführen, bei denen das verbundene Unternehmen eine Personengesellschaft ist. Liegen die Voraussetzungen des § 15 Abs. 1 Nr. 2 S. 1 2. HS EStG vor (Vergütungen für die Hingabe von Darlehen), so ist die Ausleihung (Forderung) steuerlich als Sonderbetriebsvermögen bei der Untergesellschaft zu erfassen. Nach den Grundsätzen der spiegelbildlichen Bilanzierung ist der handelsrechtliche Posten „Ausleihungen an Personengesellschaften" in der Steuerbilanz zugunsten des Beteiligungsbuchwertes aufzulösen (Überleitungsrechnung).	MF, KN
B	6	Ausleihungen an verbundene Unternehmen, soweit Kapitalgesellschaften	Hier sind Ausleihungen aufzuführen, bei denen das verbundene Unternehmen eine Kapitalgesellschaft ist.	MF, KN
B	6	Ausleihungen an verbundene Unternehmen, soweit Einzelunternehmen		RN
B	6	Ausleihungen an verbundene Unternehmen, nach Rechtsform nicht zuordenbar		RN AP
B	6	Ausleihungen an verbundene Unternehmen, soweit aus der/den für die ausländische(n) Betriebsstätte(n) geführten Buchführung(en) nicht anders zuordenbar	Die Position dient als Auffangposition für Vermögensgegenstände ausländischer Betriebsstätten, soweit keine detaillierte Zuordnung auf die unter der Position Ausleihungen an verbundene Unternehmen vorhandenen Positionen möglich ist.	RN AP AB

B	5	Beteiligungen	nicht jedoch Anteile an verbundenen Unternehmen nach § 271 Abs. 2 HGB, § 6 Abs. 1 Nr. 2 EStG	SMF
B	6	Beteiligungen an Personengesellschaften	z.B. Anteile an KG, GmbH und Co. KG, OHG, GbR (Mitunternehmerschaft). Atypisch stille Beteiligungen werden nicht hier sondern unter „stillen Beteiligungen" erfasst. Anteile an verbundenen Unternehmen nach § 271 Abs. 2 HGB, § 6 Abs. 1 Nr. 2 EStG werden unter „Anteile an verbundenen Unternehmen" erfasst. Zur Abgrenzung bei ausländischen Rechtsformen vgl. BMF vom 24.12.1999, IV B 4 –S 1300 – 111/99, BStBl 1999 I S. 1076. Steuerbilanziell ist der Wertansatz nach der sog. Spiegelbildmethode vorzunehmen. Abweichungen zwischen HB- und StB-Wert sind in der Überleitungsrechnung darzustellen.	MF, KN
B	6	Beteiligungen an Kapitalgesellschaften	z. B. Aktien, GmbH-Anteile Anteile an verbundenen Unternehmen nach § 271 Abs. 2 HGB, § 6 Abs. 1 Nr. 2 EStG werden unter „Anteile an verbundenen Unternehmen" erfasst. Zur Abgrenzung bei ausländischen Rechtsformen vgl. BMF vom 24.12.1999, IV B 4 –S 1300 – 111/99, BStBl 1999 I S. 1076.	MF, KN
B	6	stille Beteiligungen		SMF
B	7	typisch stille Beteiligung	Stille Gesellschaft i.S.d. § 230 HGB ohne Beteiligung am Vermögen des Unternehmens.	MF, KN
B	7	atypisch stille Beteiligung	Stille Gesellschaft i.S.d. § 230 HGB, aber mit weitergehenden Rechten des Beteiligten, insbesondere Beteiligung am Vermögen des Unternehmens. Die atypisch stille Beteiligung ist steuerrechtlich eine Mitunternehmerschaft.	MF, KN
B	6	sonstige Beteiligungen, nach Rechtsform nicht zuordenbar		RN AP
B	6	Beteiligungen, soweit aus der/den für die ausländische(n) Betriebsstätte(n) geführten Buchführung(en) nicht anders zuordenbar	Die Position dient als Auffangposition für Vermögensgegenstände ausländischer Betriebsstätten, soweit keine detaillierte Zuordnung auf die unter der Position Beteiligungen vorhandenen Positionen möglich ist.	RN AP AB
B	5	Ausleihungen an Unternehmen, mit denen ein Beteiligungsverhältnis besteht		SMF
B	6	Ausleihungen an Personengesellschaften	Hier sind Ausleihungen aufzuführen, bei denen die Beteiligung an einer Personengesellschaft besteht. Liegen die Voraussetzungen des § 15 Abs. 1 Nr. 2 S. 1 2. HS EStG vor (Vergütungen für die Hingabe von Darlehen) so ist die Ausleihung (Forderung) steuerlich als Sonderbetriebsvermögen bei der Untergesellschaft zu erfassen. Nach den Grundsätzen der spiegelbildlichen Bilanzierung ist der handelsrechtliche Posten „Ausleihungen an Personengesellschaften" in der Steuerbilanz zugunsten des Beteiligungsbuchwertes aufzulösen (Überleitungsrechnung).	MF, KN
B	6	Ausleihungen an Kapitalgesellschaften	Hier sind Ausleihungen aufzuführen, bei denen die Beteiligung an einer Kapitalgesellschaft besteht.	MF, KN
B	6	Ausleihungen an Unternehmen, mit denen ein Beteiligungsverhältnis besteht, nicht nach Rechtsform zuordenbar		RN AP
B	6	Ausleihungen an Unternehmen, mit denen ein Beteiligungsverhältnis besteht, soweit aus der/den für die ausländische(n) Betriebsstätte(n) geführten Buchführung(en) nicht anders zuordenbar	Die Position dient als Auffangposition für Vermögensgegenstände ausländischer Betriebsstätten, soweit keine detaillierte Zuordnung auf die unter der Position Ausleihungen an Unternehmen, mit denen ein Beteiligungsverhältnis besteht vorhandenen Positionen möglich ist.	RN AP AB

B	5	Wertpapiere des Anlagevermögens	Inhaber- und Orderpapiere, die nach Art und Ausstattung übertragbar und im Bedarfsfall verwertbar sind und der längerfristigen Kapitalanlage dienen.	MF
B	6	sonstige Wertpapiere des Anlagevermögens	Sammelposten für alle den vorgenannten Positionen nicht zuordenbare Ausleihungen	AP
B	6	Wertpapiere des Anlagevermögens, soweit aus der/den für die ausländische(n) Betriebsstätte(n) geführten Buchführung(en) nicht anders zuordenbar	Die Position dient als Auffangposition für Vermögensgegenstände ausländischer Betriebsstätten, soweit keine detaillierte Zuordnung auf die unter der Position Wertpapiere des Anlagevermögens, mit denen ein Beteiligungsverhältnis besteht vorhandenen Positionen möglich ist.	AP AB
B	5	sonstige Ausleihungen	Sammelposten für alle den vorgenannten Positionen nicht zuordenbare Finanzanlagen	MF
B	6	übrige sonstige Ausleihungen / nicht zuordenbare sonstige Ausleihungen		AP
B	6	sonstige Ausleihungen, soweit aus der/den für die ausländische(n) Betriebsstätte(n) geführten Buchführung(en) nicht anders zuordenbar	Die Position dient als Auffangposition für Vermögensgegenstände ausländischer Betriebsstätten, soweit keine detaillierte Zuordnung auf die unter der Position sonstige Ausleihungen vorhandenen Positionen möglich ist.	AP AB
B	5	sonstige Finanzanlagen		SMF
B	6	Genussrechte		RN
B	6	Genossenschaftsanteile (langfristiger Verbleib)		RN
B	6	Rückdeckungsansprüche aus Lebensversicherungen (langfristiger Verbleib)	Unabhängig vom handelsrechtlichen Bilanzausweis ist der Rückdeckungsanspruch steuerlich stets gesondert als Aktivposten zu erfassen (§ 5 Abs. 1a S. 1 EStG). Sofern handelsrechtlich ein saldierter Ausweis zwingend ist, ist im Rahmen der Überleitungsrechnung ein gesonderter Ausweis vorzunehmen (§ 246 Abs. 2 S. 2, 3 HGB)	MF
B	6	stille Beteiligungen innerhalb der sonstigen Finanzanlagen		RN
B	6	übrige sonstige Finanzanlagen / nicht zuordenbare sonstige Finanzanlagen		RN AP
B	3	Vermögensgegenstände zwischen Anlagevermögen und Umlaufvermögen		RN
B	3	Umlaufvermögen		SMF
B	4	Vorräte		SMF
B	5	Roh-, Hilfs- und Betriebsstoffe	Rohstoffe gehen bei Produktionsunternehmen als Hauptbestandteile und Hilfsstoffe als Bestandteile von untergeordneter Bedeutung in die Fertigung ein. Betriebsstoffe dienen der Fertigung sowie den übrigen betrieblichen Bereichen.	MF
B	6	Roh-, Hilfs- und Betriebsstoffe, soweit aus der/den für die ausländische(n) Betriebsstätte(n) geführten Buchführung(en) nicht anders zuordenbar	Die Position dient als Auffangposition für Vermögensgegenstände ausländischer Betriebsstätten, soweit keine detaillierte Zuordnung auf die unter der Position Roh-, Hilfs- und Betriebsstoffe vorhandenen Positionen möglich ist.	AP AB
B	5	unfertige Erzeugnisse, unfertige Leistungen	Unfertige Erzeugnisse sind noch nicht im verkaufsbereiten Zustand, es sind am Bilanzstichtag Herstellungskosten (Fertigungskosten, Materialkosten) angefallen.	MF
B	6	unfertige Erzeugnisse, unfertige Leistungen, soweit aus der/den für die ausländische(n) Betriebsstätte(n) geführten Buchführung(en) nicht anders zuordenbar	Die Position dient als Auffangposition für Vermögensgegenstände ausländischer Betriebsstätten, soweit keine detaillierte Zuordnung auf die unter der Position unfertige Erzeugnisse, unfertige Leistungen vorhandenen Positionen möglich ist.	AP AB

B	5	fertige Erzeugnisse und Waren	Fertige Erzeugnisse sind selbsthergestellt, verkaufsfertige Wirtschaftsgüter, auch selbst erzeugte Ersatzteile. Waren sind angeschaffte Gegenstände (Handelsware), d. h. keine Erzeugnisse.	MF
B	6	fertige Erzeugnisse und Waren, soweit aus der/den für die ausländische(n) Betriebsstätte(n) geführten Buchführung(en) nicht anders zuordenbar	Die Position dient als Auffangposition für Vermögensgegenstände ausländischer Betriebsstätten, soweit keine detaillierte Zuordnung auf die unter der Position fertige Erzeugnisse und Waren vorhandenen Positionen möglich ist.	AP AB
B	5	sonstige Vorräte		RN
B	5	geleistete Anzahlungen (Vorräte)	Anzahlungen auf Lieferungen von Vermögensgegenständen des Vorratsvermögens	MF
B	5	Vorräte, vor Absetzung von erhaltenen Anzahlungen		RN
B	5	erhaltene Anzahlungen auf Bestellungen (offen aktivisch abgesetzt)		RN
B	4	Forderungen und sonstige Vermögensgegenstände		SMF
B	5	Forderungen aus Lieferungen und Leistungen		MF
B	5	Forderungen aus dem Zentralregulierungs- und Delkrederegeschäft		RN
B	5	Forderungen gegen Gesellschafter	Auch Forderungen aus Lieferungen und Leistungen gegen Gesellschafter, soweit nicht in der Position Forderungen aus Lieferungen und Leistungen enthalten.	SMF
B	6	Forderungen gegen persönlich haftende Gesellschafter	Auch Forderungen aus Lieferungen und Leistungen gegen Gesellschafter, soweit nicht in der Position Forderungen aus Lieferungen und Leistungen enthalten.	MF
B	6	Forderungen gegen Kommanditisten und atypisch stille Gesellschafter	Auch Forderungen aus Lieferungen und Leistungen gegen Gesellschafter, soweit nicht in der Position Forderungen aus Lieferungen und Leistungen enthalten.	MF
B	6	Forderungen gegen typisch stille Gesellschafter	Auch Forderungen aus Lieferungen und Leistungen gegen Gesellschafter, soweit nicht in der Position Forderungen aus Lieferungen und Leistungen enthalten.	MF
B	6	Forderungen gegen sonstige Gesellschafter		RN
B	6	Forderungen gegen Gesellschafter, nach Rechtsform des Gesellschafters nicht zuordenbar	Auch Forderungen aus Lieferungen und Leistungen gegen Gesellschafter, soweit nicht in der Position Forderungen aus Lieferungen und Leistungen enthalten.	RN AP
Bilanz	5	Einzahlungsverpflichtungen persönlich haftender Gesellschafter und Kommanditisten		SMF
Bilanz	6	Einzahlungsverpflichtungen persönlich haftender Gesellschafter	Soweit der Verlust den Kapitalanteil übersteigt, ist er auf der Aktivseite unter der Bezeichnung „Einzahlungsverpflichtungen persönlich haftender Gesellschafter" unter den Forderungen gesondert auszuweisen, soweit eine Zahlungsverpflichtung besteht.	MF
Bilanz	6	Einzahlungsverpflichtungen von Kommanditisten	Soweit der Verlust den Kapitalanteil übersteigt, ist er auf der Aktivseite unter der Bezeichnung „Einzahlungsverpflichtungen Kommanditisten" unter den Forderungen gesondert auszuweisen, soweit eine Zahlungsverpflichtung besteht. Dasselbe gilt, wenn ein Kommanditist Gewinnanteile entnimmt, während sein Kapitalanteil durch Verlust unter den Betrag der geleisteten Einlage herabgemindert ist, oder soweit durch die Entnahme der Kapitalanteil unter den bezeichneten Betrag herabgemindert wird (ADS ErgBd. zur 6. Auflage, § 264c Anm. 21).	MF, KN

B	5	Forderungen gegen verbundene Unternehmen		MF, KN
B	6	Forderungen gegen verbundene Unternehmen, soweit aus der/den für die ausländische(n) Betriebsstätte(n) geführten Buchführung(en) nicht anders zuordenbar	Die Position dient als Auffangposition für Vermögensgegenstände ausländischer Betriebsstätten, soweit keine detaillierte Zuordnung auf die unter der Position Forderungen gegen verbundene Unternehmen vorhandenen Positionen möglich ist.	AP AB
B	5	Forderungen gegen Unternehmen, mit denen ein Beteiligungsverhältnis besteht	Liegen die Voraussetzungen des § 15 Abs. 1 Nr. 2 S. 1 2. HS EStG vor (Vergütungen für die Hingabe von Darlehen), so ist die Ausleihung (Forderung) steuerlich als Sonderbetriebsvermögen bei der Untergesellschaft zu erfassen. Nach den Grundsätzen der spiegelbildlichen Bilanzierung ist der handelsrechtliche Posten „Ausleihungen an Personengesellschaften" in der Steuerbilanz zugunsten des Beteiligungsbuchwertes aufzulösen (Überleitungsrechnung).	MF, KN
Bilanz	5	eingeforderte noch ausstehende Kapitaleinlagen persönlich haftender Gesellschafter		RN
Bilanz	5	eingeforderte noch ausstehende Kapitaleinlagen Kommanditisten		RN
B	5	sonstige Vermögensgegenstände		SMF
B	6	Genussrechte		RN
B	6	Einzahlungsansprüche zu Nebenleistungen oder Zuzahlungen		RN
B	6	Genossenschaftsanteile (kurzfristiger Verbleib)		RN
B	6	Rückdeckungsansprüche aus Lebensversicherungen (kurzfristiger Verbleib)	Unabhängig vom handelsrechtlichen Bilanzausweis ist der Rückdeckungsanspruch steuerlich stets gesondert als Aktivposten zu erfassen. Sofern handelsrechtlich ein saldierter Ausweis zwingend ist, ist im Rahmen der Überleitungsrechnung ein gesonderter Ausweis vorzunehmen.	MF
B	6	Umsatzsteuerforderungen	Die Position gilt für Forderungen sowohl gegenüber deutschen als auch gegenüber ausländischen Finanzbehörden.	RN
B	6	Gewerbesteuerüberzahlungen	Erstattungsansprüche entstehen mit Ablauf des Wirtschaftsjahres, ein Gewerbesteuerbescheid ist nicht notwendig. gilt für Forderungen gegenüber deutschen als auch ausländischen Finanzbehörden.	RN
B	6	Mindersteuern lt. Finanzverwaltung	Die Position gilt für Forderungen sowohl gegenüber deutschen als auch gegenüber ausländischen Finanzbehörden.	RN
B	6	Zinsen nach § 233a AO auf Mindersteuern lt. Finanzverwaltung	Die Position gilt für Forderungen sowohl gegenüber deutschen als auch gegenüber ausländischen Finanzbehörden.	RN
B	6	andere Forderungen gegen Finanzbehörden	Die Position gilt für Forderungen sowohl gegenüber deutschen als auch gegenüber ausländischen Finanzbehörden.	RN
B	6	Forderungen gegen Sozialversicherungsträger		RN
B	6	Forderungen und Darlehen an Mitarbeiter		RN
Bilanz	6	Forderungen und Darlehen an Organmitglieder		RN

B	6	Forderungen gegen Arbeitsgemeinschaften		RN
B	6	Sonstige Vermögensgegenstände gegenüber Gesellschaftern		RN
B	6	Übrige sonstige Vermögensgegenstände / nicht zuordenbare sonstige Vermögensgegenstände	Übrige sonstige Vermögensgegenstände, die nicht anderen Positionen zuzuordnen sind sowie Auffangposition, jedoch nur soweit eine detaillierte Zuordnung auf die in der gleichen Ebene vorhandenen Positionen nicht möglich ist.	RN AP
B	6	sonstige Vermögensgegenstände, soweit aus der/den für die ausländische(n) Betriebsstätte(n) geführten Buchführung(en) nicht anders zuordenbar	Die Position dient als Auffangposition für Vermögensgegenstände ausländischer Betriebsstätten, soweit keine detaillierte Zuordnung auf die unter der Position sonstige Vermögensgegenstände vorhandenen Positionen möglich ist.	RN AP AB
B	4	Wertpapiere des Umlaufvermögens		SMF
B	5	Anteile an verbundenen Unternehmen (Umlaufvermögen)	Hier sind die zur Veräußerung bestimmten Anteile auszuweisen, die zusätzlich zu den im Anlagevermögen ausgewiesenen Anteilen gehalten werden.	MF
B	5	sonstige Wertpapiere des Umlaufvermögens	Sonstige Wertpapiere des Umlaufvermögens sowie Auffangposition, soweit eine detaillierte Zuordnung auf die in der gleichen Ebene vorhandenen Positionen nicht möglich ist.	MF AP
B	5	nicht zuordenbare Wertpapiere des Umlaufvermögens		RN AP
B	4	Kassenbestand, Bundesbankguthaben, Guthaben bei Kreditinstituten und Schecks		SMF
B	5	Schecks		RN
B	5	Kasse	Zum Kassenbestand gehören alle Banknoten, Sorten sowie in- und ausländische Münzen, auch Nebenkassen und Automaten.	MF, KN
B	5	Bundesbankguthaben		RN
B	5	Guthaben bei Kreditinstituten		RN
B	5	Sonstige nicht zuordenbare flüssige Mittel	z.B. Cashpooling, soweit nicht als Forderungen an verbundene Unternehmen ausgewiesen sowie Auffangposition, soweit eine detaillierte Zuordnung auf die in der gleichen Ebene vorhandenen Positionen nicht möglich ist.	RN AP
B	5	Kassenbestand, Bundesbankguthaben, Guthaben bei Kreditinstituten und Schecks, soweit aus der/den für die ausländische(n) Betriebsstätte(n) geführten Buchführung(en) nicht anders zuordenbar	Die Position dient als Auffangposition für Vermögensgegenstände ausländischer Betriebsstätten, soweit keine detaillierte Zuordnung auf die unter der Position "Kassenbestand, Bundesbankguthaben, Guthaben bei Kreditinstituten und Schecks vorhandenen Positionen möglich ist.	RN AP AB
B	3	aktive Rechnungsabgrenzungsposten	Ausgaben vor dem Abschlussstichtag sind zu aktivieren, soweit sie Aufwand für einen bestimmten Zeitraum danach darstellen.	MF
B	4	aktive Rechnungsabgrenzungsposten, soweit aus der/den für die ausländische(n) Betriebsstätte(n) geführten Buchführung(en) nicht anders zuordenbar	Die Position dient als Auffangposition für aktive Rechnungsabgrenzungsposten ausländischer Betriebsstätten, soweit keine detaillierte Zuordnung auf die unter der Position aktive Rechnungsabgrenzungsposten vorhandenen Positionen möglich ist.	AP AB
B	3	Aktive latente Steuern		RN

B	3	Aktiver Unterschiedsbetrag aus der Vermögensverrechnung		RN
B	3	Aktiver Ausgleichsposten für Organschaftsverhältnisse beim Organträger	Gem. § 14 Abs. 4 S. 1 KStG ist für Minderabführungen, die ihre Ursache in organschaftlicher Zeit haben, in der Steuerbilanz des Organträgers ein besonderer aktiver Ausgleichsposten in Höhe des Betrags zu bilden, der dem Verhältnis der Beteiligung des Organträgers am Nennkapital der Organgesellschaft entspricht. Da der Ausweis auf der Vorschrift des § 14 Abs. 4 S. 1 KStG beruht, scheidet ein Ausweis in der Handelsbilanz aus. Bei der Übermittlung einer Handelsbilanz ist die Taxonomieposition "Aktiver Ausgleichsposten für Organschaftsverhältnisse beim Organträger" daher in der "Überleitungsrechnung" abzubilden.	MF
B	3	Allgemeiner aktiver steuerlicher Ausgleichsposten		RN
B	3	nicht durch Eigenkapital gedeckter Fehlbetrag / nicht durch Vermögenseinlagen gedeckter Verlustanteil		SMF
Bilanz	4	Nicht durch Vermögenseinlagen gedeckter Verlustanteil der persönlich haftenden Gesellschafter [Aktivseite]	Summe der Verluste der Gesellschaftergruppe persönlich haftender Gesellschafter, soweit diese die jeweiligen Kapitalanteile übersteigen. Bei Personenhandelsgesellschaften im Sinne des § 264a HGB ist ein saldierter Ausweis mit positiven Kapitalkonten anderer Gesellschafter in dieser Gesellschaftergruppe nicht zulässig.	SMF
Bilanz	5	Nicht gedeckter Verlustanteil persönlich haftender Gesellschafter [Aktivseite], Summe Anfangskapital	Summe der Eigenkapitalanteile zum Ende des vorangegangenen Wirtschaftsjahres (Gesellschaftergruppe persönlich haftende Gesellschafter) Technisch ist hingegen bei periodType als period/instant das Ende des aktuellen Wirtschaftsjahres einzutragen.	MF
Bilanz	5	Nicht gedeckter Verlustanteil persönlich haftender Gesellschafter [Aktivseite], Summe Kapitalanpassungen nach BilMoG	Summe der Kapitalanpassungen z.B. aufgrund einer Außenprüfung (Gesellschaftergruppe persönlich haftende Gesellschafter)	MF
Bilanz	5	Nicht gedeckter Verlustanteil persönlich haftender Gesellschafter [Aktivseite], Summe Kapitalanpassungen		RN
Bilanz	5	Nicht gedeckter Verlustanteil persönlich haftender Gesellschafter [Aktivseite], Summe Einlagen	Summe der Einlagen (Gesellschaftergruppe persönlich haftende Gesellschafter).	MF, KN
Bilanz	5	Nicht gedeckter Verlustanteil persönlich haftender Gesellschafter [Aktivseite], Summe Entnahmen	Summe der Entnahmen (Gesellschaftergruppe persönlich haftende Gesellschafter)	MF, KN
Bilanz	5	Nicht gedeckter Verlustanteil persönlich haftender Gesellschafter [Aktivseite], Summe Kapitaländerung durch Übertragung einer § 6b EStG Rücklage	Kapitalerhöhung durch Übertragung einer § 6b EStG-Rücklage auf Wirtschaftsgüter eines anderen Betriebs oder einer Personengesellschaft (R 6b.2 Abs. 7 EStR) oder Kapitalminderung durch Übertragung einer § 6b EStG Rücklage auf Wirtschaftsgüter des Betriebs (R 6b.2 Abs. 6 und 7 EStR) (Summe der Gesellschaftergruppe persönlich haftende Gesellschafter).	MF
Bilanz	5	Nicht gedeckter Verlustanteil persönlich haftender Gesellschafter [Aktivseite], Summe Jahresüberschuss		MF

Bilanz	5	Nicht gedeckter Verlustanteil persönlich haftender Gesellschafter [Aktivseite], Summe Kapitalumgliederungen	Summe aller Kapitalumgliederungen, z.B. bei Ausscheiden oder Wechsel der Gesellschafterstellung (Summe der Gesellschaftergruppe persönlich haftende Gesellschafter).	RN
Bilanz	4	Nicht durch Vermögenseinlagen gedeckter Verlustanteil der Kommanditisten [Aktivseite]	Summe der Verluste der Gesellschaftergruppe Kommanditisten soweit diese die jeweiligen Kapitalanteile übersteigen. Bei Personenhandelsgesellschaften im Sinne des § 264a HGB ist ein saldierter Ausweis mit positiven Kapitalkonten anderer Gesellschafter in dieser Gesellschaftergruppe nicht zulässig (vgl. IDW RS HFA 7.33 FN IDW 2008, 375; Förschle/Hoffmann in Beck Bil-Komm. § 264c Rz. 52).	SMF
Bilanz	5	Nicht gedeckter Verlustanteil Kommanditisten [Aktivseite], Summe Anfangskapital	Summe der Eigenkapitalanteile zum Ende des vorangegangenen Wirtschaftsjahres (Gesellschaftergruppe Kommanditisten) Technisch ist hingegen bei periodType als period/instant das Ende des aktuellen Wirtschaftsjahres einzutragen.	MF
Bilanz	5	Nicht gedeckter Verlustanteil Kommanditisten [Aktivseite], Summe Kapitalanpassungen nach BilMoG		MF
Bilanz	5	Nicht gedeckter Verlustanteil Kommanditisten [Aktivseite], Summe Kapitalanpassungen	Summe der Kapitalanpassungen z.B. aufgrund einer Außenprüfung (Gesellschaftergruppe Kommanditisten).	RN
Bilanz	5	Nicht gedeckter Verlustanteil Kommanditisten [Aktivseite], Summe Einlagen	Summe der Einlagen (Gesellschaftergruppe Kommanditisten).	MF, KN
Bilanz	5	Nicht gedeckter Verlustanteil Kommanditisten [Aktivseite], Summe Entnahmen	Summe der Entnahmen (Gesellschaftergruppe persönlich haftende Gesellschafter)	MF, KN
Bilanz	5	Nicht gedeckter Verlustanteil Kommanditisten [Aktivseite], Summe Kapitaländerung durch Übertragung einer § 6b EStG Rücklage	Kapitalerhöhung durch Übertragung einer § 6b EStG-Rücklage auf Wirtschaftsgüter eines anderen Betriebs oder einer Personengesellschaft (R 6b.2 Abs. 7 EStR) oder Kapitalminderung durch Übertragung einer § 6b EStG Rücklage auf Wirtschaftsgüter des Betriebs (R 6b.2 Abs. 6 und 7 EStR) (Summe der Gesellschaftergruppe Kommanditisten).	MF
Bilanz	5	Nicht gedeckter Verlustanteil Kommanditisten [Aktivseite], Summe Jahresüberschuss	Jahresüberschuss Kommanditisten: Jahresüberschuss/-fehlbetrag aus der Gewinn- und Verlustrechnung ohne außerbilanzielle Gewinnkorrekturen. Diese können mit Hilfe der Module „Steuerliche Gewinnermittlung" und „Steuerliche Gewinnermittlung bei Personengesellschaften" übermittelt werden (Summe der Gesellschaftergruppe Kommanditisten). Diese Position ist mit der Position "Jahresüberschuss lt. GuV" verknüpft (Übergangsfrist bei Personengesellschaften).	MF
Bilanz	5	Nicht gedeckter Verlustanteil Kommanditisten [Aktivseite], Summe Kapitalumgliederungen	Summe aller Kapitalumgliederungen, z.B. bei Ausscheiden oder Wechsel der Gesellschafterstellung (Summe der Gesellschaftergruppe Kommanditisten).	RN
Bilanz	4	Gesellschafterdarlehen mit Eigenkapital-Charakter [Aktivseite]	Die Position ist nur in der Handelsbilanz zulässig und muss im Rahmen der Überleitungsrechnung eliminiert werden.	RN
Bilanz	4	Nachrangiges Kapital [Aktivseite]		RN
Bilanz	4	Einlagen stiller Gesellschafter mit Eigenkapital-Charakter [Aktivseite]		RN
Bilanz	4	Rücklagen (gesamthänderisch gebunden)	Aufgrund einer gesellschaftsrechtlichen Vereinbarung gebildete Rücklagen von Personengesellschaften.	RN
B	3	sonstige Aktiva		RN

B	2	Bilanzsumme, Summe Passiva	Dieser Wert muss der Bilanzsumme, Summe Aktiva entsprechen.	SMF
B	3	Eigenkapital		SMF
B	4	gezeichnetes Kapital / Kapitalkonto/ Kapitalanteile		SMF
Bilanz	5	Kapitalanteile der persönlich haftenden Gesellschafter	Summe der Kapitalanteile der Gesellschaftergruppe persönlich haftende Gesellschafter. Bei Personenhandelsgesellschaften im Sinne des § 264a HGB ist ein saldierter Ausweis mit negativen Kapitalkonten anderer Gesellschafter in dieser Gesellschaftergruppe nicht zulässig.	SMF
Bilanz	6	Kapitalanteile der persönlich haftenden Gesellschafter, Summe Anfangskapital	Summe der Eigenkapitalanteile zum Ende des vorangegangenen Wirtschaftsjahres (Gesellschaftergruppe persönlich haftende Gesellschafter) Technisch ist hingegen bei periodType als period/instant das Ende des aktuellen Wirtschaftsjahres einzutragen.	MF
Bilanz	6	Kapitalanteile der persönlich haftenden Gesellschafter, Summe Kapitalanpassungen nach BilMoG		RN
Bilanz	6	Kapitalanteile der persönlich haftenden Gesellschafter, Summe Kapitalanpassungen	Summe der Kapitalanpassungen z.B. aufgrund einer Außenprüfung (Gesellschaftergruppe persönlich haftende Gesellschafter)	MF
Bilanz	6	Kapitalanteile der persönlich haftenden Gesellschafter, Summe Einlagen	Summe der Einlagen (Gesellschaftergruppe persönlich haftende Gesellschafter).	MF, KN
Bilanz	6	Kapitalanteile der persönlich haftenden Gesellschafter, Summe Entnahmen	Summe der Entnahmen (Gesellschaftergruppe persönlich haftende Gesellschafter).	MF, KN
Bilanz	6	Kapitalanteile der persönlich haftenden Gesellschafter, Summe Kapitaländerung durch Übertragung einer § 6b EStG Rücklage	Kapitalerhöhung durch Übertragung einer § 6b EStG-Rücklage auf Wirtschaftsgüter eines anderen Betriebs oder einer Personengesellschaft (R 6b.2 Abs. 7 EStR) oder Kapitalminderung durch Übertragung einer § 6b EStG Rücklage auf Wirtschaftsgüter des Betriebs (R 6b.2 Abs. 6 und 7 EStR) (Summe der Gesellschaftergruppe persönlich haftende Gesellschafter).	MF
Bilanz	6	Kapitalanteile der persönlich haftenden Gesellschafter, Summe Jahresüberschuss	Jahresüberschuss/-fehlbetrag aus der Gewinn- und Verlustrechnung ohne außerbilanzielle Gewinnkorrekturen. Diese können mit Hilfe der Module „Steuerliche Gewinnermittlung" und „Steuerliche Gewinnermittlung bei Personengesellschaften" übermittelt werden (Summe der Gesellschaftergruppe persönlich haftende Gesellschafter).	MF
Bilanz	6	Kapitalanteile der persönlich haftenden Gesellschafter, Summe Kapitalumgliederungen	Summe aller Kapitalumgliederungen, z.B. bei Ausscheiden oder Wechsel der Gesellschafterstellung (Summe der Gesellschaftergruppe persönlich haftende Gesellschafter).	MF
Bilanz	5	nicht eingeforderte ausstehende Einlagen der persönlich haftenden Gesellschafter	Erläuterungen zum Bilanzausweis bei Personenhandelsgesellschaften i.S.d. § 264a Abs. 1 HGB: Nach bisher geltender Rechtslage (§ 264a HGB, § 272 Abs. 1 HGB a.F. – also vor Geltung des BilMoG) durften ausstehende Einlagen auf den Kapitalanteil (Pflichteinlage) auf der Aktivseite der Bilanz vor dem Anlagevermögen in einem eigenen Posten ausgewiesen werden; gleichzeitig waren die davon eingeforderten Einlagen in diesem Posten zu vermerken (Bruttoausweis; vgl. § 272 Abs. 1 Satz 2 HGB a.F.). Nach dem BilMoG sind die nicht eingeforderten ausstehenden Einlagen auf die Pflichteinlage zwingend von dem Kapitalanteil offen abzusetzen; der verbleibende Betrag ist als Posten "Eingefordertes Kapital" in der Hauptspalte der Passivseite auszuweisen; der eingeforderte, aber noch nicht eingezahlte Betrag ist unter den Forderungen gesondert auszuweisen und entsprechend zu bezeichnen.	RN

Bilanz	5	Kapitalanteile der Kommanditisten	Summe der Kapitalanteile der Gesellschaftergruppe „Kommanditisten". Bei Personenhandelsgesellschaften im Sinne des § 264a HGB ist ein saldierter Ausweis mit negativen Kapitalkonten anderer Gesellschafter in dieser Gesellschaftergruppe nicht zulässig (vgl. IDW RS HFA 7.33 FN IDW 2008, 375; Förschle/Hoffmann in Beck Bil-Komm. § 264c Rz. 52).	SMF
Bilanz	6	Kapitalanteile der Kommanditisten, Summe Anfangskapital	Summe der Eigenkapitalanteile zum Ende des vorangegangenen Wirtschaftsjahres (Gesellschaftergruppe Kommanditisten). Technisch ist hingegen bei periodType als period/instant das Ende des aktuellen Wirtschaftsjahres einzutragen.	MF
Bilanz	6	Kapitalanteile der Kommanditisten, Summe Kapitalanpassungen nach BilMoG		RN
Bilanz	6	Kapitalanteile der Kommanditisten, Summe Kapitalanpassungen	Summe der Kapitalanpassungen z.B. aufgrund einer Außenprüfung (Gesellschaftergruppe Kommanditisten).	MF
Bilanz	6	Kapitalanteile der Kommanditisten, Summe Einlagen	Summe der Einlagen (Gesellschaftergruppe Kommanditisten).	MF, KN
Bilanz	6	Kapitalanteile der Kommanditisten, Summe Entnahmen	Summe der Entnahmen (Gesellschaftergruppe persönlich haftende Gesellschafter).	MF, KN
Bilanz	6	Kapitalanteile der Kommanditisten, Summe Kapitaländerung durch Übertragung einer § 6b EStG Rücklage	Kapitalerhöhung durch Übertragung einer § 6b EStG-Rücklage auf Wirtschaftsgüter eines anderen Betriebs oder einer Personengesellschaft (R 6b.2 Abs. 7 EStR) oder Kapitalminderung durch Übertragung einer § 6b EStG Rücklage auf Wirtschaftsgüter des Betriebs (R 6b.2 Abs. 6 und 7 EStR) (Summe der Gesellschaftergruppe Kommanditisten).	MF
Bilanz	6	Kapitalanteile der Kommanditisten, Summe Jahresüberschuss	Jahresüberschuss/-fehlbetrag aus der Gewinn- und Verlustrechnung ohne außerbilanzielle Gewinnkorrekturen. Diese können mit Hilfe der Module „Steuerliche Gewinnermittlung" und „Steuerliche Gewinnermittlung bei Personengesellschaften" übermittelt werden (Summe der Gesellschaftergruppe persönlich haftende Gesellschafter).	MF
Bilanz	6	Kapitalanteile der Kommanditisten, Summe Kapitalumgliederungen	Summe aller Kapitalumgliederungen, z.B. bei Ausscheiden oder Wechsel der Gesellschafterstellung (Summe der Gesellschaftergruppe Kommanditisten).	MF
Bilanz	5	nicht eingeforderte ausstehende Einlagen der Kommanditisten	Erläuterungen zum Bilanzausweis bei Personenhandelsgesellschaften i.S.d. § 264a Abs. 1 HGB: Nach bisher geltender Rechtslage (§ 264a HGB, § 272 Abs. 1 HGB a.F. – also vor Geltung des BilMoG) durften ausstehende Einlagen auf den Kapitalanteil (Pflichteinlage) auf der Aktivseite der Bilanz vor dem Anlagevermögen in einem eigenen Posten ausgewiesen werden; gleichzeitig waren die davon eingeforderten Einlagen in diesem Posten zu vermerken (Bruttoausweis; vgl. § 272 Abs. 1 Satz 2 HGB a. F.). Unter Geltung des BilMoG sind die nicht eingeforderten ausstehenden Einlagen auf die Pflichteinlage zwingend von dem Kapitalanteil offen abzusetzen; der verbleibende Betrag ist als Posten "Eingefordertes Kapital" in der Hauptspalte der Passivseite auszuweisen; der eingeforderte, aber noch nicht eingezahlte Betrag ist unter den Forderungen gesondert auszuweisen und entsprechend zu bezeichnen.	RN
Bilanz	4	Gesellschafterdarlehen mit EK-Charakter		RN
B	4	Genussrechtskapital mit Eigenkapital-Charakter	Genussrechte sind Gläubigerrechte schuldrechtlicher Art. Sie gewähren keine Mitgliedschaftsrechte (insbesondere kein Stimmrecht), jedoch Vermögensrechte, die typischerweise Gesellschaftern zustehen, meistens eine Beteiligung am Gewinn und/oder am Liquidationserlös.	RN

Bilanz	4	Nachrangiges Kapital (Eigenkapital-Charakter)	Hier sind Einlagen atypisch stiller Gesellschafter gemeint.	RN
B	4	Einlagen stiller Gesellschafter mit EK-Charakter		RN
Bilanz	4	Rücklagen (gesamthänderisch gebunden)	Aufgrund einer gesellschaftsrechtlichen Vereinbarung gebildete Rücklagen von Personengesellschaften.	MF
B	4	Gewinnrücklagen/Ergebnisrücklagen	Das Summenmussfeld "Gewinnrücklagen/Ergebnisrücklagen" hat die Summe aller entsprechenden Rücklagen auszuweisen.	SMF
Bilanz	5	Rücklage für Anteile an einem herrschenden oder mehrheitlich beteiligten Unternehmen		RN
Bilanz	5	satzungsmäßige Rücklagen		MF
Bilanz	5	Gewinnrücklage mit Ausschüttungssperre für aktivierte Aufwendungen für die Ingangsetzung und Erweiterung des Geschäftsbetriebs	Werden "ausschüttungsgesperrte" Beträge für "aktivierte Aufwendungen für die Ingangsetzung und Erweiterung des Geschäftsbetriebs" gesondert auf einem Gewinnrücklagenkonto verbucht, sind diese zu dieser Position zu übermitteln.	RN
Bilanz	5	Gewinnrücklage mit Ausschüttungssperre für einen aktivierten Abgrenzungsposten für latente Steuern	Werden "ausschüttungsgesperrte" Beträge für "einen aktivierten Abgrenzungsposten für latente Steuern" gesondert auf einem Gewinnrücklagenkonto verbucht, sind diese zu dieser Position zu übermitteln.	RN
Bilanz	5	Gewinnrücklage mit Ausschüttungssperre für aktivierte Aufwendungen im Zusammenhang mit der Euro-Umstellung	Werden "ausschüttungsgesperrte" Beträge für "aktivierte Aufwendungen im Zusammenhang mit der Euro-Umstellung" gesondert auf einem Gewinnrücklagenkonto verbucht, sind diese zu dieser Position zu übermitteln.	RN
Bilanz	5	Gewinnrücklage mit Ausschüttungssperre für selbst geschaffene immaterielle Vermögensgegenstände des Anlagevermögens unter Berücksichtigung der darauf entfallenden passiven latenten Steuern	Werden "ausschüttungsgesperrte" Beträge für "selbst geschaffene immaterielle Vermögensgegenstände des Anlagevermögens unter Berücksichtigung der darauf entfallenden passiven latenten Steuern" gesondert auf einem Gewinnrücklagenkonto verbucht, sind diese zu dieser Position zu übermitteln.	RN
Bilanz	5	Gewinnrücklage mit Ausschüttungssperre für zum beizulegenden Zeitwert bilanzierte Vermögensgegenstände, soweit dieser die Anschaffungskosten übersteigt unter Berücksichtigung der darauf entfallenden passiven latenten Steuern	Werden "ausschüttungsgespertte" Beträge für "zum beizulegenden Zeitwert bilanzierte Vermögensgegenstände" gesondert auf einem Gewinnrücklagenkonto verbucht, sind diese zu dieser Position zu übermitteln.	RN
Bilanz	5	Sonderrücklage	Kein gesonderter Ausweis bei einer Personengesellschaft.	MF
Bilanz	6	Sonderrücklage, Erläuterungen zur Sonderrücklage	Kein gesonderter Ausweis bei einer Personengesellschaft.	MF
Bilanz	5	andere Gewinnrücklagen	Kein gesonderter Ausweis bei einer Personengesellschaft.	MF
Bilanz	5	andere Ergebnisrücklagen		RN
Bilanz	4	Gewinn-/Verlustvortrag - bei Personen(handels)gesellschaften nach § 264 c HGB	Der Gewinnvortrag stellt die Restgröße aus der Gewinnverwendung des Bilanzgewinns des Vj. auf Grundlage des Beschlusses der Haupt- oder Gesellschafterversammlung dar, der nicht an die Gesellschafter ausgeschüttet oder in die Gewinnrücklagen eingestellt worden ist.	RN

Bilanz	4	Jahresüberschuss/-fehlbetrag (Bilanz) - bei Personen(handels)gesellschaften nach § 264 c HGB	Der Ausweis eines Jahresüberschusses ist nicht möglich, wenn der in der Bilanz ausgewiesene Kapitalanteil nach § 120 HGB entspricht. Besteht keine abweichende vertragliche Regelung im Gesellschaftsvertrag, wird das Eigenkapital einer OHG nur aus dem Posten Kapitalanteile bestehen. Das entspricht einer Bilanzierung nach vollständiger Ergebnisverwendung i.S.d. § 268 Abs. 1 HGB. Zum Ausweis eines Jahresüberschusses kommt es regelmäßig nur dann, wenn die Gesellschafter vereinbart haben, den Jahresüberschuss in voller Höhe zur Disposition der Gesellschafterversammlung zu stellen, die über die Ergebnisverwendung anlässlich der Feststellung des Jahresabschlusses beschließt.	RN
Bilanz	4	Bilanzgewinn / Bilanzverlust (Bilanz) - bei Personen(handels)gesellschaften nach § 264 c HGB	Ein Ausweis als Bilanzgewinn kommt bei Personengesellschaften dann in Betracht, wenn die Gesellschafter die Verwendung des Jahresüberschusses in die Disposition der Gesellschafterversammlung gestellt haben, die über die Ergebnisverwendung zu beschließen hat, und die Gesellschafterversammlung nur eine teilweise Verwendung des Jahresüberschusses beschließt. Von einer nur teilweisen Disposition der Gesellschafterversammlung über den Jahresüberschuss ist z.B. auszugehen, wenn bereits bei Aufstellung des Jahresabschlusses bestimmte Rücklagen gebildet werden dürfen oder wenn die Gesellschafter Vorabausschüttungen auf den Gewinn erhalten haben.	RN
B	4	steuerlicher Ausgleichsposten	Steuerliches Mehr- oder Minderkapital, insbesondere bei Kapitalgesellschaften.	RN
B	4	Währungsumrechnungsdifferenzen		RN
B	4	Nicht durch Eigenkapital gedeckter Fehlbetrag (Passivausweis)		RN
B	3	Sonderposten mit Rücklageanteil	Sonderposten mit Rücklageanteil sind Passivposten, die sowohl einen Fremdkapitalanteil als auch einen Eigenkapitalanteil (Rücklagenanteil) enthalten.	SMF
B	4	steuerfreie Rücklagen	Zu den steuerfreien Rücklagen gehören die Rücklage für Veräußerungsgewinne (§ 6b EStG), die Rücklage für Zuschüsse, die Rücklage für Ersatzbeschaffung (R 6.6 EStR) und weitere steuerfreie Rücklagen (z.B. aufgrund von Anwendungsregelungen des § 52 EStG).	SMF
B	5	Rücklage für Veräußerungsgewinne	Rücklagen für Veräußerungsgewinne nach § 6b EStG	MF
B	5	Rücklage für Zuschüsse		RN
B	5	Rücklage für Ersatzbeschaffung	Rücklagen für Ersatzbeschaffung nach R 6.6. EStR 2008, steuerfreie Rücklage in Höhe der aufgedeckten stillen Reserven, sofern bis zum Ende des Wirtschaftsjahres noch keine Ersatzbeschaffung vorgenommen wurde.	MF
B	5	Rücklage durch Vornahme von Ansparabschreibungen		RN
B	5	Rücklage nach dem Steuerentlastungsgesetz		RN
B	5	Übrige steuerfreie Rücklagen / nicht zuordenbare steuerfreie Rücklagen	Die Position dient zur Erfassung der übrigen steuerfreien Rücklagen und als Auffangposition, soweit eine detaillierte Zuordnung auf die in der gleichen Ebene vorhandenen Positionen nicht möglich ist.	RN AP
B	4	steuerrechtliche Sonderabschreibungen		RN
B	3	Sonstige Sonderposten	Zu den sonstigen Sonderposten gehören u.a. die Einlagen typisch stiller Gesellschafter, der passive Ausgleichsposten für Organschaftsverhältnisse beim Organträger und andere Sonderposten (z.B. § 4g EStG).	SMF

B	4	Einlagen stiller Gesellschafter		RN
B	4	Sonderposten für Investitionszulagen und für Zuschüsse Dritter		RN
Bilanz	4	Ausgleichsposten für aktivierte eigene Anteile		RN
Bilanz	4	Ausgleichsposten für aktivierte Bilanzierungshilfen (Personenhandelsgesellschaften)	Der Ausgleichsposten für aktivierte Bilanzierungshilfen (Personenhandelsgesellschaften) ist im Rahmen der Überleitungsrechnung aufzulösen, da der Ausweis nur in einer Handelsbilanz zulässig ist.	RN
B	4	Passiver Ausgleichsposten für Organschaftsverhältnisse beim Organträger	Gem. § 14 Abs. 4 S. 1 KStG ist für Mehrabführungen, die ihre Ursache in organschaftlicher Zeit haben, in der Steuerbilanz des Organträgers ein besonderer passiver Ausgleichsposten in Höhe des Betrags zu bilden, der dem Verhältnis der Beteiligung des Organträgers am Nennkapital der Organgesellschaft entspricht. Da der Ausweis auf der Vorschrift des § 14 Abs. 4 S. 1 KStG beruht, scheidet ein Ausweis in der Handelsbilanz aus. Bei der Übermittlung einer Handelsbilanz ist die Taxonomieposition "Passiver Ausgleichsposten für Organschaftsverhältnisse beim Organträger" daher in der „Überleitungsrechnung" abzubilden.	MF
B	4	Allgemeiner passiver steuerlicher Ausgleichsposten		RN
B	4	andere Sonderposten		MF
B	5	davon Auflösung des Ausgleichspostens bei Entnahmen § 4 g EStG	Der Ausschluss oder die Beschränkung des Besteuerungsrechts hinsichtlich des Gewinns aus der Veräußerung oder Nutzung eines Wirtschaftsguts steht einer Entnahme gleich (§ 4 Abs. 1 S. 3 EStG). Der Gewinn kann in einen Ausgleichsposten nach § 4g Abs. 1 EStG eingestellt werden, der im Wirtschaftsjahr der Bildung und in den vier folgenden Wirtschaftsjahren aufzulösen ist. Eine außerbilanzielle Darstellung ist („abzüglich sonstige Abrechnungen" und „zuzüglich Auflösung des Ausgleichsposten bei Entnahmen § 4g EStG") ebenfalls möglich.	MF
B	3	Rückstellungen		SMF
B	4	Rückstellungen für Pensionen und ähnliche Verpflichtungen		SMF
B	5	Rückstellungen für Pensionen und ähnliche Verpflichtungen, davon gegenüber Gesellschaftern oder nahestehenden Personen	Pensionsrückstellungen gegenüber Gesellschaftern (bei Kapital- und Personengesellschaften) oder nahestehenden Personen (z.B. Ehegatten). Eine steuerliche Relevanz besteht grundsätzlich ab einem Beteiligungsumfang von 1 %. In jedem Fall wird hier eine Übermittlung bei einem Beteiligungsumfang von mindestens 10 % erwartet.	MF
B	5	Rückstellung für Direktzusagen	Pensionsrückstellung, Direktzusage des Arbeitgebers auf Leistungen der betrieblichen Altersvorsorge ohne externen Durchführungsweg (keine Direktversicherung, Pensionskasse oder Pensionsfonds).	MF
B	5	Rückstellungen für Zuschussverpflichtungen für Pensionskassen und Lebensversicherungen (bei Unterdeckung oder Aufstockung)	Pensionsrückstellung, Zusage des Arbeitgebers auf Leistungen der betrieblichen Altersversorgung mit externen Durchführungsweg (z.B. Pensionskasse oder Lebensversicherung).	MF
B	5	Rückstellungen für Pensionen und ähnliche Verpflichtungen, nicht zuordenbar	Die Position dient als Auffangposition, soweit eine detaillierte Zuordnung auf die in der gleichen Ebene vorhandenen Positionen nicht möglich ist.	RN AP

B	5	Rückstellungen für Pensionen und ähnliche Verpflichtungen, soweit aus der/den für die ausländische(n) Betriebsstätte(n) geführten Buchführung(en) nicht anders zuordenbar	Die Position dient als Auffangposition für Rückstellungen ausländischer Betriebsstätten, soweit eine detaillierte Zuordnung auf die unter der Position "Rückstellungen für Pensionen und ähnliche Verpflichtungen" vorhandenen Positionen möglich ist.	RN AP AB
B	4	Steuerrückstellungen	Summe der Rückstellungen für ungewisse Steuerverbindlichkeiten (z.B. Gewerbesteuerrückstellung, Körperschaftsteuerrückstellung), solange die Ungewissheit nicht beseitigt ist	MF, KN
B	5	Steuerrückstellungen, soweit aus der/den für die ausländische(n) Betriebsstätte(n) geführten Buchführung(en) nicht anders zuordenbar	Die Position dient als Auffangposition für Rückstellungen ausländischer Betriebsstätten, soweit keine detaillierte Zuordnung auf die unter der Position Steuerrückstellungen vorhandenen Positionen möglich ist.	AP AB
B	4	sonstige Rückstellungen	Summe der sonstigen Rückstellungen ohne Pensions- und Steuerrückstellungen, z.B. für die Verpflichtung zur Aufstellung der Jahresabschlüsse, Verpflichtung zur Buchung laufender Geschäftsvorfälle, die Verpflichtung zur Aufbewahrung von Geschäftsunterlagen und Garantierückstellungen.	MF, KN
B	5	übrige sonstige Rückstellungen / nicht zuordenbare Rückstellungen	Die Position dient zur Erfassung der übrigen sonstigen Rückstellungen und als Auffangposition, soweit eine detaillierte Zuordnung auf die in der gleichen Ebene vorhandenen Positionen nicht möglich ist.	AP
B	5	sonstige Rückstellungen, soweit aus der/den für die ausländische(n) Betriebsstätte(n) geführten Buchführung(en) nicht anders zuordenbar	Die Position dient als Auffangposition für Rückstellungen ausländischer Betriebsstätten, soweit keine detaillierte Zuordnung auf die unter der Position sonstige Rückstellungen vorhandenen Positionen möglich ist.	AP AB
B	3	Verbindlichkeiten		SMF
B	4	Anleihen	Anleihen sind festverzinsliche Wertpapiere zur langfristigen Kapitalfinanzierung des Unternehmens, die als Fremdkapital zu behandeln sind.	MF
B	5	Anleihen, soweit aus der/den für die ausländische(n) Betriebsstätte(n) geführten Buchführung(en) nicht anders zuordenbar	Die Position dient als Auffangposition für Anleihen ausländischer Betriebsstätten, soweit keine detaillierte Zuordnung auf die unter der Position Anleihen vorhandenen Positionen möglich ist.	AP AB
B	4	Sonstige Schuldtitel / sonstige Finanzschulden	z.B. Inhaberorderschuldverschreibung, Genussscheine, commercial papers	RN
B	4	Verbindlichkeiten gegenüber Kreditinstituten	Sämtliche Verbindlichkeiten gegenüber Kreditinstituten (z.B. Darlehen, nicht geleistete Schuldzinsen, negative Bankkonten).	MF
B	5	Verbindlichkeiten gegenüber Kreditinstituten, soweit aus der/den für die ausländische(n) Betriebsstätte(n) geführten Buchführung(en) nicht anders zuordenbar	Die Position dient als Auffangposition für Verbindlichkeiten ausländischer Betriebsstätten, soweit keine detaillierte Zuordnung auf die unter der Position "Verbindlichkeiten gegenüber Kreditinstituten" vorhandenen Positionen möglich ist.	AP AB
B	4	erhaltene Anzahlungen auf Bestellungen	Bruttowert der erhaltenen Anzahlungen.	MF, KN
B	5	erhaltene Anzahlungen auf Bestellungen, soweit aus der/den für die ausländische(n) Betriebsstätte(n) geführten Buchführung(en) nicht anders zuordenbar	Die Position dient als Auffangposition für Verbindlichkeiten ausländischer Betriebsstätten, soweit keine detaillierte Zuordnung auf die unter der Position "erhaltene Anzahlungen auf Bestellungen gegenüber Kreditinstituten" vorhandenen Positionen möglich ist.	AP AB

B	4	Verbindlichkeiten aus Lieferungen und Leistungen		MF
Bilanz	5	Verbindlichkeiten aus Lieferungen und Leistungen, davon gegenüber Gesellschaftern	Zu übermitteln, soweit Verbindlichkeiten aus Lieferungen und Leistungen gegenüber Gesellschaftern nicht in der Taxonomieposton "Verbindlichkeiten gegenüber Gesellschaftern" enthalten sind.	MF
B	5	Verbindlichkeiten aus Lieferungen und Leistungen, soweit aus der/den für die ausländische(n) Betriebsstätte(n) geführten Buchführung(en) nicht anders zuordenbar	Die Position dient als Auffangposition für Verbindlichkeiten ausländischer Betriebsstätten, soweit keine detaillierte Zuordnung auf die unter der Position "Verbindlichkeiten aus Lieferungen und Leistungen" vorhandenen Positionen möglich ist.	AP AB
B	4	Verbindlichkeiten aus dem Zentralregulierungs- und Delkrederegeschäft		MF
B	4	Verbindlichkeiten aus der Annahme gezogener Wechsel und der Ausstellung eigener Wechsel	Summe der Verbindlichkeiten aus der Annahme gezogener Wechsel (Akzepte) und der Ausstellung eigener Wechsel (Solawechsel). Der Wechsel ist im Wechselgesetz (WG) geregelt.	MF
B	5	Verbindlichkeiten aus der Annahme gezogener Wechsel und der Ausstellung eigener Wechsel, soweit aus der/den für die ausländische(n) Betriebsstätte(n) geführten Buchführung(en) nicht anders zuordenbar	Die Position dient als Auffangposition für Verbindlichkeiten ausländischer Betriebsstätten, soweit keine detaillierte Zuordnung auf die unter der Position Verbindlichkeiten aus der Annahme gezogener Wechsel und der Ausstellung eigener Wechsel vorhandenen Positionen möglich ist.	AP AB
B	4	Verbindlichkeiten gegenüber Gesellschaftern	Verbindlichkeiten (Darlehen und grundsätzlich auch Verbindl. aus Lieferungen und Leistungen), die gegenüber Gesellschaftern (bei Kapital- und Personengesellschaften) bestehen. Die Verbindlichkeiten aus Lieferungen und Leistungen gegenüber Gesellschafter können auch bei der Taxonomieposition "Verbindlichkeiten aus Lieferungen und Leistungen" enthalten sein, dann ist jedoch zusätzlich die Taxonomieposition "Verbindlichkeiten aus Lieferungen und Leistungen, davon gegenüber Gesellschafter" zu übermitteln.	SMF
Bilanz	6	Verbindlichkeiten gegenüber Gesellschaftern, davon mit Restlaufzeit bis 1 Jahr gegenüber GmbH-Gesellschaftern und stillen Gesellschaftern		MF, KN
Bilanz	6	Verbindlichkeiten gegenüber Gesellschaftern, davon mit Restlaufzeit bis 1 Jahr und Verbindlichkeiten gegenüber persönlich haftenden Gesellschaftern		MF, KN
Bilanz	6	Verbindlichkeiten gegenüber Gesellschaftern, davon mit Restlaufzeit bis 1 Jahr und Verbindlichkeiten gegenüber Kommanditisten		MF, KN
B	5	Verbindlichkeiten gegenüber GmbH-Gesellschaftern und stillen Gesellschaftern	Verbindlichkeiten gegenüber GmbH – Gesellschaftern, die einen oder mehrere Geschäftsanteile im Sinne des GmbHG halten, und stillen Gesellschaftern (z.B. bei der GmbH & Still, §§ 230 bis 236 HGB).	MF, KN

Bilanz	5	Verbindlichkeiten gegenüber persönlich haftenden Gesellschaftern	Verbindlichkeiten gegenüber persönlichen haftenden Gesellschaftern (insbesondere Komplementäre bei Kommanditgesellschaften und Kommanditgesellschaften auf Aktien und Gesellschafter bei offenen Handelsgesellschaften und BGB - Gesellschaften).	MF, KN
Bilanz	5	Verbindlichkeiten gegenüber Kommanditisten	Verbindlichkeiten gegenüber Kommanditisten einer Kommanditgesellschaft.	MF, KN
B	4	Verbindlichkeiten gegenüber verbundenen Unternehmen		MF, KN
B	4	Verbindlichkeiten gegenüber Unternehmen, mit denen ein Beteiligungsverhältnis besteht		MF, KN
B	4	sonstige Verbindlichkeiten	Summe der sonstigen Verbindlichkeiten (z.B. Steuerverbindlichkeiten, Verbindlichkeiten im Rahmen der sozialen Sicherheit).	SMF
B	5	sonstige Verbindlichkeiten aus Steuern	Die Position gilt für Verbindlichkeiten sowohl gegenüber deutschen als auch gegenüber ausländischen Finanzbehörden.	RN
B	5	sonstige Verbindlichkeiten im Rahmen der sozialen Sicherheit		RN
B	5	Sonstige Verbindlichkeiten gegenüber Gesellschaftern	Sonstige Verbindlichkeiten gegenüber Gesellschaftern (bei Kapital- und Personengesellschaften).	MF
B	5	sonstige Verbindlichkeiten gegenüber Mitarbeitern		RN
B	5	sonstige Verbindlichkeiten aus partiarischen Darlehen		RN
B	5	sonstige Verbindlichkeiten gegenüber Arbeitsgemeinschaften		RN
B	5	sonstige Verbindlichkeiten aus Genussrechten mit Fremdkapitalcharakter		RN
B	5	übrige sonstige Verbindlichkeiten		RN
B	5	sonstige Verbindlichkeiten, soweit aus der/den für die ausländische(n) Betriebsstätte(n) geführten Buchführung(en) nicht anders zuordenbar	Die Position dient als Auffangposition für Verbindlichkeiten ausländischer Betriebsstätten, soweit keine detaillierte Zuordnung auf die unter der Position sonstige Verbindlichkeiten besteht vorhandenen Positionen möglich ist.	RN AP AB
B	3	passive Rechnungsabgrenzungsposten	Als passiver Rechnungsabgrenzungsposten sind Einnahmen vor dem Abschlussstichtag, soweit sie Ertrag für eine bestimmte Zeit nach diesem Tag darstellen, zu erfassen, z.B. Vereinnahmung einer Mietvorauszahlung.	MF
B	3	Passive latente Steuern		RN
G	2	Jahresüberschuss/-fehlbetrag	Diese Position ist mit dem Jahresüberschuss in der Bilanz bzw. der Ergebnisverwendung (bei Personengesellschaften: Übergangsregelung) verknüpft.	SMF
G	3	Ergebnis der gewöhnlichen Geschäftstätigkeit		SMF
G	4	Betriebsergebnis (GKV)		SMF
G	5	Rohergebnis (GKV)		SMF
G	6	Gesamtleistung (GKV)		SMF
G	7	Umsatzerlöse (GKV)	Hierunter fallen auch die Sonderbetriebseinnahmen von Mitunternehmern. Darunter fällt auch das Bereederungsentgelt, soweit die Bereederung durch einen Mitunternehmer durchgeführt wird. In diesem Fall ist zunächst das gesamte Bereederungsentgelt anzugeben. Davon ist außerbilanziell derjenige Teil zu kürzen, der gemäß BMF-Schreiben vom 31.10.2008, BStBl. I 2008, 956, Rz. 34 von der Abgeltungswirkung des § 5a Abs. 1 EStG erfasst ist.	SMF

G	8	in Umsatzerlöse (GKV) enthaltener Bruttowert	Hierunter fallen auch die Sonderbetriebseinnahmen von Mitunternehmern. Darunter fällt auch das Bereederungsentgelt, soweit die Bereederung durch einen Mitunternehmer durchgeführt wird. In diesem Fall ist zunächst das gesamte Bereederungsentgelt anzugeben. Davon ist außerbilanziell derjenige Teil zu kürzen, der gemäß BMF-Schreiben vom 31.10.2008, BStBl. I 2008, 956, RZ 34 von der Abgeltungswirkung des § 5a Abs. 1 EStG erfasst ist.	SMF
G	9	Erlöse aus Leistungen nach § 13b UStG	z.B. Lieferungen sicherungsübereigneter Gegenstände durch den Sicherungsgeber an den Sicherungsnehmer außerhalb des Insolvenzverfahrens; unter das Grunderwerbsteuergesetz fallende Umsätze, insbesondere Lieferungen von Grundstücken, für die der leistende Unternehmer nach § 9 (3) UStG zur Steuerpflicht optiert hat; Werklieferungen und sonstige Leistungen, die der Herstellung, Instandsetzung, Instandhaltung, Änderung oder Beseitigung von Bauwerken dienen (ohne Planungs- und Überwachungsleistungen), wenn der Leistungsempfänger ein Unternehmer ist, der selbst solche Bauleistungen erbringt.	MF
G	9	Sonstige Umsatzerlöse, nicht steuerbar	z.B. alle Lieferungen und sonstige Leistungen deren umsatzsteuerlicher Leistungsort sich nicht im Inland befindet. Außerdem sind im Inland ausgeführte nicht steuerbare Umsätze (z.B. Geschäftsveräußerungen im Ganzen, Innenumsätze zwischen Unternehmensteilen) anzugeben.	MF
G	9	steuerfreie Umsätze nach § 4 Nr. 1a UStG (Ausfuhr Drittland)	Steuerfreie Ausfuhrlieferungen und Lohnveredelungen an Gegenständen der Ausfuhr nach § 4 Nr. 1a UStG (Drittland).	MF
G	9	steuerfreie EG-Lieferungen § 4 Nr. 1b UStG (Innergemeinschaftliche Lieferungen)	Steuerfreie innergemeinschaftliche Lieferungen nach § 4 Nr. 1b UStG einschließlich Lieferungen des ersten Abnehmers im Rahmen eines innergemeinschaftlichen Dreieckgeschäftes nach § 25b UStG und Lieferungen von neuen Fahrzeugen.	MF
G	9	steuerfreie Umsätze nach § 4 Nr. 8 ff UStG	z.B. Gewährung und Vermittlung von Krediten, Umsätze und Vermittlung mit Geschäftsanteilen, Umsätze im Geschäft mit Forderungen (§ 4 Nr. 8 UStG); Umsätze, die unter das Grunderwerbsteuergesetz fallen (§ 4 Nr. 9a UStG) (Hinweis: wurde zur Steuerpflicht optiert, sind diese Umsätze unter Erlöse aus Leistungen nach § 13b UStG anzugeben); Leistungen aufgrund eines Versicherungsverhältnisses (§ 4 Nr. 10 UStG); Leistungen aus der Tätigkeit von Bausparkassenvertretern, Versicherungsvertretern, -maklern (§ 4 Nr. 11 UStG); Vermietung und Verpachtung von Grundstücken (§ 4 Nr. 12 UStG) (Hinweis: handelt es sich um Nebenerlöse, sind die steuerfreien Umsätze unter Nebenerlöse aus Vermietung).	MF
G	9	steuerfreie Umsätze nach § 4 Nr. 2-7 UStG	z.B. Umsätze der Seeschifffahrt und Luftfahrt § 4 Nr. 2 UStG, steuerfreie Auslagerungsumsätze nach § 4 Nr. 4a UStG etc.	MF
G	9	sonstige umsatzsteuerfreie Umsätze	z. B. Offshore Abkommen, das Zusatzabkommen zum NATO-Truppenstatut und das Ergänzungsabkommen zum Protokoll über die NATO-Hauptquartiere, steuerfreie Reiseleistungen nach § 25 Abs. 2 UStG (Betrag, der den Reisevorleistungen entspricht zzgl. steuerfreie Differenz).	MF
G	9	Umsatzerlöse ermäßigter Steuersatz		MF
G	9	Umsatzerlöse Regelsteuersatz		MF
G	9	Umsatzerlöse nach § 25 und § 25a UStG	Umsatzsteuerpflichtige (sämtliche Steuersätze) Reiseleistungen nach § 25 UStG und Umsätze aus der sog. Differenzbesteuerung nach § 25a UStG (einschließlich § 14c UStG). Einzutragen ist der Betrag, der dem Einkaufspreis/den Reisevorleistungen entspricht zzgl. steuerpflichtige Differenz.	MF

G	9	Umsatzerlöse sonstige Umsatzsteuersätze	Umsätze, die anderen Steuersätzen unterliegen (einschließlich § 14c UStG), z.B. Änderungen von Bemessungsgrundlagen nach § 17 UStG, die dem bis zum 31.12.2006 gültigen allgemeinen Regelsteuersatz unterlegen haben. Zahlungseingänge auf in früheren Perioden abgeschriebene Forderungen sind unter der Position „Zahlungseingänge auf in früheren Perioden abgeschriebene Forderungen" zu erfassen. Außerdem sind die Umsätze der land- und forstwirtschaftlichen Betriebe nach § 24 UStG, auch übrige steuerpflichtige Umsätze land- und forstwirtschaftlicher Betriebe, für die keine Steuer zu entrichten ist, hier zu übermitteln, soweit nicht die Branchentaxonomie für Land- und Forstwirtschaft verwendet wird.	MF
G	9	Umsatzerlöse ohne Zuordnung nach Umsatzsteuertatbeständen	Die Position dient als Auffangposition, soweit eine detaillierte Zuordnung auf die in der gleichen Ebene vorhandenen Positionen nicht möglich ist.	RN AP
G	8	in Umsatzerlöse (GKV) verrechnete Erlösschmälerungen	Erlösschmälerungen, wie z.B. Boni, Skonti, Nachlässe etc. sind hier anzugeben.	MF, KN
G	9	Erlösschmälerungen ohne Zuordnung nach Umsatzsteuertatbeständen	Die Position dient als Auffangposition, soweit eine detaillierte Zuordnung auf die in der gleichen Ebene vorhandenen Positionen nicht möglich ist.	AP
G	7	Erhöhung oder Verminderung des Bestandes an fertigen und unfertigen Erzeugnissen (GKV)		MF
G	7	andere aktivierte Eigenleistungen (GKV)		MF
G	6	sonstige betriebliche Erträge (GKV)		SMF
G	7	sonstige betriebliche Erträge (GKV), davon sonstige betriebliche Erträge (GKV) - verbundene Unternehmen	Nachrichtliche Mitteilung der sonstigen betrieblichen Erträge - von verbundenen Unternehmen -, die in der Position „sonstige betriebliche Erträge" enthalten sind.	MF
G	7	Nebenerlöse aus Vermietung und Verpachtung	Soweit es sich bei den Erlösen aus Vermietung und Verpachtung um Erlöse aus dem gewöhnlichen Geschäftsbetrieb handelt, z.B. bei Hotels etc., sind diese unter den Umsatzerlösen (getrennt nach deren umsatzsteuerlichen Behandlung) zu erfassen. Handelt es sich um Nebenerlöse, sind hier sämtliche Einnahmen unabhängig von ihrer umsatzsteuerlichen Behandlung (einschließlich umsatzsteuerfreier Leistungen) anzugeben. Die darin enthaltenen umsatzsteuerfreien Erlöse sind nachrichtlich noch in der Position „davon steuerfreie Umsätze aus Vermietung und Verpachtung § 4 Nr. 12 UStG" zusätzlich mitzuteilen.	MF
G	8	davon steuerfreie Umsätze aus Vermietung und Verpachtung § 4 Nr. 12 UStG	Nachrichtliche Mitteilung der umsatzsteuerfreien Umsätze aus Vermietung und Verpachtung nach, die in der Position „Nebenerlöse aus Vermietung und Verpachtung" enthalten sind.	MF
G	7	Nebenerlöse aus Provisionen, Lizenzen und Patenten	Soweit es sich bei den Erlösen aus Provisionen, Lizenzen und Patenten um Erlöse aus dem gewöhnlichen Geschäftsbetrieb handelt, z.B. bei Handelsvertretern etc. sind diese unter den Umsatzerlösen (getrennt nach deren umsatzsteuerlichen Behandlung) zu erfassen. Handelt es sich um Nebenerlöse, sind hier sämtliche Einnahmen unabhängig von ihrer umsatzsteuerlichen Behandlung anzugeben.	MF
G	7	andere Nebenerlöse	Darunter fallen sonstige Einnahmen aus nicht branchenüblichen Leistungen (z.B. gutachtliche Tätigkeiten etc.). Soweit es sich bei den anderen Nebenerlösen um Erlöse aus dem gewöhnlichen Geschäftsbetrieb handelt, sind diese unter den Umsatzerlösen (getrennt nach deren umsatzsteuerlichen Behandlung) zu erfassen. Handelt es sich um Nebenerlöse, sind hier sämtliche Einnahmen unabhängig von ihrer umsatzsteuerlichen Behandlung anzugeben	MF

G	7	Erträge aus Auflösung des Sonderpostens mit und ohne Rücklageanteil	Soweit nach den steuerlichen Vorschriften eine Verzinsung vorzunehmen ist, ist diese im Berichtsbestandteil „Steuerliche Gewinnermittlung" unter den entsprechenden Posten (z.B. § 6b Abs. 7 und 10 EStG) zu erfassen.	SMF
G	8	§ 6b Abs. 10 EStG	Auflösungen einer § 6b Abs. 10 EStG-Rücklage (Veräußerung von Anteilen an Kapitalgesellschaften).	MF
G	8	§ 6b Abs. 3 EStG	Auflösungen einer § 6b Abs. 3 EStG Rücklage, (Veräußerung von Grund und Boden oder Aufwuchs auf Grund und Boden mit dem dazugehörigen Grund und Boden, wenn der Aufwuchs zu einem land- und forstwirtschaftlichen Betriebsvermögen gehörte oder Gebäuden oder Binnenschiffen).	MF
G	8	Rücklage für Ersatzbeschaffung, R 6.6 EStR	Auflösungen von Rücklagen für Ersatzbeschaffungen nach R 6.6 EStR.	MF
G	8	§ 4g EStG	Auflösungen von Ausgleichsposten nach § 4g EStG (Zuordnung eines Wirtschaftsgutes des Anlagevermögens zu einer Betriebstätte desselben Steuerpflichtigen in einem anderen Mitgliedstaat der Europäischen Union gemäß § 4 Abs. 1 S. 3 EStG).	MF
G	8	§ 7g Abs. 7 EStG	Auflösungen sog. Ansparabschreibungen für Existenzgründer nach § 7g Abs. 7 EStG a.F., die noch nach altem Recht gebildet worden waren.	RN
G	8	Sonstige / nicht zuordenbare Erträge aus Auflösung eines Sonderpostens mit Rücklageanteil	Die Position dient als Auffangposition, soweit eine detaillierte Zuordnung auf die in der gleichen Ebene vorhandenen Positionen nicht möglich ist.	RN AP
G	7	Erträge aus Abgängen des Anlagevermögens	Zu erfassen sind hier alle Gewinne aus der Veräußerung von Anlagegegenständen, unabhängig ihrer umsatzsteuerlichen Behandlung (Erlöse abzüglich Restbuchwert). Verluste sind im Aufwandsposten „Verluste aus dem Abgang von Vermögensgegenständen des Anlagevermögens" anzugeben.	MF, KN
G	7	Erträge aus Zuschreibungen des Anlagevermögens	Wertaufholungsgebot z.B. wegen Wegfall des Grunds einer Teilwertabschreibung.	MF
G	7	Erträge aus der Auflösung von Rückstellungen	Es sind hier die Erträge aus der Auflösung von Rückstellungen einzutragen. Die Erträge aus der steuerlichen Abzinsung von Rückstellungen (§ 6 Abs. 1 Nr. 3a EStG) sind beim Posten „sonstige Zinsen und ähnliche Erträge aus Abzinsung" zu erfassen.	MF, KN
G	7	Erträge aus Abgängen des Umlaufvermögens		RN
G	7	Erträge aus Zuschreibungen des Umlaufvermögens	Wertaufholungsgebot z.B. wegen Wegfall des Grundes einer Teilwertabschreibung	MF
G	7	Erträge aus der Herabsetzung / Auflösung von Einzel- und Pauschalwertberichtigungen		SMF
G	8	Einzelwertberichtigungen		MF
G	8	Pauschalwertberichtigungen		MF
G	8	nicht PWB / EWB zuordenbare Wertberichtigung	Die Position dient als Auffangposition, soweit eine detaillierte Zuordnung auf die in der gleichen Ebene vorhandenen Positionen nicht möglich ist.	RN AP
G	7	Erträge aus der Aktivierung unentgeltlich erworbener		RN
G	7	Erträge aus der Herabsetzung von Verbindlichkeiten	z.B. aus tatsächlichen Gründen wegen Verzichts oder Verjährung. Die Erträge aus der steuerlichen Abzinsung von Verbindlichkeiten (§ 6 Abs. 1 Nr. 3 EStG) sind in der Position „sonstige Zinsen und ähnliche Erträge aus Abzinsung" zu erfassen.	MF, KN

G	7	Zahlungseingänge auf in früheren Perioden abgeschriebene Forderungen	Hier sind alle Einnahmen aus in Vorjahren ausgebuchten Kundenforderungen, unabhängig ihrer umsatzsteuerlichen Behandlung, anzugeben.	MF
G	7	Kostenerstattungen, Rückvergütungen und Gutschriften für frühere Jahre		RN
G	7	Erträge aus Steuerbelastungen an Organgesellschaften		RN
G	7	Erträge aus Verwaltungskostenumlagen		RN
G	7	Zuschüsse und Zulagen	Zuschüsse und Zulagen, soweit sie nicht bei den Anschaffungs- oder Herstellungskosten abgezogen wurden. Insbesondere sind hier auch Erträge aus der Gewährung von Investitionszulagen anzugeben. Rückzahlungen von Investitionszulagen sind hier ebenfalls anzugeben (auch wenn insgesamt negativ). Die steuerliche Korrektur der darin enthaltenen Investitionszulagen ist beim Modul steuerliche Gewinnermittlung vorzunehmen.	MF
G	7	Versicherungsentschädigungen und Schadensersatzleistungen		MF
G	7	Kurs-/Währungsgewinne		RN
G	7	Erträge aus Eigenverbrauch		SMF
G	8	Private KFZ-Nutzung (nicht Kapitalgesellschaften)	Private Kfz-Nutzung bei Einzelunternehmen bzw. bei Personengesellschaften nach der 1%-Regelung oder nach Fahrtenbuch, unabhängig der umsatzsteuerlichen Behandlung, d.h. sowohl der umsatzsteuerpflichtige Teil als auch der umsatzsteuerfreie Teil sind hier zu erfassen.	MF
G	8	Sonstige Sach-, Nutzungs- und Leistungsentnahmen	Hier sind, bis auf die private Kfz-Nutzung, alle weiteren Sach-, Nutzungs- und Leistungsentnahmen (z.B. Telefon, Heizung, Strom), unabhängig ihrer umsatzsteuerlichen Behandlungen, zu erfassen. Insbesondere auch die Pauschalen für unentgeltliche Wertabgaben (Sachentnahmen), die lt. amtlicher Richtsatzsammlung bei bestimmten Gewerbezweigen (Bäckerei, Metzgerei, Gastwirtschaften etc.) anzusetzen sind (voller und ermäßigter Steuersatz).	MF
G	8	Sachbezüge KFZ	Wendet der Unternehmer (Arbeitgeber) seinem Personal (seinen Arbeitnehmern) als Vergütung für geleistete Dienste auch einen Sachlohn (hier z.B. private Kfz-Nutzung bzw. Nutzung des betrieblichen Fahrzeugs für Fahrten Wohnung - Arbeitsstätte) liegen Sachbezüge vor. Diese Zuwendungen sind auch dann steuerbar, wenn sie unentgeltlich sind; § 8 EStG und § 3 Abs. 1b, §§ 3 Abs. 1b, 3 Abs. 9a UStG.	MF
G	8	Sonstige Sachbezüge	Wendet der Unternehmer (Arbeitgeber) seinem Personal (seinen Arbeitnehmern) als Vergütung für geleistete Dienste auch einen Sachlohn (hier z.B. Wohnung, Kost, Waren, Dienstleistungen) liegen Sachbezüge vor. Diese Zuwendungen sind auch dann steuerbar, wenn sie unentgeltlich sind § 8 EStG und §§ 3 Abs. 1b, 3 Abs. 9a UStG.	MF
G	7	andere sonstige betriebliche Erträge (GKV), nicht zuordenbar	Hier wird erwartet, dass in dieser Position tatsächlich nur „andere" sonstige betriebliche Erträge enthalten sind; d.h. diese Erträge konnten nicht bereits unter eine der oben genannten Taxonomie - Positionen eingereiht werden. Hinweis: Zins- und Beteiligungserträge sind beim „Finanz- und Beteiligungsergebnis", Steuererstattungen bei „Steuern vom Einkommen"- und Ertrag sowie außerordentliche Erträge beim „außerordentlichen Ergebnis" aufzugliedern.	RN AP

G	6	Materialaufwand (GKV)		SMF
G	7	Aufwendungen für Roh-, Hilfs- und Betriebsstoffe und für bezogene Waren	Gesamter Materialaufwand gem. § 275 Abs. 2 Nr. 5 HGB, Umlaufvermögen.	SMF
G	8	Aufwendungen für Roh- Hilfs- und Betriebsstoffe		SMF
G	9	Aufwand zum Regelsteuersatz	Roh-, Hilfs- und Betriebsstoffe zum Regelsteuersatz	MF
G	9	Aufwand zum ermäßigten Steuersatz	Roh-, Hilfs- und Betriebsstoffe zum aktuell ermäßigten Steuersatz (§ 12 Abs. 2 UStG) – nicht Durchschnittssteuersatz i.S.d. §§ 23, 24 UStG.	MF
G	9	Innergemeinschaftliche Erwerbe	Innergemeinschaftliche Erwerbe, soweit es sich um Roh-, Hilfs- und Betriebsstoffe handelt	MF
G	9	Aufwendungen ohne Zuordnung nach Umsatzsteuertatbeständen	z.B. Erwerb von Roh-, Hilfs- und Betriebsstoffen zum Durchschnittssteuersätzen i.S.d. §§ 23, 24 UStG oder Erwerb ohne Vorsteuerabzug sowie Auffangposition, soweit eine detaillierte Zuordnung auf die in der gleichen Ebene vorhandenen Positionen nicht möglich ist.	RN AP
G	9	Bestandsveränderungen	Bestandsveränderungen bei Roh-, Hilfs- und Betriebsstoffen	MF
G	8	Aufwendungen für bezogene Waren		SMF
G	9	Wareneinkauf zum Regelsteuersatz		MF
G	9	Wareneinkauf zum ermäßigten Steuersatz	Wareneinkauf zum aktuell ermäßigten Steuersatz (§ 12 Abs. 2 UStG) – nicht Durchschnittssteuersatz i.S.d. §§ 23, 24 UStG.	MF
G	9	Innergemeinschaftliche Erwerbe	Innergemeinschaftliche Erwerbe, soweit es sich um Aufwendungen für bezogene Waren handelt	MF
G	9	Wareneinkauf ohne Zuordnung nach Umsatzsteuertatbeständen	z.B. Erwerb von Waren zu Durchschnittssteuersätzen i.S.d. §§ 23, 24 UStG, Erwerb von Waren ohne Vorsteuerabzug oder Wareneingang hinsichtlich Differenzbesteuerung i.S.d. §§ 25, 25a UStG sowie Auffangposition, soweit eine detaillierte Zuordnung auf die in der gleichen Ebene vorhandenen Positionen nicht möglich ist.	RN AP
G	9	Bestandsveränderungen	Warenbestandsveränderungen	MF
G	8	Anschaffungsnebenkosten		RN
G	7	Aufwendungen für bezogene Leistungen	Werklieferungen und Werkleistungen fremder Unternehmen	SMF
G	8	Leistungen nach § 13b UStG mit Vorsteuerabzug	Leistungen, bei denen der Leistungsempfänger Umsatzsteuersteuerschuldner ist (§ 13b UStG) und gleichzeitig ein Vorsteueranspruch besteht.	MF
G	8	Leistungen nach § 13b UStG ohne Vorsteuerabzug	Leistungen, bei denen der Leistungsempfänger Umsatzsteuersteuerschuldner ist (§ 13b UStG) und kein Vorsteueranspruch besteht.	MF
G	8	Übrige Leistungen mit Vorsteuerabzug	Übrige bezogene Leistungen mit Vorsteuerabzug	MF
G	8	Übrige Leistungen ohne Vorsteuerabzug	Übrige bezogene Leistungen ohne Vorsteuerabzug	MF
G	8	Übrige Leistungen ohne Zuordnung nach Umsatzsteuertatbeständen	Die Position dient als Auffangposition, soweit eine detaillierte Zuordnung auf die in der gleichen Ebene vorhandenen Positionen nicht möglich ist.	RN AP
G	5	Personalaufwand (GKV)	Löhne und Gehälter sind alle als Aufwendungen zu erfassende Personalkosten für gewerbliche Arbeitnehmer, für Angestellte, für Vorstände oder Geschäftsführer. Die Löhne sind brutto zu erfassen, vor Abzug der Lohnsteuer und der von den Arbeitnehmern zu tragenden Sozialabgaben.	SMF
G	6	Löhne und Gehälter	Hierunter fallen die Bruttobeträge der Löhne und Gehälter (Nettobetrag, Steuern, Arbeitnehmeranteile zur Sozialversicherung).	SMF

G	7	Löhne für Minijobs	Eine geringfügige Beschäftigung liegt vor, wenn das Arbeitsentgelt aus dieser Beschäftigung den in § 8 Abs. 1 Nr. 1 SGB IV geregelten Betrag regelmäßig im Monat nicht übersteigt. Unter Löhne für Minijobs fallen auch die Sachbezüge und Zuschüsse sowie die vom Arbeitgeber übernommene Lohn- und Kirchensteuer sowie alle weiteren Sozialen Abgaben.	MF
G	7	Vergütungen an angestellte Mitunternehmer § 15 EStG	Vergütungen und sonstige Leistungen (inkl. Sachbezüge) an Mitunternehmer i.S.d. § 15 Abs. 1 Nr. 2 EStG. Die schuldrechtlichen "Lohnzahlungen" an Mitunternehmer sind innerhalb der Gesellschaft (Gesamthand) nicht zu korrigieren. Vielmehr erfolgt die "Korrektur" im Rahmen der Sonderbilanz bzw. Sonder-G+V.	MF
G	7	übrige und nicht zuordenbare Löhne und Gehälter	Löhne (z.B. für Produktion und Fertigung) sowie Gehälter (z.B. für Verwaltung und Vertrieb), inkl. Sachbezüge, soweit keine Vergütungen an Gesellschafter-Geschäftsführer oder Mitunternehmer sowie Auffangposition, soweit eine detaillierte Zuordnung auf die in der gleichen Ebene vorhandenen Positionen nicht möglich ist. Hierunter fallen die Bruttobeträge der Löhne und Gehälter, sowohl Geld- als auch Sachbezüge (Nettobetrag, Steuern, Arbeitnehmeranteile zur Sozialversicherung und Beiträge zur Berufsgenossenschaft).	RN AP
G	7	davon Sachbezüge	Sachbezüge, z.B. für zur privaten Nutzung überlassene Firmenfahrzeuge oder Telefonanschlüsse, Gestellung von Wohnungen und Mahlzeiten, Überlassung von Waren etc.	MF
G	7	davon freiwillige Zuwendungen	Insbesondere freiwillige soziale Aufwendungen wie z.B. Aufwendungen für die Zukunftssicherung, Werkspensionen, Werksrenten, Erholungsbeihilfen, Fortbildungskosten, Studien- und Ausbildungsbeihilfen, Gelegenheitsgeschenke, Heirats- und Geburtsbeihilfen, Jubiläumsgeschenke, Sterbebeihilfen, Aufwendungen für Werksküche, Ledigenheime, Werkschor und Werkskapelle, Belegschaftsveranstaltungen, Mietzuschüsse, verbilligte Überlassung von Werks- und Dienstwohnungen, Unfallkosten und Zinszahlungen aufgrund von Arbeitsgerichtsprozessen.	MF
G	6	soziale Abgaben und Aufwendungen für Altersversorgung und für Unterstützung		SMF
G	7	soziale Abgaben	Aufwendungen für Arbeitslosen-, Renten-, Kranken- und Pflegeversicherung (ausgenommen: Soziale Abgaben auf Löhne für Minijobs).	MF
G	8	soziale Abgaben, davon soziale Abgaben für angestellte Mitunternehmer § 15 EStG	Arbeitslosen-, Renten-, Kranken- und Pflegeversicherungsaufwendungen für Mitunternehmer i.S.d. § 15 Abs. 1 Nr. 2 EStG. Die sozialen Abgaben für angestellte Mitunternehmer sind innerhalb der Gesellschaft (Gesamthand) nicht zu korrigieren. Vielmehr erfolgt die "Korrektur" im Rahmen der Sonderbilanz bzw. Sonder-G+V.	MF
G	7	Aufwendungen für Altersversorgung	z.B. Aufwendungen für die Direktversicherung (§ 4b EStG), Pensionskassenbeiträge (§ 4c EStG), Beiträge an Unterstützungskassen (§ 4d EStG) oder an Pensionsfonds (§ 4e EStG).	MF
G	8	Aufwendungen für Altersversorgung, davon für angestellte Mitunternehmer § 15 EStG	Aufwendungen für Altersversorgung, insb. Aufwendungen für die Direktversicherung (§ 4b EStG), Pensionskassenbeiträge (§ 4c EStG), Beiträge an Unterstützungskassen (§ 4d EStG) oder an Pensionsfonds (§ 4e EStG) für Mitunternehmer i.S.d. § 15 Abs. 1 Nr. 2 EStG. Die Aufwendungen für Altersversorgung für angestellte Mitunternehmer sind innerhalb der Gesellschaft (Gesamthand) nicht zu korrigieren. Vielmehr erfolgt die "Korrektur" im Rahmen der Sonderbilanz bzw. Sonder-G+V.	MF

G	7	Aufwendungen für Unterstützung	Sonstige Unterstützungsleistungen des Arbeitgebers, z.B. nach § 3 Nr. 34 EStG.	MF
G	7	soziale Abgaben und Aufwendungen für Altersversorgung und für Unterstützung, nicht zuordenbar	Die Position dient als Auffangposition, soweit eine detaillierte Zuordnung auf die in der gleichen Ebene vorhandenen Positionen nicht möglich ist.	RN AP
G	5	Abschreibungen (GKV)		SMF
G	6	Abschreibungen auf immaterielle Vermögensgegenstände des Anlagevermögens und Sachanlagen	Soweit freiwillig ein Anlagespiegel im XBRL-Format übermittelt wird, siehe Tz. 23 des BMF-Schreibens vom 28.09.2011, genügt es hier eine Wertübermittlung vorzunehmen. Die darunter liegenden Ebenen können mit einem "NIL-Wert" übermittelt werden.	SMF
G	7	Abschreibungen auf immaterielle Vermögensgegenstände des Anlagevermögens und Sachanlagen, auf Ingangsetzungsaufwendungen	Die Position ist nur in der Handelsbilanz zulässig und muss im Rahmen der Überleitungsrechnung eliminiert werden.	RN
G	7	Abschreibungen auf immaterielle Vermögensgegenstände des Anlagevermögens und Sachanlagen, auf Geschäfts-, Firmen- oder Praxiswert	Abschreibungen auf den Firmen- oder Geschäftswert i.S.d. § 246 Abs. 1 S. 2 HGB. Dieser zeitlich begrenzt nutzbare Vermögensgegenstand unterliegt den allgemeinen Regelungen zur Zugangs- und Folgebewertung; als betriebsgewöhnliche Nutzungsdauer gilt abweichend von handelsrechtlichen Maßstäben ein Zeitraum von 15 Jahren (§ 7 Abs. 1 Satz 3 EStG). Hinsichtlich der Abschreibung des Praxiswerts siehe BMF vom 15.01.1995, BStBl 1995 I S. 14. Soweit freiwillig ein Anlagespiegel im XBRL-Format übermittelt wird, siehe Tz. 23 des BMF-Schreibens vom 28.09.2011, sind hier keine Angaben erforderlich (NIL-Wert). Es genügt eine Werteübermittlung auf Ebene 6 "Abschreibungen auf immaterielle Vermögensgegenstände des Anlagevermögens und Sachanlagen".	MF
G	7	Abschreibungen auf immaterielle Vermögensgegenstände des Anlagevermögens und Sachanlagen, auf andere immaterielle Vermögensgegenstände	Soweit freiwillig ein Anlagespiegel im XBRL-Format übermittelt wird, siehe Tz. 23 des BMF-Schreibens vom 28.09.2011, sind hier keine Angaben erforderlich (NIL-Wert). Es genügt eine Werteübermittlung auf Ebene 6 "Abschreibungen auf immaterielle Vermögensgegenstände des Anlagevermögens und Sachanlagen".	MF
G	7	Abschreibungen auf immaterielle Vermögensgegenstände des Anlagevermögens und Sachanlagen, auf Sachanlagen	Soweit freiwillig ein Anlagespiegel im XBRL-Format übermittelt wird, siehe Tz. 23 des BMF-Schreibens vom 28.09.2011, sind hier keine Angaben erforderlich (NIL-Wert). Es genügt eine Werteübermittlung auf Ebene 6 "Abschreibungen auf immaterielle Vermögensgegenstände des Anlagevermögens und Sachanlagen".	MF
G	8	Abschreibungen (GKV) auf Sachanlagen, davon Sofortabschreibung GWG	Sofort als Betriebsausgabe zu erfassender Aufwand für GWG. Abschreibungen auf aktivierte GWG sind hier nicht auszuweisen. Soweit freiwillig ein Anlagespiegel im XBRL-Format übermittelt wird, siehe Tz. 23 des BMF-Schreibens vom 28.09.2011, sind hier keine Angaben erforderlich (NIL-Wert). Es genügt eine Werteübermittlung auf Ebene 6 "Abschreibungen auf immaterielle Vermögensgegenstände des Anlagevermögens und Sachanlagen".	MF
G	8	Abschreibungen (GKV) auf Sachanlagen, davon Auflösung GWG-Sammelposten	Sammelposten, der mit jeweils einem Fünftel pro Wirtschaftsjahr aufzulösen ist. Soweit freiwillig ein Anlagespiegel im XBRL-Format übermittelt wird, siehe Tz. 23 des BMF-Schreibens vom 28.09.2011, sind hier keine Angaben erforderlich (NIL-Wert). Es genügt eine Werteübermittlung auf Ebene 6 "Abschreibungen auf immaterielle Vermögensgegenstände des Anlagevermögens und Sachanlagen".	MF
G	8	Abschreibungen (GKV) auf Sachanlagen, davon Abschreibungen auf Gebäude	Soweit freiwillig ein Anlagespiegel im XBRL-Format übermittelt wird, siehe Tz. 23 des BMF-Schreibens vom 28.09.2011, sind hier keine Angaben erforderlich (NIL-Wert). Es genügt eine Werteübermittlung auf Ebene 6 "Abschreibungen auf immaterielle Vermögensgegenstände des Anlagevermögens und Sachanlagen".	MF

G	7	außerplanmäßige und Sonderabschreibungen	Soweit freiwillig ein Anlagespiegel im XBRL-Format übermittelt wird, siehe Tz. 23 des BMF-Schreibens vom 28.09.2011, sind hier keine Angaben erforderlich (NIL-Wert). Es genügt eine Werteübermittlung auf Ebene 6 "Abschreibungen auf immaterielle Vermögensgegenstände des Anlagevermögens und Sachanlagen".	SMF
G	8	außerplanmäßige Abschreibungen	Außerplanmäßige Abschreibungen dienen der Berücksichtigung von Wertverlusten beim abnutzbaren und nicht abnutzbaren Anlagevermögen zum Bilanzstichtag, soweit diese beim abnutzbaren Anlagevermögen nicht bereits durch planmäßige Abschreibungen erfasst wurden; steuerrechtlich sind außerplanmäßige Abschreibungen nur bei einer dauernden Wertminderung zulässig. Soweit freiwillig ein Anlagespiegel im XBRL-Format übermittelt wird, siehe Tz. 23 des BMF-Schreibens vom 28.09.2011, sind hier keine Angaben erforderlich (NIL-Wert). Es genügt eine Werteübermittlung auf Ebene 6 "Abschreibungen auf immaterielle Vermögensgegenstände des Anlagevermögens und Sachanlagen".	SMF
G	9	außerplanmäßige Abschreibungen auf Geschäfts-, Firmen- oder Praxiswert	Außerplanmäßige Abschreibungen auf immaterielle Vermögensgegenstände wie z.B. bei der vorzeitigen Beendigung der Nutzung eines Patentes oder eines sonstigen Schutzrechts. Soweit freiwillig ein Anlagespiegel im XBRL-Format übermittelt wird, siehe Tz. 23 des BMF-Schreibens vom 28.09.2011, sind hier keine Angaben erforderlich (NIL-Wert). Es genügt eine Werteübermittlung auf Ebene 6 "Abschreibungen auf immaterielle Vermögensgegenstände des Anlagevermögens und Sachanlagen".	MF
G	9	außerplanmäßige Abschreibungen auf andere immaterielle Vermögensgegenstände	Soweit freiwillig ein Anlagespiegel im XBRL-Format übermittelt wird, siehe Tz. 23 des BMF-Schreibens vom 28.09.2011, sind hier keine Angaben erforderlich (NIL-Wert). Es genügt eine Werteübermittlung auf Ebene 6 "Abschreibungen auf immaterielle Vermögensgegenstände des Anlagevermögens und Sachanlagen".	MF
G	9	außerplanmäßige Abschreibungen auf Sachanlagen	Außerplanmäßige Abschreibung nur bei dauernder Wertminderung. Soweit freiwillig ein Anlagespiegel im XBRL-Format übermittelt wird, siehe Tz. 23 des BMF-Schreibens vom 28.09.2011, sind hier keine Angaben erforderlich (NIL-Wert). Es genügt eine Werteübermittlung auf Ebene 6 "Abschreibungen auf immaterielle Vermögensgegenstände des Anlagevermögens und Sachanlagen".	MF
G	9	außerplanmäßige Abschreibungen, nicht zuordenbar	Auffangposition, soweit eine detaillierte Zuordnung auf die in der gleichen Ebene vorhandenen Positionen nicht möglich ist. Soweit freiwillig ein Anlagespiegel im XBRL-Format übermittelt wird, siehe Tz. 23 des BMF-Schreibens vom 28.09.2011, sind hier keine Angaben erforderlich (NIL-Wert). Es genügt eine Werteübermittlung auf Ebene 6 "Abschreibungen auf immaterielle Vermögensgegenstände des Anlagevermögens und Sachanlagen".	RN AP
G	8	Sonderabschreibungen	z.B. Sonderabschreibungen nach § 7g EStG oder soweit Sonderabschreibungen in Katastrophenfällen zugelassen (§ 163 AO). Soweit freiwillig ein Anlagespiegel im XBRL-Format übermittelt wird, siehe Tz. 23 des BMF-Schreibens vom 28.09.2011, sind hier keine Angaben erforderlich (NIL-Wert). Es genügt eine Werteübermittlung auf Ebene 6 "Abschreibungen auf immaterielle Vermögensgegenstände des Anlagevermögens und Sachanlagen"	MF
G	8	außerplanmäßige und Sonderabschreibungen, nicht zuordenbar	Auffangposition, jedoch nur insoweit, wie eine detaillierte Zuordnung auf die in der gleichen Ebene vorhandenen Positionen nicht möglich ist. Soweit freiwillig ein Anlagespiegel im XBRL-Format übermittelt wird, siehe Tz. 23 des BMF-Schreibens vom 28.09.2011, sind hier keine Angaben erforderlich (NIL-Wert). Es genügt eine Werteübermittlung auf Ebene 6 "Abschreibungen auf immaterielle Vermögensgegenstände des Anlagevermögens und Sachanlagen".	RN AP

G	7	Abschreibungen auf immaterielle Vermögensgegenstände des Anlagevermögens und Sachanlagen, nicht zuordenbar	Auffangposition, jedoch nur insoweit, wie eine detaillierte Zuordnung auf die in der gleichen Ebene vorhandenen Positionen nicht möglich ist. Soweit freiwillig ein Anlagespiegel im XBRL-Format übermittelt wird, siehe Tz. 23 des BMF-Schreibens vom 28.09.2011, sind hier keine Angaben erforderlich (NIL-Wert). Es genügt eine Werteübermittlung auf Ebene 6 "Abschreibungen auf immaterielle Vermögensgegenstände des Anlagevermögens und Sachanlagen".	RN AP
G	6	Abschreibungen (GKV), auf Vermögensgegenstände des Umlaufvermögens, soweit diese die in der Kapitalgesellschaft üblichen Abschreibungen überschreiten		SMF
G	7	Abschreibungen auf Vorräte	Teilwertvermutung (§ 6 Abs. 1 Nr. 2 EStG).	MF
G	7	Abschreibungen auf Forderungen und sonstige Vermögensgegenstände	Abschreibungen auf Forderungen und sonstige Vermögensgegenstände, soweit sie die bei der Kapitalgesellschaft üblichen Abschreibungen überschreiten.	MF
G	8	Abschreibungen auf Forderungen und sonstige Vermögensgegenstände, davon Abschreibungen auf Forderungen gegenüber Kapitalgesellschaften, an denen eine Beteiligung besteht	Abschreibungen auf Forderungen und sonstige Vermögensgegenstände gegenüber Kapitalgesellschaften, an denen eine Beteiligung besteht, soweit sie die bei der Kapitalgesellschaft üblichen Abschreibungen überschreiten.	MF
G	8	Abschreibungen auf Forderungen und sonstige Vermögensgegenstände, davon Abschreibungen auf Forderungen gegenüber Gesellschaftern und nahe stehenden Personen	Abschreibungen auf Forderungen und sonstige Vermögensgegenstände gegenüber Gesellschaftern und nahe stehenden Personen, soweit sie die bei der Kapitalgesellschaft üblichen Abschreibungen überschreiten.	MF
G	5	sonstige betriebliche Aufwendungen (GKV)		SMF
G	6	Miet- und Pachtaufwendungen für unbewegliche Wirtschaftsgüter		SMF
G	7	Miete und Pacht für unbewegliche Wirtschaftsgüter an Mitunternehmer	Betrifft nur Miet- und Pachtzahlungen an Mitunternehmer iSd § 15 Abs. 1 Nr. 2 EStG. Die Miet- und Pachtzahlungen an Mitunternehmer sind innerhalb der Gesellschaft (Gesamthand) nicht zu korrigieren. Vielmehr erfolgt die "Korrektur" im Rahmen der Sonderbilanz bzw. Sonder-G+V.	MF
G	7	Übrige / nicht zuordenbare Miete und Pacht für unbewegliche Wirtschaftsgüter	Miet- und Pachtaufwendungen für unbewegliche Wirtschaftsgüter, soweit nicht an Mitunternehmer oder Gesellschafter zu entrichten.	MF AP
G	6	Aufwand für Fremdreparaturen und Instandhaltung für Grundstücke und Gebäude		RN
G	6	Aufwendungen für Energie	z.B. Heizung, Gas, Strom, Wasser	MF
G	6	Miet- und Pachtaufwendungen für bewegliche Wirtschaftsgüter		SMF
G	7	Miete und Pacht für bewegliche Wirtschaftsgüter an Mitunternehmer	Betrifft nur Miet- und Pachtzahlungen an Mitunternehmer iSd § 15 Abs. 1 Nr. 2 EStG. Die Miet- und Pachtzahlungen an Mitunternehmer sind innerhalb der Gesellschaft (Gesamthand) nicht zu korrigieren. Vielmehr erfolgt die "Korrektur" im Rahmen der Sonderbilanz bzw. Sonder-G+V.	MF
G	7	Übrige / nicht zuordenbare Miete und Pacht für bewegliche Wirtschaftsgüter	Miet- und Pachtaufwendungen für bewegliche Wirtschaftsgüter, soweit nicht an Mitunternehmer oder Gesellschafter zu entrichten.	MF AP

G	6	Aufwendungen für Leasing		SMF
G	7	Leasing für bewegliche Wirtschaftsgüter	Inkl. Aufwendungen für Kfz-Leasing, EDV Leasing, Sachmittelleasing etc.	MF
G	7	übrige Leasingaufwendungen	Übrige Leasingaufwendungen sowie Auffangposition, soweit eine detaillierte Zuordnung auf die in der gleichen Ebene vorhandenen Positionen nicht möglich ist.	MF AP
G	6	Aufwand für Fremdreparaturen und Instandhaltung (ohne Grundstücke)	Aufwendungen für Fremdreparaturen und Instandhaltung, soweit sie nicht Grundstücke betreffen.	RN
G	6	Versicherungsprämien, Gebühren und Beiträge		MF
G	6	Aufwendungen für den Fuhrpark	Aufwendungen für den Fuhrpark ohne Abschreibungen, Zinsen und Leasingkosten.	MF
G	6	Werbeaufwand	z.B. Messekosten, Repräsentation, Werbekostenzuschüsse, Dekoration, Druckerzeugnisse, Zeitungsinserate etc.	MF
G	6	beschränkt abziehbare Betriebsausgaben		SMF
G	7	Geschenke abziehbar	Soweit die Anschaffungs- oder Herstellungskosten der dem Empfänger im Wirtschaftsjahr zugewendeten Gegenstände 35 € insgesamt nicht übersteigen.	MF
G	7	Geschenke nicht abziehbar	Soweit die Anschaffungs- oder Herstellungskosten der dem Empfänger im Wirtschaftsjahr zugewendeten Gegenstände 35 € insgesamt übersteigen.	MF
G	7	Bewirtungskosten (gesamt)	Bewirtungskosten (ohne Kürzung nach § 4 Abs. 5 Satz 1 Nr 2 EStG)	MF
G	7	sonstige beschränkt abziehbare Betriebsausgaben	sonstige beschränkt abziehbare Betriebsausgaben, ohne Bewirtungskosten, z.B. Gästehäuser § 4 Abs. 5 Nr. 3 EStG, Aufwendungen für Jagd, Fischerei, Segeljachten § 4 Abs. 5 Nr. 4 EStG, Bußgelder, Ordnungs- und Verwarungsgelder, nicht abzugsfähige steuerliche Nebenleisten (Verspätungszuschläge, Zwangsgelder), Spenden, Aufwendungen für Aufsichts- und Verwaltungsrat	MF
G	6	Reisekosten Unternehmer	Hierzu gehören Fahrtkosten - soweit nicht in den Aufwendungen für den Fuhrpark enthalten-, Verpflegungsmehraufwendungen (§ 4 Abs. 5 Nr. 5 EStG), Übernachtungs- und Reisenebenkosten, soweit diese durch den Unternehmer selbst verursacht sind.	MF
G	6	Reisekosten Arbeitnehmer	Hierzu gehören Fahrtkosten - soweit nicht in den Aufwendungen für den Fuhrpark enthalten-, Verpflegungsmehraufwendungen (§ 4 Abs. 5 Nr. 5 EStG), Übernachtungs- und Reisenebenkosten, soweit diese durch die Arbeitnehmer verursacht sind.	RN
G	6	Frachten / Verpackung	z.B. Kosten der Warenabgabe, Ausgangsfrachten, Verpackungsmaterial, Transportversicherungen	MF
G	6	Provisionen	Gezahlte Provisionen an Dienstleister und Handels- oder Versicherungsvertreter für vermittelte Leistungen oder Umsätze, z.B. Vertriebsprovisionen, Fremdarbeiten (Vertrieb).	MF
G	6	Aufwendungen für Konzessionen und Lizenzen	Die Aktivierungspflicht für entgeltlich erworbene immaterielle Vermögensgegenstände ist zu beachten.	MF
G	6	Aufwendungen für Kommunikation	Aufwendungen für Kommunikation, insb. auch Porto und Telefon	MF
G	6	Rechts- und Beratungskosten	Rechts- und Beratungskosten	MF
G	6	Fortbildungskosten	Alle mit der beruflichen oder geschäftlichen Fortbildung verbundenen Aufwendungen mit Ausnahme eventueller Kosten für ein häusliches Arbeitszimmer.	MF
G	6	sonstige Aufwendungen für Personal	Freiwillig soziale Aufwendungen, die nicht in den Personalkosten enthalten sind, z.B. Betriebsveranstaltungen, Kantinenaufwendungen, Unfallschutz, Schwerbehindertenabgabe, Bekleidung und Ausrüstung, Werksarzt, Personalbeschaffung, Personalberatung, Personalwerbung.	RN

G	6	Einstellung in steuerliche Rücklagen		SMF
G	7	§ 6b Abs. 10 EStG	Einstellung in eine § 6b Abs. 10 EStG-Rücklage (Veräußerung von Anteilen an Kapitalgesellschaften).	MF
G	7	§ 6b Abs. 3 EStG	Einstellung in eine § 6b Abs. 3 EStG Rücklage (Veräußerung von Grund und Boden oder Aufwuchs auf Grund und Boden mit dem dazugehörigen Grund und Boden, wenn der Aufwuchs zu einem land- und forstwirtschaftlichen Betriebsvermögen gehörte oder Gebäuden oder Binnenschiffen).	MF
G	7	Rücklage für Ersatzbeschaffung, R 6.6 EStR	Einstellung in eine Rücklage für Ersatzbeschaffungen nach R 6.6 EStR.	MF
G	7	§ 4g EStG	Einstellung in einen Ausgleichsposten nach § 4g EStG (Zuordnung eines Wirtschaftsgutes des Anlagevermögens zu einer Betriebstätte desselben Steuerpflichtigen in einem anderen Mitgliedstaat der Europäischen Union gemäß § 4 Abs. 1 S. 3 EStG). Sofern ein Ausgleichsposten gebildet wird, besteht die Verpflichtung zur Führung eines Verzeichnisses, aus dem die Bildung und Auflösung des Ausgleichspostens hervorgehen.	MF
G	7	übrige / nicht zuordenbare Einstellung in steuerliche Rücklagen	Die Position dient der Erfassung übriger Einstellungen in steuerliche Rücklagen und als Auffangposition, soweit eine detaillierte Zuordnung auf die in der gleichen Ebene vorhandenen Positionen nicht möglich ist.	RN AP
G	6	Herabsetzungsbetrag nach § 7g Abs. 2 EStG	Minderung der Anschaffungs- oder Herstellungskosten im Jahr der Anschaffung / Herstellung.	MF
G	6	Aufwand aus Wertberichtigungen des lfd. Jahres		SMF
G	7	Einzelwertberichtigungen des lfd. Jahres	Einzelwertberichtigungen des laufenden Jahres	MF
G	7	Pauschalwertberichtigungen des lfd. Jahres	Pauschalwertberichtigungen des laufenden Jahres	MF
G	7	nicht PWB / EWB zuordenbare Wertberichtigung	Die Position dient als Auffangposition, soweit eine detaillierte Zuordnung auf die in der gleichen Ebene vorhandenen Positionen nicht möglich ist.	RN AP
G	6	übliche Abschreibungen auf Forderungen	Hier sind nur die üblichen Abschreibungen auf Forderungen zu erfassen (§ 275 Abs. 2 Nr. 7b HGB).	MF
G	6	Verluste aus dem Abgang von Vermögensgegenständen des Anlagevermögens	Zu erfassen sind hier nur die Verluste aus der Veräußerung von Anlagegegenständen (Erlöse abzüglich Restbuchwert). Gewinne sind im Ertragsposten „Erträge aus Abgängen des Anlagevermögens" anzugeben.	MF, KN
G	6	Verluste aus dem Abgang von Vermögensgegenständen des Umlaufvermögens		RN
G	6	sonstige Steuern, soweit in den sonstigen Aufwendungen ausgewiesen	Z.B. Verbrauchssteuern, Verkehrssteuern (z.B. KfzSt) sowie andere Steuern; ebenso die USt auf Eigenverbrauch.	MF
G	6	Zuführungen zu Aufwandsrückstellungen	Betrifft nur Rückstellungen für Instandhaltung und Abraumbeseitigung.	MF
G	6	Kurs- / Währungsverluste		RN
G	6	andere ordentliche / nicht zuordenbare sonstige betriebliche Aufwendungen	Andere ordentliche sonstige betriebliche Aufwendungen d.h. im Unternehmen auf einzelnen Konten zugeordnete Aufwendungen, z.B. sonstige Raumkosten, Reinigung, Betriebsbewachung, Betriebsbedarf, Büromaterial, Zeitschriften und Bücher, Aufwand für Abraum und Abfallbeseitigung, Nebenkosten des Geldverkehrs, Bürobedarf, Werkzeuge und Kleingeräte, periodenfremde Aufwendungen, Schadensersatz,	RN AP

			periodenfremde Aufwendungen, Schadensersatz, Börsenkosten, Kosten der Hauptversammlung etc. sowie Auffangposition, soweit eine detaillierte Zuordnung auf die in der gleichen Ebene vorhandenen Positionen nicht möglich ist. Die auf dem Konto "sonstige betriebliche Aufwendungen" gebuchten Aufwendungen, sind in einer eigenen Position zu erfassen.	
G	6	andere sonstige betriebliche Aufwendungen (GKV)	Zu erfassen sind die auch im Unternehmen nicht zugeordneten Aufwendungen auf dem Konto "sonstige betriebliche Aufwendungen". Andere nicht auf dieser Ebene zuordenbare Konten sind unter "andere ordentliche sonstige betriebliche Aufwendungen" zu erfassen.	MF
G	4	Betriebsergebnis (Umsatzkosten)		SMF
G	5	Bruttoergebnis vom Umsatz (UKV)		SMF
G	6	Umsatzerlöse (UKV)		SMF
G	7	in Umsatzerlöse (UKV) enthaltener Bruttowert	Hierunter fallen auch die Sonderbetriebseinnahmen von Mitunternehmern. Darunter fällt auch das Bereederungsentgelt, soweit die Bereederung durch einen Mitunternehmer durchgeführt wird. In diesem Fall ist zunächst das gesamte Bereederungsentgelt anzugeben. Davon ist außerbilanziell derjenige Teil zu kürzen, der gemäß BMF-Schreiben vom 31.10.2008, BStBl. I 2008, 956, RZ 34 von der Abgeltungswirkung des § 5a Abs. 1 EStG erfasst ist.	SMF
G	8	Erlöse aus Leistungen nach § 13b UStG	z.B. Lieferungen sicherungsübereigneter Gegenstände durch den Sicherungsgeber an den Sicherungsnehmer außerhalb des Insolvenzverfahrens; unter das Grunderwerbsteuergesetz fallende Umsätze, insbesondere Lieferungen von Grundstücken, für die der leistende Unternehmer nach § 9 Abs. 3 UStG zur Steuerpflicht optiert hat; Werklieferungen und sonstige Leistungen, die der Herstellung, Instandsetzung, Instandhaltung, Änderung oder Beseitigung von Bauwerken dienen (ohne Planungs- und Überwachungsleistungen), wenn der Leistungsempfänger ein Unternehmer ist, der selbst solche Bauleistungen erbringt.	MF
G	8	Sonstige Umsatzerlöse, nicht steuerbar	z.B. alle Lieferungen und sonstige Leistungen, deren umsatzsteuerlicher Leistungsort sich nicht im Inland befindet. Außerdem sind im Inland ausgeführte nicht steuerbare Umsätze (z.B. Geschäftsveräußerungen im Ganzen, Innenumsätze zwischen Unternehmensteilen) anzugeben.	MF
G	8	steuerfreie Umsätze nach § 4 Nr. 1a UStG (Ausfuhr Drittland)	Steuerfreie Ausfuhrlieferungen und Lohnveredelungen an Gegenständen der Ausfuhr nach § 4 Nr. 1a UStG (Drittland).	MF
G	8	steuerfreie EG-Lieferungen § 4 Nr. 1b UStG (Innergemeinschaftliche Lieferungen)	Steuerfreie innergemeinschaftliche Lieferungen nach § 4 Nr. 1b UStG einschließlich Lieferungen des ersten Abnehmers im Rahmen eines innergemeinschaftlichen Dreieckgeschäftes nach § 25 b UStG und Lieferungen von neuen Fahrzeugen.	MF
G	8	steuerfreie Umsätze nach § 4 Nr. 8 ff UStG	z.B. Gewährung und Vermittlung von Krediten, Umsätze und Vermittlung mit Geschäftsanteilen, Umsätze im Geschäft mit Forderungen (§ 4 Nr. 8 UStG); Umsätze, die unter das Grunderwerbsteuergesetz fallen (§ 4 Nr. 9a UStG) (Hinweis: wurde zur Steuerpflicht optiert, sind diese Umsätze unter Erlöse aus Leistungen nach § 13b UStG anzugeben); Leistungen aufgrund eines Versicherungsverhältnisses (§ 4 Nr. 10 UStG); Leistungen aus der Tätigkeit von Bausparkassenvertretern, Versicherungsvertretern, -maklern (§ 4 Nr. 11 UStG); Vermietung und Verpachtung von Grundstücken (§ 4 Nr. 12 UStG) (Hinweis: handelt es sich um Nebenerlöse, sind die steuerfreien Umsätze unter Nebenerlöse aus Vermietung).	MF

G	8	steuerfreie Umsätze nach § 4 Nr. 2-7 UStG	z.B. Umsätze der Seeschifffahrt und Luftfahrt § 4 Nr. 2 UStG, steuerfreie Auslagerungsumsätze nach § 4 Nr. 4a UStG etc.	MF
G	8	sonstige umsatzsteuerfreie Umsätze	z. B. Offshore Abkommen, das Zusatzabkommen zum NATO-Truppenstatut und das Ergänzungsabkommen zum Protokoll über die NATO-Hauptquartiere, steuerfreie Reiseleistungen nach § 25 Abs. 2 UStG (Betrag, der den Reisevorleistungen entspricht zzgl. steuerfreie Differenz).	MF
G	8	Umsatzerlöse ermäßigter Steuersatz		MF
G	8	Umsatzerlöse Regelsteuersatz		MF
G	8	Umsatzerlöse nach § 25 und § 25a UStG	Umsatzsteuerpflichtige (sämtliche Steuersätze) Reiseleistungen nach § 25 UStG und Umsätze aus der sog. Differenzbesteuerung nach § 25a UStG (einschließlich § 14c UStG). Einzutragen ist der Betrag, der dem Einkaufspreis/den Reisevorleistungen entspricht zzgl. steuerpflichtige Differenz.	MF
G	8	Umsatzerlöse sonstige Umsatzsteuersätze	Umsätze, die anderen Steuersätzen unterliegen (einschließlich § 14c UStG), z.B. Änderungen von Bemessungsgrundlagen nach § 17 UStG, die dem bis zum 31.12.2006 gültigen allgemeinen Regelsteuersatz unterlegen haben. Zahlungseingänge auf in früheren Perioden abgeschriebene Forderungen sind unter der Position „Zahlungseingänge auf in früheren Perioden abgeschriebene Forderungen" zu erfassen. Außerdem sind die Umsätze der land- und forstwirtschaftlichen Betriebe nach § 24 UStG, auch übrige steuerpflichtige Umsätze land- und forstwirtschaftlicher Betriebe, für die keine Steuer zu entrichten ist, hier zu übermitteln, soweit nicht die Branchentaxonomie für Land- und Forstwirtschaft verwendet wird.	MF
G	8	Umsatzerlöse ohne Zuordnung nach Umsatzsteuertatbeständen		RN
G	7	in Umsatzerlöse (UKV) verrechnete Erlösschmälerungen	Erlösschmälerungen, wie z.B. Boni, Skonti, Nachlässe etc. sind hier anzugeben.	MF, KN
G	8	Erlösschmälerungen ohne Zuordnung nach Umsatzsteuertatbeständen		AP
G	6	Herstellungskosten der zur Erzielung der Umsatzerlöse erbrachten Leistungen (UKV)	Herstellungskosten der im Herstellungsbereich angefallenen Aufwendungen der verkauften Erzeugnisse und in Rechnung gestellten Leistungen.	RN
G	7	Herstellungskosten der zur Erzielung der Umsatzerlöse erbrachten Leistungen (UKV), davon verbundene Unternehmen	Herstellungskosten der im Herstellungsbereich angefallenen Aufwendungen der verkauften Erzeugnisse und in Rechnung gestellten Leistungen durch verbundene Unternehmen.	MF
G	5	Vertriebskosten (UKV)	Vertriebskosten dürfen nicht in die Herstellungskosten einbezogen werden, daher der gesonderte Ausweis. Hierunter fallen die Aufwendungen des Funktionsbereichs Vertrieb, z.B. Aufwendungen der Verkaufs-, Werbe- und Marketingabteilung sowie des Vertreternetzes und der Vertriebslager.	MF
G	5	allgemeine Verwaltungskosten (UKV)	Alle Aufwendungen, die weder Herstellungskosten noch Vertriebskosten sind, z.B. Material- und Personalaufwendungen sowie Abschreibungen aus dem Verwaltungsbereich.	MF
G	5	sonstige betriebliche Erträge (UKV)		SMF
G	6	sonstige betriebliche Erträge (UKV), davon verbundene Unternehmen	Nachrichtliche Mitteilung der sonstigen betrieblichen Erträge - von verbundenen Unternehmen -, die in der Position „sonstige betriebliche Erträge" enthalten sind.	MF

G	6	Nebenerlöse aus Vermietung und Verpachtung (UKV)	Soweit es sich bei den Erlösen aus Vermietung und Verpachtung um Erlöse aus dem gewöhnlichen Geschäftsbetrieb handelt, z.B. bei Hotels etc., sind diese unter den Umsatzerlösen (getrennt nach deren umsatzsteuerlichen Behandlung) zu erfassen. Handelt es sich um Nebenerlöse, sind hier sämtliche Einnahmen unabhängig von ihrer umsatzsteuerlichen Behandlung (einschließlich umsatzsteuerfreier Leistungen) anzugeben. Die darin enthaltenen umsatzsteuerfreien Erlöse sind nachrichtlich noch in der Position „davon steuerfreie Umsätze aus Vermietung und Verpachtung § 4 Nr. 12 UStG" zusätzlich mitzuteilen.	MF
G	7	Nebenerlöse aus Vermietung und Verpachtung (UKV), davon steuerfreie Umsätze aus Vermietung und Verpachtung § 4 Nr. 12 UStG	Nachrichtliche Mitteilung der umsatzsteuerfreien Umsätze aus Vermietung und Verpachtung, die in der Position Nebenerlöse aus Vermietung und Verpachtung enthalten sind.	MF
G	6	Nebenerlöse aus Provisionen, Lizenzen und Patenten (UKV)	Soweit es sich bei den Erlösen aus Provisionen, Lizenzen und Patenten um Erlöse aus dem gewöhnlichen Geschäftsbetrieb handelt, z.B. bei Handelsvertretern etc. sind diese unter den Umsatzerlösen (getrennt nach deren umsatzsteuerlichen Behandlung) zu erfassen. Handelt es sich um Nebenerlöse, sind hier sämtliche Einnahmen unabhängig von ihrer umsatzsteuerlichen Behandlung anzugeben.	MF
G	6	andere Nebenerlöse (UKV)	Darunter fallen sonstige Einnahmen aus nicht branchenüblichen Leistungen (z.B. gutachtliche Tätigkeiten etc.). Soweit es sich bei den anderen Nebenerlösen um Erlöse aus dem gewöhnlichen Geschäftsbetrieb handelt, sind diese unter den Umsatzerlösen (getrennt nach deren umsatzsteuerlichen Behandlung) zu erfassen. Handelt es sich um Nebenerlöse, sind hier sämtliche Einnahmen unabhängig von ihrer umsatzsteuerlichen Behandlung anzugeben	MF
G	6	Erträge aus Auflösung des Sonderpostens mit und ohne Rücklageanteil (UKV)	Soweit nach den steuerlichen Vorschriften eine Verzinsung vorzunehmen ist, ist diese im Berichtsbestandteil „Steuerliche Gewinnermittlung" unter den entsprechenden Posten (z.B. § 6b Abs. 7 und 10 EStG) zu erfassen.	SMF
G	7	§ 6b Abs. 10 EStG	Auflösungen einer § 6b Abs. 10 EStG-Rücklage (Veräußerung von Anteilen an Kapitalgesellschaften).	MF
G	7	§ 6b Abs. 3 EStG	Auflösungen einer § 6b Abs. 3 EStG Rücklage, (Veräußerung von Grund und Boden oder Aufwuchs auf Grund und Boden mit dem dazugehörigen Grund und Boden, wenn der Aufwuchs zu einem land- und forstwirtschaftlichen Betriebsvermögen gehörte oder Gebäuden oder Binnenschiffen).	MF
G	7	Rücklage für Ersatzbeschaffung, R 6.6 EStR	Auflösungen von Rücklagen für Ersatzbeschaffungen nach R 6.6 EStR.	MF
G	7	§ 4g EStG	Auflösungen von Ausgleichsposten nach § 4g EStG (Zuordnung eines Wirtschaftsgutes des Anlagevermögens zu einer Betriebsstätte desselben Steuerpflichtigen in einem anderen Mitgliedstaat der Europäischen Union gemäß § 4 Abs. 1 S. 3 EStG).	MF
G	7	§ 7g Abs. 7 EStG	Auflösungen sog. Ansparabschreibungen für Existenzgründer nach § 7g Abs. 7 EStG a.F., die noch nach altem Recht gebildet worden waren.	RN
G	7	Sonstige / nicht zuordenbare Erträge aus der Auflösung des Sonderpostens mit Rücklageanteil (UKV)	Sonstige Erträge aus Auflösung eines Sonderpostes sowie Auffangposition, soweit eine detaillierte Zuordnung auf die in der gleichen Ebene vorhandenen Positionen nicht möglich ist.	RN AP

G	6	Erträge aus Abgängen des Anlagevermögens (UKV)	Zu erfassen sind hier alle Gewinne aus der Veräußerung von AnlagegZu erfassen sind hier alle Gewinne aus der Veräußerung von Anlagegegenständen, unabhängig ihrer umsatzsteuerlichen Behandlung (Erlöse abzüglich Restbuchwert). Verluste sind im Aufwandsposten „Verluste aus dem Abgang von Vermögensgegenständen des Anlagevermögens" anzugeben.	MF, KN
G	6	Erträge aus Zuschreibungen des Anlagevermögens (UKV)	Wertaufholungsgebot z.B. wegen Wegfall des Grund einer Teilwertabschreibung.	MF
G	6	Erträge aus der Auflösung von Rückstellungen (UKV)	Es sind hier die Erträge aus der Auflösung von Rückstellungen einzutragen. Die Erträge aus der steuerlichen Abzinsung von Rückstellungen (§ 6 Abs. 1 Nr. 3a EStG) sind beim Posten „sonstige Zinsen und ähnliche Erträge aus Abzinsung" zu erfassen.	MF, KN
G	6	Erträge aus Abgängen des Umlaufvermögens (UKV)		RN
G	6	Erträge aus Zuschreibungen des Umlaufvermögens (UKV)	Wertaufholungsgebot z.B. wegen Wegfall des Grundes einer Teilwertabschreibung.	MF
G	6	Erträge aus der Herabsetzung / Auflösung von Einzel- und Pauschalwertberichtigungen (UKV)		SMF
G	7	Einzelwertberichtigungen		MF
G	7	Pauschalwertberichtigungen		MF
G	7	nicht PWB / EWB zuordenbare Wertberichtigung	Auffangposition, soweit eine detaillierte Zuordnung auf die in der gleichen Ebene vorhandenen Positionen nicht möglich ist.	RN AP
G	6	Erträge aus der Aktivierung unentgeltlich erworbener Vermögensgegenstände (UKV)		RN
G	6	Erträge aus der Herabsetzung von Verbindlichkeiten (UKV)	z.B. aus tatsächlichen Gründen wegen Verzichts oder Verjährung. Die Erträge aus der steuerlichen Abzinsung von Verbindlichkeiten (§ 6 Abs. 1 Nr. 3 EStG) sind in der Position „sonstige Zinsen und ähnliche Erträge aus Abzinsung" zu erfassen.	MF, KN
G	6	Zahlungseingänge auf in früheren Perioden abgeschriebene Forderungen (UKV)	Hier sind alle Einnahmen aus in Vorjahren ausgebuchten Kundenforderungen, unabhängig ihrer umsatzsteuerlichen Behandlung, anzugeben.	MF
G	6	Kostenerstattungen, Rückvergütungen und Gutschriften für frühere Jahre (UKV)		RN
G	6	Erträge aus Steuerbelastungen an Organgesellschaften (UKV)		RN
G	6	Erträge aus Verwaltungskostenumlagen (UKV)		RN
G	6	Zuschüsse und Zulagen (UKV)	Zuschüsse und Zulagen, soweit sie nicht bei den Anschaffungs- oder Herstellungskosten abgezogen wurden. Insbesondere sind hier auch Erträge aus der Gewährung von Investitionszulagen anzugeben. Rückzahlungen von Investitionszulagen sind hier ebenfalls anzugeben (auch wenn insgesamt negativ). Die steuerliche Korrektur der darin enthaltenen Investitionszulagen ist beim Modul steuerliche Gewinnermittlung vorzunehmen.	MF
G	6	Versicherungsentschädigungen und Schadensersatzleistungen (UKV)		MF
G	6	Kurs-/Währungsgewinne (UKV)		RN

G	6	Erträge aus Eigenverbrauch (UKV)		SMF
G	7	Private KFZ-Nutzung (nicht Kapitalgesellschaften)	Private Kfz-Nutzung bei Einzelunternehmen bzw. bei Personengesellschaften nach der 1%-Regelung oder nach Fahrtenbuch, unabhängig von der umsatzsteuerlichen Behandlung, d.h. sowohl der umsatzsteuerpflichtige Teil als auch der umsatzsteuerfreie Teil sind hier zu erfassen.	MF
G	7	Sonstige Sach-, Nutzungs- und Leistungsentnahmen	Hier sind, bis auf die private Kfz-Nutzung, alle weiteren Sach-, Nutzungs- und Leistungsentnahmen (z.B. Telefon, Heizung, Strom), unabhängig ihrer umsatzsteuerlichen Behandlungen, zu erfassen. Insbesondere auch die Pauschalen für unentgeltliche Wertabgaben (Sachentnahmen), die lt. amtlicher Richtsatzsammlung bei bestimmten Gewerbezweigen (Bäckerei, Metzgerei, Gastwirtschaften etc.) anzusetzen sind (voller und ermäßigter Steuersatz).	MF
G	7	Sachbezüge KFZ	Wendet der Unternehmer (Arbeitgeber) seinem Personal (seinen Arbeitnehmern) als Vergütung für geleistete Dienste auch einen Sachlohn (hier z.B. private Kfz-Nutzung bzw. Nutzung des betrieblichen Fahrzeugs für Fahrten Wohnung - Arbeitsstätte) liegen Sachbezüge vor. Diese Zuwendungen sind auch dann steuerbar, wenn sie unentgeltlich sind; § 8 EStG und § 3 Abs. 1b, §§ 3 Abs. 1b, 3 Abs. 9a UStG.	MF
G	7	Sonstige Sachbezüge	Wendet der Unternehmer (Arbeitgeber) seinem Personal (seinen Arbeitnehmern) als Vergütung für geleistete Dienste auch einen Sachlohn (hier z.B. Wohnung, Kost, Waren, Dienstleistungen) zu, liegen Sachbezüge vor. Diese Zuwendungen sind auch dann steuerbar, wenn sie unentgeltlich sind § 8 EStG und §§ 3 Abs. 1b, 3 Abs. 9a UStG.	MF
G	6	andere sonstige betriebliche Erträge (UKV), nicht zuordenbar	Hier wird erwartet, dass in dieser Position tatsächlich nur „andere" sonstige betriebliche Erträge enthalten sind; d.h. diese Erträge konnten nicht bereits unter eine der oben genannten Taxonomie-Positionen eingereiht werden. Hinweis: Zins- und Beteiligungserträge sind beim „Finanz- und Beteiligungsergebnis", Steuererstattungen bei „Steuern vom Einkommen"- und Ertrag sowie außerordentliche Erträge beim „außerordentlichen Ergebnis" aufzugliedern.	RN AP
G	5	sonstige betriebliche Aufwendungen außerhalb des Herstellungs-, Vertriebs- und Verwaltungsbereichs (UKV)		RN
G	6	andere sonstige betriebliche Aufwendungen (UKV)	andere sonstige betriebliche Aufwendungen, soweit nicht anderweitig zuordenbar - UKV	AP
G	5	Nachrichtlich: Materialaufwand (entsprechend GKV)		SMF
G	6	Aufwendungen für Roh-, Hilfs- und Betriebsstoffe und für bezogene Waren (entsprechend GKV; nachrichtlich)	Sämtlicher Materialaufwand gem. § 275 Abs. 2 Nr. 5 HGB Umlaufvermögen.	SMF
G	7	Aufwendungen für Roh- Hilfs- und Betriebsstoffe (entsprechend GKV; nachrichtlich)		SMF
G	8	Aufwand zum Regelsteuersatz (entsprechend GKV; nachrichtlich)	Roh-, Hilfs- und Betriebsstoffe zum Regelsteuersatz - UKV	MF
G	8	Aufwand zum ermäßigten Steuersatz (entsprechend GKV; nachrichtlich)	Aktueller ermäßigter Steuersatz (§ 12 Abs. 2 UStG) – nicht Durchschnittssteuersatz i.S.d. §§ 23, 24 UStG.	MF
G	8	Innergemeinschaftliche Erwerbe (entsprechend GKV; nachrichtlich)	innergemeinschaftliche Erwerbe von Roh-, Hilfs- und Betriebsstoffen - UKV	MF

G	8	übrige Aufwendungen ohne Zuordnung nach Umsatzsteuertatbeständen (entsprechend GKV; nachrichtlich)	z.B. Erwerb von Waren zu Durchschnittssteuersätzen i.S.d. §§ 23, 24 UStG oder Erwerb ohne Vorsteuerabzug sowie Auffangposition, soweit eine detaillierte Zuordnung auf die in der gleichen Ebene vorhandenen Positionen nicht möglich ist.	RN AP
G	8	Bestandsveränderungen (entsprechend GKV; nachrichtlich)	Bestandsveränderungen bei Roh-, Hilfs- und Betriebsstoffen - UKV	MF
G	7	Aufwendungen für bezogene Waren (entsprechend GKV; nachrichtlich)		SMF
G	8	Wareneinkauf zum Regelsteuersatz (entsprechend GKV; nachrichtlich)		MF
G	8	Wareneinkauf zum ermäßigten Steuersatz (entsprechend GKV; nachrichtlich)	Wareneinkauf zum aktuellen ermäßigten Steuersatz (§ 12 Abs. 2 UStG) – nicht Durchschnittssteuersatz i.S.d. §§ 23, 24 UStG.	MF
G	8	Innergemeinschaftliche Erwerbe (entsprechend GKV; nachrichtlich)	Innergemeinschaftliche Erwerbe von Waren (außer Roh-, Hilfs- und Betriebsstoffe) - UKV	MF
G	8	übriger Wareneinkauf ohne Zuordnung nach Umsatzsteuertatbeständen (entsprechend GKV; nachrichtlich)	z.B. Erwerb von Waren zu Durchschnittssteuersätzen i.S.d. §§ 23, 24 UStG, Erwerb von Waren ohne Vorsteuerabzug oder Wareneingang hinsichtlich Differenzbesteuerung i.S.d. §§ 25, 25a UStG sowie Auffangposition, soweit eine detaillierte Zuordnung auf die in der gleichen Ebene vorhandenen Positionen nicht möglich ist.	RN AP
G	8	Bestandsveränderungen (entsprechend GKV; nachrichtlich)	Bestandsveränderungen bei Waren - UKV	MF
G	7	Anschaffungsnebenkosten (entsprechend GKV; nachrichtlich)		RN
G	6	Aufwendungen für bezogene Leistungen (entsprechend GKV; nachrichtlich)		SMF
G	7	Leistungen nach § 13b UStG mit Vorsteuerabzug (entsprechend GKV; nachrichtlich)	Z.B. Lieferungen sicherungsübereigneter Gegenstände durch den Sicherungsgeber an den Sicherungsnehmer außerhalb des Insolvenzverfahrens; unter das Grunderwerbsteuergesetz fallende Umsätze, insbesondere Lieferungen von Grundstücken, für die der leistende Unternehmer nach § 9 Abs. 3 UStG zur Steuerpflicht optiert hat; Werklieferungen und sonstige Leistungen, die der Herstellung, Instandsetzung, Instandhaltung, Änderung oder Beseitigung von Bauwerken dienen (ohne Planungs- und Überwachungsleistungen), wenn der Leistungsempfänger ein Unternehmer ist, der selbst solche Bauleistungen erbringt.	MF
G	7	Leistungen nach § 13b UStG ohne Vorsteuerabzug (entsprechend GKV; nachrichtlich)	Z.B. Lieferungen sicherungsübereigneter Gegenstände durch den Sicherungsgeber an den Sicherungsnehmer außerhalb des Insolvenzverfahrens; unter das Grunderwerbsteuergesetz fallende Umsätze, insbesondere Lieferungen von Grundstücken, für die der leistende Unternehmer nach § 9 Abs. 3 UStG zur Steuerpflicht optiert hat; Werklieferungen und sonstige Leistungen, die der Herstellung, Instandsetzung, Instandhaltung, Änderung oder Beseitigung von Bauwerken dienen (ohne Planungs- und Überwachungsleistungen), wenn der Leistungsempfänger ein Unternehmer ist, der selbst solche Bauleistungen erbringt.	MF
G	7	Übrige Leistungen mit Vorsteuerabzug (entsprechend GKV; nachrichtlich)		MF
G	7	Übrige Leistungen ohne Vorsteuerabzug (entsprechend GKV; nachrichtlich)		MF

G	7	Übrige Leistungen ohne Zuordnung nach Umsatzsteuertatbeständen (entsprechend GKV; nachrichtlich)	Auffangposition, soweit eine detaillierte Zuordnung auf die in der gleichen Ebene vorhandenen Positionen nicht möglich ist.	RN AP
G	5	Nachrichtlich: Personalaufwand (entsprechend GKV)	Löhne und Gehälter sind alle als Aufwendungen zu erfassende Personalkosten für gewerbliche Arbeitnehmer, für Angestellte, für Vorstände oder Geschäftsführer. Die Löhne sind brutto zu buchen, vor Abzug der Lohnsteuer und der von den Arbeitnehmern zu tragenden Sozialabgaben.	SMF
G	6	Löhne und Gehälter (entsprechend GKV; nachrichtlich)	Hierunter fallen die Bruttobeträge der Löhne und Gehälter (Nettobetrag, Steuern, Arbeitnehmeranteile zur Sozialversicherung).	SMF
G	7	Löhne für Minijobs (entsprechend GKV; nachrichtlich)	Eine geringfügige Beschäftigung liegt vor, wenn das Arbeitsentgelt aus dieser Beschäftigung den in § 8 Abs. 1 Nr. 1 SGB IV geregelten Betrag regelmäßig im Monat nicht übersteigt. Unter Löhne für Minijobs fallen auch die Sachbezüge und Zuschüsse sowie die vom Arbeitgeber übernommene Lohn- und Kirchensteuer sowie alle weiteren Sozialen Abgaben.	MF
G	7	Vergütungen an angestellte Mitunternehmer § 15 EStG (entsprechend GKV; nachrichtlich)	Vergütungen und sonstige Leistungen (inkl. Sachbezüge) an Mitunternehmer i.S.d. § 15 Abs. 1 Nr. 2 EStG. Die schuldrechtlichen "Lohnzahlungen" an Mitunternehmer sind innerhalb der Gesellschaft (Gesamthand) nicht zu korrigieren. Vielmehr erfolgt die "Korrektur" im Rahmen der Sonderbilanz bzw. Sonder-G+V.	MF
G	7	übrige und nicht zuordenbare Löhne und Gehälter (entsprechend GKV; nachrichtlich)	Löhne (z.B. für Produktion und Fertigung) sowie Gehälter (z.B. für Verwaltung und Vertrieb), inkl. Sachbezüge, soweit keine Vergütungen an Gesellschafter-Geschäftsführer oder Mitunternehmer sowie Auffangposition, soweit eine detaillierte Zuordnung auf die in der gleichen Ebene vorhandenen Positionen nicht möglich ist. Hierunter fallen die Bruttobeträge der Löhne und Gehälter, sowohl Geld- als auch Sachbezüge (Nettobetrag, Steuern, Arbeitnehmeranteile zur Sozialversicherung und Beiträge zur Berufsgenossenschaft).	RN AP
G	7	davon Sachbezüge (entsprechend GKV; nachrichtlich)	Sachbezüge, z.B. für zur privaten Nutzung überlassene Firmenfahrzeuge oder Telefonanschlüsse, Gestellung von Wohnungen und Mahlzeiten, Überlassung von Waren etc.	MF
G	7	davon freiwillige Zuwendungen (entsprechend GKV; nachrichtlich)	Insbesondere freiwillige soziale Aufwendungen wie z.B. Aufwendungen für die Zukunftssicherung, Werkspensionen, Werksrenten, Erholungsbeihilfen, Fortbildungskosten, Studien- und Ausbildungsbeihilfen, Gelegenheitsgeschenke, Heirats- und Geburtsbeihilfen, Jubiläumsgeschenke, Sterbebeihilfen, Aufwendungen für Werksküche, Ledigenheime, Werkschor und Werkskapelle, Belegschaftsveranstaltungen, Mietzuschüsse, verbilligte Überlassung von Werks- und Dienstwohnungen, Unfallkosten und Zinszahlungen aufgrund von Arbeitsgerichtsprozessen.	MF
G	6	soziale Abgaben und Aufwendungen für Altersversorgung und Unterstützung (entsprechend GKV; nachrichtlich)	Aufwendungen für Arbeitslosen-, Renten-, Kranken- und Pflegeversicherung.	SMF
G	7	soziale Abgaben (entsprechend GKV; nachrichtlich)	Aufwendungen für Arbeitslosen-, Renten-, Kranken- und Pflegeversicherung (ausgenommen: Soziale Abgaben auf Löhne für Minijobs).	MF
G	8	davon soziale Abgaben für angestellte Mitunternehmer § 15 EStG (entsprechend GKV; nachrichtlich)	Arbeitslosen-, Renten-, Kranken- und Pflegeversicherungsaufwendungen für Mitunternehmer i.S.d. § 15 Abs. 1 Nr. 2 EStG. Die sozialen Abgaben für Mitunternehmer sind innerhalb der Gesellschaft (Gesamthand) nicht zu korrigieren. Vielmehr erfolgt die "Korrektur" im Rahmen der Sonderbilanz bzw. Sonder-G+V.	MF
G	7	Aufwendungen für Altersversorgung (entsprechend GKV; nachrichtlich)	z.B. Aufwendungen für die Direktversicherung (§ 4b EStG), Pensionskassenbeiträge (§ 4c EStG), Beiträge an Unterstützungskassen (§ 4d EStG) oder an Pensionsfonds (§ 4e EStG).	MF

G	8	Aufwendungen für Altersversorgung (entsprechend GKV; nachrichtlich), davon für angestellte Mitunternehmer § 15 EStG	Aufwendungen für Altersversorgung, insb. Aufwendungen für die Direktversicherung (§ 4b EStG), Pensionskassenbeiträge (§ 4c EStG), Beiträge an Unterstützungskassen (§ 4d EStG) oder an Pensionsfonds (§ 4e EStG) für Mitunternehmer i.S.d. § 15 Abs. 1 Nr. 2 EStG. Die Aufwendungen für Mitunternehmer sind innerhalb der Gesellschaft (Gesamthand) nicht zu korrigieren. Vielmehr erfolgt die "Korrektur" im Rahmen der Sonderbilanz / bzw. Sonder-G+V.	MF
G	7	Aufwendungen für Unterstützung (entsprechend GKV; nachrichtlich)	Sonstige Unterstützungsleistungen des Arbeitgebers, z.B. nach § 3 Nr. 34 EStG.	MF
G	7	soziale Abgaben und Aufwendungen für Altersversorgung und für Unterstützung, nicht zuordenbar (entsprechend GKV; nachrichtlich)		RN AP
G	5	Nachrichtlich: Abschreibungen (entsprechend GKV)		SMF
G	6	Abschreibungen auf immaterielle Vermögensgegenstände des Anlagevermögens und Sachanlagen(entsprechend GKV; nachrichtlich)	Soweit freiwillig ein Anlagespiegel im XBRL-Format übermittelt wird, siehe Tz. 23 des BMF-Schreibens vom 28.09.2011, genügt es hier auch Werteübermittlung vorzunehmen. Die darunter liegenden Ebenen können mit einem "NIL-Wert" übermittelt werden.	SMF
G	7	Abschreibungen auf Ingangsetzungsaufwendungen (entsprechend GKV; nachrichtlich)	Die Position ist nur in der Handelsbilanz zulässig und muss im Rahmen der Überleitungsrechnung eliminiert werden.	RN
G	7	Abschreibungen auf Geschäfts- oder Firmenwert (entsprechend GKV; nachrichtlich)	Abschreibungen auf den Firmen- oder Geschäftswert i.S.d. § 246 Abs. 1 S. 2 HGB. Dieser zeitlich begrenzt nutzbare Vermögensgegenstand unterliegt den allgemeinen Regelungen zur Zugangs- und Folgebewertung; als betriebsgewöhnliche Nutzungsdauer gilt abweichend von handelsrechtlichen Maßstäben ein Zeitraum von 15 Jahren (§ 7 Abs. 1 Satz 3 EStG). Hinsichtlich der Abschreibung des Praxiswerts siehe BMF vom 15.01.1995, BStBl 1995 I S. 14. Soweit freiwillig ein Anlagespiegel im XBRL-Format übermittelt wird, siehe Tz. 23 des BMF-Schreibens vom 28.09.2011, sind hier keine Angaben erforderlich (NIL-Wert). Es genügt eine Werteübermittlung auf Ebene 6 "Abschreibungen auf immaterielle Vermögensgegenstände des Anlagevermögens und Sachanlagen".	MF
G	7	Abschreibungen auf andere immaterielle Vermögensgegenstände (entsprechend GKV; nachrichtlich)	Soweit freiwillig ein Anlagespiegel im XBRL-Format übermittelt wird, siehe Tz. 23 des BMF-Schreibens vom 28.09.2011, sind hier keine Angaben erforderlich (NIL-Wert). Es genügt eine Werteübermittlung auf Ebene 6 "Abschreibungen auf immaterielle Vermögensgegenstände des Anlagevermögens und Sachanlagen".	MF
G	7	Abschreibungen auf Sachanlagen (entsprechend GKV; nachrichtlich)	Soweit freiwillig ein Anlagespiegel im XBRL-Format übermittelt wird, siehe Tz. 23 des BMF-Schreibens vom 28.09.2011, sind hier keine Angaben erforderlich (NIL-Wert). Es genügt eine Werteübermittlung auf Ebene 6 "Abschreibungen auf immaterielle Vermögensgegenstände des Anlagevermögens und Sachanlagen".	MF
G	8	Abschreibungen auf Sachanlagen (entsprechend GKV; nachrichtlich), davon Sofortabschreibung GWG	Sofort als Betriebsausgabe zu erfassender Aufwand für GWG. Abschreibungen auf aktivierte GWG sind hier nicht auszuweisen. Soweit freiwillig ein Anlagespiegel im XBRL-Format übermittelt wird, siehe Tz. 23 des BMF-Schreibens vom 28.09.2011, sind hier keine Angaben erforderlich (NIL-Wert). Es genügt eine Werteübermittlung auf Ebene 6 "Abschreibungen auf immaterielle Vermögensgegenstände des Anlagevermögens und Sachanlagen".	MF

G	8	Abschreibungen auf Sachanlagen (entsprechend GKV; nachrichtlich), davon Auflösung GWG-Sammelposten	Sammelposten, der mit jeweils einem Fünftel pro Wirtschaftsjahr aufzulösen ist. Soweit freiwillig ein Anlagespiegel im XBRL-Format übermittelt wird, siehe Tz. 23 des BMF-Schreibens vom 28.09.2011, sind hier keine Angaben erforderlich (NIL-Wert). Es genügt eine Werteübermittlung auf Ebene 6 "Abschreibungen auf immaterielle Vermögensgegenstände des Anlagevermögens und Sachanlagen".	MF
G	8	Abschreibungen auf Sachanlagen (entsprechend GKV; nachrichtlich), davon Abschreibungen auf Gebäude	Soweit freiwillig ein Anlagespiegel im XBRL-Format übermittelt wird, siehe Tz. 23 des BMF-Schreibens vom 28.09.2011, sind hier keine Angaben erforderlich (NIL-Wert). Es genügt eine Werteübermittlung auf Ebene 6 "Abschreibungen auf immaterielle Vermögensgegenstände des Anlagevermögens und Sachanlagen".	MF
G	7	außerplanmäßige und Sonderabschreibungen (entsprechend GKV; nachrichtlich)	Soweit freiwillig ein Anlagespiegel im XBRL-Format übermittelt wird, siehe Tz. 23 des BMF-Schreibens vom 28.09.2011, sind hier keine Angaben erforderlich (NIL-Wert). Es genügt eine Werteübermittlung auf Ebene 6 "Abschreibungen auf immaterielle Vermögensgegenstände des Anlagevermögens und Sachanlagen".	SMF
G	8	außerplanmäßige Abschreibungen (entsprechend GKV; nachrichtlich)	Außerplanmäßige Abschreibungen dienen der Berücksichtigung von Wertverlusten beim abnutzbaren und nicht abnutzbaren Anlagevermögen zum Bilanzstichtag, soweit diese beim abnutzbaren Anlagevermögen nicht bereits durch planmäßige Abschreibungen erfasst wurden; steuerrechtlich sind außerplanmäßige Abschreibungen nur bei einer dauernden Wertminderung zulässig. Soweit freiwillig ein Anlagespiegel im XBRL-Format übermittelt wird, siehe Tz. 23 des BMF-Schreibens vom 28.09.2011, sind hier keine Angaben erforderlich (NIL-Wert). Es genügt eine Werteübermittlung auf Ebene 6 "Abschreibungen auf immaterielle Vermögensgegenstände des Anlagevermögens und Sachanlagen".	SMF
G	9	außerplanmäßige Abschreibungen auf Geschäfts- oder Firmenwert (entsprechend GKV; nachrichtlich)	Außerplanmäßige Abschreibungen auf immaterielle Vermögensgegenstände wie z.B. bei der vorzeitigen Beendigung der Nutzung eines Patentes oder eines sonstigen Schutzrechts. Soweit freiwillig ein Anlagespiegel im XBRL-Format übermittelt wird, siehe Tz. 23 des BMF-Schreibens vom 28.09.2011, sind hier keine Angaben erforderlich (NIL-Wert). Es genügt eine Werteübermittlung auf Ebene 6 "Abschreibungen auf immaterielle Vermögensgegenstände des Anlagevermögens und Sachanlagen".	MF
G	9	außerplanmäßige Abschreibungen auf andere immaterielle Vermögensgegenstände (entsprechend GKV; nachrichtlich)	Soweit freiwillig ein Anlagespiegel im XBRL-Format übermittelt wird, siehe Tz. 23 des BMF-Schreibens vom 28.09.2011, sind hier keine Angaben erforderlich (NIL-Wert). Es genügt eine Werteübermittlung auf Ebene 6 "Abschreibungen auf immaterielle Vermögensgegenstände des Anlagevermögens und Sachanlagen".	MF
G	9	außerplanmäßige Abschreibungen auf Sachanlagen (entsprechend GKV; nachrichtlich)	Außerplanmäßige Abschreibung nur bei dauernder Wertminderung. Soweit freiwillig ein Anlagespiegel im XBRL-Format übermittelt wird, siehe Tz. 23 des BMF-Schreibens vom 28.09.2011, sind hier keine Angaben erforderlich (NIL-Wert). Es genügt eine Werteübermittlung auf Ebene 6 "Abschreibungen auf immaterielle Vermögensgegenstände des Anlagevermögens und Sachanlagen".	MF
G	9	außerplanmäßige Abschreibungen, nicht zuordenbar (entsprechend GKV; nachrichtlich)		RN AP
G	8	Sonderabschreibungen (entsprechend GKV; nachrichtlich)	Soweit freiwillig ein Anlagespiegel im XBRL-Format übermittelt wird, siehe Tz. 23 des BMF-Schreibens vom 28.09.2011, sind hier keine Angaben erforderlich (NIL-Wert). Es genügt eine Werteübermittlung auf Ebene 6 "Abschreibungen auf immaterielle Vermögensgegenstände des Anlagevermögens und Sachanlagen"	MF

G	8	außerplanmäßige und Sonderabschreibungen, nicht zuordenbar (entsprechend GKV; nachrichtlich)		RN AP
G	7	Abschreibungen auf immaterielle Vermögensgegenstände des Anlagevermögens und Sachanlagen, nicht zuordenbar (entsprechend GKV; nachrichtlich)		RN AP
G	6	Abschreibungen (entsprechend GKV), auf Vermögensgegenstände des Umlaufvermögens, soweit diese die in der Kapitalgesellschaft üblichen Abschreibungen überschreiten (entsprechend GKV; nachrichtlich)		SMF
G	7	Abschreibungen auf Vorräte (entsprechend GKV; nachrichtlich)	Teilwertvermutung (§ 6 Abs. 1 Nr. 2 EStG).	MF
G	7	Abschreibungen auf Forderungen und sonstige Vermögensgegenstände (entsprechend GKV; nachrichtlich)	Abschreibungen auf Forderungen und sonstige Vermögensgegenstände, soweit sie die bei der Kapitalgesellschaft üblichen Abschreibungen überschreiten (UKV).	MF
G	8	Abschreibungen auf Forderungen und sonstige Vermögensgegenstände (entsprechend GKV; nachrichtlich), davon Abschreibungen auf Forderungen gegenüber Kapitalgesellschaften, an denen eine Beteiligung besteht		MF
G	8	Abschreibungen auf Forderungen und sonstige Vermögensgegenstände (entsprechend GKV; nachrichtlich), davon Abschreibungen auf Forderungen gegenüber Gesellschaftern und nahe stehenden Personen		MF
G	5	Nachrichtlich: sonstige betriebliche Aufwendungen (entsprechend GKV)		SMF
G	6	Miet- und Pachtaufwendungen für unbewegliche Wirtschaftsgüter (entsprechend GKV; nachrichtlich)		SMF
G	7	Miete und Pacht für unbewegliche Wirtschaftsgüter an Mitunternehmer (entsprechend GKV; nachrichtlich)	Betrifft nur Miet- und Pachtzahlungen an Mitunternehmer i.S.d. § 15 Abs. 1 Nr. 2 EStG. Die Miet- und Pachtzahlungen an Mitunternehmer sind innerhalb der Gesellschaft (Gesamthand) nicht zu korrigieren. Vielmehr erfolgt die "Korrektur" im Rahmen der Sonderbilanz bzw. Sonder-G+V.	MF
G	7	Übrige / nicht zuordenbare Miete und Pacht für unbewegliche Wirtschaftsgüter (entsprechend GKV; nachrichtlich)	Übrige / nicht zuordenbare Miete und Pacht für unbewegliche Wirtschaftsgüter, soweit nicht an Mitunternehmer oder Gesellschafter zu entrichten	MF AP
G	6	Aufwand für Fremdreparaturen und Instandhaltung für Grundstücke und Gebäude (entsprechend GKV; nachrichtlich)		RN

G	6	Aufwendungen für Energie (entsprechend GKV; nachrichtlich)	z.B. Heizung, Gas, Strom, Wasser	MF
G	6	Miet- und Pachtaufwendungen für bewegliche Wirtschaftsgüter (entsprechend GKV; nachrichtlich)		SMF
G	7	Miete und Pacht für bewegliche Wirtschaftsgüter an Mitunternehmer (entsprechend GKV; nachrichtlich)	Betrifft nur Miet- und Pachtzahlungen an Mitunternehmer iSd § 15 Abs. 1 Nr. 2 EStG. Die Miet- und Pachtzahlungen an Mitunternehmer sind innerhalb der Gesellschaft (Gesamthand) nicht zu korrigieren. Vielmehr erfolgt die "Korrektur" im Rahmen der Sonderbilanz bzw. Sonder-G+V.	MF
G	7	Übrige / nicht zuordenbare Miete und Pacht für bewegliche Wirtschaftsgüter (entsprechend GKV; nachrichtlich)	Übrige / nicht zuordenbare Miete und Pacht für bewegliche Wirtschaftsgüter, soweit nicht an Mitunternehmer oder Gesellschafter zu entrichten	MF AP
G	6	Aufwendungen für Leasing (entsprechend GKV; nachrichtlich)		SMF
G	7	Leasing für bewegliche Wirtschaftsgüter (entsprechend GKV; nachrichtlich)	Inkl. Aufwendungen für Kfz-Leasing, EDV Leasing, Sachmittelleasing etc.	MF
G	7	übrige Leasingaufwendungen	Die Position dient der Erfassung von übriger Leasingaufwendungen und als Auffangposition, soweit eine detaillierte Zuordnung auf die in der gleichen Ebene vorhandenen Positionen nicht möglich ist.	MF AP
G	6	Aufwand für Fremdreparaturen und Instandhaltung (ohne Grundstücke)		RN
G	6	Versicherungsprämien, Gebühren und Beiträge (entsprechend GKV; nachrichtlich)		MF
G	6	Aufwendungen für den Fuhrpark (entsprechend GKV; nachrichtlich)	Aufwendungen für den Fuhrpark ohne Abschreibungen, Zinsen und Leasingkosten.	MF
G	6	Werbeaufwand (entsprechend GKV; nachrichtlich)	z.B. Messekosten, Repräsentation, Werbekostenzuschüsse, Dekoration, Druckerzeugnisse, Zeitungsinserate etc.	MF
G	6	beschränkt abziehbare Betriebsausgaben (entsprechend GKV; nachrichtlich)		SMF
G	7	Geschenke abziehbar (entsprechend GKV; nachrichtlich)	Soweit die Anschaffungs- oder Herstellungskosten der dem Empfänger im Wirtschaftsjahr zugewendeten Gegenstände 35 € insgesamt nicht übersteigen.	MF
G	7	Geschenke nicht abziehbar (entsprechend GKV; nachrichtlich)	Soweit die Anschaffungs- oder Herstellungskosten der dem Empfänger im Wirtschaftsjahr zugewendeten Gegenstände 35 € insgesamt übersteigen.	MF
G	7	Bewirtungskosten (gesamt) (entsprechend GKV; nachrichtlich)	Bewirtungskosten (ohne Kürzung nach § 4 Abs. 5 Satz 1 Nr 2 EStG) - UKV	MF
G	7	sonstige beschränkt abziehbaren Betriebsausgaben (entsprechend GKV; nachrichtlich)	sonstige beschränkt abziehbare Betriebsausgaben, ohne Bewirtungskosten - UKV, z.B. Gästehäuser § 4 Abs. 5 Nr. 3 EStG, Aufwendungen für Jagd, Fischerei, Segeljachten § 4 Abs. 5 Nr. 4, Bußgelder, Ordnungs- und Verwarungsgelder, nicht abzugsfähige steuerliche Nebenleisten (Verspätungszuschläge, Zwangsgelder), Spenden, Aufwendungen für Aufsichts- und Verwaltungsrat.	MF
G	6	Reisekosten Unternehmer (entsprechend GKV; nachrichtlich)	Hierzu gehören Fahrtkosten - soweit nicht in den Aufwendungen für den Fuhrpark enthalten -, Verpflegungsmehraufwendungen (§ 4 Abs. 5 Nr. 5 EStG), Übernachtungs- und Reisenebenkosten, soweit diese durch den Unternehmer selbst verursacht sind - UKV.	MF

G	6	Reisekosten Arbeitnehmer (entsprechend GKV; nachrichtlich)		RN
G	6	Frachten / Verpackung (entsprechend GKV; nachrichtlich)	z.B. Kosten der Warenabgabe, Ausgangsfrachten, Verpackungsmaterial, Transportversicherungen	MF
G	6	Provisionen (entsprechend GKV; nachrichtlich)	Gezahlte Provisionen an Dienstleister und Handels- oder Versicherungsvertreter für vermittelte Leistungen oder Umsätze - UKV, z.B. Vertriebsprovisionen, Fremdarbeiten (Vertrieb).	MF
G	6	Aufwendungen für Konzessionen und Lizenzen (entsprechend GKV; nachrichtlich)	Die Aktivierungspflicht für entgeltlich erworbene immaterielle Vermögensgegenstände ist zu beachten.	MF
G	6	Aufwendungen für Kommunikation (entsprechend GKV; nachrichtlich)	Aufwendungen für Kommunikation, insb. auch Porto und Telefon.	MF
G	6	Rechts- und Beratungskosten (entsprechend GKV; nachrichtlich)		MF
G	6	Fortbildungskosten (entsprechend GKV; nachrichtlich)	Alle mit der beruflichen oder geschäftlichen Fortbildung verbundenen Aufwendungen mit Ausnahme eventueller Kosten für ein häusliches Arbeitszimmer - UKV.	MF
G	6	sonstige Aufwendungen für Personal (entsprechend GKV; nachrichtlich)	Freiwillig soziale Aufwendungen, soweit diese nicht in den Personalkosten enthalten sind, z.B. Betriebsveranstaltungen, Kantinenaufwendungen, Unfallschutz, Schwerbehindertenabgabe, Bekleidung und Ausrüstung, Werksarzt, Personalbeschaffung, Personalberatung, Personalwerbung.	RN
G	6	Einstellung in steuerliche Rücklagen (entsprechend GKV; nachrichtlich)		SMF
G	7	§ 6b Abs. 10 EStG (entsprechend GKV; nachrichtlich)	Einstellung in eine § 6b Abs. 10 EStG-Rücklage (Veräußerung von Anteilen an Kapitalgesellschaften) - UKV	MF
G	7	§ 6b Abs. 3 EStG (entsprechend GKV; nachrichtlich)	Einstellung in eine § 6b Abs. 3 EStG Rücklage, (Veräußerung von Grund und Boden oder Aufwuchs auf Grund und Boden mit dem dazugehörigen Grund und Boden, wenn der Aufwuchs zu einem land- und forstwirtschaftlichen Betriebsvermögen gehörte oder Gebäuden oder Binnenschiffen) - UKV	MF
G	7	Rücklage für Ersatzbeschaffung, R 6.6 EStR (entsprechend GKV; nachrichtlich)	Einstellung in eine Rücklage für Ersatzbeschaffungen nach R 6.6 EStR – UKV	MF
G	7	§ 4g EStG (entsprechend GKV; nachrichtlich)	Einstellung in einen Ausgleichsposten nach § 4g EStG (Zuordnung eines Wirtschaftsgutes des Anlagevermögens zu einer Betriebstätte desselben Steuerpflichtigen in einem anderen Mitgliedstaat der Europäischen Union gemäß § 4 Abs. 1 S. 3 EStG). Sofern ein Ausgleichsposten gebildet wird, besteht die Verpflichtung zur Führung eines Verzeichnisses, aus dem die Bildung und Auflösung des Ausgleichspostens hervorgehen. – UKV	MF
G	7	übrige / nicht zuordenbare Einstellung in steuerliche Rücklagen	Die Position dient der Erfassung von übrigen Einstellungen in steuerliche Rücklagen und als Auffangposition, soweit eine detaillierte Zuordnung auf die in der gleichen Ebene vorhandenen Positionen nicht möglich ist.	RN AP
G	6	Herabsetzungsbetrag nach § 7g Abs. 2 EStG (entsprechend GKV; nachrichtlich)	Minderung der Anschaffungs- oder Herstellungskosten im Jahr der Anschaffung / Herstellung.	MF
G	6	Aufwand aus Wertberichtigungen des lfd. Jahres (entsprechend GKV; nachrichtlich)		SMF
G	7	Einzelwertberichtigungen des lfd. Jahres (entsprechend GKV; nachrichtlich)	Einzelwertberichtigungen des laufenden Jahres	MF

G	7	Pauschalwertberichtigungen des lfd. Jahres (entsprechend GKV; nachrichtlich)	Pauschalwertberichtigungen des laufenden Jahres	MF
G	7	nicht PWB / EWB zuordenbare Wertberichtigung	Die Position dient als Auffangposition, soweit eine detaillierte Zuordnung auf die in der gleichen Ebene vorhandenen Positionen nicht möglich ist.	RN AP
G	6	übliche Abschreibungen auf Forderungen (entsprechend GKV; nachrichtlich)	Hier sind nur die üblichen Abschreibungen auf Forderungen zu erfassen (§ 275 Abs. 2 Nr. 7b HGB) - UKV.	MF
G	6	Verluste aus dem Abgang von Vermögensgegenständen des Anlagevermögens (entsprechend GKV; nachrichtlich)	Zu erfassen sind hier nur die Verluste aus der Veräußerung von Anlagegegenständen (Erlöse abzüglich Restbuchwert). Gewinne sind im Ertragsposten „Erträge aus Abgängen des Anlagevermögens" anzugeben.	MF, KN
G	6	Verluste aus dem Abgang von Vermögensgegenständen des Umlaufvermögens (entsprechend GKV; nachrichtlich)		RN
G	6	sonstige Steuern, soweit in den sonstigen Aufwendungen ausgewiesen (entsprechend GKV; nachrichtlich)	Z.B. Verbrauchssteuern, Verkehrssteuern (z.B. KfzSt) sowie andere Steuern; ebenso die USt auf Eigenverbrauch.	MF
G	6	Zuführungen zu Aufwandsrückstellungen (entsprechend GKV; nachrichtlich)	Betrifft nur Rückstellungen für Instandhaltung und Abraumbeseitigung.	MF
G	6	Kurs- / Währungsverluste (entsprechend GKV; nachrichtlich)		RN
G	6	andere ordentliche / nicht zuordenbare sonstige betriebliche Aufwendungen (entsprechend GKV; nachrichtlich)	Andere ordentliche sonstige betriebliche Aufwendungen d.h. im Unternehmen auf einzelnen Konten zugeordnete Aufwendungen, z.B. sonstige Raumkosten, Reinigung, Betriebsbewachung, Betriebsbedarf, Büromaterial, Zeitschriften und Bücher, Aufwand für Abraum und Abfallbeseitigung, Nebenkosten des Geldverkehrs, Bürobedarf, Werkzeuge und Kleingeräte, periodenfremde Aufwendungen, Schadensersatz, Börsenkosten, Kosten der Hauptversammlung etc. sowie Auffangposition, soweit eine detaillierte Zuordnung auf die in der gleichen Ebene vorhandenen Positionen nicht möglich ist. Die auf dem Konto "sonstige betriebliche Aufwendungen" gebuchten Aufwendungen, sind in einer eigenen Position zu erfassen.	RN AP
G	6	andere sonstige betriebliche Aufwendungen (entsprechend GKV; nachrichtlich)	Zu erfassen sind die auch im Unternehmen nicht zugeordneten Aufwendungen auf dem Konto "sonstige betriebliche Aufwendungen". Andere nicht auf dieser Ebene zuordenbare Konten sind unter "andere ordentliche sonstige betriebliche Aufwendungen" zu erfassen.	MF
G	6	Genossenschaftliche Rückvergütung (entsprechend GKV; nachrichtlich)		MF
G	4	Finanz- und Beteiligungsergebnis		SMF
G	5	Erträge aus Beteiligungen	Beteiligungserträge von Kapitalgesellschaften bzw. von Personengesellschaften sind steuerlich unterschiedlich zu behandeln (Teileinkünfteverfahren, § 8b KStG, gewerbesteuerliche Kürzungen bzw. Hinzurechnungen). Die Erträge sind deshalb aufzuteilen.	SMF
G	6	Erträge aus Beteiligungen an Kapitalgesellschaften	Ausschüttungen, Dividenden, etc. einschließlich Beteiligungserträge von verbundenen Unternehmen nach § 271 Abs. 1 HGB.	MF
G	6	Erträge aus Beteiligungen an Personengesellschaften	Gewinnanteile aus Mitunternehmerschaften einschließlich Gewinnanteile von verbundenen Unternehmen nach § 271 Abs. 1 HGB.	MF
G	6	Erträge aus Beteiligungen, nach Rechtsform der Beteiligung nicht zuordenbar	Die Position dient als Auffangposition, soweit eine detaillierte Zuordnung auf die in der gleichen Ebene vorhandenen Positionen nicht möglich ist.	RN AP

G	5	auf Grund einer Gewinngemeinschaft, eines Gewinnabführungs- oder Teilgewinnabführungsvertrags erhaltene Gewinne (Mutter)	Gem. § 277 Abs. 3 S. 2 HGB sind auf Grund einer Gewinngemeinschaft, eines Gewinnabführungs- oder eines Teilgewinnabführungsvertrags erhaltene Gewinne jeweils gesondert unter entsprechender Bezeichnung auszuweisen. Für diesen Ausweis ist die Taxonomieposition - ebenso wie (wahlweise) die Unterpositionen - vorgesehen.	MF, KN
G	5	Erträge aus anderen Wertpapieren und Ausleihungen des Finanzanlagevermögens	Beteiligungserträge von Kapitalgesellschaften bzw. von Personengesellschaften sind steuerlich unterschiedlich zu behandeln (Teileinkünfteverfahren, § 8b KStG, gewerbesteuerliche Kürzungen bzw. Hinzurechnungen). Die Erträge sind deshalb aufzuteilen.	SMF
G	6	Erträge aus Beteiligungen an Kapitalgesellschaften		MF
G	6	Erträge aus Beteiligungen an Personengesellschaften		MF
G	6	Erträge aus Beteiligungen, nach Rechtsform der Beteiligung nicht zuordenbar	Die Position dient als Auffangposition, soweit eine detaillierte Zuordnung auf die in der gleichen Ebene vorhandenen Positionen nicht möglich ist.	RN AP
G	6	Erträge aus Ausleihungen an Gesellschaften und Gesellschafter [KapG / Mitunternehmer (PersG)]	z.B. Zinserträge aus Darlehen an verbundene Kapitalgesellschaften (AG, GmbH etc.); Personengesellschaften (GbR, OHG, KG etc.); an GmbH-Gesellschafter bzw. an Gesellschafter von Personengesellschaften.	RN
G	6	Zins- und Dividendenerträge	Übrige Zins- und Dividendenerträge, die nicht unter die Positionen „Erträge aus Beteiligungen an Kapitalgesellschaften" und „Erträge aus Ausleihungen an Gesellschaften und Gesellschafter [KapG / Mitunternehmer (PersG)] fallen.	MF
G	6	erhaltene Ausgleichszahlungen (als außenstehender Aktionär)		RN
G	5	sonstige Zinsen und ähnliche Erträge		SMF
G	6	sonstige Zinsen und ähnliche Erträge aus Abzinsung	Beträge aus der Abzinsung von Verbindlichkeiten und Rückstellungen	MF
G	6	sonstige Zinsen und ähnliche Erträge im Zusammenhang mit Vermögensverrechnung		RN
G	6	Zinsen auf Einlagen bei Kreditinstituten und auf Forderungen an Dritte	Z.B. Zinsen aus Ausleihungen an Arbeitnehmer, Zinsen nach § 233a AO für Steuererstattungen betrieblicher Steuern. Zinsen aus Ausleihungen an Gesellschafter sind unter der Position „Erträge aus Ausleihungen an Gesellschaften [KapG / Mitunternehmer (PersG)] und Gesellschafter" zu erfassen. Soweit Zinsen nach § 233a AO enthalten sind, sind diese zusätzlich noch in der Taxonomieposition "Zinsen auf Einlagen bei Kreditinstituten und auf Forderungen an Dritte, davon Zinsen nach § 233a AO" nachrichtlich zu erfassen.	MF
G	7	Zinsen auf Einlagen bei Kreditinstituten und auf Forderungen an Dritte, davon nach Zinsen nach § 233a AO	Soweit Zinsen nach § 233a AO in der Taxonomieposition "Zinsen auf Einlagen bei Kreditinstituten und auf Forderungen an Dritte" enthalten sind, sind diese hier nachrichtlich darzustellen.	MF
G	6	Diskonterträge		MF
G	6	Zins- und Dividendenerträge aus Wertpapieren des Umlaufvermögens		MF

G	7	Zins- und Dividendenerträge aus Wertpapieren des Umlaufvermögens, davon Dividendenerträge		MF
G	6	Übrige / nicht zuordenbare sonstige Zinsen und ähnliche Erträge	Die Position dient zur Erfassung der übrigen sonstigen Zinsen und ähnlicher Erträge und als Auffangposition, soweit eine detaillierte Zuordnung auf die in der gleichen Ebene vorhandenen Positionen nicht möglich ist.	RN AP
G	5	Abschreibungen auf Finanzanlagen und auf Wertpapiere des Umlaufvermögens		SMF
G	6	Abschreibungen auf Finanzanlagen und auf Wertpapiere des Umlaufvermögens, davon an verbundene Unternehmen		MF
G	6	Abschreibungen auf Finanzanlagen	Außerplanmäßige Abschreibungen auf Finanzanlagen des Umlaufvermögens wie z.B. bei einer Beteiligung (§ 253 Abs. 3 S. 4 HGB).	MF
G	6	Einzelwertberichtigungen auf langfristige Ausleihungen	Aufwand, der aus dem (ganzen oder teilweisen) Ausfall von Ausleihungen (z.B. Darlehensforderungen) resultiert.	MF
G	6	Pauschalwertberichtigungen auf langfristige Ausleihungen	Pauschal ermittelter Aufwand, der aus dem (ganzen oder teilweisen) Ausfall von Ausleihungen (z.B. Darlehensforderungen) resultiert.	MF
G	6	übliche und unübliche Abschreibungen auf Wertpapiere des Umlaufvermögens		MF
G	6	Aufwendungen aufgrund von Verlustanteilen an Mitunternehmerschaften	Verluste aus Mitunternehmerschaften	MF
G	6	außerplanmäßige Abschreibungen auf Finanzanlagen	Außerplanmäßige Abschreibungen auf Finanzanlagen des Anlagevermögens wie z.B. bei einer Beteiligung (§ 253 Abs. 3 S. 4 HGB).	MF
G	6	Abschreibungen auf Finanzanlagen und auf Wertpapiere des Umlaufvermögens, nicht zuordenbar	Die Position dient als Auffangposition, soweit eine detaillierte Zuordnung auf die in der gleichen Ebene vorhandenen Positionen nicht möglich ist.	RN AP
G	5	Aufwendungen aus Verlustübernahmen (Mutter)	Gem. § 277 Abs. 3 S. 2 HGB sind Aufwendungen aus einer Verlustübernahme auf Grund einer Gewinngemeinschaft, eines Gewinnabführungs- oder eines Teilgewinnabführungsvertrags jeweils gesondert unter entsprechender Bezeichnung auszuweisen. Für diesen Ausweis ist die Taxonomieposition - ebenso wie (wahlweise) die Unterpositionen - vorgesehen.	MF, KN
G	5	Zinsen und ähnliche Aufwendungen	Alle Beträge, die vom Unternehmen für das aufgenommene Fremdkapital zu entrichten sind (beachte: § 4h EStG). Ähnliche Aufwendungen: z.B. Bankprovisionen und Kreditgebühren, Wechseldiskont, Bürgschafts- und Avalprovisionen, Aufwendungen aus Zinsswaps.	SMF
G	6	sonstige Zinsen und ähnliche Aufwendungen aus Abzinsung	Aufwendungen aus der Abzinsung von Verbindlichkeiten und Rückstellungen	MF
G	6	Zinsen		MF
G	7	Zinsen, davon Zinsen nach § 233a AO	Zinsen nach § 233a AO	MF
G	7	Zinsen, davon Zinsaufwendungen zur Finanzierung des Anlagevermögens i.S.d. § 4 Abs. 4a EStG	Zinsaufwendungen zur Finanzierung von Anschaffungs- oder Herstellungskosten von Wirtschaftsgütern des Anlagevermögens; dieser Schuldzinsenabzug bleibt von möglichen Abzugsbeschränkungen nach § 4 Abs. 4a EStG unberührt.	MF

G	7	Zinsen, davon Zinsen an Mitunternehmer	Die Zinsen für Mitunternehmer sind innerhalb der Gesellschaft (Gesamthand) nicht zu korrigieren. Vielmehr erfolgt die "Korrektur" im Rahmen der Sonderbilanz bzw. Sonder-G+V.	MF
G	6	Zinsanteil der Zuführungen zu Pensionsrückstellungen		RN
G	6	Diskontaufwendungen		RN
G	6	Abschreibungen auf ein Agio, Disagio oder Damnum		RN
G	6	Kreditprovisionen und Verwaltungskostenbeiträge		RN
G	6	Übrige / nicht zuordenbare sonstige Zinsen und ähnliche Aufwendungen	Die Position dient zur Erfassung von übrigen sonstigen Zinsen und ähnlichen Aufwendungen und als Auffangposition, soweit eine detaillierte Zuordnung auf die in der gleichen Ebene vorhandenen Positionen nicht möglich ist.	RN AP
G	3	außerordentliches Ergebnis		SMF
G	4	außerordentliche Erträge		SMF
G	5	außerordentliche Erträge aus der Anwendung des EGHGB		RN
G	5	Erträge durch Stilllegung von Betriebsteilen		RN
G	5	Erträge durch Verkauf von bedeutenden Grundstücken		RN
G	5	Erträge durch Verkauf von bedeutenden Beteiligungen		RN
G	5	Erträge durch Verschmelzung und Umwandlung	Steuerlich kein Ansatz gem. § 12 Abs. 2 S. 1 UmwStG, wird im Rahmen der Körperschaftsteuerveranlagung neutralisiert.	MF
G	5	andere außerordentliche Erträge	Die Position dient zur Erfassung anderer außerordentlicher Erträge und als Auffangposition, soweit eine detaillierte Zuordnung auf die in der gleichen Ebene vorhandenen Positionen nicht möglich ist.	RN AP
G	4	außerordentliche Aufwendungen		SMF
G	5	außerordentliche Aufwendungen aus der Anwendung des EGHGB		RN
G	5	Verluste durch Stilllegung von Betriebsteilen		RN
G	5	Verluste durch Verschmelzung und Umwandlung	Steuerlich kein Ansatz gem. § 12 Abs. 2 S. 1 UmwStG, da die Verluste im Rahmen der Körperschaftsteuerveranlagung zu berücksichtigen sind.	MF
G	5	Verluste durch außergewöhnliche Schadensfälle		RN
G	5	Aufwendungen für Restrukturierungs- und Sanierungsmaßnahmen		RN
G	5	andere außerordentliche Aufwendungen, nicht zuordenbar		RN AP
G	3	Steuern vom Einkommen und vom Ertrag	In dieser Position sind sowohl Steuernachzahlungen als auch Steuererstattungen bzw. Erträge aus der Auflösung von Steuerrückstellungen (Steuern vom Einkommen und Ertrag) zu erfassen. Die Zinsen nach § 233a AO sind jedoch nicht hier sondern unter der Position "Zinsen auf Einlagen an Kreditinstituten und auf Forderungen an Dritte" sowie nachrichtlich unter der Position „davon Zinsen nach § 233a AO" zu erfassen.	MF, KN

G	3	sonstige Steuern	In dieser Position sind sowohl Steuernachzahlungen als auch Steuererstattungen bzw. Erträge aus der Auflösung von Steuerrückstellungen (sonstige Steuern) zu erfassen (§ 275 Abs. 3 Nr. 18 HGB).	MF, KN
G	3	Verlust- bzw. Gewinnabführung (Tochter)		SMF
G	4	Erträge aus Verlustübernahme	Von der Muttergesellschaft übernommene Verluste	MF
G	4	auf Grund einer Gewinngemeinschaft, eines Gewinnabführungs- oder Teilgewinnabführungsvertrags abgeführte Gewinne	auf Grund einer Gewinngemeinschaft, eines Gewinnabführungs- oder Teilgewinnabführungsvertrags abgeführte Gewinne	MF
G	3	Sammelposten für Gewinnänderungen aus der Überleitungsrechnung	Dieser Posten darf weder in einer Handelsbilanz noch in einer Steuerbilanz, sondern nur in der Überleitungsrechnung übermittelt werden.	RN
G	3	Ergebnis der ausländischen Betriebsstätten, soweit aus der/den für die ausländische(n) Betriebsstätte(n) geführten Buchführung(en) nicht anders zuordenbar	Die Position dient als Auffangposition für die GuV-Positionen ausländischer Betriebsstätten, soweit keine detaillierte Zuordnung zu den im Berichtsbestandteil „Gewinn- und Verlustrechnung" vorhandenen Positionen möglich ist.	RN AP AB

15.1.4   Kapitalgesellschaften

		Position	Kommentar der Finanzverwaltung	Feldart
B	2	Bilanzsumme, Summe Aktiva	Dieser Wert muss der Bilanzsumme, Summe Passiva entsprechen	SMF
B	3	Rückständige Einzahlungen		RN
B	3	Bilanzierungshilfe	Die Position ist nur in der Handelsbilanz zulässig. § 269 HGB wurde durch das BilMoG aufgehoben. Es besteht daher keine Möglichkeit mehr, eine Bilanzierungshilfe in Anspruch zu nehmen. Gemäß Art. 67 Abs. 5 EGHGB können die nach bisherigem Recht in einem Jahresabschluss für ein vor dem 1.1.2010 endendes Geschäftsjahr angesetzten Beträge unter Anwendung der für sie geltenden Vorschriften des HGB a.F. fortgeführt werden. Steuerlich ist eine Bilanzierungshilfe mangels Wirtschaftsguteigenschaft nicht zulässig und muss im Rahmen der Überleitungsrechnung eliminiert werden.	RN
B	3	Anlagevermögen		SMF
B	4	Immaterielle Vermögensgegenstände		SMF
B	5	Selbst geschaffene gewerbliche Schutzrechte und ähnliche Rechte und Werte	Nicht aufgenommen werden unter diesem Posten selbstgeschaffene Marken, Drucktitel, Verlagsrechte, Kundenlisten oder vergleichbare immaterielle VG des Anlagevermögens (§ 248 Abs. 2 S. 2 HGB). Handelsrechtlich besteht ein Aktivierungswahlrecht. Steuerlich ist diese Position nicht zulässig und muss im Rahmen der Überleitungsrechnung eliminiert werden. Zur zeitlichen Anwendung Hinweis auf Art. 66 Abs. 7 EGHGB.	RN
B	5	entgeltlich erworbene Konzessionen, gewerbliche Schutz- und ähnliche Rechte und Werte sowie Lizenzen an solchen Rechten und Werten	Die Aktivierungspflicht der Posten ist weit gefasst. Neben rechtlich abgesicherten Positionen (Konzessionen, Schutzrechte) sind auch ähnliche Rechte wie Nutzungsrechte und Wettbewerbsverbote zu aktivieren.	MF, KN

B	6	entgeltlich erworbene Konzessionen, gewerbliche Schutz- und ähnliche Rechte und Werte sowie Lizenzen an solchen Rechten und Werten, soweit aus der/den für die ausländische(n) Betriebsstätte(n) geführten Buchführung(en) nicht anders zuordenbar	Die Position dient als Auffangposition für Vermögensgegenstände ausländischer Betriebsstätten, soweit keine detaillierte Zuordnung auf die unter der Position entgeltlich erworbene Konzessionen, gewerbliche Schutz- und ähnliche Rechte und Werte sowie Lizenzen an solchen Rechten und Werten vorhandenen Positionen möglich ist.	AP AB
B	5	Geschäfts-, Firmen- oder Praxiswert	Anders als die Regelung des § 7 Abs. 1 S. 3 EStG trifft das HGB über die Dauer des Abschreibungszeitraums keine typisierende Bestimmung. Allerdings regelt § 285 Abs. 13 HGB n.F. dass die Gründe, welche die Annahme einer betrieblichen Nutzungsdauer eines entgeltlich erworbenen Geschäfts- oder Firmenwert von mehr als 5 Jahren rechtfertigen, im Anhang anzugeben sind. Sofern aufgrund dieser Vorschriftenregelung die handelsrechtliche von der steuerrechtlichen Nutzungsdauer abweicht, ist im Rahmen der Überleitungsrechnung eine Anpassung herbeizuführen.	MF, KN
B	6	Geschäfts-, Firmen- oder Praxiswert, soweit aus der/den für die ausländische(n) Betriebsstätte(n) geführten Buchführung(en) nicht anders zuordenbar	Die Position dient als Auffangposition für Vermögensgegenstände ausländischer Betriebsstätten, soweit keine detaillierte Zuordnung auf die unter der Position Geschäfts-, Firmen- oder Praxiswert vorhandenen Positionen möglich ist.	AP AB
B	5	geleistete Anzahlungen (immaterielle Vermögensgegenstände)	Hier sind nur Anzahlungen auf entgeltlich erworbene immaterielle Vermögensgegenstände aufzunehmen.	MF, KN
B	5	sonstige immaterielle Vermögensgegenstände	Hier sind nur Anzahlungen auf entgeltlich erworbene immaterielle Vermögensgegenstände aufzunehmen.	RN
B	4	Sachanlagen		SMF
B	5	Grundstücke, grundstücksgleiche Rechte und Bauten einschließlich der Bauten auf fremden Grundstücken	Lt. Beck'schem Bilanzkommentar besteht dieser Posten des § 266 HGB aus den vier als Mussfelder ausgewiesenen Positionen (siehe Unterpositionen).	SMF
B	6	unbebaute Grundstücke	Hier sind ausschließlich unbebaute Grundstücke auszuweisen. Der Grund und Boden bei bebauten Grundstücken ist in der Position "Bauten auf eigenen Grundstücken und grundstücksgleichen Rechten, davon Grund und Boden-Anteil" auszuweisen.	MF, KN
B	6	grundstücksgleiche Rechte ohne Bauten	Grundstücksgleiche Rechte sind Rechte, die den Vorschriften des bürgerlichen Rechts über Grundstücke unterliegen (z.B. Erbbaurecht).	MF, KN
B	6	Bauten auf eigenen Grundstücken und grundstücksgleichen Rechten	Die Position umfasst sowohl den Wert der Bauten als auch den Wert der Grundstücke.	MF, KN
B	7	Bauten auf eigenen Grundstücken und grundstücksgleichen Rechten, davon Grund und Boden-Anteil	Der in der Position „Bauten auf eigenen Grundstücken und grundstücksgleichen Rechten" enthaltene Anteil des Grund und Bodens ist hier gesondert auszuweisen.	MF
B	6	Bauten auf fremden Grundstücken	Hier sind auch die Mietereinbauten, sofern es sich um keine technischen Anlagen und Maschinen handelt, einzutragen. Die Abgrenzung ist nach dem Erlass vom 15.01.1976, BStBl. I 1976 S. 66, vorzunehmen.	MF, KN
B	6	Übrige Grundstücke, nicht zuordenbar	Die Position die übrigen Grundstücke. Darüber dient sie als Auffangposition, soweit eine detaillierte Zuordnung auf die in der gleichen Ebene vorhandenen Positionen nicht möglich ist.	RN AP

B	6	Grundstücke, grundstücksgleiche Rechte und Bauten einschließlich der Bauten auf fremden Grundstücken, soweit aus der/den für die ausländische(n) Betriebsstätte(n) geführten Buchführung(en) nicht anders zuordenbar	Die Position dient als Auffangposition für Vermögensgegenstände ausländischer Betriebsstätten, soweit keine detaillierte Zuordnung auf die unter der Position Grundstücke, grundstücksgleiche Rechte und Bauten einschließlich der Bauten auf fremden Grundstücken vorhandenen Positionen möglich ist.	RN AP AB
B	5	technische Anlagen und Maschinen	Hierzu gehören alle Anlagen und technischen Maschinen, die der Produktion dienen. Auch Mietereinbauten, sofern es sich nicht um Bauten auf fremden Grundstücken handelt. Die Abgrenzung ist nach dem Erlass vom 15.01.1976, BStBl. I 1976 S. 66 vozunehmen.	MF
B	6	technische Anlagen und Maschinen, soweit aus der/den für die ausländische(n) Betriebsstätte(n) geführten Buchführung(en) nicht anders zuordenbar	Die Position dient als Auffangposition für Vermögensgegenstände ausländischer Betriebsstätten, soweit keine detaillierte Zuordnung auf die unter der Position technische Anlagen und Maschinen vorhandenen Positionen möglich ist.	AP AB
B	5	andere Anlagen, Betriebs- und Geschäftsausstattung	Hierzu zählen alle Gegenstände der Büro- und Werkstatteinrichtung, EDV-Hardware, Telefonanlagen, Arbeitsgeräte, Kraftwagen, sonstige Fahrzeuge, Transportbehälter, Werkzeuge und Baustellencontainer.	MF, KN
B	6	andere Anlagen, Betriebs- und Geschäftsausstattung, soweit aus der/den für die ausländische(n) Betriebsstätte(n) geführten Buchführung(en) nicht anders zuordenbar	Die Position dient als Auffangposition für Vermögensgegenstände ausländischer Betriebsstätten, soweit keine detaillierte Zuordnung auf die unter der Position andere Anlagen, Betriebs- und Geschäftsausstattung vorhandenen Positionen möglich ist.	AP AB
B	5	Geschäfts- und Vorführwagen	Diese Position gilt nur für Autohäuser. Die PKW sind im Übrigen unter der Position Andere Anlagen, Betriebs- und Geschäftsausstattung zu erfassen.	RN
B	5	geleistete Anzahlungen und Anlagen im Bau	Geleistete Anzahlungen sind Vorleistungen auf eine von dem anderen Vertragsteil zu erbringende Lieferung oder Leistung. Anlagen im Bau umfassen die bis zum Bilanzstichtag getätigten Investitionen für Gegenstände des Sachanlagevermögens, die am Bilanzstichtag noch nicht fertig gestellt sind.	MF, KN
B	6	geleistete Anzahlungen und Anlagen im Bau, soweit aus der/den für die ausländische(n) Betriebsstätte(n) geführten Buchführung(en) nicht anders zuordenbar	Die Position dient als Auffangposition für Vermögensgegenstände ausländischer Betriebsstätten, soweit keine detaillierte Zuordnung auf die unter der Position geleistete Anzahlungen und Anlagen im Bau vorhandenen Positionen möglich ist.	AP AB
B	5	sonstige Sachanlagen	Sammelposten für alle den vorgenannten Positionen nicht zuordenbare Sachanlagen	MF
B	6	übrige sonstige Sachanlagen, nicht zuordenbare Sachanlagen		AP
B	4	Finanzanlagen		SMF
B	5	Anteile an verbundenen Unternehmen	Anteile im Sinne des § 271 Abs. 2 HGB. § 15 AktG ist hier nicht anzuwenden.	SMF
B	6	Anteile an Personengesellschaften	z.B. Anteile an KG, GmbH und Co. KG, OHG, GbR (Mitunternehmerschaft). Zur Abgrenzung bei ausländischen Rechtsformen vgl. BMF vom 24.12.1999, IV B 4 –S 1300 – 111/99, BStBl 1999 I S. 1076. Steuerbilanziell ist der Wertansatz nach der sog. Spiegelbildmethode vorzunehmen. Abweichungen zwischen HB- und StB-Wert sind in der Überleitungsrechnung darzustellen. Die Untergliederung in „Anteile an Personengesellschaften" und „Anteile an Kapitalgesellschaften" soll rein steuerlich verstanden werden. Bei Einreichung einer Handelsbilanz können die entsprechenden Positionen leer übermittelt werden. Die Positionen sind nur für die steuerliche Überleitungsrechnung oder bei Einreichung einer originären Steuerbilanz zu verwenden.	MF, KN

B	6	Anteile an Kapitalgesellschaften	z. B. Aktien, GmbH-Anteile Zur Abgrenzung bei ausländischen Rechtsformen vgl. BMF vom 24.12.1999, IV B 4 –S 1300 – 111/99, BStBl 1999 I S. 1076. Die Untergliederung in „Anteile an Personengesellschaften" und „Anteile an Kapitalgesellschaften" soll rein steuerlich verstanden werden. Bei Einreichung einer Handelsbilanz können die entsprechenden Positionen leer übermittelt werden. Die Positionen sind nur für die steuerliche Überleitungsrechnung oder bei Einreichung einer originären Steuerbilanz zu verwenden.	MF, KN
B	6	Anteile an verbundenen Unternehmen, nach Rechtsform nicht zuordenbar		RN AP
B	6	Anteile an verbundenen Unternehmen, soweit aus der/den für die ausländische(n) Betriebsstätte(n) geführten Buchführung(en) nicht anders zuordenbar	Die Position dient als Auffangposition für Vermögensgegenstände ausländischer Betriebsstätten, soweit keine detaillierte Zuordnung auf die unter der Position Anteile an verbundenen Unternehmen vorhandenen Positionen möglich ist.	RN AP AB
B	5	Ausleihungen an Gesellschafter	Unter Ausleihungen werden ausschließlich Forderungen verstanden, welche unter Hingabe von Kapital erworben wurden. Auch partiarische Darlehen sind hier zu erfassen. Nicht Forderungen aus Lieferungen und Leistungen, auch wenn sie langfristig sind. Nicht bei Aktiengesellschaft verwendbar.	SMF
B	6	Ausleihungen an GmbH-Gesellschafter und stille Gesellschafter	Unter Ausleihungen werden ausschließlich Forderungen verstanden, welche unter Hingabe von Kapital erworben wurden. Auch partiarische Darlehen sind hier zu erfassen. Nicht Forderungen aus Lieferungen und Leistungen, auch wenn sie langfristig sind. Nicht bei Aktiengesellschaft verwendbar.	MF, KN
B	6	Ausleihungen an Gesellschafter, nicht nach Rechtsform des Gesellschafters zuordenbar	Unter Ausleihungen werden ausschließlich Forderungen verstanden, welche unter Hingabe von Kapital erworben wurden. Auch partiarische Darlehen sind hier zu erfassen. Nicht Forderungen aus Lieferungen und Leistungen, auch wenn sie langfristig sind.	RN AP
B	5	Ausleihungen an verbundene Unternehmen		SMF
B	6	Ausleihungen an verbundene Unternehmen, soweit Personengesellschaften	Hier sind Ausleihungen aufzuführen, bei denen das verbundene Unternehmen eine Personengesellschaft ist. Liegen die Voraussetzungen des § 15 Abs. 1 Nr. 2 S. 1 2. HS EStG vor (Vergütungen für die Hingabe von Darlehen), so ist die Ausleihung (Forderung) steuerlich als Sonderbetriebsvermögen bei der Untergesellschaft zu erfassen. Nach den Grundsätzen der spiegelbildlichen Bilanzierung ist der handelsrechtliche Posten „Ausleihungen an Personengesellschaften" in der Steuerbilanz zugunsten des Beteiligungsbuchwertes aufzulösen (Überleitungsrechnung).	MF, KN
B	6	Ausleihungen an verbundene Unternehmen, soweit Kapitalgesellschaften	Hier sind Ausleihungen aufzuführen, bei denen das verbundene Unternehmen eine Kapitalgesellschaft ist.	MF, KN
B	6	Ausleihungen an verbundene Unternehmen, soweit Einzelunternehmen		RN
B	6	Ausleihungen an verbundene Unternehmen, nach Rechtsform nicht zuordenbar		RN AP

B	6	Ausleihungen an verbundene Unternehmen, soweit aus der/den für die ausländische(n) Betriebsstätte(n) geführten Buchführung(en) nicht anders zuordenbar	Die Position dient als Auffangposition für Vermögensgegenstände ausländischer Betriebsstätten, soweit keine detaillierte Zuordnung auf die unter der Position Ausleihungen an verbundene Unternehmen vorhandenen Positionen möglich ist.	RN AP AB
B	5	Beteiligungen	nicht jedoch Anteile an verbundenen Unternehmen nach § 271 Abs. 2 HGB, § 6 Abs. 1 Nr. 2 EStG	SMF
B	6	Beteiligungen an Personengesellschaften	z.B. Anteile an KG, GmbH und Co. KG, OHG, GbR (Mitunternehmerschaft). Atypisch stille Beteiligungen werden nicht hier sondern unter „stillen Beteiligungen" erfasst. Anteile an verbundenen Unternehmen nach § 271 Abs. 2 HGB, § 6 Abs. 1 Nr. 2 EStG werden unter „Anteile an verbundenen Unternehmen" erfasst. Zur Abgrenzung bei ausländischen Rechtsformen vgl. BMF vom 24.12.1999, IV B 4 –S 1300 – 111/99, BStBl 1999 I S. 1076. Steuerbilanziell ist der Wertansatz nach der sog. Spiegelbildmethode vorzunehmen. Abweichungen zwischen HB- und StB-Wert sind in der Überleitungsrechnung darzustellen.	MF, KN
B	6	Beteiligungen an Kapitalgesellschaften	z. B. Aktien, GmbH-Anteile Anteile an verbundenen Unternehmen nach § 271 Abs. 2 HGB, § 6 Abs. 1 Nr. 2 EStG werden unter „Anteile an verbundenen Unternehmen" erfasst. Zur Abgrenzung bei ausländischen Rechtsformen vgl. BMF vom 24.12.1999, IV B 4 –S 1300 – 111/99, BStBl 1999 I S. 1076.	MF, KN
B	6	stille Beteiligungen		SMF
B	7	typisch stille Beteiligung	Stille Gesellschaft i.S.d. § 230 HGB ohne Beteiligung am Vermögen des Unternehmens.	MF, KN
B	7	atypisch stille Beteiligung	Stille Gesellschaft i.S.d. § 230 HGB, aber mit weitergehenden Rechten des Beteiligten, insbesondere Beteiligung am Vermögen des Unternehmens. Die atypisch stille Beteiligung ist steuerrechtlich eine Mitunternehmerschaft.	MF, KN
B	6	sonstige Beteiligungen, nach Rechtsform nicht zuordenbar		RN AP
B	6	Beteiligungen, soweit aus der/den für die ausländische(n) Betriebsstätte(n) geführten Buchführung(en) nicht anders zuordenbar	Die Position dient als Auffangposition für Vermögensgegenstände ausländischer Betriebsstätten, soweit keine detaillierte Zuordnung auf die unter der Position Beteiligungen vorhandenen Positionen möglich ist.	RN AP AB
B	5	Ausleihungen an Unternehmen, mit denen ein Beteiligungsverhältnis besteht		SMF
B	6	Ausleihungen an Personengesellschaften	Hier sind Ausleihungen aufzuführen, bei denen die Beteiligung an einer Personengesellschaft besteht. Liegen die Voraussetzungen des § 15 Abs. 1 Nr. 2 S. 1 2. HS EStG vor (Vergütungen für die Hingabe von Darlehen) so ist die Ausleihung (Forderung) steuerlich als Sonderbetriebsvermögen bei der Untergesellschaft zu erfassen. Nach den Grundsätzen der spiegelbildlichen Bilanzierung ist der handelsrechtliche Posten „Ausleihungen an Personengesellschaften" in der Steuerbilanz zugunsten des Beteiligungsbuchwertes aufzulösen (Überleitungsrechnung).	MF, KN
B	6	Ausleihungen an Kapitalgesellschaften	Hier sind Ausleihungen aufzuführen, bei denen die Beteiligung an einer Kapitalgesellschaft besteht.	MF, KN
B	6	Ausleihungen an Unternehmen, mit denen ein Beteiligungsverhältnis besteht, nicht nach Rechtsform zuordenbar		RN AP

B	6	Ausleihungen an Unternehmen, mit denen ein Beteiligungsverhältnis besteht, soweit aus der/den für die ausländische(n) Betriebsstätte(n) geführten Buchführung(en) nicht anders zuordenbar	Die Position dient als Auffangposition für Vermögensgegenstände ausländischer Betriebsstätten, soweit keine detaillierte Zuordnung auf die unter der Position Ausleihungen an Unternehmen, mit denen ein Beteiligungsverhältnis besteht vorhandenen Positionen möglich ist.	RN AP AB
B	5	Wertpapiere des Anlagevermögens	Inhaber- und Orderpapiere, die nach Art und Ausstattung übertragbar und im Bedarfsfall verwertbar sind und der längerfristigen Kapitalanlage dienen.	MF
B	6	sonstige Wertpapiere des Anlagevermögens	Sammelposten für alle den vorgenannten Positionen nicht zuordenbare Ausleihungen	AP
B	6	Wertpapiere des Anlagevermögens, soweit aus der/den für die ausländische(n) Betriebsstätte(n) geführten Buchführung(en) nicht anders zuordenbar	Die Position dient als Auffangposition für Vermögensgegenstände ausländischer Betriebsstätten, soweit keine detaillierte Zuordnung auf die unter der Position Wertpapiere des Anlagevermögens, mit denen ein Beteiligungsverhältnis besteht vorhandenen Positionen möglich ist.	AP AB
B	5	sonstige Ausleihungen	Sammelposten für alle den vorgenannten Positionen nicht zuordenbare Finanzanlagen	MF
B	6	übrige sonstige Ausleihungen / nicht zuordenbare sonstige Ausleihungen		AP
B	6	sonstige Ausleihungen, soweit aus der/den für die ausländische(n) Betriebsstätte(n) geführten Buchführung(en) nicht anders zuordenbar	Die Position dient als Auffangposition für Vermögensgegenstände ausländischer Betriebsstätten, soweit keine detaillierte Zuordnung auf die unter der Position sonstige Ausleihungen vorhandenen Positionen möglich ist.	AP AB
B	5	sonstige Finanzanlagen		SMF
B	6	Genussrechte		RN
B	6	Genossenschaftsanteile (langfristiger Verbleib)		RN
B	6	Rückdeckungsansprüche aus Lebensversicherungen (langfristiger Verbleib)	Unabhängig vom handelsrechtlichen Bilanzausweis ist der Rückdeckungsanspruch steuerlich stets gesondert als Aktivposten zu erfassen (§ 5 Abs. 1a S. 1 EStG). Sofern handelsrechtlich ein saldierter Ausweis zwingend ist, ist im Rahmen der Überleitungsrechnung ein gesonderter Ausweis vorzunehmen (§ 246 Abs. 2 S. 2, 3 HGB)	MF
B	6	stille Beteiligungen innerhalb der sonstigen Finanzanlagen		RN
B	6	übrige sonstige Finanzanlagen / nicht zuordenbare sonstige Finanzanlagen		RN AP
B	3	Vermögensgegenstände zwischen Anlagevermögen und Umlaufvermögen		RN
B	3	Umlaufvermögen		SMF
B	4	Vorräte		SMF
B	5	Roh-, Hilfs- und Betriebsstoffe	Rohstoffe gehen bei Produktionsunternehmen als Hauptbestandteile und Hilfsstoffe als Bestandteile von untergeordneter Bedeutung in die Fertigung ein. Betriebsstoffe dienen der Fertigung sowie den übrigen betrieblichen Bereichen.	MF
B	6	Roh-, Hilfs- und Betriebsstoffe, soweit aus der/den für die ausländische(n) Betriebsstätte(n) geführten Buchführung(en) nicht anders zuordenbar	Die Position dient als Auffangposition für Vermögensgegenstände ausländischer Betriebsstätten, soweit keine detaillierte Zuordnung auf die unter der Position Roh-, Hilfs- und Betriebsstoffe vorhandenen Positionen möglich ist.	AP AB

B	5	unfertige Erzeugnisse, unfertige Leistungen	Unfertige Erzeugnisse sind noch nicht im verkaufsbereiten Zustand, es sind am Bilanzstichtag Herstellungskosten (Fertigungskosten, Materialkosten) angefallen.	MF
B	6	unfertige Erzeugnisse, unfertige Leistungen, soweit aus der/den für die ausländische(n) Betriebsstätte(n) geführten Buchführung(en) nicht anders zuordenbar	Die Position dient als Auffangposition für Vermögensgegenstände ausländischer Betriebsstätten, soweit keine detaillierte Zuordnung auf die unter der Position unfertige Erzeugnisse, unfertige Leistungen vorhandenen Positionen möglich ist.	AP AB
B	5	fertige Erzeugnisse und Waren	Fertige Erzeugnisse sind selbsthergestellt, verkaufsfertige Wirtschaftsgüter, auch selbst erzeugte Ersatzteile. Waren sind angeschaffte Gegenstände (Handelsware), d. h. keine Erzeugnisse.	MF
B	6	fertige Erzeugnisse und Waren, soweit aus der/den für die ausländische(n) Betriebsstätte(n) geführten Buchführung(en) nicht anders zuordenbar	Die Position dient als Auffangposition für Vermögensgegenstände ausländischer Betriebsstätten, soweit keine detaillierte Zuordnung auf die unter der Position fertige Erzeugnisse und Waren vorhandenen Positionen möglich ist.	AP AB
B	5	sonstige Vorräte		RN
B	5	geleistete Anzahlungen (Vorräte)	Anzahlungen auf Lieferungen von Vermögensgegenständen des Vorratsvermögens	MF
B	5	Vorräte, vor Absetzung von erhaltenen Anzahlungen		RN
B	5	erhaltene Anzahlungen auf Bestellungen (offen aktivisch abgesetzt)		RN
B	4	Forderungen und sonstige Vermögensgegenstände		SMF
B	5	Forderungen aus Lieferungen und Leistungen		MF
B	5	Forderungen aus dem Zentralregulierungs- und Delkrederegeschäft		RN
B	5	Forderungen gegen Gesellschafter	Auch Forderungen aus Lieferungen und Leistungen gegen Gesellschafter, soweit nicht in der Position Forderungen aus Lieferungen und Leistungen enthalten.	SMF
B	6	Forderungen gegen GmbH-Gesellschafter	Auch Forderungen aus Lieferungen und Leistungen gegen Gesellschafter, soweit nicht in der Position Forderungen aus Lieferungen und Leistungen enthalten.	MF, KN
B	6	Forderungen gegen Kommanditisten und atypisch stille Gesellschafter	Auch Forderungen aus Lieferungen und Leistungen gegen Gesellschafter, soweit nicht in der Position Forderungen aus Lieferungen und Leistungen enthalten.	MF
B	6	Forderungen gegen typisch stille Gesellschafter	Auch Forderungen aus Lieferungen und Leistungen gegen Gesellschafter, soweit nicht in der Position Forderungen aus Lieferungen und Leistungen enthalten.	MF
B	6	Forderungen gegen sonstige Gesellschafter		RN
B	6	Forderungen gegen Gesellschafter, nach Rechtsform des Gesellschafters nicht zuordenbar	Auch Forderungen aus Lieferungen und Leistungen gegen Gesellschafter, soweit nicht in der Position Forderungen aus Lieferungen und Leistungen enthalten.	RN AP
B	5	Forderungen gegen verbundene Unternehmen		MF, KN

B	6	Forderungen gegen verbundene Unternehmen, soweit aus der/den für die ausländische(n) Betriebsstätte(n) geführten Buchführung(en) nicht anders zuordenbar	Die Position dient als Auffangposition für Vermögensgegenstände ausländischer Betriebsstätten, soweit keine detaillierte Zuordnung auf die unter der Position Forderungen gegen verbundene Unternehmen vorhandenen Positionen möglich ist.	AP AB
B	5	Forderungen gegen Unternehmen, mit denen ein Beteiligungsverhältnis besteht	Liegen die Voraussetzungen des § 15 Abs. 1 Nr. 2 S. 1 2. HS EStG vor (Vergütungen für die Hingabe von Darlehen), so ist die Ausleihung (Forderung) steuerlich als Sonderbetriebsvermögen bei der Untergesellschaft zu erfassen. Nach den Grundsätzen der spiegelbildlichen Bilanzierung ist der handelsrechtliche Posten „Ausleihungen an Personengesellschaften" in der Steuerbilanz zugunsten des Beteiligungsbuchwertes aufzulösen (Überleitungsrechnung).	MF, KN
Bilanz	5	eingeforderte noch ausstehende Kapitaleinlagen		RN
B	5	sonstige Vermögensgegenstände		SMF
B	6	Genussrechte		RN
B	6	Einzahlungsansprüche zu Nebenleistungen oder Zuzahlungen		RN
B	6	Genossenschaftsanteile (kurzfristiger Verbleib)		RN
B	6	Rückdeckungsansprüche aus Lebensversicherungen (kurzfristiger Verbleib)	Unabhängig vom handelsrechtlichen Bilanzausweis ist der Rückdeckungsanspruch steuerlich stets gesondert als Aktivposten zu erfassen. Sofern handelsrechtlich ein saldierter Ausweis zwingend ist, ist im Rahmen der Überleitungsrechnung ein gesonderter Ausweis vorzunehmen.	MF
B	6	Umsatzsteuerforderungen	Die Position gilt für Forderungen sowohl gegenüber deutschen als auch gegenüber ausländischen Finanzbehörden.	RN
Bilanz	6	Körperschaftsteuerüberzahlungen	Erstattungsansprüche entstehen mit Ablauf des Wirtschaftsjahres, ein Körperschaftsteuerbescheid ist nicht notwendig. Die Position gilt für Forderungen sowohl gegenüber deutschen als auch ausländischen Finanzbehörden.	RN
B	6	Gewerbesteuerüberzahlungen	Erstattungsansprüche entstehen mit Ablauf des Wirtschaftsjahres, ein Gewerbesteuerbescheid ist nicht notwendig. gilt für Forderungen gegenüber deutschen als auch ausländischen Finanzbehörden.	RN
B	6	Mindersteuern lt. Finanzverwaltung	Die Position gilt für Forderungen sowohl gegenüber deutschen als auch gegenüber ausländischen Finanzbehörden.	RN
B	6	Zinsen nach § 233a AO auf Mindersteuern lt. Finanzverwaltung	Die Position gilt für Forderungen sowohl gegenüber deutschen als auch gegenüber ausländischen Finanzbehörden.	RN
Bilanz	6	Körperschaftsteuerguthaben nach § 37 KStG	Die Position gilt für Forderungen sowohl gegenüber deutschen als auch gegenüber ausländischen Finanzbehörden.	RN
B	6	andere Forderungen gegen Finanzbehörden	Die Position gilt für Forderungen sowohl gegenüber deutschen als auch gegenüber ausländischen Finanzbehörden.	RN
B	6	Forderungen gegen Sozialversicherungsträger		RN
B	6	Forderungen und Darlehen an Mitarbeiter		RN
Bilanz	6	Forderungen und Darlehen an Organmitglieder		RN
B	6	Forderungen gegen Arbeitsgemeinschaften		RN

B	6	Sonstige Vermögensgegenstände gegenüber Gesellschaftern		RN
B	6	Übrige sonstige Vermögensgegenstände / nicht zuordenbare sonstige Vermögensgegenstände	Übrige sonstige Vermögensgegenstände, die nicht anderen Positionen zuzuordnen sind sowie Auffangposition, jedoch nur soweit eine detaillierte Zuordnung auf die in der gleichen Ebene vorhandenen Positionen nicht möglich ist.	RN AP
B	6	sonstige Vermögensgegenstände, soweit aus der/den für die ausländische(n) Betriebsstätte(n) geführten Buchführung(en) nicht anders zuordenbar	Die Position dient als Auffangposition für Vermögensgegenstände ausländischer Betriebsstätten, soweit keine detaillierte Zuordnung auf die unter der Position sonstige Vermögensgegenstände vorhandenen Positionen möglich ist.	RN AP AB
B	4	Wertpapiere des Umlaufvermögens		SMF
B	5	Anteile an verbundenen Unternehmen (Umlaufvermögen)	Hier sind die zur Veräußerung bestimmten Anteile auszuweisen, die zusätzlich zu den im Anlagevermögen ausgewiesenen Anteilen gehalten werden.	MF
B	5	eigene Anteile		RN
B	5	sonstige Wertpapiere des Umlaufvermögens	Sonstige Wertpapiere des Umlaufvermögens sowie Auffangposition, soweit eine detaillierte Zuordnung auf die in der gleichen Ebene vorhandenen Positionen nicht möglich ist.	MF AP
B	5	nicht zuordenbare Wertpapiere des Umlaufvermögens		RN AP
B	4	Kassenbestand, Bundesbankguthaben, Guthaben bei Kreditinstituten und Schecks		SMF
B	5	Schecks		RN
B	5	Kasse	Zum Kassenbestand gehören alle Banknoten, Sorten sowie in- und ausländische Münzen, auch Nebenkassen und Automaten.	MF, KN
B	5	Bundesbankguthaben		RN
B	5	Guthaben bei Kreditinstituten		RN
B	5	Sonstige nicht zuordenbare flüssige Mittel	z.B. Cashpooling, soweit nicht als Forderungen an verbundene Unternehmen ausgewiesen sowie Auffangposition, soweit eine detaillierte Zuordnung auf die in der gleichen Ebene vorhandenen Positionen nicht möglich ist.	RN AP
B	5	Kassenbestand, Bundesbankguthaben, Guthaben bei Kreditinstituten und Schecks, soweit aus der/den für die ausländische(n) Betriebsstätte(n) geführten Buchführung(en) nicht anders zuordenbar	Die Position dient als Auffangposition für Vermögensgegenstände ausländischer Betriebsstätten, soweit keine detaillierte Zuordnung auf die unter der Position "Kassenbestand, Bundesbankguthaben, Guthaben bei Kreditinstituten und Schecks vorhandenen Positionen möglich ist.	RN AP AB
B	3	aktive Rechnungsabgrenzungsposten	Ausgaben vor dem Abschlussstichtag sind zu aktivieren, soweit sie Aufwand für einen bestimmten Zeitraum danach darstellen.	MF
B	4	aktive Rechnungsabgrenzungsposten, soweit aus der/den für die ausländische(n) Betriebsstätte(n) geführten Buchführung(en) nicht anders zuordenbar	Die Position dient als Auffangposition für aktive Rechnungsabgrenzungsposten ausländischer Betriebsstätten, soweit keine detaillierte Zuordnung auf die unter der Position aktive Rechnungsabgrenzungsposten vorhandenen Positionen möglich ist.	AP AB
B	3	Aktive latente Steuern		RN
B	3	Aktiver Unterschiedsbetrag aus der Vermögensverrechnung		RN

B	3	Aktiver Ausgleichsposten für Organschaftsverhältnisse beim Organträger	Gem. § 14 Abs. 4 S. 1 KStG ist für Minderabführungen, die ihre Ursache in organschaftlicher Zeit haben, in der Steuerbilanz des Organträgers ein besonderer aktiver Ausgleichsposten in Höhe des Betrags zu bilden, der dem Verhältnis der Beteiligung des Organträgers am Nennkapital der Organgesellschaft entspricht. Da der Ausweis auf der Vorschrift des § 14 Abs. 4 S. 1 KStG beruht, scheidet ein Ausweis in der Handelsbilanz aus. Bei der Übermittlung einer Handelsbilanz ist die Taxonomieposition "Aktiver Ausgleichsposten für Organschaftsverhältnisse beim Organträger" daher in der "Überleitungsrechnung" abzubilden.	MF
B	3	Allgemeiner aktiver steuerlicher Ausgleichsposten		RN
B	3	nicht durch Eigenkapital gedeckter Fehlbetrag / nicht durch Vermögenseinlagen gedeckter Verlustanteil		SMF
B	3	sonstige Aktiva		RN
B	2	Bilanzsumme, Summe Passiva	Dieser Wert muss der Bilanzsumme, Summe Aktiva entsprechen.	SMF
B	3	Eigenkapital		SMF
B	4	gezeichnetes Kapital / Kapitalkonto/ Kapitalanteile		SMF
Bilanz	5	nicht eingeforderte ausstehende Einlagen (offen passivisch abgesetzt)	Nach bisher geltender Rechtslage (§ 272 Abs. 1 HGB a.F. – also vor Geltung des BilMoG) durften ausstehende Einlagen auf den Kapitalanteil (Pflichteinlage) auf der Aktivseite der Bilanz vor dem Anlagevermögen in einem eigenen Posten ausgewiesen werden; gleichzeitig waren die davon eingeforderten Einlagen in diesem Posten zu vermerken (Bruttoausweis; vgl. § 272 Abs. 1 Satz 2 HGB a. F.). Unter Geltung des BilMoG sind die nicht eingeforderten ausstehenden Einlagen auf die Pflichteinlage zwingend von dem Kapitalanteil offen abzusetzen; der verbleibende Betrag ist als Posten "Eingefordertes Kapital" in der Hauptspalte der Passivseite auszuweisen; der eingeforderte, aber noch nicht eingezahlte Betrag ist unter den Forderungen gesondert auszuweisen und entsprechend zu bezeichnen.	RN
Bilanz	5	gezeichnetes Kapital (Kapitalgesellschaften)	Nach § 272 Abs. 1 Satz 1 HGB ist das gezeichnete Kapital "das Kapital, auf das die Haftung der Gesellschafter für die Verbindlichkeiten der Kapitalgesellschaft gegenüber den Gläubigern beschränkt ist." Das gezeichnete Kapital ist bei einer AG/KGaA/SE das Grundkapital und bei einer GmbH das Stammkapital.	MF
Bilanz	5	Eigene Anteile - offen vom Gezeichneten Kapital abgesetzt	Zwingende bilanzielle Darstellung, da die von der KapG erworbenen eigenen Anteile vom Nennkapital abzuziehen sind (daher kein aktivischer Ausweis mehr).	RN
Bilanz	5	Geschäftsguthaben der Genossen	ausbedungener Wert lt. Satzung	RN
Bilanz	4	Gesellschafterdarlehen mit EK-		RN
B	4	Genussrechtskapital mit Eigenkapital-Charakter	Genussrechte sind Gläubigerrechte schuldrechtlicher Art. Sie gewähren keine Mitgliedschaftsrechte (insbesondere kein Stimmrecht), jedoch Vermögensrechte, die typischerweise Gesellschaftern zustehen, meistens eine Beteiligung am Gewinn und/oder am Liquidationserlös.	RN
Bilanz	4	Nachrangiges Kapital (Eigenkapital-Charakter)	Hier sind Einlagen atypisch stiller Gesellschafter gemeint.	RN
B	4	Einlagen stiller Gesellschafter mit EK-Charakter		RN

Bilanz	4	Kapitalrücklage		MF
B	4	Gewinnrücklagen/Ergebnisrücklagen	Das Summenmussfeld "Gewinnrücklagen/Ergebnisrücklagen" hat die Summe aller entsprechenden Rücklagen auszuweisen.	SMF
Bilanz	5	gesetzliche Rücklage	Kein gesonderter Ausweis bei einer Personengesellschaft (§ 264c Abs. 2 S. 1 II HGB). Nur denkbar bei Aktiengesellschaften (§ 300 AktG).	MF
Bilanz	5	Rücklage für Anteile an einem herrschenden oder mehrheitlich beteiligten Unternehmen		RN
Bilanz	5	Rücklage für eigene Anteile (nur Kapitalgesellschaften)		RN
Bilanz	5	satzungsmäßige Rücklagen		MF
Bilanz	5	Gewinnrücklage mit Ausschüttungssperre für aktivierte Aufwendungen für die Ingangsetzung und Erweiterung des Geschäftsbetriebs	Werden "ausschüttungsgesperrte" Beträge für "aktivierte Aufwendungen für die Ingangsetzung und Erweiterung des Geschäftsbetriebs" gesondert auf einem Gewinnrücklagenkonto verbucht, sind diese zu dieser Position zu übermitteln.	RN
Bilanz	5	Gewinnrücklage mit Ausschüttungssperre für einen aktivierten Abgrenzungsposten für latente Steuern	Werden "ausschüttungsgesperrte" Beträge für "einen aktivierten Abgrenzungsposten für latente Steuern" gesondert auf einem Gewinnrücklagenkonto verbucht, sind diese zu dieser Position zu übermitteln.	RN
Bilanz	5	Gewinnrücklage mit Ausschüttungssperre für aktivierte Aufwendungen im Zusammenhang mit der Euro-Umstellung	Werden "ausschüttungsgesperrte" Beträge für "aktivierte Aufwendungen im Zusammenhang mit der Euro-Umstellung" gesondert auf einem Gewinnrücklagenkonto verbucht, sind diese zu dieser Position zu übermitteln.	RN
Bilanz	5	Gewinnrücklage mit Ausschüttungssperre für selbst geschaffene immaterielle Vermögensgegenstände des Anlagevermögens unter Berücksichtigung der darauf entfallenden passiven latenten Steuern	Werden "ausschüttungsgesperrte" Beträge für "selbst geschaffene immaterielle Vermögensgegenstände des Anlagevermögens unter Berücksichtigung der darauf entfallenden passiven latenten Steuern" gesondert auf einem Gewinnrücklagenkonto verbucht, sind diese zu dieser Position zu übermitteln.	RN
Bilanz	5	Gewinnrücklage mit Ausschüttungssperre für zum beizulegenden Zeitwert bilanzierte Vermögensgegenstände, soweit dieser die Anschaffungskosten übersteigt unter Berücksichtigung der darauf entfallenden passiven latenten Steuern	Werden "ausschüttungsgesperrte" Beträge für "zum beizulegenden Zeitwert bilanzierte Vermögensgegenstände" gesondert auf einem Gewinnrücklagenkonto verbucht, sind diese zu dieser Position zu übermitteln.	RN
Bilanz	5	Sonderrücklage	Kein gesonderter Ausweis bei einer Personengesellschaft.	MF
Bilanz	6	Sonderrücklage, Erläuterungen zur Sonderrücklage	Kein gesonderter Ausweis bei einer Personengesellschaft.	MF
Bilanz	5	andere Gewinnrücklagen	Kein gesonderter Ausweis bei einer Personengesellschaft.	MF
Bilanz	5	andere Ergebnisrücklagen		RN
Bilanz	4	Gewinn-/Verlustvortrag - bei Kapitalgesellschaften	Der Gewinnvortrag stellt die Restgröße aus der Gewinnverwendung des Bilanzgewinns des Vj. auf Grundlage des Beschlusses der Haupt- oder Gesellschafterversammlung dar, der nicht an die Gesellschafter ausgeschüttet oder in die Gewinnrücklagen eingestellt worden ist.	MF
Bilanz	4	Jahresüberschuss/-fehlbetrag (Bilanz) - bei Kapitalgesellschaften	Diese Position ist mit dem Jahresüberschuss lt. GuV verknüpft, soweit kein Ausweis des Bilanzgewinns in der Bilanz erfolgt. Die Angabe in den GCD-Daten (Ausweis des Bilanzgewinns "nein") muss übereinstimmen.	MF

B	4	steuerlicher Ausgleichsposten	Steuerliches Mehr- oder Minderkapital, insbesondere bei Kapitalgesellschaften.	RN
Bilanz	4	Bilanzgewinn / Bilanzverlust (Bilanz) - bei Kapitalgesellschaften	Wenn in der Bilanz der Ausweis des Bilanzgewinns erfolgt, ist die Ergebnisverwendung erforderlich. In diesen Fällen ist in den GCD-Daten die Angabe „Bilanz enthält Ausweis des Bilanzgewinns = true" zu übermitteln.	MF
B	4	Währungsumrechnungsdifferenzen		RN
B	4	Nicht durch Eigenkapital gedeckter Fehlbetrag (Passivausweis)		RN
B	3	Sonderposten mit Rücklageanteil	Sonderposten mit Rücklageanteil sind Passivposten, die sowohl einen Fremdkapitalanteil als auch einen Eigenkapitalanteil (Rücklagenanteil) enthalten.	SMF
B	4	steuerfreie Rücklagen	Zu den steuerfreien Rücklagen gehören die Rücklage für Veräußerungsgewinne (§ 6b EStG), die Rücklage für Zuschüsse, die Rücklage für Ersatzbeschaffung (R 6.6 EStR) und weitere steuerfreie Rücklagen (z.B. aufgrund von Anwendungsregelungen des § 52 EStG).	SMF
B	5	Rücklage für Veräußerungsgewinne	Rücklagen für Veräußerungsgewinne nach § 6b EStG	MF
B	5	Rücklage für Zuschüsse		RN
B	5	Rücklage für Ersatzbeschaffung	Rücklagen für Ersatzbeschaffung nach R 6.6. EStR 2008, steuerfreie Rücklage in Höhe der aufgedeckten stillen Reserven, sofern bis zum Ende des Wirtschaftsjahres noch keine Ersatzbeschaffung vorgenommen wurde.	MF
B	5	Rücklage durch Vornahme von Ansparabschreibungen		RN
B	5	Rücklage nach dem Steuerentlastungsgesetz		RN
B	5	Übrige steuerfreie Rücklagen / nicht zuordenbare steuerfreie Rücklagen	Die Position dient zur Erfassung der übrigen steuerfreien Rücklagen und als Auffangposition, soweit eine detaillierte Zuordnung auf die in der gleichen Ebene vorhandenen Positionen nicht möglich ist.	RN AP
B	4	steuerrechtliche Sonderabschreibungen		RN
B	3	Sonstige Sonderposten	Zu den sonstigen Sonderposten gehören u.a. die Einlagen typisch stiller Gesellschafter, der passive Ausgleichsposten für Organschaftsverhältnisse beim Organträger und andere Sonderposten (z.B. § 4g EStG).	SMF
B	4	Einlagen stiller Gesellschafter		RN
B	4	Sonderposten für Investitionszulagen und für Zuschüsse Dritter		RN
B	4	Passiver Ausgleichsposten für Organschaftsverhältnisse beim Organträger	Gem. § 14 Abs. 4 S. 1 KStG ist für Mehrabführungen, die ihre Ursache in organschaftlicher Zeit haben, in der Steuerbilanz des Organträgers ein besonderer passiver Ausgleichsposten in Höhe des Betrags zu bilden, der dem Verhältnis der Beteiligung des Organträgers am Nennkapital der Organgesellschaft entspricht. Da der Ausweis auf der Vorschrift des § 14 Abs. 4 S. 1 KStG beruht, scheidet ein Ausweis in der Handelsbilanz aus. Bei der Übermittlung einer Handelsbilanz ist die Taxonomieposition "Passiver Ausgleichsposten für Organschaftsverhältnisse beim Organträger" daher in der „Überleitungsrechnung" abzubilden.	MF
Bilanz	4	Unterschiedsbetrag aus der Kapitalkonsolidierung		RN

B	4	Allgemeiner passiver steuerlicher Ausgleichsposten		RN
Bilanz	4	Noch nicht verbrauchte Spendenmittel		RN
B	4	andere Sonderposten		MF
B	5	davon Auflösung des Ausgleichspostens bei Entnahmen § 4 g EStG	Der Ausschluss oder die Beschränkung des Besteuerungsrechts hinsichtlich des Gewinns aus der Veräußerung oder Nutzung eines Wirtschaftsguts steht einer Entnahme gleich (§ 4 Abs. 1 S. 3 EStG). Der Gewinn kann in einen Ausgleichsposten nach § 4g Abs. 1 EStG eingestellt werden, der im Wirtschaftsjahr der Bildung und in den vier folgenden Wirtschaftsjahren aufzulösen ist. Eine außerbilanzielle Darstellung ist („abzüglich sonstige Abrechnungen" und „zuzüglich Auflösung des Ausgleichsposten bei Entnahmen § 4g EStG") ebenfalls möglich.	MF
B	3	Rückstellungen		SMF
B	4	Rückstellungen für Pensionen und ähnliche Verpflichtungen		SMF
B	5	Rückstellungen für Pensionen und ähnliche Verpflichtungen, davon gegenüber Gesellschaftern oder nahestehenden Personen	Pensionsrückstellungen gegenüber Gesellschaftern (bei Kapital- und Personengesellschaften) oder nahestehenden Personen (z.B. Ehegatten). Eine steuerliche Relevanz besteht grundsätzlich ab einem Beteiligungsumfang von 1 %. In jedem Fall wird hier eine Übermittlung bei einem Beteiligungsumfang von mindestens 10 % erwartet.	MF
B	5	Rückstellung für Direktzusagen	Pensionsrückstellung, Direktzusage des Arbeitgebers auf Leistungen der betrieblichen Altersvorsorge ohne externen Durchführungsweg (keine Direktversicherung, Pensionskasse oder Pensionsfonds).	MF
B	5	Rückstellungen für Zuschussverpflichtungen für Pensionskassen und Lebensversicherungen (bei Unterdeckung oder Aufstockung)	Pensionsrückstellung, Zusage des Arbeitgebers auf Leistungen der betrieblichen Altersversorgung mit externen Durchführungsweg (z.B. Pensionskasse oder Lebensversicherung).	MF
B	5	Rückstellungen für Pensionen und ähnliche Verpflichtungen, nicht zuordenbar	Die Position dient als Auffangposition, soweit eine detaillierte Zuordnung auf die in der gleichen Ebene vorhandenen Positionen nicht möglich ist.	RN AP
B	5	Rückstellungen für Pensionen und ähnliche Verpflichtungen, soweit aus der/den für die ausländische(n) Betriebsstätte(n) geführten Buchführung(en) nicht anders zuordenbar	Die Position dient als Auffangposition für Rückstellungen ausländischer Betriebsstätten, soweit keine detaillierte Zuordnung auf der unter der Position "Rückstellungen für Pensionen und ähnliche Verpflichtungen" vorhandenen Positionen möglich ist.	RN AP AB
B	4	Steuerrückstellungen	Summe der Rückstellungen für ungewisse Steuerverbindlichkeiten (z.B. Gewerbesteuerrückstellung, Körperschaftsteuerrückstellung), solange die Ungewissheit nicht beseitigt ist	MF, KN
B	5	Steuerrückstellungen, soweit aus der/den für die ausländische(n) Betriebsstätte(n) geführten Buchführung(en) nicht anders zuordenbar	Die Position dient als Auffangposition für Rückstellungen ausländischer Betriebsstätten, soweit keine detaillierte Zuordnung auf die unter der Position Steuerrückstellungen vorhandenen Positionen möglich ist.	AP AB
B	4	sonstige Rückstellungen	Summe der sonstigen Rückstellungen ohne Pensions- und Steuerrückstellungen, z.B. für die Verpflichtung zur Aufstellung der Jahresabschlüsse, Verpflichtung zur Buchung laufender Geschäftsvorfälle, die Verpflichtung zur Aufbewahrung von Geschäftsunterlagen und Garantierückstellungen.	MF, KN

B	5	übrige sonstige Rückstellungen / nicht zuordenbare Rückstellungen	Die Position dient zur Erfassung der übrigen sonstigen Rückstellungen und als Auffangposition, soweit eine detaillierte Zuordnung auf die in der gleichen Ebene vorhandenen Positionen nicht möglich ist.	AP
B	5	sonstige Rückstellungen, soweit aus der/den für die ausländische(n) Betriebsstätte(n) geführten Buchführung(en) nicht anders zuordenbar	Die Position dient als Auffangposition für Rückstellungen ausländischer Betriebsstätten, soweit keine detaillierte Zuordnung auf die unter der Position sonstige Rückstellungen vorhandenen Positionen möglich ist.	AP AB
B	3	Verbindlichkeiten		SMF
B	4	Anleihen	Anleihen sind festverzinsliche Wertpapiere zur langfristigen Kapitalfinanzierung des Unternehmens, die als Fremdkapital zu behandeln sind.	MF
B	5	Anleihen, soweit aus der/den für die ausländische(n) Betriebsstätte(n) geführten Buchführung(en) nicht anders zuordenbar	Die Position dient als Auffangposition für Anleihen ausländischer Betriebsstätten, soweit keine detaillierte Zuordnung auf die unter der Position Anleihen vorhandenen Positionen möglich ist.	AP AB
B	4	Sonstige Schuldtitel / sonstige Finanzschulden	z.B. Inhaberorderschuldverschreibung, Genussscheine, commercial papers	RN
B	4	Verbindlichkeiten gegenüber Kreditinstituten	Sämtliche Verbindlichkeiten gegenüber Kreditinstituten (z.B. Darlehen, nicht geleistete Schuldzinsen, negative Bankkonten).	MF
B	5	Verbindlichkeiten gegenüber Kreditinstituten, soweit aus der/den für die ausländische(n) Betriebsstätte(n) geführten Buchführung(en) nicht anders zuordenbar	Die Position dient als Auffangposition für Verbindlichkeiten ausländischer Betriebsstätten, soweit keine detaillierte Zuordnung auf die unter der Position "Verbindlichkeiten gegenüber Kreditinstituten" vorhandenen Positionen möglich ist.	AP AB
B	4	erhaltene Anzahlungen auf Bestellungen	Bruttowert der erhaltenen Anzahlungen.	MF, KN
B	5	erhaltene Anzahlungen auf Bestellungen, soweit aus der/den für die ausländische(n) Betriebsstätte(n) geführten Buchführung(en) nicht anders zuordenbar	Die Position dient als Auffangposition für Verbindlichkeiten ausländischer Betriebsstätten, soweit keine detaillierte Zuordnung auf die unter der Position "erhaltene Anzahlungen auf Bestellungen gegenüber Kreditinstituten" vorhandenen Positionen möglich ist.	AP AB
B	4	Verbindlichkeiten aus Lieferungen und Leistungen		MF
Bilanz	5	Verbindlichkeiten aus Lieferungen und Leistungen, davon gegenüber Gesellschaftern	Zu übermitteln, soweit Verbindlichkeiten aus Lieferungen und Leistungen gegenüber Gesellschaftern nicht in der Taxonomieposition "Verbindlichkeiten gegenüber Gesellschaftern" enthalten sind.	MF
B	5	Verbindlichkeiten aus Lieferungen und Leistungen, soweit aus der/den für die ausländische(n) Betriebsstätte(n) geführten Buchführung(en) nicht anders zuordenbar	Die Position dient als Auffangposition für Verbindlichkeiten ausländischer Betriebsstätten, soweit keine detaillierte Zuordnung auf die unter der Position "Verbindlichkeiten aus Lieferungen und Leistungen" vorhandenen Positionen möglich ist.	AP AB
B	4	Verbindlichkeiten aus dem Zentralregulierungs- und Delkrederegeschäft		MF
B	4	Verbindlichkeiten aus der Annahme gezogener Wechsel und der Ausstellung eigener Wechsel	Summe der Verbindlichkeiten aus der Annahme gezogener Wechsel (Akzepte) und der Ausstellung eigener Wechsel (Solawechsel). Der Wechsel ist im Wechselgesetz (WG) geregelt.	MF

B	5	Verbindlichkeiten aus der Annahme gezogener Wechsel und der Ausstellung eigener Wechsel, soweit aus der/den für die ausländische(n) Betriebsstätte(n) geführten Buchführung(en) nicht anders zuordenbar	Die Position dient als Auffangposition für Verbindlichkeiten ausländischer Betriebsstätten, soweit keine detaillierte Zuordnung auf die unter der Position Verbindlichkeiten aus der Annahme gezogener Wechsel und der Ausstellung eigener Wechsel vorhandenen Positionen möglich ist.	AP AB
B	4	Verbindlichkeiten gegenüber Gesellschaftern	Verbindlichkeiten (Darlehen und grundsätzlich auch Verbindl. aus Lieferungen und Leistungen), die gegenüber Gesellschaftern (bei Kapital- und Personengesellschaften) bestehen. Die Verbindlichkeiten aus Lieferungen und Leistungen gegenüber Gesellschafter können auch bei der Taxonomieposition "Verbindlichkeiten aus Lieferungen und Leistungen" enthalten sein, dann ist jedoch zusätzlich die Taxonomieposition "Verbindlichkeiten aus Lieferungen und Leistungen, davon gegenüber Gesellschafter" zu übermitteln.	SMF
Bilanz	6	Verbindlichkeiten gegenüber Gesellschaftern, davon mit Restlaufzeit bis 1 Jahr gegenüber GmbH-Gesellschaftern und stillen Gesellschaftern		MF, KN
B	5	Verbindlichkeiten gegenüber GmbH-Gesellschaftern und stillen Gesellschaftern	Verbindlichkeiten gegenüber GmbH – Gesellschaftern, die einen oder mehrere Geschäftsanteile im Sinne des GmbHG halten, und stillen Gesellschaftern (z.B. bei der GmbH & Still, §§ 230 bis 236 HGB).	MF, KN
B	4	Verbindlichkeiten gegenüber verbundenen Unternehmen		MF, KN
B	4	Verbindlichkeiten gegenüber Unternehmen, mit denen ein Beteiligungsverhältnis besteht		MF, KN
B	4	sonstige Verbindlichkeiten	Summe der sonstigen Verbindlichkeiten (z.B. Steuerverbindlichkeiten, Verbindlichkeiten im Rahmen der sozialen Sicherheit).	SMF
B	5	sonstige Verbindlichkeiten aus Steuern	Die Position gilt für Verbindlichkeiten sowohl gegenüber deutschen als auch gegenüber ausländischen Finanzbehörden.	RN
B	5	sonstige Verbindlichkeiten im Rahmen der sozialen Sicherheit		RN
B	5	Sonstige Verbindlichkeiten gegenüber Gesellschaftern	Sonstige Verbindlichkeiten gegenüber Gesellschaftern (bei Kapital- und Personengesellschaften).	MF
B	5	sonstige Verbindlichkeiten aus genossenschaftlicher Rückvergütung		RN
B	5	sonstige Verbindlichkeiten gegenüber Mitarbeitern		RN
B	5	sonstige Verbindlichkeiten aus partiarischen Darlehen		RN
B	5	sonstige Verbindlichkeiten gegenüber Arbeitsgemeinschaften		RN
B	5	sonstige Verbindlichkeiten aus Genussrechten mit Fremdkapitalcharakter		RN
B	5	übrige sonstige Verbindlichkeiten		RN
B	5	sonstige Verbindlichkeiten, soweit aus der/den für die ausländische(n) Betriebsstätte(n) geführten Buchführung(en) nicht anders zuordenbar	Die Position dient als Auffangposition für Verbindlichkeiten ausländischer Betriebsstätten, soweit keine detaillierte Zuordnung auf die unter der Position sonstige Verbindlichkeiten besteht vorhandenen Positionen möglich ist.	RN AP AB

B	3	passive Rechnungsabgrenzungsposten	Als passiver Rechnungsabgrenzungsposten sind Einnahmen vor dem Abschlussstichtag, soweit sie Ertrag für eine bestimmte Zeit nach diesem Tag darstellen, zu erfassen, z.B. Vereinnahmung einer Mietvorauszahlung.	MF
B	3	Passive latente Steuern		RN
G	2	Jahresüberschuss/-fehlbetrag	Diese Position ist mit dem Jahresüberschuss in der Bilanz bzw. der Ergebnisverwendung (bei Personengesellschaften: Übergangsregelung) verknüpft.	SMF
G	3	Ergebnis der gewöhnlichen Geschäftstätigkeit		SMF
G	4	Betriebsergebnis (GKV)		SMF
G	5	Rohergebnis (GKV)		SMF
G	6	Gesamtleistung (GKV)		SMF
G	7	Erträge zur Erfüllung satzungsmäßiger Aufgaben		RN
G	9	Umsatzerlöse ohne Zuordnung nach Umsatzsteuertatbeständen	z.B. Erwerb von Roh-, Hilfs- und Betriebsstoffen zu Durchschnittssätzen oder ohne Umsatzsteuer, sowie Auffangposition, soweit wie eine detaillierte Zuordnung auf die in der gleichen Ebene vorhandenen Positionen nicht möglich ist.	AP
G	7	Umsatzerlöse (GKV)	Hierunter fallen auch die Sonderbetriebseinnahmen von Mitunternehmern. Darunter fällt auch das Bereederungsentgelt, soweit die Bereederung durch einen Mitunternehmer durchgeführt wird. In diesem Fall ist zunächst das gesamte Bereederungsentgelt anzugeben. Davon ist außerbilanziell derjenige Teil zu kürzen, der gemäß BMF-Schreiben vom 31.10.2008, BStBl. I 2008, 956, Rz. 34 von der Abgeltungswirkung des § 5a Abs. 1 EStG erfasst ist.	SMF
G	8	in Umsatzerlöse (GKV) enthaltener Bruttowert	Hierunter fallen auch die Sonderbetriebseinnahmen von Mitunternehmern. Darunter fällt auch das Bereederungsentgelt, soweit die Bereederung durch einen Mitunternehmer durchgeführt wird. In diesem Fall ist zunächst das gesamte Bereederungsentgelt anzugeben. Davon ist außerbilanziell derjenige Teil zu kürzen, der gemäß BMF-Schreiben vom 31.10.2008, BStBl. I 2008, 956, RZ 34 von der Abgeltungswirkung des § 5a Abs. 1 EStG erfasst ist.	SMF
G	9	Erlöse aus Leistungen nach § 13b UStG	z.B. Lieferungen sicherungsübereigneter Gegenstände durch den Sicherungsgeber an den Sicherungsnehmer außerhalb des Insolvenzverfahrens; unter das Grunderwerbsteuergesetz fallende Umsätze, insbesondere Lieferungen von Grundstücken, für die der leistende Unternehmer nach § 9 (3) UStG zur Steuerpflicht optiert hat; Werklieferungen und sonstige Leistungen, die der Herstellung, Instandsetzung, Instandhaltung, Änderung oder Beseitigung von Bauwerken dienen (ohne Planungs- und Überwachungsleistungen), wenn der Leistungsempfänger ein Unternehmer ist, der selbst solche Bauleistungen erbringt.	MF
G	9	Sonstige Umsatzerlöse, nicht steuerbar	z.B. alle Lieferungen und sonstige Leistungen deren umsatzsteuerlicher Leistungsort sich nicht im Inland befindet. Außerdem sind im Inland ausgeführte nicht steuerbare Umsätze (z.B. Geschäftsveräußerungen im Ganzen, Innenumsätze zwischen Unternehmensteilen) anzugeben.	MF
G	9	steuerfreie Umsätze nach § 4 Nr. 1a UStG (Ausfuhr Drittland)	Steuerfreie Ausfuhrlieferungen und Lohnveredelungen an Gegenständen der Ausfuhr nach § 4 Nr. 1a UStG (Drittland).	MF
G	9	steuerfreie EG-Lieferungen § 4 Nr. 1b UStG (Innergemeinschaftliche Lieferungen)	Steuerfreie innergemeinschaftliche Lieferungen nach § 4 Nr. 1b UStG einschließlich Lieferungen des ersten Abnehmers im Rahmen eines innergemeinschaftlichen Dreieckgeschäftes nach § 25b UStG und Lieferungen von neuen Fahrzeugen.	MF

G	9	steuerfreie Umsätze nach § 4 Nr. 8 ff UStG	z.B. Gewährung und Vermittlung von Krediten, Umsätze und Vermittlung mit Geschäftsanteilen, Umsätze im Geschäft mit Forderungen (§ 4 Nr. 8 UStG); Umsätze, die unter das Grunderwerbsteuergesetz fallen (§ 4 Nr. 9a UStG) (Hinweis: wurde zur Steuerpflicht optiert, sind diese Umsätze unter Erlöse aus Leistungen nach § 13b UStG anzugeben); Leistungen aufgrund eines Versicherungsverhältnisses (§ 4 Nr. 10 UStG); Leistungen aus der Tätigkeit von Bausparkassenvertretern, Versicherungsvertretern, -maklern (§ 4 Nr. 11 UStG); Vermietung und Verpachtung von Grundstücken (§ 4 Nr. 12 UStG) (Hinweis: handelt es sich um Nebenerlöse, sind die steuerfreien Umsätze unter Nebenerlöse aus Vermietung).	MF
G	9	steuerfreie Umsätze nach § 4 Nr. 2-7 UStG	z.B. Umsätze der Seeschifffahrt und Luftfahrt § 4 Nr. 2 UStG, steuerfreie Auslagerungsumsätze nach § 4 Nr. 4a UStG etc.	MF
G	9	sonstige umsatzsteuerfreie Umsätze	z. B. Offshore Abkommen, das Zusatzabkommen zum NATO-Truppenstatut und das Ergänzungsabkommen zum Protokoll über die NATO-Hauptquartiere, steuerfreie Reiseleistungen nach § 25 Abs. 2 UStG (Betrag, der den Reisevorleistungen entspricht zzgl. steuerfreie Differenz).	MF
G	9	Umsatzerlöse ermäßigter Steuersatz		MF
G	9	Umsatzerlöse Regelsteuersatz		MF
G	9	Umsatzerlöse nach § 25 und § 25a UStG	Umsatzsteuerpflichtige (sämtliche Steuersätze) Reiseleistungen nach § 25 UStG und Umsätze aus der sog. Differenzbesteuerung nach § 25a UStG (einschließlich § 14c UStG). Einzutragen ist der Betrag, der dem Einkaufspreis/den Reisevorleistungen entspricht zzgl. steuerpflichtige Differenz.	MF
G	9	Umsatzerlöse sonstige Umsatzsteuersätze	Umsätze, die anderen Steuersätzen unterliegen (einschließlich § 14c UStG), z.B. Änderungen von Bemessungsgrundlagen nach § 17 UStG, die dem bis zum 31.12.2006 gültigen allgemeinen Regelsteuersatz unterlegen haben. Zahlungseingänge auf in früheren Perioden abgeschriebene Forderungen sind unter der Position „Zahlungseingänge auf in früheren Perioden abgeschriebene Forderungen" zu erfassen. Außerdem sind die Umsätze der land- und forstwirtschaftlichen Betriebe nach § 24 UStG, auch übrige steuerpflichtige Umsätze land- und forstwirtschaftlicher Betriebe, für die keine Steuer zu entrichten ist, hier zu übermitteln, soweit nicht die Branchentaxonomie für Land- und Forstwirtschaft verwendet wird.	MF
G	9	Umsatzerlöse ohne Zuordnung nach Umsatzsteuertatbeständen	Die Position dient als Auffangposition, soweit eine detaillierte Zuordnung auf die in der gleichen Ebene vorhandenen Positionen nicht möglich ist.	RN AP
G	8	in Umsatzerlöse (GKV) verrechnete Erlösschmälerungen	Erlösschmälerungen, wie z.B. Boni, Skonti, Nachlässe etc. sind hier anzugeben.	MF, KN
G	9	Erlösschmälerungen ohne Zuordnung nach Umsatzsteuertatbeständen	Die Position dient als Auffangposition, soweit eine detaillierte Zuordnung auf die in der gleichen Ebene vorhandenen Positionen nicht möglich ist.	AP
G	7	Erhöhung oder Verminderung des Bestandes an fertigen und unfertigen Erzeugnissen (GKV)		MF
G	7	andere aktivierte Eigenleistungen (GKV)		MF
G	6	sonstige betriebliche Erträge (GKV)		SMF
G	7	sonstige betriebliche Erträge (GKV), davon sonstige betriebliche Erträge (GKV) - verbundene Unternehmen	Nachrichtliche Mitteilung der sonstigen betrieblichen Erträge - von verbundenen Unternehmen -, die in der Position „sonstige betriebliche Erträge" enthalten sind.	MF

G	7	Nebenerlöse aus Vermietung und Verpachtung	Soweit es sich bei den Erlösen aus Vermietung und Verpachtung um Erlöse aus dem gewöhnlichen Geschäftsbetrieb handelt, z.B. bei Hotels etc., sind diese unter den Umsatzerlösen (getrennt nach deren umsatzsteuerlichen Behandlung) zu erfassen. Handelt es sich um Nebenerlöse, sind hier sämtliche Einnahmen unabhängig von ihrer umsatzsteuerlichen Behandlung (einschließlich umsatzsteuerfreier Leistungen) anzugeben. Die darin enthaltenen umsatzsteuerfreien Erlöse sind nachrichtlich noch in der Position „davon steuerfreie Umsätze aus Vermietung und Verpachtung § 4 Nr. 12 UStG" zusätzlich mitzuteilen.	MF
G	8	davon steuerfreie Umsätze aus Vermietung und Verpachtung § 4 Nr. 12 UStG	Nachrichtliche Mitteilung der umsatzsteuerfreien Umsätze aus Vermietung und Verpachtung nach, die in der Position „Nebenerlöse aus Vermietung und Verpachtung" enthalten sind.	MF
G	7	Nebenerlöse aus Provisionen, Lizenzen und Patenten	Soweit es sich bei den Erlösen aus Provisionen, Lizenzen und Patenten um Erlöse aus dem gewöhnlichen Geschäftsbetrieb handelt, z.B. bei Handelsvertretern etc. sind diese unter den Umsatzerlösen (getrennt nach deren umsatzsteuerlichen Behandlung) zu erfassen. Handelt es sich um Nebenerlöse, sind hier sämtliche Einnahmen unabhängig von ihrer umsatzsteuerlichen Behandlung anzugeben.	MF
G	7	andere Nebenerlöse	Darunter fallen sonstige Einnahmen aus nicht branchenüblichen Leistungen (z.B. gutachtliche Tätigkeiten etc.). Soweit es sich bei den anderen Nebenerlösen um Erlöse aus dem gewöhnlichen Geschäftsbetrieb handelt, sind diese unter den Umsatzerlösen (getrennt nach deren umsatzsteuerlichen Behandlung) zu erfassen. Handelt es sich um Nebenerlöse, sind hier sämtliche Einnahmen unabhängig von ihrer umsatzsteuerlichen Behandlung anzugeben	MF
G	7	Erträge aus Auflösung des Sonderpostens mit und ohne Rücklageanteil	Soweit nach den steuerlichen Vorschriften eine Verzinsung vorzunehmen ist, ist diese im Berichtsbestandteil „Steuerliche Gewinnermittlung" unter den entsprechenden Posten (z.B. § 6b Abs. 7 und 10 EStG) zu erfassen.	SMF
G	8	§ 6b Abs. 3 EStG	Auflösungen einer § 6b Abs. 3 EStG Rücklage, (Veräußerung von Grund und Boden oder Aufwuchs auf Grund und Boden mit dem dazugehörigen Grund und Boden, wenn der Aufwuchs zu einem land- und forstwirtschaftlichen Betriebsvermögen gehörte oder Gebäuden oder Binnenschiffen).	MF
G	8	Rücklage für Ersatzbeschaffung, R 6.6 EStR	Auflösungen von Rücklagen für Ersatzbeschaffungen nach R 6.6 EStR.	MF
G	8	§ 4g EStG	Auflösungen von Ausgleichsposten nach § 4g EStG (Zuordnung eines Wirtschaftsgutes des Anlagevermögens zu einer Betriebstätte desselben Steuerpflichtigen in einem anderen Mitgliedstaat der Europäischen Union gemäß § 4 Abs. 1 S. 3 EStG).	MF
G	8	§ 7g Abs. 7 EStG	Auflösungen sog. Ansparabschreibungen für Existenzgründer nach § 7g Abs. 7 EStG a.F., die noch nach altem Recht gebildet worden waren.	RN
G	8	Sonstige / nicht zuordenbare Erträge aus Auflösung eines Sonderpostens mit Rücklageanteil	Die Position dient als Auffangposition, soweit eine detaillierte Zuordnung auf die in der gleichen Ebene vorhandenen Positionen nicht möglich ist.	RN AP
G	7	Erträge aus Abgängen des Anlagevermögens	Zu erfassen sind hier alle Gewinne aus der Veräußerung von Anlagegegenständen, unabhängig ihrer umsatzsteuerlichen Behandlung (Erlöse abzüglich Restbuchwert). Verluste sind im Aufwandsposten „Verluste aus dem Abgang von Vermögensgegenständen des Anlagevermögens" anzugeben.	MF, KN
G	7	Erträge aus Zuschreibungen des Anlagevermögens	Wertaufholungsgebot z.B. wegen Wegfall des Grunds einer Teilwertabschreibung.	MF

G	7	Erträge aus der Auflösung von Rückstellungen	Es sind hier die Erträge aus der Auflösung von Rückstellungen einzutragen. Die Erträge aus der steuerlichen Abzinsung von Rückstellungen (§ 6 Abs. 1 Nr. 3a EStG) sind beim Posten „sonstige Zinsen und ähnliche Erträge aus Abzinsung" zu erfassen.	MF, KN
G	7	Erträge aus Abgängen des Umlaufvermögens		RN
G	7	Erträge aus Zuschreibungen des Umlaufvermögens	Wertaufholungsgebot z.B. wegen Wegfall des Grundes einer Teilwertabschreibung	MF
G	7	Erträge aus der Herabsetzung / Auflösung von Einzel- und Pauschalwertberichtigungen		SMF
G	8	Einzelwertberichtigungen		MF
G	8	Pauschalwertberichtigungen		MF
G	8	nicht PWB / EWB zuordenbare Wertberichtigung	Die Position dient als Auffangposition, soweit eine detaillierte Zuordnung auf die in der gleichen Ebene vorhandenen Positionen nicht möglich ist.	RN AP
G	7	Erträge aus der Aktivierung unentgeltlich erworbener Vermögensgegenstände		RN
G	7	Erträge aus der Herabsetzung von Verbindlichkeiten	z.B. aus tatsächlichen Gründen wegen Verzichts oder Verjährung. Die Erträge aus der steuerlichen Abzinsung von Verbindlichkeiten (§ 6 Abs. 1 Nr. 3 EStG) sind in der Position „sonstige Zinsen und ähnliche Erträge aus Abzinsung" zu erfassen.	MF, KN
G	7	Zahlungseingänge auf in früheren Perioden abgeschriebene Forderungen	Hier sind alle Einnahmen aus in Vorjahren ausgebuchten Kundenforderungen, unabhängig ihrer umsatzsteuerlichen Behandlung, anzugeben.	MF
G	7	Kostenerstattungen, Rückvergütungen und Gutschriften für frühere Jahre		RN
G	7	Erträge aus Steuerbelastungen an Organgesellschaften		RN
G	7	Erträge aus Verwaltungskostenumlagen		RN
G	7	Zuschüsse und Zulagen	Zuschüsse und Zulagen, soweit sie nicht bei den Anschaffungs- oder Herstellungskosten abgezogen wurden. Insbesondere sind hier auch Erträge aus der Gewährung von Investitionszulagen anzugeben. Rückzahlungen von Investitionszulagen sind hier ebenfalls anzugeben (auch wenn insgesamt negativ). Die steuerliche Korrektur der darin enthaltenen Investitionszulagen ist beim Modul steuerliche Gewinnermittlung vorzunehmen.	MF
G	7	Versicherungsentschädigungen und Schadensersatzleistungen		MF
G	7	Kurs-/Währungsgewinne		RN
G	7	Erträge aus Eigenverbrauch		SMF
G	8	Sonstige Sach-, Nutzungs- und Leistungsentnahmen	Hier sind, bis auf die private Kfz-Nutzung, alle weiteren Sach-, Nutzungs- und Leistungsentnahmen (z.B. Telefon, Heizung, Strom), unabhängig ihrer umsatzsteuerlichen Behandlungen, zu erfassen. Insbesondere auch die Pauschalen für unentgeltliche Wertabgaben (Sachentnahmen), die lt. amtlicher Richtsatzsammlung bei bestimmten Gewerbezweigen (Bäckerei, Metzgerei, Gastwirtschaften etc.) anzusetzen sind (voller und ermäßigter Steuersatz).	MF
G	8	Sachbezüge KFZ	Wendet der Unternehmer (Arbeitgeber) seinem Personal (seinen Arbeitnehmern) als Vergütung für geleistete Dienste auch einen Sachlohn (hier z.B. private Kfz-Nutzung bzw. Nutzung des betrieblichen Fahrzeugs für Fahrten Wohnung-Arbeitsstätte) liegen Sachbezüge vor. Diese Zuwendungen sind auch dann steuerbar, wenn sie unentgeltlich sind; § 8 EStG und § 3 Abs. 1b, §§ 3 Abs. 1b, 3 Abs. 9a UStG.	MF

G	8	Sonstige Sachbezüge	Wendet der Unternehmer (Arbeitgeber) seinem Personal (seinen Arbeitnehmern) als Vergütung für geleistete Dienste auch einen Sachlohn (hier z.B. Wohnung, Kost, Waren, Dienstleistungen) liegen Sachbezüge vor. Diese Zuwendungen sind auch dann steuerbar, wenn sie unentgeltlich sind § 8 EStG und §§ 3 Abs. 1b, 3 Abs. 9a UStG.	MF
G	7	andere sonstige betriebliche Erträge (GKV), nicht zuordenbar	Hier wird erwartet, dass in dieser Position tatsächlich nur „andere" sonstige betriebliche Erträge enthalten sind; d.h. diese Erträge konnten nicht bereits unter eine der oben genannten Taxonomie - Positionen eingereiht werden. Hinweis: Zins- und Beteiligungserträge sind beim „Finanz- und Beteiligungsergebnis", Steuererstattungen bei „Steuern vom Einkommen"- und Ertrag sowie außerordentliche Erträge beim „außerordentlichen Ergebnis" aufzugliedern.	RN AP
G	6	Materialaufwand (GKV)		SMF
G	7	Aufwendungen für Roh-, Hilfs- und Betriebsstoffe und für bezogene Waren	Gesamter Materialaufwand gem. § 275 Abs. 2 Nr. 5 HGB, Umlaufvermögen.	SMF
G	8	Aufwendungen für Roh- Hilfs- und Betriebsstoffe		SMF
G	9	Aufwand zum Regelsteuersatz	Roh-, Hilfs- und Betriebsstoffe zum Regelsteuersatz	MF
G	9	Aufwand zum ermäßigten Steuersatz	Roh-, Hilfs- und Betriebsstoffe zum aktuell ermäßigten Steuersatz (§ 12 Abs. 2 UStG) – nicht Durchschnittssteuersatz i.S.d. §§ 23, 24 UStG.	MF
G	9	Innergemeinschaftliche Erwerbe	Innergemeinschaftliche Erwerbe, soweit es sich um Roh-, Hilfs- und Betriebsstoffe handelt	MF
G	9	Aufwendungen ohne Zuordnung nach Umsatzsteuertatbeständen	z.B. Erwerb von Roh-, Hilfs- und Betriebsstoffen zum Durchschnittssteuersätzen i.S.d. §§ 23, 24 UStG oder Erwerb ohne Vorsteuerabzug sowie Auffangposition, soweit eine detaillierte Zuordnung auf die in der gleichen Ebene vorhandenen Positionen nicht möglich ist.	RN AP
G	9	Bestandsveränderungen	Bestandsveränderungen bei Roh-, Hilfs- und Betriebsstoffen	MF
G	8	Aufwendungen für bezogene Waren		SMF
G	9	Wareneinkauf zum Regelsteuersatz		MF
G	9	Wareneinkauf zum ermäßigten Steuersatz	Wareneinkauf zum aktuell ermäßigten Steuersatz (§ 12 Abs. 2 UStG) – nicht Durchschnittssteuersatz i.S.d. §§ 23, 24 UStG.	MF
G	9	Innergemeinschaftliche Erwerbe	Innergemeinschaftliche Erwerbe, soweit es sich um Aufwendungen für bezogene Waren handelt	MF
G	9	Wareneinkauf ohne Zuordnung nach Umsatzsteuertatbeständen	z.B. Erwerb von Waren zu Durchschnittssteuersätzen i.S.d. §§ 23, 24 UStG, Erwerb von Waren ohne Vorsteuerabzug oder Wareneingang hinsichtlich Differenzbesteuerung i.S.d. §§ 25, 25a UStG sowie Auffangposition, soweit eine detaillierte Zuordnung auf die in der gleichen Ebene vorhandenen Positionen nicht möglich ist.	RN AP
G	9	Bestandsveränderungen	Warenbestandsveränderungen	MF
G	8	Anschaffungsnebenkosten		RN
G	7	Aufwendungen für bezogene Leistungen	Werklieferungen und Werkleistungen fremder Unternehmen	SMF
G	8	Leistungen nach § 13b UStG mit Vorsteuerabzug	Leistungen, bei denen der Leistungsempfänger Umsatzsteuersteuerschuldner ist (§ 13b UStG) und gleichzeitig ein Vorsteueranspruch besteht.	MF
G	8	Leistungen nach § 13b UStG ohne Vorsteuerabzug	Leistungen, bei denen der Leistungsempfänger Umsatzsteuersteuerschuldner ist (§ 13b UStG) und kein Vorsteueranspruch besteht.	MF
G	8	Übrige Leistungen mit Vorsteuerabzug	Übrige bezogene Leistungen mit Vorsteuerabzug	MF
G	8	Übrige Leistungen ohne Vorsteuerabzug	Übrige bezogene Leistungen ohne Vorsteuerabzug	MF

G	8	Übrige Leistungen ohne Zuordnung nach Umsatzsteuertatbeständen	Die Position dient als Auffangposition, soweit eine detaillierte Zuordnung auf die in der gleichen Ebene vorhandenen Positionen nicht möglich ist.	RN AP
G	5	Personalaufwand (GKV)	Löhne und Gehälter sind alle als Aufwendungen zu erfassende Personalkosten für gewerbliche Arbeitnehmer, für Angestellte, für Vorstände oder Geschäftsführer. Die Löhne sind brutto zu erfassen, vor Abzug der Lohnsteuer und der von den Arbeitnehmern zu tragenden Sozialabgaben.	SMF
G	6	Löhne und Gehälter	Hierunter fallen die Bruttobeträge der Löhne und Gehälter (Nettobetrag, Steuern, Arbeitnehmeranteile zur Sozialversicherung).	SMF
G	7	Löhne für Minijobs	Eine geringfügige Beschäftigung liegt vor, wenn das Arbeitsentgelt aus dieser Beschäftigung den in § 8 Abs. 1 Nr. 1 SGB IV geregelten Betrag regelmäßig im Monat nicht übersteigt. Unter Löhne für Minijobs fallen auch die Sachbezüge und Zuschüsse sowie die vom Arbeitgeber übernommene Lohn- und Kirchensteuer sowie alle weiteren Sozialen Abgaben.	MF
G	7	Vergütungen an Gesellschafter-Geschäftsführer	Vergütung und sonstige Leistungen (inkl. Sachbezüge) an Gesellschafter-Geschäftsführer einer GmbH/Limited, unabhängig von der Beteiligungshöhe.	MF, KN
G	7	übrige und nicht zuordenbare Löhne und Gehälter	Löhne (z.B. für Produktion und Fertigung) sowie Gehälter (z.B. für Verwaltung und Vertrieb), inkl. Sachbezüge, soweit keine Vergütungen an Gesellschafter-Geschäftsführer oder Mitunternehmer sowie Auffangposition, soweit eine detaillierte Zuordnung auf die in der gleichen Ebene vorhandenen Positionen nicht möglich ist. Hierunter fallen die Bruttobeträge der Löhne und Gehälter, sowohl Geld- als auch Sachbezüge (Nettobetrag, Steuern, Arbeitnehmeranteile zur Sozialversicherung und Beiträge zur Berufsgenossenschaft).	RN AP
G	7	davon Sachbezüge	Sachbezüge, z.B. für zur privaten Nutzung überlassene Firmenfahrzeuge oder Telefonanschlüsse, Gestellung von Wohnungen und Mahlzeiten, Überlassung von Waren etc.	MF
G	7	davon freiwillige Zuwendungen	Insbesondere freiwillige soziale Aufwendungen wie z.B. Aufwendungen für die Zukunftssicherung, Werkspensionen, Werksrenten, Erholungsbeihilfen, Fortbildungskosten, Studien- und Ausbildungsbeihilfen, Gelegenheitsgeschenke, Heirats- und Geburtsbeihilfen, Jubiläumsgeschenke, Sterbebeihilfen, Aufwendungen für Werksküche, Ledigenheime, Werkschor und Werkskapelle, Belegschaftsveranstaltungen, Mietzuschüsse, verbilligte Überlassung von Werks- und Dienstwohnungen, Unfallkosten und Zinszahlungen aufgrund von Arbeitsgerichtsprozessen.	MF
G	6	soziale Abgaben und Aufwendungen für Altersversorgung und für Unterstützung		SMF
G	7	soziale Abgaben	Aufwendungen für Arbeitslosen-, Renten-, Kranken- und Pflegeversicherung (ausgenommen: Soziale Abgaben auf Löhne für Minijobs).	MF
G	7	Aufwendungen für Altersversorgung	z.B. Aufwendungen für die Direktversicherung (§ 4b EStG), Pensionskassenbeiträge (§ 4c EStG), Beiträge an Unterstützungskassen (§ 4d EStG) oder an Pensionsfonds (§ 4e EStG).	MF
G	8	Aufwendungen für Altersversorgung, davon für Gesellschafter-Geschäftsführer	Aufwendungen für Altersversorgung, insb. Aufwendungen für die Direktversicherung (§ 4b EStG), Pensionskassenbeiträge (§ 4c EStG), Beiträge an Unterstützungskassen (§ 4d EStG) oder an Pensionsfonds (§ 4e EStG) für Gesellschafter-Geschäftsführer (unabhängig von der Höhe der Beteiligung).	MF
G	7	Aufwendungen für Unterstützung	Sonstige Unterstützungsleistungen des Arbeitgebers, z.B. nach § 3 Nr. 34 EStG.	MF
G	7	soziale Abgaben und Aufwendungen für Altersversorgung und für Unterstützung, nicht zuordenbar	Die Position dient als Auffangposition, soweit eine detaillierte Zuordnung auf die in der gleichen Ebene vorhandenen Positionen nicht möglich ist.	RN AP

G	5	Abschreibungen (GKV)		SMF
G	6	Abschreibungen auf immaterielle Vermögensgegenstände des Anlagevermögens und Sachanlagen	Soweit freiwillig ein Anlagespiegel im XBRL-Format übermittelt wird, siehe Tz. 23 des BMF-Schreibens vom 28.09.2011, genügt es hier eine Wertübermittlung vorzunehmen. Die darunter liegenden Ebenen können mit einem "NIL-Wert" übermittelt werden.	SMF
G	7	Abschreibungen auf immaterielle Vermögensgegenstände des Anlagevermögens und Sachanlagen, auf Ingangsetzungsaufwendungen	Die Position ist nur in der Handelsbilanz zulässig und muss im Rahmen der Überleitungsrechnung eliminiert werden.	RN
G	7	Abschreibungen auf immaterielle Vermögensgegenstände des Anlagevermögens und Sachanlagen, auf Geschäfts-, Firmen- oder Praxiswert	Abschreibungen auf den Firmen- oder Geschäftswert i.S.d. § 246 Abs. 1 S. 2 HGB. Dieser zeitlich begrenzt nutzbare Vermögensgegenstand unterliegt den allgemeinen Regelungen zur Zugangs- und Folgebewertung; als betriebsgewöhnliche Nutzungsdauer gilt abweichend von handelsrechtlichen Maßstäben ein Zeitraum von 15 Jahren (§ 7 Abs. 1 Satz 3 EStG). Hinsichtlich der Abschreibung des Praxiswerts siehe BMF vom 15.01.1995, BStBl 1995 I S. 14. Soweit freiwillig ein Anlagespiegel im XBRL-Format übermittelt wird, siehe Tz. 23 des BMF-Schreibens vom 28.09.2011, sind hier keine Angaben erforderlich (NIL-Wert). Es genügt eine Werteübermittlung auf Ebene 6 "Abschreibungen auf immaterielle Vermögensgegenstände des Anlagevermögens und Sachanlagen".	MF
G	7	Abschreibungen auf immaterielle Vermögensgegenstände des Anlagevermögens und Sachanlagen, auf andere immaterielle Vermögensgegenstände	Soweit freiwillig ein Anlagespiegel im XBRL-Format übermittelt wird, siehe Tz. 23 des BMF-Schreibens vom 28.09.2011, sind hier keine Angaben erforderlich (NIL-Wert). Es genügt eine Werteübermittlung auf Ebene 6 "Abschreibungen auf immaterielle Vermögensgegenstände des Anlagevermögens und Sachanlagen".	MF
G	7	Abschreibungen auf immaterielle Vermögensgegenstände des Anlagevermögens und Sachanlagen, auf Sachanlagen	Soweit freiwillig ein Anlagespiegel im XBRL-Format übermittelt wird, siehe Tz. 23 des BMF-Schreibens vom 28.09.2011, sind hier keine Angaben erforderlich (NIL-Wert). Es genügt eine Werteübermittlung auf Ebene 6 "Abschreibungen auf immaterielle Vermögensgegenstände des Anlagevermögens und Sachanlagen".	MF
G	8	Abschreibungen (GKV) auf Sachanlagen, davon Sofortabschreibung GWG	Sofort als Betriebsausgabe zu erfassender Aufwand für GWG. Abschreibungen auf aktivierte GWG sind hier nicht auszuweisen. Soweit freiwillig ein Anlagespiegel im XBRL-Format übermittelt wird, siehe Tz. 23 des BMF-Schreibens vom 28.09.2011, sind hier keine Angaben erforderlich (NIL-Wert). Es genügt eine Werteübermittlung auf Ebene 6 "Abschreibungen auf immaterielle Vermögensgegenstände des Anlagevermögens und Sachanlagen".	MF
G	8	Abschreibungen (GKV) auf Sachanlagen, davon Auflösung GWG-Sammelposten	Sammelposten, der mit jeweils einem Fünftel pro Wirtschaftsjahr aufzulösen ist. Soweit freiwillig ein Anlagespiegel im XBRL-Format übermittelt wird, siehe Tz. 23 des BMF-Schreibens vom 28.09.2011, sind hier keine Angaben erforderlich (NIL-Wert). Es genügt eine Werteübermittlung auf Ebene 6 "Abschreibungen auf immaterielle Vermögensgegenstände des Anlagevermögens und Sachanlagen".	MF
G	8	Abschreibungen (GKV) auf Sachanlagen, davon Abschreibungen auf Gebäude	Soweit freiwillig ein Anlagespiegel im XBRL-Format übermittelt wird, siehe Tz. 23 des BMF-Schreibens vom 28.09.2011, sind hier keine Angaben erforderlich (NIL-Wert). Es genügt eine Werteübermittlung auf Ebene 6 "Abschreibungen auf immaterielle Vermögensgegenstände des Anlagevermögens und Sachanlagen".	MF
G	7	außerplanmäßige und Sonderabschreibungen	Soweit freiwillig ein Anlagespiegel im XBRL-Format übermittelt wird, siehe Tz. 23 des BMF-Schreibens vom 28.09.2011, sind hier keine Angaben erforderlich (NIL-Wert). Es genügt eine Werteübermittlung auf Ebene 6 "Abschreibungen auf immaterielle Vermögensgegenstände des Anlagevermögens und Sachanlagen".	SMF

G	8	außerplanmäßige Abschreibungen	Außerplanmäßige Abschreibungen dienen der Berücksichtigung von Wertverlusten beim abnutzbaren und nicht abnutzbaren Anlagevermögen zum Bilanzstichtag, soweit diese beim abnutzbaren Anlagevermögen nicht bereits durch planmäßige Abschreibungen erfasst wurden; steuerrechtlich sind außerplanmäßige Abschreibungen nur bei einer dauernden Wertminderung zulässig. Soweit freiwillig ein Anlagespiegel im XBRL-Format übermittelt wird, siehe Tz. 23 des BMF-Schreibens vom 28.09.2011, sind hier keine Angaben erforderlich (NIL-Wert). Es genügt eine Werteübermittlung auf Ebene 6 "Abschreibungen auf immaterielle Vermögensgegenstände des Anlagevermögens und Sachanlagen".	SMF
G	9	außerplanmäßige Abschreibungen auf Geschäfts-, Firmen- oder Praxiswert	Außerplanmäßige Abschreibungen auf immaterielle Vermögensgegenstände wie z.B. bei der vorzeitigen Beendigung der Nutzung eines Patentes oder eines sonstigen Schutzrechts. Soweit freiwillig ein Anlagespiegel im XBRL-Format übermittelt wird, siehe Tz. 23 des BMF-Schreibens vom 28.09.2011, sind hier keine Angaben erforderlich (NIL-Wert). Es genügt eine Werteübermittlung auf Ebene 6 "Abschreibungen auf immaterielle Vermögensgegenstände des Anlagevermögens und Sachanlagen".	MF
G	9	außerplanmäßige Abschreibungen auf andere immaterielle Vermögensgegenstände	Soweit freiwillig ein Anlagespiegel im XBRL-Format übermittelt wird, siehe Tz. 23 des BMF-Schreibens vom 28.09.2011, sind hier keine Angaben erforderlich (NIL-Wert). Es genügt eine Werteübermittlung auf Ebene 6 "Abschreibungen auf immaterielle Vermögensgegenstände des Anlagevermögens und Sachanlagen".	MF
G	9	außerplanmäßige Abschreibungen auf Sachanlagen	Außerplanmäßige Abschreibung nur bei dauernder Wertminderung. Soweit freiwillig ein Anlagespiegel im XBRL-Format übermittelt wird, siehe Tz. 23 des BMF-Schreibens vom 28.09.2011, sind hier keine Angaben erforderlich (NIL-Wert). Es genügt eine Werteübermittlung auf Ebene 6 "Abschreibungen auf immaterielle Vermögensgegenstände des Anlagevermögens und Sachanlagen".	MF
G	9	außerplanmäßige Abschreibungen, nicht zuordenbar	Auffangposition, soweit eine detaillierte Zuordnung auf die in der gleichen Ebene vorhandenen Positionen nicht möglich ist. Soweit freiwillig ein Anlagespiegel im XBRL-Format übermittelt wird, siehe Tz. 23 des BMF-Schreibens vom 28.09.2011, sind hier keine Angaben erforderlich (NIL-Wert). Es genügt eine Werteübermittlung auf Ebene 6 "Abschreibungen auf immaterielle Vermögensgegenstände des Anlagevermögens und Sachanlagen".	RN AP
G	8	Sonderabschreibungen	z.B. Sonderabschreibungen nach § 7g EStG oder soweit Sonderabschreibungen in Katastrophenfällen zugelassen (§ 163 AO). Soweit freiwillig ein Anlagespiegel im XBRL-Format übermittelt wird, siehe Tz. 23 des BMF-Schreibens vom 28.09.2011, sind hier keine Angaben erforderlich (NIL-Wert). Es genügt eine Werteübermittlung auf Ebene 6 "Abschreibungen auf immaterielle Vermögensgegenstände des Anlagevermögens und Sachanlagen"	MF
G	8	außerplanmäßige und Sonderabschreibungen, nicht zuordenbar	Auffangposition, jedoch nur insoweit, wie eine detaillierte Zuordnung auf die in der gleichen Ebene vorhandenen Positionen nicht möglich ist. Soweit freiwillig ein Anlagespiegel im XBRL-Format übermittelt wird, siehe Tz. 23 des BMF-Schreibens vom 28.09.2011, sind hier keine Angaben erforderlich (NIL-Wert). Es genügt eine Werteübermittlung auf Ebene 6 "Abschreibungen auf immaterielle Vermögensgegenstände des Anlagevermögens und Sachanlagen".	RN AP

G	7	Abschreibungen auf immaterielle Vermögensgegenstände des Anlagevermögens und Sachanlagen, nicht zuordenbar	Auffangposition, jedoch nur insoweit, wie eine detaillierte Zuordnung auf die in der gleichen Ebene vorhandenen Positionen nicht möglich ist. Soweit freiwillig ein Anlagespiegel im XBRL-Format übermittelt wird, siehe Tz. 23 des BMF-Schreibens vom 28.09.2011, sind hier keine Angaben erforderlich (NIL-Wert). Es genügt eine Werteübermittlung auf Ebene 6 "Abschreibungen auf immaterielle Vermögensgegenstände des Anlagevermögens und Sachanlagen".	RN AP
G	6	Abschreibungen (GKV), auf Vermögensgegenstände des Umlaufvermögens, soweit diese die in der Kapitalgesellschaft üblichen Abschreibungen überschreiten		SMF
G	7	Abschreibungen auf Vorräte	Teilwertvermutung (§ 6 Abs. 1 Nr. 2 EStG).	MF
G	7	Abschreibungen auf Forderungen und sonstige Vermögensgegenstände	Abschreibungen auf Forderungen und sonstige Vermögensgegenstände, soweit sie bei der Kapitalgesellschaft üblichen Abschreibungen überschreiten.	MF
G	8	Abschreibungen auf Forderungen und sonstige Vermögensgegenstände, davon Abschreibungen auf Forderungen gegenüber Kapitalgesellschaften, an denen eine Beteiligung besteht	Abschreibungen auf Forderungen und sonstige Vermögensgegenstände gegenüber Kapitalgesellschaften, an denen eine Beteiligung besteht, soweit sie die bei der Kapitalgesellschaft üblichen Abschreibungen überschreiten.	MF
G	8	Abschreibungen auf Forderungen und sonstige Vermögensgegenstände, davon Abschreibungen auf Forderungen gegenüber Gesellschaftern und nahe stehenden Personen	Abschreibungen auf Forderungen und sonstige Vermögensgegenstände gegenüber Gesellschaftern und nahe stehenden Personen, soweit sie die bei der Kapitalgesellschaft üblichen Abschreibungen überschreiten.	MF
G	5	sonstige betriebliche Aufwendungen (GKV)		SMF
G	6	Miet- und Pachtaufwendungen für unbewegliche Wirtschaftsgüter		SMF
G	7	Miete und Pacht für unbewegliche Wirtschaftsgüter an Gesellschafter	Betrifft nur Miet- und Pachtzahlungen an Gesellschafter von Kapitalgesellschaften.	MF
G	7	Übrige / nicht zuordenbare Miete und Pacht für unbewegliche Wirtschaftsgüter	Miet- und Pachtaufwendungen für unbewegliche Wirtschaftsgüter, soweit nicht an Mitunternehmer oder Gesellschafter zu entrichten.	MF AP
G	6	Aufwand für Fremdreparaturen und Instandhaltung für Grundstücke und Gebäude		RN
G	6	Aufwendungen für Energie	z.B. Heizung, Gas, Strom, Wasser	MF
G	6	Miet- und Pachtaufwendungen für bewegliche Wirtschaftsgüter		SMF
G	7	Miete und Pacht für bewegliche Wirtschaftsgüter an Gesellschafter	Betrifft nur Miet- und Pachtzahlungen an Gesellschafter von Kapitalgesellschaften.	MF
G	7	Übrige / nicht zuordenbare Miete und Pacht für bewegliche Wirtschaftsgüter	Miet- und Pachtaufwendungen für bewegliche Wirtschaftsgüter, soweit nicht an Mitunternehmer oder Gesellschafter zu entrichten.	MF AP
G	6	Aufwendungen für Leasing		SMF
G	7	Leasing für bewegliche Wirtschaftsgüter	Inkl. Aufwendungen für Kfz-Leasing, EDV Leasing, Sachmittelleasing etc.	MF
G	7	übrige Leasingaufwendungen	Übrige Leasingaufwendungen sowie Auffangposition, soweit eine detaillierte Zuordnung auf die in der gleichen Ebene vorhandenen Positionen nicht möglich ist.	MF AP

G	6	Aufwand für Fremdreparaturen und Instandhaltung (ohne Grundstücke)	Aufwendungen für Fremdreparaturen und Instandhaltung, soweit sie nicht Grundstücke betreffen.	RN
G	6	Versicherungsprämien, Gebühren und Beiträge		MF
G	6	Aufwendungen für den Fuhrpark	Aufwendungen für den Fuhrpark ohne Abschreibungen, Zinsen und Leasingkosten.	MF
G	6	Werbeaufwand	z.B. Messekosten, Repräsentation, Werbekostenzuschüsse, Dekoration, Druckerzeugnisse, Zeitungsinserate etc.	MF
G	6	beschränkt abziehbare Betriebsausgaben		SMF
G	7	Geschenke abziehbar	Soweit die Anschaffungs- oder Herstellungskosten der dem Empfänger im Wirtschaftsjahr zugewendeten Gegenstände 35 € insgesamt nicht übersteigen.	MF
G	7	Geschenke nicht abziehbar	Soweit die Anschaffungs- oder Herstellungskosten der dem Empfänger im Wirtschaftsjahr zugewendeten Gegenstände 35 € insgesamt übersteigen.	MF
G	7	Bewirtungskosten (gesamt)	Bewirtungskosten (ohne Kürzung nach § 4 Abs. 5 Satz 1 Nr 2 EStG)	MF
G	7	sonstige beschränkt abziehbare Betriebsausgaben	sonstige beschränkt abziehbare Betriebsausgaben, ohne Bewirtungskosten, z.B. Gästehäuser § 4 Abs. 5 Nr. 3 EStG, Aufwendungen für Jagd, Fischerei, Segeljachten § 4 Abs. 5 Nr. 4 EStG, Bußgelder, Ordnungs- und Verwarungsgelder, nicht abzugsfähige steuerliche Nebenleisten (Verspätungszuschläge, Zwangsgelder), Spenden, Aufwendungen für Aufsichts- und Verwaltungsrat	MF
G	6	Reisekosten Arbeitnehmer	Hierzu gehören Fahrtkosten - soweit nicht in den Aufwendungen für den Fuhrpark enthalten-, Verpflegungsmehraufwendungen (§ 4 Abs. 5 Nr. 5 EStG), Übernachtungs- und Reisenebenkosten, soweit diese durch die Arbeitnehmer verursacht sind.	RN
G	6	Frachten / Verpackung	z.B. Kosten der Warenabgabe, Ausgangsfrachten, Verpackungsmaterial, Transportversicherungen	MF
G	6	Provisionen	Gezahlte Provisionen an Dienstleister und Handels- oder Versicherungsvertreter für vermittelte Leistungen oder Umsätze, z.B. Vertriebsprovisionen, Fremdarbeiten (Vertrieb).	MF
G	6	Aufwendungen für Konzessionen und Lizenzen	Die Aktivierungspflicht für entgeltlich erworbene immaterielle Vermögensgegenstände ist zu beachten.	MF
G	6	Aufwendungen für Kommunikation	Aufwendungen für Kommunikation, insb. auch Porto und Telefon	MF
G	6	Rechts- und Beratungskosten	Rechts- und Beratungskosten	MF
G	6	Fortbildungskosten	Alle mit der beruflichen oder geschäftlichen Fortbildung verbundenen Aufwendungen mit Ausnahme eventueller Kosten für ein häusliches Arbeitszimmer.	MF
G	6	sonstige Aufwendungen für Personal	Freiwillig soziale Aufwendungen, die nicht in den Personalkosten enthalten sind, z.B. Betriebsveranstaltungen, Kantinenaufwendungen, Unfallschutz, Schwerbehindertenabgabe, Bekleidung und Ausrüstung, Werksarzt, Personalbeschaffung, Personalberatung, Personalwerbung.	RN
G	6	Einstellung in steuerliche Rücklagen		SMF
G	7	§ 6b Abs. 3 EStG	Einstellung in eine § 6b Abs. 3 EStG Rücklage (Veräußerung von Grund und Boden oder Aufwuchs auf Grund und Boden mit dem dazugehörigen Grund und Boden, wenn der Aufwuchs zu einem land- und forstwirtschaftlichen Betriebsvermögen gehörte oder Gebäuden oder Binnenschiffen).	MF
G	7	Rücklage für Ersatzbeschaffung, R 6.6 EStR	Einstellung in eine Rücklage für Ersatzbeschaffungen nach R 6.6 EStR.	MF

G	7	§ 4g EStG	Einstellung in einen Ausgleichsposten nach § 4g EStG (Zuordnung eines Wirtschaftsgutes des Anlagevermögens zu einer Betriebstätte desselben Steuerpflichtigen in einem anderen Mitgliedstaat der Europäischen Union gemäß § 4 Abs. 1 S. 3 EStG). Sofern ein Ausgleichsposten gebildet wird, besteht die Verpflichtung zur Führung eines Verzeichnisses, aus dem die Bildung und Auflösung des Ausgleichspostens hervorgehen.	MF
G	7	übrige / nicht zuordenbare Einstellung in steuerliche Rücklagen	Die Position dient der Erfassung übriger Einstellungen in steuerliche Rücklagen und als Auffangposition, soweit eine detaillierte Zuordnung auf die in der gleichen Ebene vorhandenen Positionen nicht möglich ist.	RN AP
G	6	Herabsetzungsbetrag nach § 7g Abs. 2 EStG	Minderung der Anschaffungs- oder Herstellungskosten im Jahr der Anschaffung / Herstellung.	MF
G	6	Aufwand aus Wertberichtigungen des lfd. Jahres		SMF
G	7	Einzelwertberichtigungen des lfd. Jahres	Einzelwertberichtigungen des laufenden Jahres	MF
G	7	Pauschalwertberichtigungen des lfd. Jahres	Pauschalwertberichtigungen des laufenden Jahres	MF
G	7	nicht PWB / EWB zuordenbare Wertberichtigung	Die Position dient als Auffangposition, soweit eine detaillierte Zuordnung auf die in der gleichen Ebene vorhandenen Positionen nicht möglich ist.	RN AP
G	6	übliche Abschreibungen auf Forderungen	Hier sind nur die üblichen Abschreibungen auf Forderungen zu erfassen (§ 275 Abs. 2 Nr. 7b HGB).	MF
G	6	Verluste aus dem Abgang von Vermögensgegenständen des Anlagevermögens	Zu erfassen sind hier nur die Verluste aus der Veräußerung von Anlagegegenständen (Erlöse abzüglich Restbuchwert). Gewinne sind im Ertragsposten „Erträge aus Abgängen des Anlagevermögens" anzugeben.	MF, KN
G	6	Verluste aus dem Abgang von Vermögensgegenständen des Umlaufvermögens		RN
G	6	sonstige Steuern, soweit in den sonstigen Aufwendungen ausgewiesen	Z.B. Verbrauchssteuern, Verkehrssteuern (z.B. KfzSt) sowie andere Steuern; ebenso die USt auf Eigenverbrauch.	MF
G	6	Zuführungen zu Aufwandsrückstellungen	Betrifft nur Rückstellungen für Instandhaltung und Abraumbeseitigung.	MF
G	6	Kurs- / Währungsverluste		RN
G	6	andere ordentliche / nicht zuordenbare sonstige betriebliche Aufwendungen	Andere ordentliche sonstige betriebliche Aufwendungen d.h. im Unternehmen auf einzelnen Konten zugeordnete Aufwendungen, z.B. sonstige Raumkosten, Reinigung, Betriebsbewachung, Betriebsbedarf, Büromaterial, Zeitschriften und Bücher, Aufwand für Abraum und Abfallbeseitigung, Nebenkosten des Geldverkehrs, Bürobedarf, Werkzeuge und Kleingeräte, periodenfremde Aufwendungen, Schadensersatz, Börsenkosten, Kosten der Hauptversammlung etc. sowie Auffangposition, soweit eine detaillierte Zuordnung auf die in der gleichen Ebene vorhandenen Positionen nicht möglich ist. Die auf dem Konto "sonstige betriebliche Aufwendungen" gebuchten Aufwendungen, sind in einer eigenen Position zu erfassen.	RN AP
G	6	andere sonstige betriebliche Aufwendungen (GKV)	Zu erfassen sind die auch im Unternehmen nicht zugeordneten Aufwendungen auf dem Konto "sonstige betriebliche Aufwendungen". Andere nicht auf dieser Ebene zuordenbare Konten sind unter "andere ordentliche sonstige betriebliche Aufwendungen" zu erfassen.	MF
G	5	Genossenschaftliche Rückvergütung	Genossenschaftliche Rückvergütung; Preisnachlässe (Rabatte, Boni) gehören jedoch nicht hierzu.	MF

G	6	Genossenschaftliche Rückvergütung, davon an Mitglieder	Genossenschaftliche Rückvergütung an Mitglieder; Preisnachlässe (Rabatte, Boni) gehöhren jedoch nicht hierzu.	MF
G	4	Betriebsergebnis (Umsatzkosten)		SMF
G	5	Bruttoergebnis vom Umsatz (UKV)		SMF
G	6	Umsatzerlöse (UKV)		SMF
G	7	in Umsatzerlöse (UKV) enthaltener Bruttowert	Hierunter fallen auch die Sonderbetriebseinnahmen von Mitunternehmern. Darunter fällt auch das Bereederungsentgelt, soweit die Bereederung durch einen Mitunternehmer durchgeführt wird. In diesem Fall ist zunächst das gesamte Bereederungsentgelt anzugeben. Davon ist außerbilanziell derjenige Teil zu kürzen, der gemäß BMF-Schreiben vom 31.10.2008, BStBl. I 2008, 956, RZ 34 von der Abgeltungswirkung des § 5a Abs. 1 EStG erfasst ist.	SMF
G	8	Erlöse aus Leistungen nach § 13b UStG	z.B. Lieferungen sicherungsübereigneter Gegenstände durch den Sicherungsgeber an den Sicherungsnehmer außerhalb des Insolvenzverfahrens; unter das Grunderwerbsteuergesetz fallende Umsätze, insbesondere Lieferungen von Grundstücken, für die der leistende Unternehmer nach § 9 Abs. 3 UStG zur Steuerpflicht optiert hat; Werklieferungen und sonstige Leistungen, die der Herstellung, Instandsetzung, Instandhaltung, Änderung oder Beseitigung von Bauwerken dienen (ohne Planungs- und Überwachungsleistungen), wenn der Leistungsempfänger ein Unternehmer ist, der selbst solche Bauleistungen erbringt.	MF
G	8	Sonstige Umsatzerlöse, nicht steuerbar	z.B. alle Lieferungen und sonstige Leistungen, deren umsatzsteuerlicher Leistungsort sich nicht im Inland befindet. Außerdem sind im Inland ausgeführte nicht steuerbare Umsätze (z.B. Geschäftsveräußerungen im Ganzen, Innenumsätze zwischen Unternehmensteilen) anzugeben.	MF
G	8	steuerfreie Umsätze nach § 4 Nr. 1a UStG (Ausfuhr Drittland)	Steuerfreie Ausfuhrlieferungen und Lohnveredelungen an Gegenständen der Ausfuhr nach § 4 Nr. 1a UStG (Drittland).	MF
G	8	steuerfreie EG-Lieferungen § 4 Nr. 1b UStG (Innergemeinschaftliche Lieferungen)	Steuerfreie innergemeinschaftliche Lieferungen nach § 4 Nr. 1b UStG einschließlich Lieferungen des ersten Abnehmers im Rahmen eines innergemeinschaftlichen Dreieckgeschäftes nach § 25 b UStG und Lieferungen von neuen Fahrzeugen.	MF
G	8	steuerfreie Umsätze nach § 4 Nr. 8 ff UStG	z.B. Gewährung und Vermittlung von Krediten, Umsätze und Vermittlung mit Geschäftsanteilen, Umsätze im Geschäft mit Forderungen (§ 4 Nr. 8 UStG); Umsätze, die unter das Grunderwerbsteuergesetz fallen (§ 4 Nr. 9a UStG) (Hinweis: wurde zur Steuerpflicht optiert, sind diese Umsätze unter Erlöse aus Leistungen nach § 13b UStG anzugeben); Leistungen aufgrund eines Versicherungsverhältnisses (§ 4 Nr. 10 UStG); Leistungen aus der Tätigkeit von Bausparkassenvertretern, Versicherungsvertretern, -maklern (§ 4 Nr. 11 UStG); Vermietung und Verpachtung von Grundstücken (§ 4 Nr. 12 UStG) (Hinweis: handelt es sich um Nebenerlöse, sind die steuerfreien Umsätze unter Nebenerlöse aus Vermietung).	MF
G	8	steuerfreie Umsätze nach § 4 Nr. 2-7 UStG	z.B. Umsätze der Seeschifffahrt und Luftfahrt § 4 Nr. 2 UStG, steuerfreie Auslagerungsumsätze nach § 4 Nr. 4a UStG.	MF
G	8	sonstige umsatzsteuerfreie Umsätze	z. B. Offshore Abkommen, das Zusatzabkommen zum NATO-Truppenstatut und das Ergänzungsabkommen zum Protokoll über die NATO-Hauptquartiere, steuerfreie Reiseleistungen nach § 25 Abs. 2 UStG (Betrag, der den Reisevorleistungen entspricht zzgl. steuerfreie Differenz).	MF
G	8	Umsatzerlöse ermäßigter Steuersatz		MF
G	8	Umsatzerlöse Regelsteuersatz		MF

G	8	Umsatzerlöse nach § 25 und § 25a UStG	Umsatzsteuerpflichtige (sämtliche Steuersätze) Reiseleistungen nach § 25 UStG und Umsätze aus der sog. Differenzbesteuerung nach § 25a UStG (einschließlich § 14c UStG). Einzutragen ist der Betrag, der dem Einkaufspreis/den Reisevorleistungen entspricht zzgl. steuerpflichtige Differenz.	MF
G	8	Umsatzerlöse sonstige Umsatzsteuersätze	Umsätze, die anderen Steuersätzen unterliegen (einschließlich § 14c UStG), z.B. Änderungen von Bemessungsgrundlagen nach § 17 UStG, die dem bis zum 31.12.2006 gültigen allgemeinen Regelsteuersatz unterlegen haben. Zahlungseingänge auf in früheren Perioden abgeschriebene Forderungen sind unter der Position „Zahlungseingänge auf in früheren Perioden abgeschriebene Forderungen" zu erfassen. Außerdem sind die Umsätze der land- und forstwirtschaftlichen Betriebe nach § 24 UStG, auch übrige steuerpflichtige Umsätze land- und forstwirtschaftlicher Betriebe, für die keine Steuer zu entrichten ist, hier zu übermitteln, soweit nicht die Branchentaxonomie für Land- und Forstwirtschaft verwendet wird.	MF
G	8	Umsatzerlöse ohne Zuordnung nach Umsatzsteuertatbeständen		RN
G	7	in Umsatzerlöse (UKV) verrechnete Erlösschmälerungen	Erlösschmälerungen, wie z.B. Boni, Skonti, Nachlässe etc. sind hier anzugeben.	MF, KN
G	8	Erlösschmälerungen ohne Zuordnung nach Umsatzsteuertatbeständen		AP
G	6	Herstellungskosten der zur Erzielung der Umsatzerlöse erbrachten Leistungen (UKV)	Herstellungskosten der im Herstellungsbereich angefallenen Aufwendungen der verkauften Erzeugnisse und in Rechnung gestellten Leistungen.	RN
G	7	Herstellungskosten der zur Erzielung der Umsatzerlöse erbrachten Leistungen (UKV), davon verbundene Unternehmen	Herstellungskosten der im Herstellungsbereich angefallenen Aufwendungen der verkauften Erzeugnisse und in Rechnung gestellten Leistungen durch verbundene Unternehmen.	MF
G	5	Vertriebskosten (UKV)	Vertriebskosten dürfen nicht in die Herstellungskosten einbezogen werden, daher der gesonderte Ausweis. Hierunter fallen die Aufwendungen des Funktionsbereichs Vertrieb, z.B. Aufwendungen der Verkaufs-, Werbe- und Marketingabteilung sowie des Vertreternetzes und der Vertriebslager.	MF
G	5	allgemeine Verwaltungskosten (UKV)	Alle Aufwendungen, die weder Herstellungskosten noch Vertriebskosten sind, z.B. Material- und Personalaufwendungen sowie Abschreibungen aus dem Verwaltungsbereich.	MF
G	5	sonstige betriebliche Erträge (UKV)		SMF
G	6	sonstige betriebliche Erträge (UKV), davon verbundene Unternehmen	Nachrichtliche Mitteilung der sonstigen betrieblichen Erträge - von verbundenen Unternehmen -, die in der Position „sonstige betriebliche Erträge" enthalten sind.	MF
G	6	Nebenerlöse aus Vermietung und Verpachtung (UKV)	Soweit es sich bei den Erlösen aus Vermietung und Verpachtung um Erlöse aus dem gewöhnlichen Geschäftsbetrieb handelt, z.B. bei Hotels etc., sind diese unter den Umsatzerlösen (getrennt nach deren umsatzsteuerlichen Behandlung) zu erfassen. Handelt es sich um Nebenerlöse, sind hier sämtliche Einnahmen unabhängig von ihrer umsatzsteuerlichen Behandlung (einschließlich umsatzsteuerfreier Leistungen) anzugeben. Die darin enthaltenen umsatzsteuerfreien Erlöse sind nachrichtlich noch in der Position „davon steuerfreie Umsätze aus Vermietung und Verpachtung § 4 Nr. 12 UStG" zusätzlich mitzuteilen.	MF
G	7	Nebenerlöse aus Vermietung und Verpachtung (UKV), davon steuerfreie Umsätze aus Vermietung und Verpachtung § 4 Nr. 12 UStG	Nachrichtliche Mitteilung der umsatzsteuerfreien Umsätze aus Vermietung und Verpachtung, die in der Position Nebenerlöse aus Vermietung und Verpachtung enthalten sind.	MF

G	6	Nebenerlöse aus Provisionen, Lizenzen und Patenten (UKV)	Soweit es sich bei den Erlösen aus Provisionen, Lizenzen und Patenten um Erlöse aus dem gewöhnlichen Geschäftsbetrieb handelt, z.B. bei Handelsvertretern etc. sind diese unter den Umsatzerlösen (getrennt nach deren umsatzsteuerlichen Behandlung) zu erfassen. Handelt es sich um Nebenerlöse, sind hier sämtliche Einnahmen unabhängig von ihrer umsatzsteuerlichen Behandlung anzugeben.	MF
G	6	andere Nebenerlöse (UKV)	Darunter fallen sonstige Einnahmen aus nicht branchenüblichen Leistungen (z.B. gutachtliche Tätigkeiten etc.). Soweit es sich bei den anderen Nebenerlösen um Erlöse aus dem gewöhnlichen Geschäftsbetrieb handelt, sind diese unter den Umsatzerlösen (getrennt nach deren umsatzsteuerlichen Behandlung) zu erfassen. Handelt es sich um Nebenerlöse, sind hier sämtliche Einnahmen unabhängig von ihrer umsatzsteuerlichen Behandlung anzugeben	MF
G	6	Erträge aus Auflösung des Sonderpostens mit und ohne Rücklageanteil (UKV)	Soweit nach den steuerlichen Vorschriften eine Verzinsung vorzunehmen ist, ist diese im Berichtsbestandteil „Steuerliche Gewinnermittlung" unter den entsprechenden Posten (z.B. § 6b Abs. 7 und 10 EStG) zu erfassen.	SMF
G	7	§ 6b Abs. 3 EStG	Auflösungen einer § 6b EStG Rücklage, (Veräußerung von Grund und Boden oder Aufwuchs auf Grund und Boden mit dem dazugehörigen Grund und Boden, wenn der Aufwuchs zu einem land- und forstwirtschaftlichen Betriebsvermögen gehörte oder Gebäuden oder Binnenschiffen).	MF
G	7	Rücklage für Ersatzbeschaffung, R 6.6 EStR	Auflösungen von Rücklagen für Ersatzbeschaffungen nach R 6.6 EStR.	MF
G	7	§ 4g EStG	Auflösungen von Ausgleichsposten nach § 4g EStG (Zuordnung eines Wirtschaftsgutes des Anlagevermögens zu einer Betriebstätte desselben Steuerpflichtigen in einem anderen Mitgliedstaat der Europäischen Union gemäß § 4 Abs. 1 S. 3 EStG).	MF
G	7	§ 7g Abs. 7 EStG	Auflösungen sog. Ansparabschreibungen für Existenzgründer nach § 7g Abs. 7 EStG a.F., die noch nach altem Recht gebildet worden waren.	RN
G	7	Sonstige / nicht zuordenbare Erträge aus der Auflösung des Sonderpostens mit Rücklageanteil (UKV)	Sonstige Erträge aus Auflösung eines Sonderpostes sowie Auffangposition, soweit eine detaillierte Zuordnung auf die in der gleichen Ebene vorhandenen Positionen nicht möglich ist.	RN AP
G	6	Erträge aus Abgängen des Anlagevermögens (UKV)	Zu erfassen sind hier alle Gewinne aus der Veräußerung von AnlagegZu erfassen sind hier alle Gewinne aus der Veräußerung von Anlagegegenständen, unabhängig ihrer umsatzsteuerlichen Behandlung (Erlöse abzüglich Restbuchwert). Verluste sind im Aufwandsposten „Verluste aus dem Abgang von Vermögensgegenständen des Anlagevermögens" anzugeben.	MF, KN
G	6	Erträge aus Zuschreibungen des Anlagevermögens (UKV)	Wertaufholungsgebot z.B. wegen Wegfall des Grund einer Teilwertabschreibung.	MF
G	6	Erträge aus der Auflösung von Rückstellungen (UKV)	Es sind hier die Erträge aus der Auflösung von Rückstellungen einzutragen. Die Erträge aus der steuerlichen Abzinsung von Rückstellungen (§ 6 Abs. 1 Nr. 3a EStG) sind beim Posten „sonstige Zinsen und ähnliche Erträge aus Abzinsung" zu erfassen.	MF, KN
G	6	Erträge aus Abgängen des Umlaufvermögens (UKV)		RN
G	6	Erträge aus Zuschreibungen des Umlaufvermögens (UKV)	Wertaufholungsgebot z.B. wegen Wegfall des Grundes einer Teilwertabschreibung.	MF

G	6	Erträge aus der Herabsetzung / Auflösung von Einzel- und Pauschalwertberichtigungen (UKV)		SMF
G	7	Einzelwertberichtigungen		MF
G	7	Pauschalwertberichtigungen		MF
G	7	nicht PWB / EWB zuordenbare Wertberichtigung	Auffangposition, soweit eine detaillierte Zuordnung auf die in der gleichen Ebene vorhandenen Positionen nicht möglich ist.	RN AP
G	6	Erträge aus der Aktivierung unentgeltlich erworbener Vermögensgegenstände (UKV)		RN
G	6	Erträge aus der Herabsetzung von Verbindlichkeiten (UKV)	z.B. aus tatsächlichen Gründen wegen Verzichts oder Verjährung. Die Erträge aus der steuerlichen Abzinsung von Verbindlichkeiten (§ 6 Abs. 1 Nr. 3 EStG) sind in der Position „sonstige Zinsen und ähnliche Erträge aus Abzinsung" zu erfassen.	MF, KN
G	6	Zahlungseingänge auf in früheren Perioden abgeschriebene Forderungen (UKV)	Hier sind alle Einnahmen aus in Vorjahren ausgebuchten Kundenforderungen, unabhängig ihrer umsatzsteuerlichen Behandlung, anzugeben.	MF
G	6	Kostenerstattungen, Rückvergütungen und Gutschriften für frühere Jahre (UKV)		RN
G	6	Erträge aus Steuerbelastungen an Organgesellschaften (UKV)		RN
G	6	Erträge aus Verwaltungskostenumlagen (UKV)		RN
G	6	Zuschüsse und Zulagen (UKV)	Zuschüsse und Zulagen, soweit sie nicht bei den Anschaffungs- oder Herstellungskosten abgezogen wurden. Insbesondere sind hier auch Erträge aus der Gewährung von Investitionszulagen anzugeben. Rückzahlungen von Investitionszulagen sind hier ebenfalls anzugeben (auch wenn insgesamt negativ). Die steuerliche Korrektur der darin enthaltenen Investitionszulagen ist beim Modul steuerliche Gewinnermittlung vorzunehmen.	MF
G	6	Versicherungsentschädigungen und Schadensersatzleistungen (UKV)		MF
G	6	Kurs-/Währungsgewinne (UKV)		RN
G	6	Erträge aus Eigenverbrauch (UKV)		SMF
G	7	Sonstige Sach-, Nutzungs- und Leistungsentnahmen	Hier sind, bis auf die private Kfz-Nutzung, alle weiteren Sach-, Nutzungs- und Leistungsentnahmen (z.B. Telefon, Heizung, Strom), unabhängig ihrer umsatzsteuerlichen Behandlungen, zu erfassen. Insbesondere auch die Pauschalen für unentgeltliche Wertabgaben (Sachentnahmen), die lt. amtlicher Richtsatzsammlung bei bestimmten Gewerbezweigen (Bäckerei, Metzgerei, Gastwirtschaften etc.) anzusetzen sind (voller und ermäßigter Steuersatz).	MF
G	7	Sachbezüge KFZ	Wendet der Unternehmer (Arbeitgeber) seinem Personal (seinen Arbeitnehmern) als Vergütung für geleistete Dienste auch einen Sachlohn (hier z.B. private Kfz-Nutzung bzw. Nutzung des betrieblichen Fahrzeugs für Fahrten Wohnung - Arbeitsstätte) liegen Sachbezüge vor. Diese Zuwendungen sind auch dann steuerbar, wenn sie unentgeltlich sind; § 8 EStG und § 3 Abs. 1b, §§ 3 Abs. 1b, 3 Abs. 9a UStG.	MF
G	7	Sonstige Sachbezüge	Wendet der Unternehmer (Arbeitgeber) seinem Personal (seinen Arbeitnehmern) als Vergütung für geleistete Dienste auch einen Sachlohn (hier z.B. Wohnung, Kost, Waren, Dienstleistungen) zu, liegen Sachbezüge vor. Diese Zuwendungen sind auch dann steuerbar, wenn sie unentgeltlich sind § 8 EStG und §§ 3 Abs. 1b, 3 Abs. 9a UStG.	MF

G	6	andere sonstige betriebliche Erträge (UKV), nicht zuordenbar	Hier wird erwartet, dass in dieser Position tatsächlich nur „andere" sonstige betriebliche Erträge enthalten sind; d.h. diese Erträge konnten nicht bereits unter eine der oben genannten Taxonomie-Positionen eingereiht werden. Hinweis: Zins- und Beteiligungserträge sind beim „Finanz- und Beteiligungsergebnis", Steuererstattungen bei „Steuern vom Einkommen"- und Ertrag sowie außerordentliche Erträge beim „außerordentlichen Ergebnis" aufzugliedern.	RN AP
G	5	sonstige betriebliche Aufwendungen außerhalb des Herstellungs-, Vertriebs- und Verwaltungsbereichs (UKV)		RN
G	6	andere sonstige betriebliche Aufwendungen (UKV)	andere sonstige betriebliche Aufwendungen, soweit nicht anderweitig zuordenbar - UKV	AP
G	5	Nachrichtlich: Materialaufwand (entsprechend GKV)		SMF
G	6	Aufwendungen für Roh-, Hilfs- und Betriebsstoffe und für bezogene Waren (entsprechend GKV; nachrichtlich)	Sämtlicher Materialaufwand gem. § 275 Abs. 2 Nr. 5 HGB Umlaufvermögen.	SMF
G	7	Aufwendungen für Roh- Hilfs- und Betriebsstoffe (entsprechend GKV; nachrichtlich)		SMF
G	8	Aufwand zum Regelsteuersatz (entsprechend GKV; nachrichtlich)	Roh-, Hilfs- und Betriebsstoffe zum Regelsteuersatz - UKV	MF
G	8	Aufwand zum ermäßigten Steuersatz (entsprechend GKV; nachrichtlich)	Aktueller ermäßigter Steuersatz (§ 12 Abs. 2 UStG) – nicht Durchschnittssteuersatz i.S.d. §§ 23, 24 UStG.	MF
G	8	Innergemeinschaftliche Erwerbe (entsprechend GKV; nachrichtlich)	innergemeinschaftliche Erwerbe von Roh-, Hilfs- und Betriebsstoffen - UKV	MF
G	8	übrige Aufwendungen ohne Zuordnung nach Umsatzsteuertatbeständen (entsprechend GKV; nachrichtlich)	z.B. Erwerb von Waren zu Durchschnittssteuersätzen i.S.d. §§ 23, 24 UStG oder Erwerb ohne Vorsteuerabzug sowie Auffangposition, soweit eine detaillierte Zuordnung auf die in der gleichen Ebene vorhandenen Positionen nicht möglich ist.	RN AP
G	8	Bestandsveränderungen (entsprechend GKV; nachrichtlich)	Bestandsveränderungen bei Roh-, Hilfs- und Betriebsstoffen - UKV	MF
G	7	Aufwendungen für bezogene Waren (entsprechend GKV; nachrichtlich)		SMF
G	8	Wareneinkauf zum Regelsteuersatz (entsprechend GKV; nachrichtlich)		MF
G	8	Wareneinkauf zum ermäßigten Steuersatz (entsprechend GKV; nachrichtlich)	Wareneinkauf zum aktuellen ermäßigten Steuersatz (§ 12 Abs. 2 UStG) – nicht Durchschnittssteuersatz i.S.d. §§ 23, 24 UStG.	MF
G	8	Innergemeinschaftliche Erwerbe (entsprechend GKV; nachrichtlich)	Innergemeinschaftliche Erwerbe von Waren (außer Roh-, Hilfs- und Betriebsstoffe) - UKV	MF
G	8	übriger Wareneinkauf ohne Zuordnung nach Umsatzsteuertatbeständen (entsprechend GKV; nachrichtlich)	z.B. Erwerb von Waren zu Durchschnittssteuersätzen i.S.d. §§ 23, 24 UStG, Erwerb von Waren ohne Vorsteuerabzug oder Wareneingang hinsichtlich Differenzbesteuerung i.S.d. §§ 25, 25a UStG sowie Auffangposition, soweit eine detaillierte Zuordnung auf die in der gleichen Ebene vorhandenen Positionen nicht möglich ist.	RN AP
G	8	Bestandsveränderungen (entsprechend GKV; nachrichtlich)	Bestandsveränderungen bei Waren - UKV	MF

G	7	Anschaffungsnebenkosten (entsprechend GKV; nachrichtlich)		RN
G	6	Aufwendungen für bezogene Leistungen (entsprechend GKV; nachrichtlich)		SMF
G	7	Leistungen nach § 13b UStG mit Vorsteuerabzug (entsprechend GKV; nachrichtlich)	Z.B. Lieferungen sicherungsübereigneter Gegenstände durch den Sicherungsgeber an den Sicherungsnehmer außerhalb des Insolvenzverfahrens; unter das Grunderwerbsteuergesetz fallende Umsätze, insbesondere Lieferungen von Grundstücken, für die der leistende Unternehmer nach § 9 Abs. 3 UStG zur Steuerpflicht optiert hat; Werklieferungen und sonstige Leistungen, die der Herstellung, Instandsetzung, Instandhaltung, Änderung oder Beseitigung von Bauwerken dienen (ohne Planungs- und Überwachungsleistungen), wenn der Leistungsempfänger ein Unternehmer ist, der selbst solche Bauleistungen erbringt.	MF
G	7	Leistungen nach § 13b UStG ohne Vorsteuerabzug (entsprechend GKV; nachrichtlich)	Z.B. Lieferungen sicherungsübereigneter Gegenstände durch den Sicherungsgeber an den Sicherungsnehmer außerhalb des Insolvenzverfahrens; unter das Grunderwerbsteuergesetz fallende Umsätze, insbesondere Lieferungen von Grundstücken, für die der leistende Unternehmer nach § 9 Abs. 3 UStG zur Steuerpflicht optiert hat; Werklieferungen und sonstige Leistungen, die der Herstellung, Instandsetzung, Instandhaltung, Änderung oder Beseitigung von Bauwerken dienen (ohne Planungs- und Überwachungsleistungen), wenn der Leistungsempfänger ein Unternehmer ist, der selbst solche Bauleistungen erbringt.	MF
G	7	Übrige Leistungen mit Vorsteuerabzug (entsprechend GKV; nachrichtlich)		MF
G	7	Übrige Leistungen ohne Vorsteuerabzug (entsprechend GKV; nachrichtlich)		MF
G	7	Übrige Leistungen ohne Zuordnung nach Umsatzsteuertatbeständen (entsprechend GKV; nachrichtlich)	Auffangposition, soweit eine detaillierte Zuordnung auf die in der gleichen Ebene vorhandenen Positionen nicht möglich ist.	RN AP
G	5	Nachrichtlich: Personalaufwand (entsprechend GKV)	Löhne und Gehälter sind alle als Aufwendungen zu erfassende Personalkosten für gewerbliche Arbeitnehmer, für Angestellte, für Vorstände oder Geschäftsführer. Die Löhne sind brutto zu buchen, vor Abzug der Lohnsteuer und der von den Arbeitnehmern zu tragenden Sozialabgaben.	SMF
G	6	Löhne und Gehälter (entsprechend GKV; nachrichtlich)	Hierunter fallen die Bruttobeträge der Löhne und Gehälter (Nettobetrag, Steuern, Arbeitnehmeranteile zur Sozialversicherung).	SMF
G	7	Löhne für Minijobs (entsprechend GKV; nachrichtlich)	Eine geringfügige Beschäftigung liegt vor, wenn das Arbeitsentgelt aus dieser Beschäftigung den in § 8 Abs. 1 Nr. 1 SGB IV geregelten Betrag regelmäßig im Monat nicht übersteigt. Unter Löhne für Minijobs fallen auch die Sachbezüge und Zuschüsse sowie die vom Arbeitgeber übernommene Lohn- und Kirchensteuer sowie alle weiteren Sozialen Abgaben.	MF
G	7	Vergütungen an Gesellschafter-Geschäftsführer (entsprechend GKV; nachrichtlich)	Vergütung und sonstige Leistungen (inkl. Sachbezüge) an Gesellschafter-Geschäftsführer einer GmbH/Limited, unabhängig von der Beteiligungshöhe.	MF, KN
G	7	übrige und nicht zuordenbare Löhne und Gehälter (entsprechend GKV; nachrichtlich)	Löhne (z.B. für Produktion und Fertigung) sowie Gehälter (z.B. für Verwaltung und Vertrieb), inkl. Sachbezüge, soweit keine Vergütungen an Gesellschafter-Geschäftsführer oder Mitunternehmer sowie Auffangposition, soweit eine detaillierte Zuordnung auf die in der gleichen Ebene vorhandenen Positionen nicht möglich ist. Hierunter fallen die Bruttobeträge der Löhne und Gehälter, sowohl Geld- als auch Sachbezüge (Nettobetrag, Steuern, Arbeitnehmeranteile zur Sozialversicherung und Beiträge zur Berufsgenossenschaft).	RN AP

G	7	davon Sachbezüge (entsprechend GKV; nachrichtlich)	Sachbezüge, z.B. für zur privaten Nutzung überlassene Firmenfahrzeuge oder Telefonanschlüsse, Gestellung von Wohnungen und Mahlzeiten, Überlassung von Waren etc.	MF
G	7	davon freiwillige Zuwendungen (entsprechend GKV; nachrichtlich)	Insbesondere freiwillige soziale Aufwendungen wie z.B. Aufwendungen für die Zukunftssicherung, Werkspensionen, Werksrenten, Erholungsbeihilfen, Fortbildungskosten, Studien- und Ausbildungsbeihilfen, Gelegenheitsgeschenke, Heirats- und Geburtsbeihilfen, Jubiläumsgeschenke, Sterbebeihilfen, Aufwendungen für Werksküche, Ledigenheime, Werkschor und Werkskapelle, Belegschaftsveranstaltungen, Mietzuschüsse, verbilligte Überlassung von Werks- und Dienstwohnungen, Unfallkosten und Zinszahlungen aufgrund von Arbeitsgerichtsprozessen.	MF
G	6	soziale Abgaben und Aufwendungen für Altersversorgung und Unterstützung (entsprechend GKV; nachrichtlich)	Aufwendungen für Arbeitslosen-, Renten-, Kranken- und Pflegeversicherung.	SMF
G	7	soziale Abgaben (entsprechend GKV; nachrichtlich)	Aufwendungen für Arbeitslosen-, Renten-, Kranken- und Pflegeversicherung (ausgenommen: Soziale Abgaben auf Löhne für Minijobs).	MF
G	7	Aufwendungen für Altersversorgung (entsprechend GKV; nachrichtlich)	z.B. Aufwendungen für die Direktversicherung (§ 4b EStG), Pensionskassenbeiträge (§ 4c EStG), Beiträge an Unterstützungskassen (§ 4d EStG) oder an Pensionsfonds (§ 4e EStG).	MF
G	8	Aufwendungen für Altersversorgung (entsprechend GKV; nachrichtlich), davon für Gesellschafter-Geschäftsführer	Aufwendungen für Altersversorgung, insb. Aufwendungen für die Direktversicherung (§ 4b EStG), Pensionskassenbeiträge (§ 4c EStG), Beiträge an Unterstützungskassen (§ 4d EStG) oder an Pensionsfonds (§ 4e EStG) für Gesellschafter-Geschäftsführer (unabhängig von der Höhe der Beteiligung).	MF
G	7	Aufwendungen für Unterstützung (entsprechend GKV; nachrichtlich)	Sonstige Unterstützungsleistungen des Arbeitgebers, z.B. nach § 3 Nr. 34 EStG.	MF
G	7	soziale Abgaben und Aufwendungen für Altersversorgung und für Unterstützung, nicht zuordenbar (entsprechend GKV; nachrichtlich)		RN AP
G	5	Nachrichtlich: Abschreibungen (entsprechend GKV)		SMF
G	6	Abschreibungen auf immaterielle Vermögensgegenstände des Anlagevermögens und Sachanlagen(entsprechend GKV; nachrichtlich)	Soweit freiwillig ein Anlagespiegel im XBRL-Format übermittelt wird, siehe Tz. 23 des BMF-Schreibens vom 28.09.2011, genügt es hier eine Wertübermittlung vorzunehmen. Die darunter liegenden Ebenen können mit einem "NIL-Wert" übermittelt werden.	SMF
G	7	Abschreibungen auf Ingangsetzungsaufwendungen (entsprechend GKV; nachrichtlich)	Die Position ist nur in der Handelsbilanz zulässig und muss im Rahmen der Überleitungsrechnung eliminiert werden.	RN
G	7	Abschreibungen auf Geschäfts- oder Firmenwert (entsprechend GKV; nachrichtlich)	Abschreibungen auf den Firmen- oder Geschäftswert i.S.d. § 246 Abs. 1 S. 2 HGB. Dieser zeitlich begrenzt nutzbare Vermögensgegenstand unterliegt den allgemeinen Regelungen zur Zugangs- und Folgebewertung; als betriebsgewöhnliche Nutzungsdauer gilt abweichend von handelsrechtlichen Maßstäben ein Zeitraum von 15 Jahren (§ 7 Abs. 1 Satz 3 EStG). Hinsichtlich der Abschreibung des Praxiswerts siehe BMF vom 15.01.1995, BStBl 1995 I S. 14. Soweit freiwillig ein Anlagespiegel im XBRL-Format übermittelt wird, siehe Tz. 23 des BMF-Schreibens vom 28.09.2011, sind hier keine Angaben erforderlich (NIL-Wert). Es genügt eine Werteübermittlung auf Ebene 6 "Abschreibungen auf immaterielle Vermögensgegenstände des Anlagevermögens und Sachanlagen".	MF

G	7	Abschreibungen auf andere immaterielle Vermögensgegenstände (entsprechend GKV; nachrichtlich)	Soweit freiwillig ein Anlagespiegel im XBRL-Format übermittelt wird, siehe Tz. 23 des BMF-Schreibens vom 28.09.2011, sind hier keine Angaben erforderlich (NIL-Wert). Es genügt eine Werteübermittlung auf Ebene 6 "Abschreibungen auf immaterielle Vermögensgegenstände des Anlagevermögens und Sachanlagen".	MF
G	7	Abschreibungen auf Sachanlagen (entsprechend GKV; nachrichtlich)	Soweit freiwillig ein Anlagespiegel im XBRL-Format übermittelt wird, siehe Tz. 23 des BMF-Schreibens vom 28.09.2011, sind hier keine Angaben erforderlich (NIL-Wert). Es genügt eine Werteübermittlung auf Ebene 6 "Abschreibungen auf immaterielle Vermögensgegenstände des Anlagevermögens und Sachanlagen".	MF
G	8	Abschreibungen auf Sachanlagen (entsprechend GKV; nachrichtlich), davon Sofortabschreibung GWG	Sofort als Betriebsausgabe zu erfassender Aufwand für GWG. Abschreibungen auf aktivierte GWG sind hier nicht auszuweisen. Soweit freiwillig ein Anlagespiegel im XBRL-Format übermittelt wird, siehe Tz. 23 des BMF-Schreibens vom 28.09.2011, sind hier keine Angaben erforderlich (NIL-Wert). Es genügt eine Werteübermittlung auf Ebene 6 "Abschreibungen auf immaterielle Vermögensgegenstände des Anlagevermögens und Sachanlagen".	MF
G	8	Abschreibungen auf Sachanlagen (entsprechend GKV; nachrichtlich), davon Auflösung GWG-Sammelposten	Sammelposten, der mit jeweils einem Fünftel pro Wirtschaftsjahr aufzulösen ist. Soweit freiwillig ein Anlagespiegel im XBRL-Format übermittelt wird, siehe Tz. 23 des BMF-Schreibens vom 28.09.2011, sind hier keine Angaben erforderlich (NIL-Wert). Es genügt eine Werteübermittlung auf Ebene 6 "Abschreibungen auf immaterielle Vermögensgegenstände des Anlagevermögens und Sachanlagen".	MF
G	8	Abschreibungen auf Sachanlagen (entsprechend GKV; nachrichtlich), davon Abschreibungen auf Gebäude	Soweit freiwillig ein Anlagespiegel im XBRL-Format übermittelt wird, siehe Tz. 23 des BMF-Schreibens vom 28.09.2011, sind hier keine Angaben erforderlich (NIL-Wert). Es genügt eine Werteübermittlung auf Ebene 6 "Abschreibungen auf immaterielle Vermögensgegenstände des Anlagevermögens und Sachanlagen".	MF
G	7	außerplanmäßige und Sonderabschreibungen (entsprechend GKV; nachrichtlich)	Soweit freiwillig ein Anlagespiegel im XBRL-Format übermittelt wird, siehe Tz. 23 des BMF-Schreibens vom 28.09.2011, sind hier keine Angaben erforderlich (NIL-Wert). Es genügt eine Werteübermittlung auf Ebene 6 "Abschreibungen auf immaterielle Vermögensgegenstände des Anlagevermögens und Sachanlagen".	SMF
G	8	außerplanmäßige Abschreibungen (entsprechend GKV; nachrichtlich)	Außerplanmäßige Abschreibungen dienen der Berücksichtigung von Wertverlusten beim abnutzbaren und nicht abnutzbaren Anlagevermögen zum Bilanzstichtag, soweit diese beim abnutzbaren Anlagevermögen nicht bereits durch planmäßige Abschreibungen erfasst wurden; steuerrechtlich sind außerplanmäßige Abschreibungen nur bei einer dauernden Wertminderung zulässig. Soweit freiwillig ein Anlagespiegel im XBRL-Format übermittelt wird, siehe Tz. 23 des BMF-Schreibens vom 28.09.2011, sind hier keine Angaben erforderlich (NIL-Wert). Es genügt eine Werteübermittlung auf Ebene 6 "Abschreibungen auf immaterielle Vermögensgegenstände des Anlagevermögens und Sachanlagen".	SMF
G	9	außerplanmäßige Abschreibungen auf Geschäfts- oder Firmenwert (entsprechend GKV; nachrichtlich)	Außerplanmäßige Abschreibungen auf immaterielle Vermögensgegenstände wie z.B. bei der vorzeitigen Beendigung der Nutzung eines Patentes oder eines sonstigen Schutzrechts. Soweit freiwillig ein Anlagespiegel im XBRL-Format übermittelt wird, siehe Tz. 23 des BMF-Schreibens vom 28.09.2011, sind hier keine Angaben erforderlich (NIL-Wert). Es genügt eine Werteübermittlung auf Ebene 6 "Abschreibungen auf immaterielle Vermögensgegenstände des Anlagevermögens und Sachanlagen".	MF

G	9	außerplanmäßige Abschreibungen auf andere immaterielle Vermögensgegenstände (entsprechend GKV; nachrichtlich)	Soweit freiwillig ein Anlagespiegel im XBRL-Format übermittelt wird, siehe Tz. 23 des BMF-Schreibens vom 28.09.2011, sind hier keine Angaben erforderlich (NIL-Wert). Es genügt eine Werteübermittlung auf Ebene 6 "Abschreibungen auf immaterielle Vermögensgegenstände des Anlagevermögens und Sachanlagen".	MF
G	9	außerplanmäßige Abschreibungen auf Sachanlagen (entsprechend GKV; nachrichtlich)	Außerplanmäßige Abschreibung nur bei dauernder Wertminderung. Soweit freiwillig ein Anlagespiegel im XBRL-Format übermittelt wird, siehe Tz. 23 des BMF-Schreibens vom 28.09.2011, sind hier keine Angaben erforderlich (NIL-Wert). Es genügt eine Werteübermittlung auf Ebene 6 "Abschreibungen auf immaterielle Vermögensgegenstände des Anlagevermögens und Sachanlagen".	MF
G	9	außerplanmäßige Abschreibungen, nicht zuordenbar (entsprechend GKV; nachrichtlich)		RN AP
G	8	Sonderabschreibungen (entsprechend GKV; nachrichtlich)	Soweit freiwillig ein Anlagespiegel im XBRL-Format übermittelt wird, siehe Tz. 23 des BMF-Schreibens vom 28.09.2011, sind hier keine Angaben erforderlich (NIL-Wert). Es genügt eine Werteübermittlung auf Ebene 6 "Abschreibungen auf immaterielle Vermögensgegenstände des Anlagevermögens und Sachanlagen"	MF
G	8	außerplanmäßige und Sonderabschreibungen, nicht zuordenbar (entsprechend GKV; nachrichtlich)		RN AP
G	7	Abschreibungen auf immaterielle Vermögensgegenstände des Anlagevermögens und Sachanlagen, nicht zuordenbar (entsprechend GKV; nachrichtlich)		RN AP
G	6	Abschreibungen (entsprechend GKV), auf Vermögensgegenstände des Umlaufvermögens, soweit diese die in der Kapitalgesellschaft üblichen Abschreibungen überschreiten (entsprechend GKV; nachrichtlich)		SMF
G	7	Abschreibungen auf Vorräte (entsprechend GKV; nachrichtlich)	Teilwertvermutung (§ 6 Abs. 1 Nr. 2 EStG).	MF
G	7	Abschreibungen auf Forderungen und sonstige Vermögensgegenstände (entsprechend GKV; nachrichtlich)	Abschreibungen auf Forderungen und sonstige Vermögensgegenstände, soweit sie die bei der Kapitalgesellschaft üblichen Abschreibungen überschreiten (UKV).	MF
G	8	Abschreibungen auf Forderungen und sonstige Vermögensgegenstände (entsprechend GKV; nachrichtlich), davon Abschreibungen auf Forderungen gegenüber Kapitalgesellschaften, an denen eine Beteiligung besteht		MF
G	8	Abschreibungen auf Forderungen und sonstige Vermögensgegenstände (entsprechend GKV; nachrichtlich), davon Abschreibungen auf Forderungen gegenüber Gesellschaftern und nahe stehenden Personen		MF

G	5	Nachrichtlich: sonstige betriebliche Aufwendungen (entsprechend GKV)		SMF
G	6	Miet- und Pachtaufwendungen für unbewegliche Wirtschaftsgüter (entsprechend GKV; nachrichtlich)		SMF
G	7	Miete und Pacht für unbewegliche Wirtschaftsgüter an Gesellschafter (entsprechend GKV; nachrichtlich)	Betrifft nur Miet- und Pachtzahlungen an Mitunternehmer i.S.d. § 15 Abs. 1 Nr. 2 EStG. Die Miet- und Pachtzahlungen an Mitunternehmer sind innerhalb der Gesellschaft (Gesamthand) nicht zu korrigieren. Vielmehr erfolgt die "Korrektur" im Rahmen der Sonderbilanz bzw. Sonder-G+V.	MF
G	7	Übrige / nicht zuordenbare Miete und Pacht für unbewegliche Wirtschaftsgüter (entsprechend GKV; nachrichtlich)	Übrige / nicht zuordenbare Miete und Pacht für unbewegliche Wirtschaftsgüter, soweit nicht an Mitunternehmer oder Gesellschafter zu entrichten	MF AP
G	6	Aufwand für Fremdreparaturen und Instandhaltung für Grundstücke und Gebäude (entsprechend GKV; nachrichtlich)		RN
G	6	Aufwendungen für Energie (entsprechend GKV; nachrichtlich)	z.B. Heizung, Gas, Strom, Wasser	MF
G	6	Miet- und Pachtaufwendungen für bewegliche Wirtschaftsgüter (entsprechend GKV; nachrichtlich)		SMF
G	7	Miete und Pacht für bewegliche Wirtschaftsgüter an Gesellschafter (entsprechend GKV; nachrichtlich)	Betrifft nur Miet- und Pachtzahlungen an Gesellschafter von Kapitalgesellschaften.	MF
G	7	Übrige / nicht zuordenbare Miete und Pacht für bewegliche Wirtschaftsgüter (entsprechend GKV; nachrichtlich)	Übrige / nicht zuordenbare Miete und Pacht für bewegliche Wirtschaftsgüter, soweit nicht an Mitunternehmer oder Gesellschafter zu entrichten	MF AP
G	6	Aufwendungen für Leasing (entsprechend GKV; nachrichtlich)		SMF
G	7	Leasing für bewegliche Wirtschaftsgüter (entsprechend GKV; nachrichtlich)	Inkl. Aufwendungen für Kfz-Leasing, EDV Leasing, Sachmittelleasing etc.	MF
G	7	übrige Leasingaufwendungen	Die Position dient der Erfassung von übriger Leasingaufwendungen und als Auffangposition, soweit eine detaillierte Zuordnung auf die in der gleichen Ebene vorhandenen Positionen nicht möglich ist.	MF AP
G	6	Aufwand für Fremdreparaturen und Instandhaltung (ohne Grundstücke)		RN
G	6	Versicherungsprämien, Gebühren und Beiträge (entsprechend GKV; nachrichtlich)		MF
G	6	Aufwendungen für den Fuhrpark (entsprechend GKV; nachrichtlich)	Aufwendungen für den Fuhrpark ohne Abschreibungen, Zinsen und Leasingkosten.	MF
G	6	Werbeaufwand (entsprechend GKV; nachrichtlich)	z.B. Messekosten, Repräsentation, Werbekostenzuschüsse, Dekoration, Druckerzeugnisse, Zeitungsinserate etc.	MF
G	6	beschränkt abziehbare Betriebsausgaben (entsprechend GKV; nachrichtlich)		SMF
G	7	Geschenke abziehbar (entsprechend GKV; nachrichtlich)	Soweit die Anschaffungs- oder Herstellungskosten der dem Empfänger im Wirtschaftsjahr zugewendeten Gegenstände 35 € insgesamt nicht übersteigen.	MF

G	7	Geschenke nicht abziehbar (entsprechend GKV; nachrichtlich)	Soweit die Anschaffungs- oder Herstellungskosten der dem Empfänger im Wirtschaftsjahr zugewendeten Gegenstände 35 € insgesamt übersteigen.	MF
G	7	Bewirtungskosten (gesamt) (entsprechend GKV; nachrichtlich)	Bewirtungskosten (ohne Kürzung nach § 4 Abs. 5 Satz 1 Nr 2 EStG) - UKV	MF
G	7	sonstige beschränkt abziehbaren Betriebsausgaben (entsprechend GKV; nachrichtlich)	sonstige beschränkt abziehbare Betriebsausgaben, ohne Bewirtungskosten - UKV, z.B. Gästehäuser § 4 Abs. 5 Nr. 3 EStG, Aufwendungen für Jagd, Fischerei, Segeljachten § 4 Abs. 5 Nr. 4, Bußgelder, Ordnungs- und Verwarungsgelder, nicht abzugsfähige steuerliche Nebenleisten (Verspätungszuschläge, Zwangsgelder), Spenden, Aufwendungen für Aufsichts- und Verwaltungsrat.	MF
G	6	Reisekosten Arbeitnehmer (entsprechend GKV; nachrichtlich)		RN
G	6	Frachten / Verpackung (entsprechend GKV; nachrichtlich)	z.B. Kosten der Warenabgabe, Ausgangsfrachten, Verpackungsmaterial, Transportversicherungen	MF
G	6	Provisionen (entsprechend GKV; nachrichtlich)	Gezahlte Provisionen an Dienstleister und Handels- oder Versicherungsvertreter für vermittelte Leistungen oder Umsätze - UKV, z.B. Vertriebsprovisionen, Fremdarbeiten (Vertrieb).	MF
G	6	Aufwendungen für Konzessionen und Lizenzen (entsprechend GKV; nachrichtlich)	Die Aktivierungspflicht für entgeltlich erworbene immaterielle Vermögensgegenstände ist zu beachten.	MF
G	6	Aufwendungen für Kommunikation (entsprechend GKV; nachrichtlich)	Aufwendungen für Kommunikation, insb. auch Porto und Telefon.	MF
G	6	Rechts- und Beratungskosten (entsprechend GKV; nachrichtlich)		MF
G	6	Fortbildungskosten (entsprechend GKV; nachrichtlich)	Alle mit der beruflichen oder geschäftlichen Fortbildung verbundenen Aufwendungen mit Ausnahme eventueller Kosten für ein häusliches Arbeitszimmer - UKV.	MF
G	6	sonstige Aufwendungen für Personal (entsprechend GKV; nachrichtlich)	Freiwillig soziale Aufwendungen, soweit diese nicht in den Personalkosten enthalten sind, z.B. Betriebsveranstaltungen, Kantinenaufwendungen, Unfallschutz, Schwerbehindertenabgabe, Bekleidung und Ausrüstung, Werksarzt, Personalbeschaffung, Personalberatung, Personalwerbung.	RN
G	6	Einstellung in steuerliche Rücklagen (entsprechend GKV; nachrichtlich)		SMF
G	7	§ 6b Abs. 3 EStG (entsprechend GKV; nachrichtlich)	Einstellung in eine § 6b Abs. 3 EStG Rücklage, (Veräußerung von Grund und Boden oder Aufwuchs auf Grund und Boden mit dem dazugehörigen Grund und Boden, wenn der Aufwuchs zu einem land- und forstwirtschaftlichen Betriebsvermögen gehörte oder Gebäuden oder Binnenschiffen) - UKV	MF
G	7	Rücklage für Ersatzbeschaffung, R 6.6 EStR (entsprechend GKV; nachrichtlich)	Einstellung in eine Rücklage für Ersatzbeschaffungen nach R 6.6 EStR – UKV	MF
G	7	§ 4g EStG (entsprechend GKV; nachrichtlich)	Einstellung in einen Ausgleichsposten nach § 4g EStG (Zuordnung eines Wirtschaftsgutes des Anlagevermögens zu einer Betriebstätte desselben Steuerpflichtigen in einem anderen Mitgliedstaat der Europäischen Union gemäß § 4 Abs. 1 S. 3 EStG). Sofern ein Ausgleichsposten gebildet wird, besteht die Verpflichtung zur Führung eines Verzeichnisses, aus dem die Bildung und Auflösung des Ausgleichspostens hervorgehen. – UKV	MF
G	7	übrige / nicht zuordenbare Einstellung in steuerliche Rücklagen	Die Position dient der Erfassung von übrigen Einstellungen in steuerliche Rücklagen und als Auffangposition, soweit eine detaillierte Zuordnung auf die in der gleichen Ebene vorhandenen Positionen nicht möglich ist.	RN AP

G	6	Herabsetzungsbetrag nach § 7g Abs. 2 EStG (entsprechend GKV; nachrichtlich)	Minderung der Anschaffungs- oder Herstellungskosten im Jahr der Anschaffung / Herstellung.	MF
G	6	Aufwand aus Wertberichtigungen des lfd. Jahres (entsprechend GKV; nachrichtlich)		SMF
G	7	Einzelwertberichtigungen des lfd. Jahres (entsprechend GKV; nachrichtlich)	Einzelwertberichtigungen des laufenden Jahres	MF
G	7	Pauschalwertberichtigungen des lfd. Jahres (entsprechend GKV; nachrichtlich)	Pauschalwertberichtigungen des laufenden Jahres	MF
G	7	nicht PWB / EWB zuordenbare Wertberichtigung	Die Position dient als Auffangposition, soweit eine detaillierte Zuordnung auf die in der gleichen Ebene vorhandenen Positionen nicht möglich ist.	RN AP
G	6	übliche Abschreibungen auf Forderungen (entsprechend GKV; nachrichtlich)	Hier sind nur die üblichen Abschreibungen auf Forderungen zu erfassen (§ 275 Abs. 2 Nr. 7b HGB) - UKV.	MF
G	6	Verluste aus dem Abgang von Vermögensgegenständen des Anlagevermögens (entsprechend GKV; nachrichtlich)	Zu erfassen sind hier nur die Verluste aus der Veräußerung von Anlagegegenständen (Erlöse abzüglich Restbuchwert). Gewinne sind im Ertragsposten „Erträge aus Abgängen des Anlagevermögens" anzugeben.	MF, KN
G	6	Verluste aus dem Abgang von Vermögensgegenständen des Umlaufvermögens (entsprechend GKV; nachrichtlich)		RN
G	6	sonstige Steuern, soweit in den sonstigen Aufwendungen ausgewiesen (entsprechend GKV; nachrichtlich)	Z.B. Verbrauchssteuern, Verkehrssteuern (z.B. KfzSt) sowie andere Steuern; ebenso die USt auf Eigenverbrauch.	MF
G	6	Zuführungen zu Aufwandsrückstellungen (entsprechend GKV; nachrichtlich)	Betrifft nur Rückstellungen für Instandhaltung und Abraumbeseitigung.	MF
G	6	Kurs- / Währungsverluste (entsprechend GKV; nachrichtlich)		RN
G	6	andere ordentliche / nicht zuordenbare sonstige betriebliche Aufwendungen (entsprechend GKV; nachrichtlich)	Andere ordentliche sonstige betriebliche Aufwendungen d.h. im Unternehmen auf einzelnen Konten zugeordnete Aufwendungen, z.B. sonstige Raumkosten, Reinigung, Betriebsbewachung, Betriebsbedarf, Büromaterial, Zeitschriften und Bücher, Aufwand für Abraum und Abfallbeseitigung, Nebenkosten des Geldverkehrs, Bürobedarf, Werkzeuge und Kleingeräte, periodenfremde Aufwendungen, Schadensersatz, Börsenkosten, Kosten der Hauptversammlung etc. sowie Auffangposition, soweit eine detaillierte Zuordnung auf die in der gleichen Ebene vorhandenen Positionen nicht möglich ist. Die auf dem Konto "sonstige betriebliche Aufwendungen" gebuchten Aufwendungen, sind in einer eigenen Position zu erfassen.	RN AP
G	6	andere sonstige betriebliche Aufwendungen (entsprechend GKV; nachrichtlich)	Zu erfassen sind die auch im Unternehmen nicht zugeordneten Aufwendungen auf dem Konto "sonstige betriebliche Aufwendungen". Andere nicht auf dieser Ebene zuordenbare Konten sind unter "andere ordentliche sonstige betriebliche Aufwendungen" zu erfassen.	MF
G	6	Genossenschaftliche Rückvergütung (entsprechend GKV; nachrichtlich)		MF
G	4	Finanz- und Beteiligungsergebnis		SMF

G	5	Erträge aus Beteiligungen	Beteiligungserträge von Kapitalgesellschaften bzw. von Personengesellschaften sind steuerlich unterschiedlich zu behandeln (Teileinkünfteverfahren, § 8b KStG, gewerbesteuerliche Kürzungen bzw. Hinzurechnungen). Die Erträge sind deshalb aufzuteilen.	SMF
G	6	Erträge aus Beteiligungen an Kapitalgesellschaften	Ausschüttungen, Dividenden, etc. einschließlich Beteiligungserträge von verbundenen Unternehmen nach § 271 Abs. 1 HGB.	MF
G	6	Erträge aus Beteiligungen an Personengesellschaften	Gewinnanteile aus Mitunternehmerschaften einschließlich Gewinnanteile von verbundenen Unternehmen nach § 271 Abs. 1 HGB.	MF
G	6	Erträge aus Beteiligungen, nach Rechtsform der Beteiligung nicht zuordenbar	Die Position dient als Auffangposition, soweit eine detaillierte Zuordnung auf die in der gleichen Ebene vorhandenen Positionen nicht möglich ist.	RN AP
G	5	auf Grund einer Gewinngemeinschaft, eines Gewinnabführungs- oder Teilgewinnabführungsvertrags erhaltene Gewinne (Mutter)	Gem. § 277 Abs. 3 S. 2 HGB sind auf Grund einer Gewinngemeinschaft, eines Gewinnabführungs- oder eines Teilgewinnabführungsvertrags erhaltene Gewinne jeweils gesondert unter entsprechender Bezeichnung auszuweisen. Für diesen Ausweis ist die Taxonomieposition - ebenso wie (wahlweise) die Unterpositionen - vorgesehen.	MF, KN
G	5	Erträge aus anderen Wertpapieren und Ausleihungen des Finanzanlagevermögens	Beteiligungserträge von Kapitalgesellschaften bzw. von Personengesellschaften sind steuerlich unterschiedlich zu behandeln (Teileinkünfteverfahren, § 8b KStG, gewerbesteuerliche Kürzungen bzw. Hinzurechnungen). Die Erträge sind deshalb aufzuteilen.	SMF
G	6	Erträge aus Beteiligungen an Kapitalgesellschaften		MF
G	6	Erträge aus Beteiligungen an Personengesellschaften		MF
G	6	Erträge aus Beteiligungen, nach Rechtsform der Beteiligung nicht zuordenbar	Die Position dient als Auffangposition, soweit eine detaillierte Zuordnung auf die in der gleichen Ebene vorhandenen Positionen nicht möglich ist.	RN AP
G	6	Erträge aus Ausleihungen an Gesellschaften und Gesellschafter [KapG / Mitunternehmer (PersG)]	z.B. Zinserträge aus Darlehen an verbundene Kapitalgesellschaften (AG, GmbH etc.); Personengesellschaften (GbR, OHG, KG etc.); an GmbH-Gesellschafter bzw. an Gesellschafter von Personengesellschaften.	RN
G	6	Zins- und Dividendenerträge	Übrige Zins- und Dividendenerträge, die nicht unter die Positionen „Erträge aus Beteiligungen an Kapitalgesellschaften" und „Erträge aus Ausleihungen an Gesellschaften und Gesellschafter [KapG / Mitunternehmer (PersG)] fallen.	MF
G	6	erhaltene Ausgleichszahlungen (als außenstehender Aktionär)		RN
G	5	sonstige Zinsen und ähnliche Erträge		SMF
G	6	sonstige Zinsen und ähnliche Erträge aus Abzinsung	Beträge aus der Abzinsung von Verbindlichkeiten und Rückstellungen	MF
G	6	sonstige Zinsen und ähnliche Erträge im Zusammenhang mit Vermögensverrechnung		RN
G	6	Zinsen auf Einlagen bei Kreditinstituten und auf Forderungen an Dritte	Z.B. Zinsen aus Ausleihungen an Arbeitnehmer, Zinsen nach § 233a AO für Steuererstattungen betrieblicher Steuern. Zinsen aus Ausleihungen an Gesellschafter sind unter der Position „Erträge aus Ausleihungen an Gesellschaften [KapG / Mitunternehmer (PersG)] und Gesellschafter" zu erfassen. Soweit Zinsen nach § 233a AO enthalten sind, sind diese zusätzlich noch in der Taxonomieposition "Zinsen auf Einlagen bei Kreditinstituten und auf Forderungen an Dritte, davon Zinsen nach § 233a AO" nachrichtlich zu erfassen.	MF

G	7	Zinsen auf Einlagen bei Kreditinstituten und auf Forderungen an Dritte, davon nach Zinsen nach § 233a AO	Soweit Zinsen nach § 233a AO in der Taxonomieposition "Zinsen auf Einlagen bei Kreditinstituten und auf Forderungen an Dritte" enthalten sind, sind diese hier nachrichtlich darzustellen.	MF
G	6	Diskonterträge		MF
G	6	Zins- und Dividendenerträge aus Wertpapieren des Umlaufvermögens		MF
G	7	Zins- und Dividendenerträge aus Wertpapieren des Umlaufvermögens, davon Dividendenerträge		MF
G	6	Übrige / nicht zuordenbare sonstige Zinsen und ähnliche Erträge	Die Position dient zur Erfassung der übrigen sonstigen Zinsen und ähnlicher Erträge und als Auffangposition, soweit eine detaillierte Zuordnung auf die in der gleichen Ebene vorhandenen Positionen nicht möglich ist.	RN AP
G	5	Abschreibungen auf Finanzanlagen und auf Wertpapiere des Umlaufvermögens		SMF
G	6	Abschreibungen auf Finanzanlagen und auf Wertpapiere des Umlaufvermögens, davon an verbundene Unternehmen		MF
G	6	Abschreibungen auf Finanzanlagen	Außerplanmäßige Abschreibungen auf Finanzanlagen des Umlaufvermögens wie z.B. bei einer Beteiligung (§ 253 Abs. 3 S. 4 HGB).	MF
G	6	Einzelwertberichtigungen auf langfristige Ausleihungen	Aufwand, der aus dem (ganzen oder teilweisen) Ausfall von Ausleihungen (z.B. Darlehensforderungen) resultiert.	MF
G	6	Pauschalwertberichtigungen auf langfristige Ausleihungen	Pauschal ermittelter Aufwand, der aus dem (ganzen oder teilweisen) Ausfall von Ausleihungen (z.B. Darlehensforderungen) resultiert.	MF
G	6	übliche und unübliche Abschreibungen auf Wertpapiere des Umlaufvermögens		MF
G	6	Aufwendungen aufgrund von Verlustanteilen an Mitunternehmerschaften	Verluste aus Mitunternehmerschaften	MF
G	6	außerplanmäßige Abschreibungen auf Finanzanlagen	Außerplanmäßige Abschreibungen auf Finanzanlagen des Anlagevermögens wie z.B. bei einer Beteiligung (§ 253 Abs. 3 S. 4 HGB).	MF
G	6	Abschreibungen auf Finanzanlagen und auf Wertpapiere des Umlaufvermögens, nicht zuordenbar	Die Position dient als Auffangposition, soweit eine detaillierte Zuordnung auf die in der gleichen Ebene vorhandenen Positionen nicht möglich ist.	RN AP
G	5	Aufwendungen aus Verlustübernahmen (Mutter)	Gem. § 277 Abs. 3 S. 2 HGB sind Aufwendungen aus einer Verlustübernahme auf Grund einer Gewinngemeinschaft, eines Gewinnabführungs- oder eines Teilgewinnabführungsvertrags jeweils gesondert unter entsprechender Bezeichnung auszuweisen. Für diesen Ausweis ist die Taxonomieposition - ebenso wie (wahlweise) die Unterpositionen - vorgesehen.	MF, KN
G	5	Zinsen und ähnliche Aufwendungen	Alle Beträge, die vom Unternehmen für das aufgenommene Fremdkapital zu entrichten sind (beachte: § 4h EStG). Ähnliche Aufwendungen: z.B. Bankprovisionen und Kreditgebühren, Wechseldiskont, Bürgschafts- und Avalprovisionen, Aufwendungen aus Zinsswaps.	SMF
G	6	sonstige Zinsen und ähnliche Aufwendungen aus Abzinsung	Aufwendungen aus der Abzinsung von Verbindlichkeiten und Rückstellungen	MF

G	6	Zinsen		MF
G	7	Zinsen, davon Zinsen nach § 233a AO	Zinsen nach § 233a AO	MF
G	7	Zinsen, davon Zinsen für Gesellschafterdarlehen	Betrifft nur Kapitalgesellschaften.	MF
G	8	Zinsen, davon Zinsen an Gesellschafter mit einer Beteiligung von mehr als 25 % bzw. diesen nahe stehenden Personen	Zinsen an Gesellschafter mit einer Beteiligung von mehr als 25 % bzw. diesen nahe stehenden Personen	MF
G	6	Zinsanteil der Zuführungen zu Pensionsrückstellungen		RN
G	6	Diskontaufwendungen		RN
G	6	Abschreibungen auf ein Agio, Disagio oder Damnum		RN
G	6	Kreditprovisionen und Verwaltungskostenbeiträge		RN
G	6	Übrige / nicht zuordenbare sonstige Zinsen und ähnliche Aufwendungen	Die Position dient zur Erfassung von übrigen sonstigen Zinsen und ähnlichen Aufwendungen und als Auffangposition, soweit eine detaillierte Zuordnung auf die in der gleichen Ebene vorhandenen Positionen nicht möglich ist.	RN AP
G	3	außerordentliches Ergebnis		SMF
G	4	außerordentliche Erträge		SMF
G	5	außerordentliche Erträge aus der Anwendung des EGHGB		RN
G	5	Erträge durch Stilllegung von Betriebsteilen		RN
G	5	Erträge durch Verkauf von bedeutenden Grundstücken		RN
G	5	Erträge durch Verkauf von bedeutenden Beteiligungen		RN
G	5	Erträge durch Verschmelzung und Umwandlung	Steuerlich kein Ansatz gem. § 12 Abs. 2 S. 1 UmwStG, wird im Rahmen der Körperschaftsteuerveranlagung neutralisiert.	MF
G	5	andere außerordentliche Erträge	Die Position dient zur Erfassung anderer außerordentlicher Erträge und als Auffangposition, soweit eine detaillierte Zuordnung auf die in der gleichen Ebene vorhandenen Positionen nicht möglich ist.	RN AP
G	4	außerordentliche Aufwendungen		SMF
G	5	außerordentliche Aufwendungen aus der Anwendung des EGHGB		RN
G	5	Verluste durch Stilllegung von Betriebsteilen		RN
G	5	Verluste durch Verschmelzung und Umwandlung	Steuerlich kein Ansatz gem. § 12 Abs. 2 S. 1 UmwStG, da die Verluste im Rahmen der Körperschaftsteuerveranlagung zu berücksichtigen sind.	MF
G	5	Verluste durch außergewöhnliche Schadensfälle		RN
G	5	Aufwendungen für Restrukturierungs- und Sanierungsmaßnahmen		RN
G	5	andere außerordentliche Aufwendungen, nicht zuordenbar		RN AP

G	3	Steuern vom Einkommen und vom Ertrag	In dieser Position sind sowohl Steuernachzahlungen als auch Steuererstattungen bzw. Erträge aus der Auflösung von Steuerrückstellungen (Steuern vom Einkommen und Ertrag) zu erfassen. Die Zinsen nach § 233a AO sind jedoch nicht hier sondern unter der Position "Zinsen auf Einlagen an Kreditinstituten und auf Forderungen an Dritte" sowie nachrichtlich unter der Position „davon Zinsen nach § 233a AO" zu erfassen.	MF, KN
G	3	sonstige Steuern	In dieser Position sind sowohl Steuernachzahlungen als auch Steuererstattungen bzw. Erträge aus der Auflösung von Steuerrückstellungen (sonstige Steuern) zu erfassen (§ 275 Abs. 3 Nr. 18 HGB).	MF, KN
G	3	Verlust- bzw. Gewinnabführung (Tochter)		SMF
G	4	Erträge aus Verlustübernahme	Von der Muttergesellschaft übernommene Verluste	MF
G	4	auf Grund einer Gewinngemeinschaft, eines Gewinnabführungs- oder Teilgewinnabführungsvertrags abgeführte Gewinne	auf Grund einer Gewinngemeinschaft, eines Gewinnabführungs- oder Teilgewinnabführungsvertrags abgeführte Gewinne	MF
G	3	Sammelposten für Gewinnänderungen aus der Überleitungsrechnung	Dieser Posten darf weder in einer Handelsbilanz noch in einer Steuerbilanz, sondern nur in der Überleitungsrechnung übermittelt werden.	RN
G	3	Ergebnis der ausländischen Betriebsstätten, soweit aus der/den für die ausländische(n) Betriebsstätte(n) geführten Buchführung(en) nicht anders zuordenbar	Die Position dient als Auffangposition für die GuV-Positionen ausländischer Betriebsstätten, soweit keine detaillierte Zuordnung zu den im Berichtsbestandteil „Gewinn- und Verlustrechnung" vorhandenen Positionen möglich ist.	RN AP AB

15.2   Stammdaten: Mussfelder in GCD-Modul

15.2.1   Mussfelder für alle Rechtsformen (Tab. 15.1)

Tab. 15.1 Mussfelder für alle Rechtsformen

Ebene	Bezeichnung	Erläuterung
4	Art des Berichts	bspw. „Jahresabschluss"
4	Fertigstellungsstatus des Berichts	bspw. „endgültig"
4	Status des Berichts	bspw. „berichtigt"
4	Berichtsbestandteile	bspw. „Bilanz, GuV"
5	Bilanz	sollte die Software in der Regel allein ausfüllen
5	Eröffnungsbilanz ohne GuV	sollte die Software in der Regel allein ausfüllen
5	GuV	sollte die Software in der Regel allein ausfüllen
5	Ergebnisverwendung	Muss angegeben werden, wenn die Bilanz einen Bilanzgewinn ausweist

Tab. 15.1 (Fortsetzung)

Ebene	Bezeichnung	Erläuterung
5	steuerliche Überleitungsrechnung	wenn keine Einheitsbilanz und keine Steuerbilanz übermittelt wird
4	Bilanzart	Eine der als Unterpositionen aufgezählten Ausprägungen muss ausgewählt werden
4	Bilanz enthält Ausweis des Bilanzgewinns	bspw. „nein"
4	Bilanzierungsstandard	Wenn hier „Handelsrecht" ausgewählt wird, erwartet ERiC eine Überleitungsrechnung.
4	Branchen	bspw. „Kerntaxonomie". Nur wer eine Spezialtaxonomie nutzt – Banken bspw. – muss hier einen anderen Wert eingeben.
4	GuV Format	bspw. „Gesamtkostenverfahren"
4	Konsolidierungsumfang	„nicht konsolidiert/Einzelabschluss"
4	Beginn des Wirtschaftsjahres	
4	Ende des Wirtschaftsjahres	
4	Bilanzstichtag	
4	Beginn des Wirtschaftsjahres (Vorjahr)	
4	Ende des Wirtschaftsjahres (Vorjahr)	
4	Bilanzstichtag (Vorjahr)	
4	Name des Unternehmens	
4	Rechtsform	
5	Straße, Firmensitz	
5	Hausnummer, Firmensitz	
5	Postleitzahl, Firmensitz	
5	Ort, Firmensitz	
5	Land, Firmensitz	
4	Unternehmenskennnummern	
5	13stellige Steuernummer	13-stellig, auch ausschließlich 0en möglich
5	4stellige Bundesfinanzamtsnummer	
4	Mutterunternehmen	
5	Unternehmenskennnummern, Mutterunternehmen	
6	13stellige Steuernummer	13-stellig, auch ausschließlich 0en möglich
6	4stellige Bundesfinanzamtsnummer	

15.2.2 Mussfelder für EU PersG (Tab. 15.2)

Tab. 15.2 Zusätzliche Mussfelder für EU und PersG

Ebene	Bezeichnung	Erläuterung
5	steuerliche Gewinnermittlung	

15.2.3 Mussfelder für PersG (Tab. 15.3)

Tab. 15.3 Zusätzliche Mussfelder für PersG

Ebene	Bezeichnung	Erläuterung
4	Bilanzart steuerlich bei PersG/ Mitunternehmerschaften	bspw. „Gesamthandsbilanz"
4	Bericht gehört zu	Wenn bspw. eine Ergänzungsbilanz übermittelt wird, muss angegeben werden, zu welcher Gesamthand diese gehört. Manche Softwarelösungen füllen dies automatisch aus
5	Name Gesamthand	Wenn bspw. eine Ergänzungsbilanz übermittelt wird, muss angegeben werden, zu welcher Gesamthand diese gehört. Manche Softwarelösungen füllen dies automatisch aus
5	Unternehmenskennnummern, Gesamthand	Wenn bspw. eine Ergänzungsbilanz übermittelt wird, muss angegeben werden, zu welcher Gesamthand diese gehört. Manche Softwarelösungen füllen dies automatisch aus
6	13stellige Steuernummer	Nummer der Gesamthand. 13-stellig, auch ausschließlich 0en möglich
6	4stellige Bundesfinanzamtsnummer	Finanzamtsnummer der Gesamthand
5	Abschlussstichtag, Gesamthand	
5	steuerliche IdNr.	Wenn Mutterunternehmen eine natürliche Person ist
6	steuerliche IdNr.	Wenn Mutterunternehmen eine natürliche Person ist
4	Gesellschafter/(Sonder-)Mitunternehmer	
5	Name des Gesellschafters	
5	Gesellschafterschlüssel, unternehmensbezogenes/betriebsinternes Zuordnungsmerkmal	
5	Nummer des Beteiligten aus Feststellungserklärung (Vordruck FB)	

Tab. 15.3 (Fortsetzung)

Ebene	Bezeichnung	Erläuterung
5	13stellige Steuernummer des Gesellschafters	
5	steuerliche IDNr.	Wenn Gesellschafter eine natürliche Person ist
5	Rechtsform des Gesellschafters	
5	Beteiligungsschlüssel Gesellschafter	
5	Sonderbilanz benötigt?	
5	Ergänzungsbilanz benötigt?	
5	steuerliche Gewinnermittlung bei Personengesellschaften	
5	Kapitalkontenentwicklung für Personenhandelsgesellschaften	

15.3   Änderungsnachweis der Taxonomie 5.3

http://www.esteuer.de/download/Aenderungsnachweis_5.2_5.3.pdf

Sachverzeichnis

© Springer Fachmedien Wiesbaden 2014
B. J. Feindt, *Die E-Bilanz in kleinen und mittleren Unternehmen (KMU)*,
DOI 10.1007/978-3-658-06060-2

The manufacturer's authorised representative in the EU is Springer
Nature Customer Service Centre GmbH, Europaplatz 3, 69115 Heidelberg,
Germany. If you have any concerns regarding our products, please
contact ProductSafety@springernature.com

Printed and bound by CPI Group (UK) Ltd, Croydon, CR0 4YY
27/04/2026
02097564-0017